U0128488

北洋军征战史

袁灿兴 | 著

团结出版社

图书在版编目（ＣＩＰ）数据

北洋军征战史 / 袁灿兴著. -- 北京 ： 团结出版社，
2021.9

ISBN 978-7-5126-8756-1

Ⅰ. ①北… Ⅱ. ①袁… Ⅲ. ①北洋军－军事史 Ⅳ.
①E295.2

中国版本图书馆 CIP 数据核字 (2021) 第 072093 号

出　版：团结出版社
　　　　（北京市东城区东皇城根南街 84 号　邮编：100006）
电　话：(010) 65228880　65244790 （出版社）
　　　　(010) 65238766　85113874　65133603（发行部）
　　　　(010) 65133603（邮购）
网　址：http://www.tjpress.com
E-mail：zb65244790@vip.163.com
　　　　tjcbsfxb@163.com（发行部邮购）
经　销：全国新华书店
印　装：天津盛辉印刷有限公司

开　本：170mm×240mm　　16 开
印　张：24.75
字　数：385 千字
版　次：2021 年 9 月　第 1 版
印　次：2021 年 9 月　第 1 次印刷

书　号：978-7-5126-8756-1
定　价：68.00 元

前　言

　　如果说北洋时代是一首诗，枪与炮是这首诗最好的韵脚。当西方文明挟坚船利炮之利，呼啸而来，传统国家在睡梦中纷纷惊醒，匆匆走上前程未卜的现代化之路。

　　传统国家的现代化进程，在各个层面的展开是有先有后的。张之洞提出了"中体西用"，以中国文化为体，以西方技术为用。就传统国家而言，军事技术属于较容易学习的内容，又是最为急迫的内容。在清末民初的中国，军队现代化往往走在其他现代化之先。这种现代化不仅仅是武器装备，也是军队组织体系的现代化。新的组织体系，新的领导方式，使得掌握军事力量的军人，有条件、有能力越过传统政治对军人干政的约束藩篱，于是他们或入主中枢，或逐鹿中原，或雄霸一方，或祸害乡间。今天回过头看，一部中国近代政治史就是一部武人史。武人干政，这并不是近代中国特有的现象，在日本，四强藩以武力倒幕，进而明治维新；在土耳其，凯末尔藉军功推行改革而名扬四海。在各自国家中，诸多武夫，因军事而走上政坛。而彼时的中国，外有强邻作祟，内有军阀并起，而北洋时代争雄的诸多武夫，逐鹿中原，一统中国的梦想，却告失败。

　　近几年，由于原因种种，围绕北洋时代的史学论著越来越多，北洋研究也渐成显学，渐成杂唱之势，虽有正歌雅乐，不免有荒腔野板，以至于"二人转"之流也混迹其中。为求严实，本书遵守学术规范，运用了当时的史料和后世文史资料，解读史实与北洋军政人物。本书又是一本通俗历史读物，是故在写作中，择取了较多生动有趣的史料。这些史料，在今人看来，可能是不可思议，抑或滑稽不堪，但真实的历史，就是这么生动多彩。

辛亥革命后，中国走向共和，创造了亚洲第一个共和国。对这个新兴的共和国，人们充满兴奋，充满期待，但这个新生儿，它在方方面面留有旧时代的烙印。对帝王的梦想、皇权的留恋，竟然使得北洋时期出现了两次倒退———袁世凯的帝制以及张勋复辟。面对此种倒退，为了再造共和，枪声弥漫，烽火四起。而袁世凯的去世，使得北洋一系失去核心人物，此后各派军阀，纷纷争雄，硝烟炮火之下，更有着不为人知的另一场人际关系之战。

要而论之，北洋时代，烽火弥漫五色旗。在这样的时代，军人决定政治，武力主宰时局，从内政到外交，方方面面都离不开枪炮。由枪炮开创了北洋时代，也由枪炮终结了北洋时代。离开枪炮，摒弃武夫，走向独立富强的中国，尚有待于以后的历史发展。

目 录

第 一 章
二 次 革 命

北洋新军

甲午中日战争时，中国军队已具备了一定的现代性，陆军装备了西式来复枪，并且开始注重后勤，配置了工兵、辎重兵、交通兵和医疗兵等。但中国陆军仍然存在诸多问题。就装备而言，虽然有了新式步枪，可枪支来源复杂，有自西方各国采购而来的，也有地方仿制的，口径不一，弹药不能通用，性能参差不齐。

此外，就军队指挥以及军事素质而言，中国军队也存在诸多不足。以海军为例，被视为当时亚洲最强大舰队的北洋水师，虽然顽强抵抗，然官兵普遍职业技能不足，舰队配合失当，弹药缺乏，先败于海上，后困守威海，终遭覆灭。如同1840年时的清军一般，晚清陆军只会正面防守，一旦日军从侧翼迂回包抄，即全军崩溃逃散。部队指挥官多由裙带关系而得提拔，对军事战略战术、武器运用一无所知。普通士兵训练不足，老弱病残充斥，待遇低下，且常遭克扣军饷，整体战斗力低下。

中日甲午战争的空前惨败，给清政府以巨大刺激。清廷决定尚武图强，改练新军。此前淮军官僚、长芦盐运使胡燏棻已在天津小站训练了一支小规模的部队，称定武军。后胡燏棻调任，负责督办津芦铁路，1895年，经荣禄等人奏请，改由袁世凯统率定武军。袁世凯又奏请将定武军更名为新建陆军。

1895年12月，袁世凯来到小站，开始了闻名于后世的小站练兵。小站位于距离天津约三十五公里的新农镇，为天津至大沽铁路中间的一个小站，因此得名。

袁世凯的叔祖父袁甲三曾追随左宗棠、李鸿章等人参加过镇压捻军、太平天

袁世凯

国的战争。出身于军旅世家的袁世凯，青年时参加科举，准备弃武从文，但屡试不中，一度落魄，后投奔继父袁保庆的结拜兄弟、庆军统领吴长庆，随其到朝鲜十二年。在朝鲜期间，袁世凯对军事相当留心，细心钻研操典、战术之类的军事书籍，并时常跟随部队到野外演习。据袁世凯自述，学习军事，"这比起做文章来，到底容易多了"。渐渐袁世凯也成为军事方面的行家。在朝鲜期间，袁世凯曾替朝鲜国王编练过一支亲军，名为"镇抚军"。因为袁世凯具有练兵经验，所以委派他办新军。

袁世凯在朝鲜见识过现代军事技术的威力，在军事思想上颇为开放。袁世凯的新军有着诸多新鲜事物，如参考西方参谋制度而设立的幕僚机构，在军事训练中注意夜间作战演习，采用实弹射击训练，重视战场电报通信等。针对以往清军中普遍存在的克扣军饷等陋习，袁世凯特意规定士兵的军饷由指挥部直接发放，不经过军官之手，以便士兵拿到足额饷银。在发放饷银的时候，袁世凯有时亲自点名发放，确保军饷放到士兵手中。

新建陆军分步兵、马队、炮队和工兵四个部分。设有快炮一队、重炮一队；骑兵营一支；工兵分为桥梁、要塞、布雷、电报、测量、军械修理六个部分。并聘用德国军官来小站训练，部队不久就扩展到七千人。新建陆军中，由冯国璋为步兵学堂总办兼督练营务处总办，段祺瑞为炮兵学堂总办兼炮兵统带，王士珍为工程部学堂总办兼工程部统带，三人并称"北洋三杰"。此外，以徐世昌为参谋，唐绍仪为文案。

小站练兵，在区区一个师的军官中，出了未来的五位民国总统和代理行政元首及多位总理，后来在北洋时代叱咤风云的诸多军阀，此时不过是新建陆军一小卒而已。小站练兵中的诸多重要人物并无显赫出身，他们大多数来自底层，如冯国璋原先是个吹鼓手，王占元为马夫，曹锟当过小贩，张怀芝做过苦力，吴佩孚摆摊算过命，因其能拼能打，骁勇善战而获得提升。

新建陆军军官多出自李鸿章淮军系统，有"淮军余孽"之称。大部分军官在李鸿章创办的天津武备学堂中学习过，如陈光远、冯国璋、曹锟、段祺瑞、段芝贵、王士珍、王英楷、齐燮元、靳云鹏、吴佩孚等人。一部分指挥官还具备留洋背景，如段祺瑞、王士珍等人。此外，一些旧式军官如张勋、姜桂题等也被网罗。

袁世凯网罗俊杰，军中人才济济，且对袁忠心耿耿，这与其善于笼络人心有关。袁世凯属下阮忠枢爱上了天津的一个妓女小玉，想娶她做小妾，为此找袁世凯商量。袁世凯一本正经地对他说："这个有碍军誉，不能娶。"阮忠枢一想也是，就断了此念。过了几天，袁世凯回天津，请阮忠枢陪他一起去看望一个朋友。二人走进一个院子，只见院子里布置得富丽堂皇，堂上红烛高烧，屋里坐着一个新娘打扮的佳人，正是阮忠枢想娶的小玉。原来袁世凯已秘密派人给小玉赎身，把一切布置妥当了才将阮忠枢拉了过来，给他一个惊喜。有这样的上司，阮忠枢怎能不对袁世凯忠心？

据袁世凯自己说，小站练兵时的各级军官和幕僚，甚至最基层的军官，他都能叫得出姓名，甚至大致了解每个人的脾气及长处、缺点。新军中各级军官均将袁视若衣食父母，并在军中树立起对袁的个人崇拜。

袁世凯统兵极严，对高级将领也毫不容情。慈禧太后七十岁寿辰时，为了庆贺，军中搭起棚子唱大戏。看戏时，段祺瑞部下士兵起哄闹事，在台下怪声连连，现场秩序一片混乱。冯国璋看到后，立刻下令停止演戏，并上台讲话，要大家好好看戏，不要乱叫。冯国璋说得兴起，竟然说："怪声乱叫这种事，只有卖屁股的娃儿才干得出来。"

这一说，台下士兵一片哗然，纷纷拿起砖头瓦片往台上砸冯国璋，冯国璋被砸得头破血流，狼狈而逃。事发后，段祺瑞特意向冯国璋道歉，此事也就作罢。但不想此事被袁世凯知悉，就将段祺瑞招过来严厉训斥，并降职处理。

1897年，清政府决定将袁世凯的新建陆军、聂士成的武毅军、董福祥的甘军合并，称为北洋三军，由荣禄任统帅，以充实京师防御力量。之所以称为北洋三军，这与清末的官制相关。咸丰十一年（1861），清廷设总理衙门，总理衙门下设南北洋两大臣，南洋大臣由两江总督兼任，北洋大臣由直隶总督兼任。此三支军队受荣禄节制，荣禄兼北洋大臣，故而称为北洋三军。后来袁世凯担任直隶总督兼任北洋大臣，北洋军就成为袁世凯小站一派人马的专用词。

1899年，清廷决定建立武卫军，命荣禄为总统领，以聂士成武毅军为武卫前军，董福祥甘军为武卫后军，马玉昆毅军为武卫左军，袁世凯新建陆军为武卫右军，每军各一万人，这是清廷最具战斗力的军队。在1900年的八国联军侵华战争中，聂士成武毅军在天津战败，聂士成战死，残部被毅军吞并，甘军因为西方各国追究董福祥责任，退回甘肃，从此一蹶不振。毅军在此战中也受损颇多。

在其他部队遭受惨重损失时，袁世凯的部队反而得到发展。1899年，袁世凯就已将武卫右军调往山东，与西方各国驻上海领事团达成中立协定，又与东南的实力派人物如张之洞、刘坤一等人结成联盟，搞起了"东南互保"，坐观八国联军进攻北京。战后袁世凯的部队发展到马、步、炮队二十营，共近两万人。

1901年直隶总督兼北洋大臣李鸿章病死，由袁世凯继任。袁世凯担任直隶总督兼北洋大臣时，手握十三颗大印，计有钦差大臣、北洋大臣、练兵大臣、学务大臣、铁路大臣、盐政大臣、税务大臣等。天津总督衙门内有两根旗杆，挂着长长的杏黄色大旗，上面写的都是袁世凯的官衔。上端挂在旗杆顶，下端几乎到地。

《辛丑条约》签订后，清政府特设练兵处，专门练习新兵。练兵处的初步计划是在全国编练三十六个镇（师），分驻各省，由各省督抚负责编练。京畿的练兵，由北洋大臣兼直隶总督袁世凯主持，以小站所练的新建陆军为基础，扩充成北洋六镇。

为培养军官，练兵处一方面派留学生到日德等国学习新式战术，另一方面又在国内创办军校，以培养军事人才。1906 年，在保定设立陆军行营学堂，由段祺瑞担任学堂督办。第一期学员选拔北洋六镇的优秀军官入学，第二期学员来自北洋六镇及湖北、江苏两省，第三期学员由已编练出新军的各省选拔保送。1910 年，段祺瑞调任江北提督，陆军行营军官学堂改隶军咨府，后改名为陆军预备大学堂。

新军每镇有步兵两协，每协有两标，每标有三营，每营分四队，每队分三排，每排分三棚，棚为最小单位，有士兵十四人。镇的首领叫作统制（师长，中将），协的首领叫协统（旅长，少将），标的首领叫标统（团长，上校），营的首领叫管带（营长，少校），队的首领叫队官（连长，上尉），排的首领为排长（中尉），棚的头目为正目、副目（正副班长，正目相当于中士，副目为下士）。步兵之外，各镇还设有马队一标、炮队一标，人数同步兵标。另设工兵一个营、辎重兵一个营，人员编制同步兵营，一镇共有一万两千人。

至宣统二年（1910），全国已练成九镇精兵。第一镇至第六镇军官基本来自原武卫右军（新建陆军），为袁世凯的人马。第一镇、第三镇驻保定（第三镇1904 年移驻东北），第二镇驻马厂，第四镇驻永平，第五镇驻济南，第六镇驻守南苑。此外的三镇中，第八镇在湖北，第九镇在江苏，直隶有第二十镇。第二十镇是北洋六镇中各抽调一部分混合编成，也是北洋一系。

新军中仍然保留了诸多陈规陋习，如营级以上的军官都称为"大人"，队官称"大老爷"，排长称"老爷"，底层军官如棚头称为"老总"，扩展开来，普通民众将一般士兵也称为"老总"。由于军事变革，清末新军的军服开始变化，从往日的黑布包头、盔甲战裙等落伍装备，改为西式遮檐帽和西式军服。军服夏季为土黄色，冬季是灰色。鞋子也由薄底快鞋改为布鞋，每逢军事检阅，另配有黄咔叽军服和黄色牛皮鞋。官兵一律打绑腿。至于大辫子，此时也一律盘起来扣在帽子里。

1906 年，清政府将兵部和练兵处合并改为陆军部。由于袁世凯权势大增，出现了"朝有大政，每由军机处问诸北洋"的局面，引发清朝权贵猜疑。袁世凯不得不交出第一、第三、第五、第六四个镇，归陆军部管辖，自己统领第二、第四两镇。1907年，清廷采取明升暗降的策略，将袁提拔为军机大臣兼外务部尚书，袁世凯遂交出全部兵权。

1909年2月，清廷发布上谕，撤销袁世凯一切职务，命其回老家养病。虽然袁世凯被罢免职务，但北洋一系的实力却在扩张。全国已练成的新军中，最有战斗力的部分均由袁世凯的北洋班底组成。袁世凯的亲信徐世昌被任命为东三省总督，唐绍仪、朱家宝、段芝贵分别出任奉天（今辽宁）、吉林、黑龙江巡抚，东三省均被袁世凯系统控制。此外直隶、北京、察哈尔、热河、山东、河南等省也在北洋势力范围之内。

在免去袁世凯职务的同时，清廷重用留日士官生，以制衡北洋一系。宣统二年（1910），清廷罢铁良，以荫昌为陆军部尚书，另设军咨府，以载涛为大臣，于是中央军权尽握于权贵之手。又大力提拔日本留学生在外省统兵，实力派将领如蓝天蔚、吴禄贞、张绍曾等均毕业于日本士官学校，不属北洋一系。

武昌起义时，除北洋军及禁卫军外，其他各镇新军皆脱离清廷而独立。荫昌率领第二、第四镇南下，徘徊于孝感、信阳一带。荫昌知道第二、第四镇为袁世凯亲信部队，袁世凯不复出，将士必不肯听命，由是奏请启用袁世凯，又以冯国璋督第一军，段祺瑞督第二军，不久攻克汉口，兵逼武昌。袁世凯担任内阁总理之后，与南军议和，段祺瑞等前线将领则联合通电逼迫清帝退位。

辛亥革命时，清廷用以牵制北洋一派势力的留日士官生出身的将领，反而举旗反清。第六镇统制吴禄贞在石家庄独立，第二十镇统制张绍曾在河北滦州用兵，第二协协统蓝天蔚准备在奉天起兵。不久蓝天蔚兵败，吴禄贞被刺杀，张绍曾兵权被解，北洋军权再次统一于袁世凯。

辛亥革命后，北洋各派势力延伸至长江流域，如李纯率第六师、第二师之一部驻江西，冯国璋率雷震春、刘询等部攻占南京，驻扎上海，又派一部分军力奔赴福建。王占元率部占领武汉，曹锟驻扎岳阳，靳云鹏驻扎山东。至此，北洋一派占据中国半壁江山。

北京兵变

辛亥革命之后，南北议和，袁世凯当选大总统。南京方面本想引袁至南京就职，好限制其手脚，但北京突然爆发兵变，袁世凯以此为由，拒绝南下。

有观点认为，兵变是袁世凯唆使，借此拒绝南下，但袁世凯当时并无发动兵变的必要。辛亥革命之后，主张定都南京的只有孙文、黄兴，多数人主张建都北京，就连宋教仁、章太炎都主张在北京建都，袁世凯完全可以通过正常渠道争取定都北京，而不必搞兵变，此其一。在北京玩兵变，一旦搞大，不能约束住士兵，将京津地区搞乱，必会招致各国干涉，造成国际纠纷，风险太大，此其二。

兵变时，袁世凯正在石大人胡同外交大楼临时"总统府"楼上看公文。听到枪声大作后，袁世凯就让护卫给负责北京防卫事务的曹锟打电话。当天曹锟正在前门外吃花酒，遍寻不着，急得袁世凯跳脚。此时楼上窗户玻璃已被枪弹打破数处，袁世凯不肯下楼。护卫见形势危急，就强掖袁世凯到地下室躲藏。在地下室躲了一会儿之后，曹锟才跑过来跪地请罪。

此次兵变的主力为曹锟统率的北洋第三镇，兵变的原因是裁饷。清末陆军部曾规定，凡出防将士，自启程之日起加给津贴，出征结束返回原驻地后则取消津贴。辛亥革命时，北洋第二、第四镇前往武汉前线，士兵每人每月发津贴一两。北洋第三镇由长春开往北京充实防守力量，照例也加发津贴。但南北议和之后，第二、四两镇回原驻地，取消了津贴，在北京的第三镇没有返回长春，谣传也要取消津贴。

士兵风闻此事后，遂于1912年2月29日晚发动兵变，在北京城内打劫商铺。

兵变前后持续了三日，北京城内受损惨重，城中一派死沉气息，街上只有死尸和巡逻的军警。兵变不仅涉及北京，也蔓延到天津、保定、丰台等地。兵变当晚，南京派来迎接袁世凯南下的专使住处也被乱兵涌入，专使蔡元培、汪精卫等人寻了一个冷僻角落躲避，随身携带的重要物品被乱兵抢劫一空。兵变发生后，在京的各国使馆联合向袁世凯提出请求，要求保护在华利益，抽调官兵来京保护在京各国人员。在此种情况下，袁世凯忙于弹压兵变，不能南下乃是实情。

2月29日兵变之中，先行发动的第三镇士兵，抢夺财物之后向市外逃去，其他刚刚发动的士兵则抢劫京城西北部。兵变后，部分士兵窜到丰台车站，此地有英国铁路守备兵保护乘客。叛兵杀红了眼，也不惧英军，冲入车站，抢夺乘客行李，阻止火车进站。

到了兵变第二日清晨，袁世凯判断兵变已无法扩大之后，将段芝贵、赵秉钧、姜桂题及第三镇统制曹锟等人招来，开会讨论兵变善后及维持秩序办法。会上袁世凯声色俱厉，曹锟则推卸责任，称兵变中，第三镇的附和士兵只有二百余人，其他都是散勇及土匪。袁世凯表扬了毅军，称此次保卫北京，以毅军成绩为最佳，此后镇压暴动，专由姜桂题负责。

在此番兵变之中，毅军除了少部分士兵参与之外，多数均遵守军纪，无骚扰举动。29日夜间，第三镇发动兵变时，毅军前路统领殷贵，握刀端坐在毅军军营大门外，声言如有敢乱动者，即以军法从事。是故外面虽然纷乱，毅军之中却无敢妄动者。

第三镇中的炮兵起事时，一方面准备将北京洗劫一空，同时准备报复袁世凯。29日晚6时左右，炮兵队军官三人，带了士兵五十人，将大炮的铁闩板螺丝全部卸掉，扔在东岳庙井内，只留了两门小炮可以使用。叛兵将大炮铁闩板螺丝卸掉后，又将炮兵队队长枪杀。炮兵队有一名军官，兵变时恰好在东岳庙一道人屋内聊天，随即藏到道人床下。乱兵四处搜寻，到道人屋子中询问，道人则云此军官刚走，不在此处，逃过一劫。叛兵带了两门小炮，先去攻打朝阳门，攻破城门后，将小炮运上城楼，向石大人胡同内袁世凯"总统府"连续开炮。袁世凯此时已经撤出，侥幸无恙。此两门小炮，用到天明时，即告报废。负责镇压的部队出动后，将东岳庙的井水用水龙吸出，将井内大炮炮门取出。

29日兵变后，巡警中胆小的，纷纷逃跑，勇悍的则随叛兵四处抢劫。毅军则分头出动，抓捕土匪，保护了一些地区。通州一带有毅军驻扎，虽京中一片乱象，通州侥幸得到保全，不过这保全，却只是暂时。

禁卫军则于西直门外擒获叛兵二十三人，均送执法处惩办。逃往三角甸的叛兵将抢劫来的财物，满载在黄包车上，自己则换上车夫衣服，扮作车夫出逃。这些伪装的车夫，被该处驻扎军队窥破，当场擒获正法。第三镇溃兵抢劫后，准备用火车将财物运往正定府。袁世凯下令当地驻军堵截，枪毙溃兵二十余名。溃兵所抢劫财物内，有银洋五十余万元，夺回后被运回北京。

载洵在前清时，权倾一时，公开纳贿，路人皆知，家财何止千万。兵变后，3月2日，叛兵数百人围住载洵府第，声称每人必须给大洋千元，不然就要攻入府内，鸡犬不留。载洵此时再无往日威风，躲在府内一处偏僻暗室，喝酒哭泣。

1912年北京兵变后袁世凯出巡

载洵派出府中管事，居中调停。与叛兵谈判时，管事言语得罪了叛兵，被当场击毙。最后载洵拿出了七千大洋，方才打发走了叛兵。

兵变之后，北京城内外商铺，不论大小，均被洗劫。虽豆腐坊、小茶铺，也不能幸免。兵匪所过之处，柴米不留，有粮店被抢劫后，被焚死十余人。兵变中，海甸某当铺掌柜因为平日生意很差，突然生出想法，想利用此次兵变，获得赔偿。3月2日，当铺掌柜见多人从京师中逃来，当即对店铺伙计道："来了，来了。"随后向天鸣枪，导致附近居民大为惊慌，秩序混乱。京师禁卫军立即开到，但发现并无乱兵，当即将捣乱的当铺掌柜抓捕，送交执法处。

至3月10日，局势平稳之后，袁世凯举行临时大总统行就任礼。是日石大人胡同内，兵戈森列，车马塞途，极一时之盛。就任典礼上，各界人物出席，列席者百余人。其中有穿洋服者，有着中式服装者，有留前清辫子者，有无辫者，有红衣喇嘛，有新剃光头的，五光十色，不一而足。其中以海军部人员之一律新式军装，最为整齐干练。法部人员则一律拖着大辫子，为其中最老朽守旧者，毅军军官则一身前清旧式军服。

鉴于袁世凯要收拾乱局，不能南下，3月11日，革命党人在南京制定《临时约法》。这部约法，本是革命党人给袁世凯穿的小鞋，想让他跑不快。约法中设定了责任内阁制，借此虚位总统，限制袁世凯权力。

袁世凯是何等人物？怎肯受约法束缚，穿上小鞋？

他自然要全力反对责任内阁制。

讽刺的是，辛亥革命爆发后，清廷请袁世凯出山，袁世凯开出的条件竟然是由他出面组织责任内阁，全权负责军政事务。不想清室逊位后，现在轮到他反对责任内阁制了。

第一任责任内阁总理为袁世凯的老友唐绍仪，但唐绍仪干了不足两个月，就因为约法之争而辞职。依照约法规定，大总统所颁布的法律、命令及一切公文，均须国务总理副署才发生效力。总统虽有任免官员之权，但也须总理副署才生效。副署是指正式法令或文书，在正职人员签署之后，还要副职人员签署。责任内阁制采取此制度，以限制总统权力。

先是唐绍仪提名王芝祥担任直隶都督，以融洽南北感情，袁世凯本也同意，却遭到北方军队反对，这就开了军人干政的先河。袁世凯没有弹压军队，反而屈从军队的意志，改命王芝祥为南京宣慰使，唐绍仪拒绝副署，使委任状失效。但袁世凯却将没有副署的委任状交给王芝祥，这违背了约法，破坏了责任内阁制。唐绍仪一气之下称病辞职，随后由陆征祥组阁。不久之后，袁世凯又越过国务总理，直接签发军令，不经审判就枪杀辛亥革命元勋张振武。陆征祥一气之下也称病辞职。

在民国初年，军人干政没有多少市场。军人违背约法，干预政治，常被舆论群起而攻之。这在于南北对峙，双方形成制约，此时尚无一方独大之态势。各类党派林立，媒体环境相对宽松，各派自占一方媒体，彼此攻击，能造成舆论压力。在舆论压力下，袁世凯还曾在 1912 年 7 月 26 日颁发了《禁止军人干政令》。

到了此年 10 月 10 日，举行大总统就职典礼。典礼中，袁世凯起立，面向议长、议员席宣誓。誓言是："余誓以至诚，谨守宪法，执行中华民国大总统之职务。"奈何，后日的袁世凯，却未将宪法放在眼中。

宋教仁被刺

时局的变化，促使袁世凯使用阴谋手段，来解决困扰他的责任内阁制问题。

1913 年，民国的首届国会选举，由灿若恒星的宋教仁主持，国民党大胜，在两院中占了绝对优势。国会选举之后，袁世凯忧心忡忡地对杨度说："我不怕国民党用暴力，我怕他们用合法手段来赢得政权。"

第一次国会选举之后，宋教仁成为总理已成定局。

袁世凯托人收买宋教仁，劝其放弃责任内阁制，但宋教仁所到之处，所谈的都是责任内阁制。袁世凯屡次挑衅约法，视责任内阁制为心头大患，现在收买不成，就想抹黑宋教仁，不想却发生了1913年3月20日宋教仁被刺一案。

刺杀案前数日，宋教仁多次接到友人告警，请其重视安全。宋教仁只以为是谣言，不大相信，泰然处之。1913年3月中旬，袁世凯借口要发展建设事业，电邀宋教仁北上。几天后，宋教仁收到一密函谓："北方忌先生者欲杀之，务必戒备。"宋教仁认为："我平生对人既无私仇，也无夙怨，尽管与北方某些政治见解不同，他们也不会采这种卑鄙的手法。欲杀我只是谣言耳。"仍不加戒备。

宋教仁定于3月20日晚11点，乘沪宁火车赴南京，转乘津浦车北上。不想此晚10点40分时，宋教仁被刺。

当晚6时，欧阳成等十四人在一品香设宴，为宋教仁送行。至9点，宋教仁站起告辞："今晚蒙诸君宠召，实深惭愧，议员诸君，此次取道申江，弟未尽招待之责，已极抱愧。今转蒙诸君招待，益觉不安。弟今晚即须启行，俟到京时再行领教，并借主人之酒为主人寿，请同尽此杯。"大家饮毕，宋教仁即告辞出一品香，奔赴车站。

10时30分，宋教仁一行乘马车抵沪宁车站，前来送行者，有黄兴等若干人，先在议员接待室小憩。至10时40分，由吴颂华引导，宋教仁与拓鲁生、黄兴、陈勤宣、廖仲恺、于右任等（以上系按行次前后叙列，宋则在陈廖二人之间），向车站出口处行进。行至检票处旁，突然宋教仁背后闪出一人，出手枪发射，前后共发三枪，第一枪中宋教仁右后肋斜入腹部，第二枪从黄兴身边掠过，第三枪从吴颂华胯下而过，幸未伤人。刺客身躯甚短，体形类似十五六岁之少年，着黑色常服，放第一枪后，迅速向卖票房逃窜。因为车站内所铺石地板甚滑，仓促之中，刺客滑倒在地，即在地上再放两枪，然后跃起沿车站铁栏向东而逃，虽经巡捕追逐，却未能追到。

宋教仁中枪后，对于右任道："我中枪矣。"于右任立刻借了汽车，亲送宋教仁至老靶子路沪宁铁路医院。此时医生不在院中，宋教仁中枪后痛极，在于右任耳边告知："我痛甚殆，将不起，所有在南京、北京及东京寄存之书籍，悉捐入南京图书馆。唯我本寒士，老母尚在。如我死后，请克强与公，及诸故人为我照料。"

医生到院后，即开始手术，检视伤处，至12点半，始在右腰骨稍偏处取出子弹，子弹系勃朗宁手枪所用。手术后，医生判断，宋教仁存活概率只有百分之一，能否挽回，须待四十八小时后方可决定。

黄兴、于右任、拓鲁生等，将宋教仁扶上汽车送至医院后，即联络警局查找凶手。因恐该凶手逃匿公共租界，由闸北巡警局通报英美总巡卜罗斯，通知各捕房中西探捕，一体协缉。

到了黎明时分，护士拿了一个玻璃瓶，交给在医院陪伴的友人，将宋教仁扶起小解，历二十分钟才排出尿液，颜色鲜红，皆是血液，痛楚益甚。宋教仁痛楚难当，道："果医者能正我之痛，则死亦何恐。"又叹道："罢了罢了。惜凶手在逃，不知彼误会我者为何许人。"

21日凌晨6时，医生过来详察，以吗啡针打入左臂，宋教仁渐渐沉睡。医生嘱咐护士，上午11时再来查房，此期间不许外人进入，以免打搅。约10时20分左右，宋教仁苏醒，痛感少减，只是屡屡呕吐。医生再次过来详细检查，黄兴等请医生探讨情况。医生仔细分析后，告知于右任等人，所中勃朗宁子弹导致肠中毒，须动手术才有生存希望，请从速决议。此时黄兴恰好出去，于右任与在场的众人商量之后，主张动手术者占据多数。

两外籍医生又请了两名外籍医生来院相助。在下午2点半进行手术，将宋教仁移送到二楼手术室，只有于右任一人在旁审视。手术将腹与腰部间割开，创口约六英寸，检视大肠有一处为枪弹洞破，故肠中之饮食，时溢出于肠外，此为痛楚原因，其肠外之血随破裂处流入肠内，此为大小便出血之原因。医生将伤处处理，除去血块，又缝好创口。手术之后，因没有使用麻醉药，宋教仁频频呼痛，乃以吗啡针注射，稍缓痛楚。

21日夜间12点，医生二人过来检查，互相商量后，判断情况危险，已无可挽回。至22日早3时，宋教仁已处于弥留之际，不能语言，临终前余光扫视故人，有万千言语，无法表达，似思念其老母，依依不舍。黄兴以首接近其面，附耳呼曰："钝初，你放心去罢。"时在旁多人，皆欲哭无泪。延至22日早4时45

分，宋教仁溘然长逝。

宋教仁年仅三十有二，家有老母年七十余矣。辛亥革命前，宋教仁流亡在外，归省时少。此次由北京回湘省亲，又以南北函电催促，临行之前，宋教仁之老母坚持不放。宋教仁再三安慰老母："此行不久即归家门。"不想此别，即与其白发慈母永别。宋教仁有一兄，因宋教仁鼓吹革命而被牵连，死于狱中，其寡嫂犹在。宋教仁夫人李氏侍老母在湘，下有一子一女，子年仅十二，女则十四。

案发之后，3月24日，有卖字画的湖南人王阿法，至四马路总巡捕房报告。据王阿法称，一星期前曾到小北门外应桂馨家兜售字画。应桂馨拿了一张照片给他看，云："欲杀此人，如能办到，愿酬大洋一千元。"王阿法回绝，称自己无此能力，将照片交还。近几日，王阿法看到各报所印宋教仁的照片，与应桂馨出示的相似，是以来巡捕房报告。

巡捕房捕头根据王阿法的报告，23日夜，至法租界徐家汇路文元坊应桂馨住宅拘拿嫌犯。此时应桂馨在英租界妓院饮酒，立即赶至英租界，在湖北路清和坊二百二十八号妓院内，将应桂馨拘入捕房。

在应桂馨家中也有收获，查获吴福铭（即武士英）等十七人，并抄出共进会簿据与往来信札。所抓获之人，被带回法捕房，严加盘诘。其中一人吴福铭（武士英），承认即刺客。

在宋教仁被刺的次日，上海五马路六野旅馆就报告，发现有一可疑旅客。此人乃是贩售花瓶的山西人武士英，面目极凶恶，身材短小。武士英自称曾在军中担任管带，但生计萧索，时常向人借钱。案发前一日，武士英向邻室的住客借路费，因朝夕相见，不能回绝，就借给了小洋一角。武士英云不够，住客乃借给小洋三角。当晚8时许，武士英回到旅馆，已换上了一身新西装，又从怀里掏出一沓钞票炫耀道："我现在已有钱。"随即取出一元钱，还给住客。住客道："只借了三角钱给你，何必还这么多？"武士英得意洋洋地道："待我事成，尚有千元。"语毕即出门去，同住者都以为他有神经病。次日宋教仁被刺后，同住者开始怀疑此人，打探武士英的行踪，得知他20夜并未回旅馆，21日早7时许，来旅馆付账，提了破烂皮包扬长而去。

武士英在应家被捕后，面目凶恶，虽身材短小，却衣着光鲜，让巡捕房立刻就注意上了。巡捕房到沪宁车站，找到一名看过凶手面目的小孩，到场辨认，认出武士英即凶手。武士英被捕后供认不讳，并签字画押，其在六野旅馆所出售的花瓶，也出现在应家。

法捕房总巡蓝维蔼，将武士英（化名吴福铭）再三盘问。武士英供称："前有陈玉生托我暗杀宋教仁，手枪是陈玉生之物。我持枪往击后，仍将手枪交还陈玉生。陈旋即出门，不知何往。我住在应桂馨家中，亦由陈介绍。陈玉生是五六日前，在茶店中认得的。当时陈对我说，现在我们要办一人，这人与中国前途有非常关系。这人是无政府党，吾等将替四万万同胞除害。我因听陈说这人于中国有害，所以毅然答应了。这日同吃茶，晚上同陈到六野旅馆开一间房。到行刺的那日（20日），我与陈在三马路半斋吃夜饭，酒已吃得半醉。陈就告诉我这人姓宋，今晚就要上火车，故今天就好行事了，说毕将手枪交给我。这时另有两人同叫车子，到火车站买月台票三张。有一人不买票，在外面看风，票才买好已见宋至。姓陈的就指点我说，这就是宋某，后来等宋从客厅中出来，走至半途，我即开枪打了一下，往后就逃至门口，见有人来挡，即仆地再朝天放了枪而逃，到门外坐黄包车到应桂馨家去，及进门则陈已先至。陈对我言，如今好了，我们已替四万万同胞除害了。"

武士英供词中称的陈玉生，唆使杀人，同至半斋喝酒，同至火车站指点宋教仁面目，乃是重要案犯。陈玉生操镇江口音，巡捕房特意请镇江火车站严加查访，不久即在镇江将陈玉生捕获，带回上海审讯。

3月26日下午4时，法捕房捕头再到拱宸门外文元坊北弄第二号应桂馨住宅搜查。巡捕房诸人入内仅搜查房屋两间，所得公文凭据甚多，后抬出红漆皮箱一只，上有长春栈封条，带回巡捕房后，查到六响手枪一把，枪内尚存子弹三枚。经与火车站所开三枪的子弹对比，与宋教仁所中子弹相同。

此案中的应桂馨，背景极其复杂，他是孙中山的亲信。孙中山担任临时大总统期间，他担任卫队长，之后转任南京临时政府庶务科长。在南京政府时，因贪污伙食费而被排斥。应桂馨与陈其美关系密切，1912年，应桂馨联合青帮、红帮、哥老会三帮，组织中华国民共进会，就得到了陈其美的支持。

武士英是山西人，辛亥革命时任云南七十四标二营管带，因蛮横不羁，作风败坏被遣散，流落到上海，被应桂馨招募为爪牙。3月20日晚，受应桂馨指使，在上海火车站刺杀国民党首领宋教仁。24日被捕。

应桂馨被捕后，送入总巡捕房收押。应桂馨毒瘾甚深，每日须吸鸦片五六元。牢房内不准吸毒，经过总巡同意，予以特殊待遇，每日三顿饭食在外购买，并准许购服戒烟丸，以抵烟瘾。

此案之中，还有一个联系南北的关键人物朱荫榛。朱荫榛是南京人，曾经从军，后赋闲在沪。3月18号，应桂馨令其家丁蔡荣之子名阿二，将他招来。应桂馨道："我要往北京，尔随我同去。"至20号晚间9时，朱荫榛至应宅，应桂馨忽称另有他事，不能离沪，命朱荫榛代往北京，交给公文一件，信一封，川资五十元。他令朱荫榛将公文投递总统府，信是致洪述祖，再领饷银六千元。

3月20日晚11时，朱荫榛乘火车往北京。走到天津时，得知宋教仁被刺。到北京后住京台旅馆，随即到总统府招待处投公文，再至洪述祖处投信。会面时，洪述祖交给钞票两千元。25日晨，朱荫榛又至洪述祖处领取饷银六千元，但未领到，嘱他迅速回沪，并无其他言语。朱荫榛到沪后，见应宅已被查封，随即至苏台旅馆寻到应妻，将钞票两千元交付，此后躲藏起来。

4月3日，闸北巡警局长龚玉辉奉命，抓捕朱荫榛。朱荫榛被拘解司法科，由龚局长亲自提讯。据朱荫榛供称："前应曾派我至北京，向洪述祖取来两千元，至作何用度，及如何谋杀宋教仁均不知情。"

宋教仁被刺案内的应武两要犯，及嫌疑犯朱荫榛，初送到南陆军步兵第六十一团营仓（即旧江苏海运局），由军士严加看守。六十一团系黄郛旧部，故而交给六十一团看管，等于交给国民党看管。

武士英每日午晚两餐，饭量不甚佳。4月23日夜半，武士英乘看管军士调班之时吞服毒物，至24号晨6时毒发，两鼻孔流血。武士英服毒后，红十字会医生柯司即来查验，发现武犯吞了火柴头的赤磷，于9点30余分毙命。

5月中旬，宋案要犯应桂馨及嫌犯朱荫榛，押解入城，交地方检察厅模范监狱看押。案犯移解地方检察厅模范监狱后，应桂馨即索香烟，狱官告以狱中规则颇严，各种香烟向来不准递进，遂以自己所用皮丝烟袋，给应吸食。应桂馨却不接受，要求吸食鸦片。狱官严词拒绝，不过还是同意他每日服戒烟药丸抵瘾。

二次革命爆发时，应桂馨被关在狱中，有人建议陈其美将其诛杀，为宋教仁报仇，但陈其美没有同意。到了7月24日深夜，应桂馨等要犯，乘南北两军酣战之时，用铁斧巨石撞开模范监狱围墙，四面撞开四洞，囚犯从洞中一拥而出。一时人声鼎沸，逃出男女各犯约有二百人，均在附近屋檐下敲去镣铐。逃出的囚犯拥戴应桂馨为首，带领众人逃逸。看守兵士见此等亡命之徒冲出，也不拦阻，虽然开枪射击，却未伤及一人。

应桂馨越狱后，前往北京，要求袁世凯给予赏赐，袁世凯拒绝接见。1914年1月20日下午，应桂馨搭乘火车，乘头等座前往天津，途中被军法侦探长郝占一用刀刺死。应桂馨死时，仰卧座位，右腹有刀创，凶器弃于身旁。赵秉钧时任直隶都督，闻应惨死之讯，愤然谓："以后有谁肯替总统办事？"不久赵在天津督署中毒，于2月27日七窍流血而死。此年6月20日，执法处总办事陆建章调任陕西都督，郝占一随同前往，等候任用，也被杀掉灭口。

洪述祖是江苏武进人，为洪亮吉后人。辛亥革命爆发后，为袁世凯出谋划策，在清廷与革命军之间玩弄两面手法，得到袁世凯赏识。北洋政府成立后，在唐绍仪的推荐下，洪述祖任内务部秘书，曾获袁世凯所授三等勋章嘉禾。

洪述祖任内务部秘书时，经人介绍与应桂馨认识。时上海地方青洪帮组成共进会，应桂馨为会长。自与洪述祖认识后，二人函电往来密切。此年洪述祖出面，联络应桂馨，刺杀宋教仁。之所以要杀宋，因为洪述祖曾拿了袁世凯一大笔钱，找了应桂馨合作，预备炮制文章，抹黑"孙黄宋"。不想计划失败，没法向袁世凯交代，转而杀宋教仁交差。

宋教仁案发后，洪述祖提前得到消息，逃到青岛租界躲避。过了几年，他以为风头过去，化名张皎厂（即张教安）回到上海公共租界。1917年4月，宋教仁十六岁的儿子宋振吕与秘书得知消息，诉于上海检察厅。该厅向会审公廨交涉引渡，后将洪述祖押解北京。

1919年3月，判处洪述祖死刑，4月初被绞毙。绞决洪述祖的机器购自法国，初时先用一狗加以试验，后曾绞决两犯，均甚得法。不想洪述祖被绞后，身首分离。司法总长及典狱长亲到现场，请北京医学院学生三人为之缝好尸身。至于身首分离的原因，云系年老肌肉不坚，且系身量过重所致。

宋教仁被刺杀疑点诸多，事后证据都直指当时的总理赵秉钧。武士英受应桂馨指使，应桂馨受洪述祖指使，洪述祖是赵秉钧的下属，与袁世凯也有千丝万缕的联系。此案与袁世凯并无直接关系，但后世都将矛头指向袁世凯。

宋教仁在当日民国，风流倜傥，英姿勃发，口若悬河，其人有不世之才华，眼界深远，不存私欲，只图造就共和，进入文明富强国家。当其要一展身手之时，却被暗杀，这是中国近代史上最让人痛心的事。此后百年之中，哪里能再找得出一个宋渔父这样的人物？

上海闸北宋教仁墓地，于右任撰书刻铭："先生之死，天下惜之。先生之行，天下知之。吾又何纪，为直笔乎？直笔人戮。为曲笔乎？曲笔天诛。嗟嗟九泉之泪，天下之血，老友之笔，贼人之铁。勒之空山，期之良史，铭诸心肝，质诸天地。呜呼！"

黄兴为黄鹤

以宋教仁被刺案为契机，再加上善后大借款与裁军，导致了二次革命的爆发。

裁军，即将为各省革命党人所控制的军队撤掉；借款，则是袁世凯向各国借款，用作军费。

1912 年，袁世凯就编订了裁军计划，当时处于革命党控制下的广东、江西、福建、湖南各省有约五十万军队。通过裁军，南京留守政府被裁军三分之二，湖南五万军队被裁至万人。裁军在当时也是迫不得已的选择，革命党人执掌的各省，都面临军费缺乏的问题。南京留守政府没有任何财源，"只得把南京军队的伙食从干饭变为稀粥"，不久"有数处日仅一粥，每日索饷者门为之塞，危险情形，日逼一日"。

不过江西都督李烈钧，利用裁军将军队进行了整编。江西有三师一旅军队，李烈钧将其中缺乏战力者裁掉，同时采购新式步枪，扩充军备，使袁世凯的裁军计划受到阻碍。为了削掉各省都督实权，袁世凯推行"军民分治"。在职权划分上，都督只管军队，不管行政，行政事务由中央委派的省长管理。袁世凯派出的省长到了江西后，被人警告，请其三天之内离开南昌，将省长吓走。

1913年，袁世凯预备向五国银行团借"善后大借款"，以盐税与关税担保，此举遭到国民党的反对，江西都督李烈钧、安徽都督柏文蔚、广东都督胡汉民公开表示反对。为了对付袁世凯，江西、广东、安徽、湖南、福建五省都督联合，形成攻守联盟，准备讨伐袁世凯。

宋教仁被刺杀后，国民党却陷入分裂，孙中山坚持要武力讨伐，而黄兴则主张由法律途径解决。当时的国民党多数领袖不主张采用武力手段，认为应当通过法律途径来解决。黄兴的主张在当时诚为现实选择，因此时国民党人的实力远远不是袁世凯对手。坚持用武力来挑战，正好撞入了袁世凯的圈套。如果坚持法律

李烈钧

途径，在宪政框架内和袁世凯博弈，袁世凯倒是要头痛了。

宋教仁一案后，孙中山一再主张兴兵讨袁，并督促胡汉民在广东独立、陈其美在上海独立，但在 1913 年 5 月初，他的主张遭到挫折，社会上要求南北和解的呼声高涨。在这种情势下，袁世凯屡屡出招，逼国民党采用武力。

1913 年 6 月，袁世凯下令撤去江西、安徽、广东三省国民党籍都督，三督遵令去职。但袁世凯并未满足于此，随即派出北洋军队南下，分别进攻湖北、江西、南京、上海。7 月，国民党在上海召开紧急会议，决定发动反袁的二次革命。

李烈钧先在江西湖口发动，起兵反袁。为了讨伐江西，袁世凯派遣段芝贵、李纯等部，会同海军，水陆两路并进，开往湖口镇压。江西方面，李烈钧手下师长刘世钧临阵倒戈，导致战事失利。南昌城被围后，李烈钧仓皇偕日本卫队十名，精兵二百名，逃往上游。南军初见敌军，即纷纷逃散，北军乃长驱入城。至 8 月中旬，李烈钧出逃日本。

江西发动之后，其他各省革命党人并未起而响应，湖南、福建保持观望。安徽都督柏文蔚被解职后，在家中闭门谢客。呼应江西的，只有江苏一省。是故二次革命的主战场，一在江西，一在南京，故又称"赣宁之役"。

二次革命之前，江苏地方上的军政大权，被革命党人所控制。原先江苏驻扎的各军，革命意志最为坚定，军事素质过硬。经过裁汰之后，江苏只剩下编制不全的几个陆军师，且军饷军械缺乏。在江苏各军中，以南京第八师最为精锐。袁世凯事先下足功夫，收买了第八师的高级军官。第八师中，中下级军官与士兵则倾向于革命，一度准备兵变，杀掉师长。迫于压力，第八师高级军官才宣布反袁。

驻扎在扬州的第四师领袖徐宝山，原先是北洋系的死对头，曾一路追杀张勋。此番在袁世凯重金收买之下，徐宝山将儿子送到北京做人质，并表示要服从中央指挥，甚至要与死敌张勋联合。1913 年 5 月，徐宝山在扬州被暗杀，其部属由弟弟徐宝珍统领，公开投靠袁世凯。

徐宝山是镇江丹徒人，年轻时闯荡江湖，精于武术，枪法高超，在镇江、扬州一带的帮会中享有大名，外号"徐老虎"。徐宝山在青帮中排行"礼"字辈分，并没有多大力量，于是寻思加入洪门，另开山头。在泰州洪门领袖任春山的介绍下，徐宝山加入洪门，另开山头，二人各取一个字，名为"春宝山"。1899年，徐宝山举行了"春宝山"的开山堂仪式，表明帮会正式创建。春宝山废除了旧帮会中的繁文缛节，简化入帮仪式，打破了帮会内部按资排辈的习俗，革除了反清复明等内容，各地的大批游民、流氓乃至青洪帮成员，纷纷加入，势力日振。

1900年，徐宝山被刘坤一收买。徐宝山被收买后，刘坤一命令他负责剿匪。在长江流域的大批青帮、哥老会分子，成了徐宝山围剿的目标。会党将徐宝山视为叛徒。青帮将亲近徐宝山的帮会徒众全部驱逐，又定下帮规"提宝字割舌头""提春字挖眼睛"。因为徐宝山与青帮有仇，是故又有黄金荣派人将徐宝山暗杀一说。

1913年春，嗜好古董的徐宝山想买个花瓶，派手下赴沪采购。徐宝山的手下到了上海，四处寻觅古董花瓶，革命党人张静江此时恰好在上海二马路开设古董店，挂了个"通运公司"的牌子。得知徐宝山要买古董花瓶后，革命党人设计，将炸弹装在木匣内，伪装成古董，派人送至扬州。徐宝山大喜过望，亲自开启木匣，查看花瓶，结果引爆炸弹，被炸身亡。徐宝山自进入扬州之后，从城中各富户家中，敲诈了很多珍稀古董。此番炸弹爆炸，屋内所搜刮的珍稀古董也全被炸毁，让时人惋惜不已。徐宝山一死，弟弟徐宝珍接收其军队。

1913年7月15日，江苏都督程德全被逼迫，宣布江苏独立，推举黄兴为江苏讨袁军总司令。城中驻军，第一师师长章梓乃是程德全心腹，自然听令。一些反对独立的高级军官，则被抓捕杀掉。江苏宣布独立之后，江苏都督程德全逃遁上海，将南京的一切事务，托付给黄兴处置。当日南京地方人士，对于局面忧心忡忡，有人预言："北军不日便将入城，黄兴必为黄鹤，城中百姓何以堪？"后来的局势发展，果然如此，黄兴为黄鹤飞去。

江苏宣布独立之后，驻扎在南京的第一、第八两师，抽派兵力由津浦路运到徐州，会同驻徐州的江苏第三师，防御北洋军南下。

1913年7月16日，驻徐州的第三师，对北洋精锐发起进攻，很快败退。第八师增援部队赶到后，才稳定下局面。但在扬州的徐宝珍公开拥护袁世凯，袭击南京。无奈之下，黄兴将前方部队调回南京，导致前线崩溃，徐州沿线相继落入北洋军手中。不久，驻苏州的第二师又宣布倒戈，不到十天，江苏形势全面恶化。

在南京主持战事的黄兴，于28日夜间离开南京，《申报》嘲讽他道："呜呼，畏怯。"南京市民则嘲讽："黄大爷见势不妙，立刻开逃。"主帅一走，各部再无战意，主要将领纷纷弃军而逃。被胁迫独立的江苏都督程德全，当即转向，又通电取消独立。

程德全重新任命的将领，到南京后严惩参与革命的官兵，克扣军饷，并扬言要将参与革命的下级军官全部革职。在南京军中的革命党人如何海鸣等人，联络革命党，预备重新起事。到了8月8日，在下级军官主持下，江苏再次宣布独立，何海鸣被任命为总司令。

第八师师长陈之骥，乃是北军大将冯国璋的女婿，哪肯听命于一书生？当即将何海鸣抓捕，取消独立。不想下面的军官再次发动，8月12日再次起事，救出何海鸣，又宣布独立，真是一波三折。事败之后，陈之骥奔往江北，投奔了老丈人冯国璋。

何海鸣是湖南人，少年时饱读诗书，曾考入两湖师范。十五岁时投笔从戎，到湖北新军当兵。在湖北新军中时，何海鸣组织文学社，预谋革命，后因事泄而退伍，创办《大江报》。因为在报上发表激烈言论，何海鸣被抓捕入狱，判处死刑。就在行刑之前，辛亥革命爆发，何海鸣被释放，投入革命军中。到了南京后，往昔的一名书生，却得了广阔的舞台，叱咤风云，中外瞩目。

制造局争夺战

早在5月29日，徐企文等进攻江南制造局，被制造局守兵击退，事后徐企文及参与者被擒获斩首。北洋政府唯恐制造局有失，特派海军中将郑汝成、团长臧致平，率警卫队一千三百余名，于7月3日抵制造局，协同海军总司令李鼎新共同守备。

7月16日，陈其美被推为上海讨袁军总司令（也称南军）。陈其美、钮永建辖有六十一团三营，松军三营，三十一旅步兵三营，福字三营，沪军四营，炮队一营，岑春煊卫队二营，及新招无赖千余人，环攻数昼夜。

上海讨袁起义爆发后，首先进攻制造局。制造局位于高昌庙，地势重要，黄郛旧属六十一团所辖一营驻于制造局。拿下制造局，即可拿下上海，当时主张上海起事者，都以为上海可不战而定，不意爆发多轮苦战，却未能攻下。陈其美特意将义弟蒋志清邀来沪组织敢死队，蒋志清后改名中正，字介石。蒋志清赴龙华军营，策反了陆军九十三团，参与了进攻制造局。

7月23日，自凌晨3点钟起，至7点钟止，南北两军在制造局附近激战。南军猛攻三次，均被驻守制造局的北军击退。海军兵舰在附近开炮，为北军助战，炮火猛烈，导致南军死伤甚多，统计大约士兵、平民死者约二三百人，伤者约三倍于此，其中重伤者甚多。

第一次进攻，前后不过一小时，枪炮之声隆隆震耳。南军出动兵力共约五千，北军仅有两千，但北军训练有素，且久经战阵，占据优势。南军数量虽多，但多为本地新募之兵，且有地痞无赖之类。据观战者云，南军不知战法，胡乱开枪，误伤平民甚多。

南军由三面开炮，一在城中，一在龙华，一在斜桥。步兵助以野战炮、机关炮，猛攻约半小时之久，但炮手技术不精，击中制造局者甚少，流弹飞入城内南市者甚多，财产损失颇大。南军攻击时毫无章法，不注意隐蔽，过于靠近制造局。北军以逸待劳，枪炮齐放，南军遂自相惊乱。夜间炮火轰鸣，城内及制造局附近居民由梦中惊醒，携老扶幼，逃入租界。有全弃其家产而逃生者，有不忍丢弃产业者，逃避稍迟，为流弹所中而致死伤者。

第二次进攻，在4点之后，南军再次惨败。据围观者云，南军攻击时，胡乱开枪。北军早有准备，见敌军由东方来攻，即以猛烈炮火覆盖，于是第二次进攻失败，至 5 点 30 分，南军撤退。部分南军退下后，奔入法租界，经法国巡捕及义勇队卸去枪械，然后放入法租界。

第三次之进攻，交战最为激烈，约在 6 点 15 分至 7 点 30 分之间。此次进攻大队系由龙华一方面调来，北军方面军舰以猛烈炮火射击，制造局内枪炮齐射，南军败退。有部分丢弃军械的南军，逃入德国巡捕防御线内。

南军前后三次进扑制造局，北军死伤者不满二十人，死者仅有六人。第二次攻击时，制造局附近的一艘兵船，被南军炮弹击中，稍受损伤。停战之后红十字会即往帮助受伤兵民，共约数百人，送入公共租界各医院医救。

南军不善射击，乃持炸弹猛扑，想要以炸弹轰击，却未奏效，损失惨重。军事观察家们认为，南军指挥不得法，军官根本不知道利用地势，唯各军官颇为勇敢。北军方面则训练有素，枪法精准。在火炮上，南军仅有过山炮数尊，而炮弹有限，交战后很快告竭。

此战之中，很多日本人参与，为南军绘制地图，运送军火，乃至参与指挥。时有居民见日本人三五成群，杂于南军队伍中。23 日上午，有人看到日本人多名，在南军中指挥战事，凡有日本人之处，枪炮最为激烈。浦东码头有日本人数名，绘画海军各舰图样。南军于上海附近所用军械，多属毛瑟枪，天津某日本公司以大批末拉太及明治三十六年来复枪及子弹，售与南军。

23 日上午，两军暂时休战，使红十字会人员能进入战地，移去死伤兵士。23 日夜间 10 时起至 24 日凌晨 5 时止，南北两军再于江南制造局一带开战，结果与前一日相同，北军获胜，死伤无几，南军损失惨重而退。

是夜月色颇佳，10 时南军发动攻击，分三面从斜桥、龙华、沪城发动进攻，初始数分钟，枪炮声较弱，之后双方开始猛烈射击。海军各舰继续提供火力压制，重创南军。白日时，南军曾派人游说海军，请严守中立，被海军将校拒绝。

南军行军中心点在斜桥，由该处谨慎前进，借房屋为掩护，以免为北军所见。其先锋队则在龙华路与铁路中间，既而斜桥方向大队南军陆续前进，步枪声、机关枪声、快炮之声，一时齐作。两军交火后，军舰开炮猛轰，战地周围数里，炮声隆隆。战至一个半小时后，南军稍退，半因缺少子弹，半因制造局机关枪及海军舰炮火力过猛。

24日夜，两军自夜间9时起至25日晨7时止，在制造局西北方向恶战，仍由北军获胜。此役为开战后最剧烈一次，然死伤之数反较前两夜为少。海军各舰开大炮助战，南军纷乱而退。南军退往龙华一方面者，为数较少，大半沿徐家汇河退走，散至附近四乡。北军即设法包围，驱敌至龙华附近。北军集中火力，轰击龙华火药局，因为此处储野战炮弹及枪弹甚多。此夜交战，北军损失不满六人，南军死者二十人，伤者五十人。

25日夜，制造局复有激战。晚间9点15分，枪炮之声隆隆震耳，既而城中起大火。南军先由斜桥进攻，为北军击退。第二次由西北方向进攻，助以机关枪。此次南军鉴于此前数役之失败，指挥稍为得法，故损失较轻。南军于天明时，即撤退至斜桥与制造局中间之地。第三次由驻道台衙门之兵出南门，进攻各兵船及制造局，南军以野战炮掩护，猛烈射击，奈何仍未奏效。第四夜之激战，北军死伤者寥寥无几。南军死者二十人，伤者六十人，南军死伤既多，逃亡者复不计其数。

陈其美连续战败，颇不甘心，将总司令部移设于闸北南海会馆、湖州会馆等处，召集流氓，并向他处调集军队来沪，希图复仇。陈其美将司令部迁到闸北，闸北一带工商业密集。经商务印书馆夏瑞芳等商界领袖出面，请租界出动万国商团，驱逐陈其美。万国商团隶属于公共租界工部局，在清末创办，装备有各类犀利武器。7月27日，租界方面派出万国商团，携带机关炮六门，将讨袁军（南军）从闸北驱逐。陈其美此时在吴淞，于闸北驻守的乃是蒋志清。

7月28日夜，制造局再次开战。南军决死进攻制造局，并得善战指挥官数人指挥战事。南军投入战斗者如下，龙华两千名，南市一千二百名，徐家汇约八百名。晚间8时许，向制造局进发。南军在屡次战败后，总结经验，谨慎部署，先派全军之半前往攻击，而留一半为后盾。南军行动早为制造局守军所知，北军布置哨队，其法颇善，见南军逼近，即开枪猛拒，各军舰纷开大炮助战。

南军第一次攻击受挫后，退后稍行休息。不久徐家汇方面援军赶到，因于11点30分时全力猛扑，此次先作半圆形阵式，继乃前进。北军注意力被制造局西、北两面吸引，不意南军一队，乘其不备，攻入制造局东门，被北军以刺刀杀死二十二人，南军后退。是时两方面炮火瞄准过高，故损失较前略少，有炮弹一枚落于徐家汇镇，击毙数人。

29日下午，租界传龙华军营南军，已弃军火逃散。29日夜8点55分至9点10分时，各兵舰向岸上开大炮数响，制造局守军也纷纷开炮，南军寂然无声，并无反击。

南军攻打制造局，屡战无功，北军的援军却已经到来。招商局公平、新济、安平三轮船，载北军约三四千名，由巡洋舰四艘护送，开抵吴淞口外，即在浦东某处登岸，并携马匹及野战炮多尊。上岸的军队，有部分由小河开往制造局增援，主力留驻附近，协助攻击吴淞炮台。巡洋舰泊在吴淞口外，夜间以探照灯四处照射。

陈其美将司令部迁到闸北，不想被万国商团驱逐，只好再迁往吴淞。吴淞炮台的士兵夜间极为忙碌，白天则多安睡，夜间凡有轮船入口炮台，均开空炮。如见其形迹无可疑之处，即放行。吴淞炮台驻有大批军队，由居正指挥。炮台沿塘堆筑高垒，并开掘深壕，以防北军攻击。炮台军需尚充足，唯现款颇少，兵士每人仅日给铜圆八枚，偶有怨言者即遭枪毙，故兵士皆无斗志。

外人均不准进入炮台，唯门内兵士行动，外人可以一目了然。炮台营房似挤满士兵，炮台之内及周围一带约有兵士三千人，士兵多数看起来精壮，劣弱者也不少。炮台内还有一些少年，年龄不满十五，手持来复枪。红十字会已在吴淞镇下右岸附近租下房屋，设立办事所，以备双方开战后进行救护。

8月2日凌晨4点20分钟时，护送制造局援军抵沪的各巡洋舰，驶入吴淞口，距炮台约五英里，开炮轰击，炮台方面则开炮回击。双方炮战约半小时之久，炮火全停。各巡洋舰均驶回原泊之处。两方面虽以大炮互射，均未受损。海圻巡洋舰装有八寸口径大炮两尊，四寸七口径大炮十尊，先由该舰开炮，其第一炮落于炮台之前。巡洋舰开炮四五次，因距离炮台过远，未能命中。炮台开炮约十次，也无一击中巡洋舰。传陈其美在吴淞炮台曾召集将士多人至司令部，当众断其左手一指，发誓决不以炮台让与北军。此后几日，吴淞炮台与海军舰队之战事较前更为激烈。炮台共中弹四枚，损伤不甚重大。南军方面则云，曾有一炮击中海圻巡洋舰。

8月12日下午，炮台与军舰继续炮战。当日经中国红十字会沈敦和出面，请红十字会医生柯师，搭乘小轮船，与双方进行沟通。与南军钮永建见面时，柯师再三劝说，请放下武器，终止战火，并担保投降士兵安全。至13日，炮台守军决定投降，海军派遣五十人登上炮台接受投降，与投降南军士兵相处和睦。双方军队共同列队，向红十字旗行三呼礼道谢。

蒋志清的拜把子大哥陈其美，战后逃跑。陈其美生平喜暗杀，还喜切手指。一云，辛亥革命时陈其美领兵猛攻，丢了两个手指。一云，二次革命时，讨袁军屡战屡败，陈其美切了自己两个手指，发誓血战到底。一云，陈其美切了手指，还以断指作血书，以表决心。一云，二次革命时，陈其美曾在电风扇下奋笔疾书，忽有一纸被风吸至电风扇之上，陈其美急忙去抓，结果触及扇叶，被削去数指。

陈其美，到底十指全否？

南京血战

北洋军兵分两路，进攻南京。一路由张勋统领，在徐宝珍配合下，过江占领镇江，之后攻占紫金山及天保城。另一路则由冯国璋带领，沿津浦路南下，进到南京江对岸浦口。

8月13日，张勋到达龙潭，一路上打着前清"两江总督"旗号，使用"两江

"总督"官印。张勋之所以打出"两江总督"的旗号，也与南京有关。在辛亥革命之前，张勋被调任江南提督，节制长江江防各军。辛亥革命之后，张勋领兵，在南京雨花台与革命军大战。在击败革命军，攻入城内之后，张勋封闭城门，搜杀革命党人。之后江浙革命联军攻打南京，张勋退走徐州。因为张勋卖命作战，清廷在覆灭之前，特意授予张勋江苏巡抚职，署两江总督兼南洋大臣。

8月14日拂晓，为抢头功，张勋出动所部敢死队，在徐宝珍江苏第四师的配合下，攻击紫金山。紫金山革命军驻军，此时毫无战意，立即向张勋投降。第八师随即发动反攻，在炮火配合下，夺回紫金山阵地。南京城中，经由商会出资，建设卫戍团，共有五百余人，以吴浩为司令，一切费用均由商会负责，以维持治安。卫戍团工作颇为卖力，城中暂时未出现抢劫事件。

16日晚，卫戍团声称抓获抢劫犯四十余人，均被枪决。此事却另有隐情。第八师士兵曾在城中担任治安维持工作，尽责多日，却分文未得，心中不甘，决定攻击造币厂及卫戍团办公处。吴浩早有准备，设下伏兵，待第八师兵士进入之后，即以机枪射击，又将大门关闭，生俘一百二十人，处决四十三人。

败兵退走后，复聚集大队人马，再次前去寻衅。此时恰逢何海鸣赴城东查阅军队部署工作。何海鸣出城后，城内盛传其已去投降。吴浩乘机在全城张贴公告，称取消独立，向北军投降。何海鸣闻讯后，紧急回城处置。卫戍团哪是正规军对手？很快战败，吴浩自行潜逃。

8月20日，南京无风无雨，酷热难当，此日炮声隆隆，不绝于耳。当日张勋派出部队偷袭，攻下天保城，将堡垒中的炮门拆掉。宁军反攻后，见天保城内大炮不能使用，就全部拆毁，以免为张勋所使用。

此时天气酷热，对于作战也有影响。20日夜间，张勋携带了卫队，露宿在尧化门火车站（位于南京尧化镇高庙）站台之上，派卫兵八人驻守身旁四围。夜间，张勋口渴，索水饮用，呼了良久，无人响应，知道身边的八名卫兵都已熟睡。张勋部下文化程度较低，对于战法毫无所知，仅有少数军官能看地图。虽然张勋贪功，想早日攻下南京，可也知道这是硬钉子，是故决定围困南京，待其粮食军火告罄，逼迫宁军开城投降。南京城东南两面虽然被围，但西面并无围兵，民众可以自由出入。

8月21日，两军进行谈判，北军开出之条件约略如卜：

（一）交出何海鸣；（二）张勋之兵入城，宁军不得抗拒；（三）宁军一律缴械遣散。

此三项条件，未得到宁军认可。城中商民唯恐战事持续日久，损失太大，表示愿筹集巨款，发给宁军，作为退出南京的报酬。此时下关居民逃避一空，留下者寥寥无几，不时有被炮弹击毙者。外国邮政员在水面设一临时邮政局，以小艇递送邮件，是故南京与外界的联系，并未完全中断。江中停泊有英德美兵舰各两艘，日本兵舰一艘，各舰司令常与城中各国领事互通消息。双方的战事，并未影响航运，长江中轮船来往如常。

南京城中，来了个意外的客人，这就是安徽都督柏文蔚。

21日，紫金山及太平门周围爆发大战，北军拼死进攻，城中宁军奋勇抵御。沪宁铁路成为张勋部队输送军火的重要通道，火车络绎不绝。当日下午，忽有一炮弹由幕府山方向射来，落到尧化门车站，张勋所乘火车当场被炸裂。幕府山炮队原先保持中立态度，所以张勋所部在尧化门车站附近有恃无恐。看到炮弹来

柏文蔚

袭，士兵千余人顿时大乱，立刻以枪威逼火车向镇江开走。火车道却被众多车辆堵塞，既不能进，又不能退，乱作一团。

南京开战后，城中除了吃食店铺外，均已关门，食品价格日涨。街中车辆绝少，人力车夫被士兵看到，即抓去当兵，是故车夫均隐匿不出。城中有西方人十余名，可以自由行走，不受干扰。西方人住宅均悬外国旗帜，以美国国旗最为明显。各教会之中，满是避难的妇孺。在南京的各国领事署，除日本外，均没有驻扎卫队。

8月24日，是北军攻城第十日。南京城防虽然险固，但城内守军存在诸多矛盾，冲突不断。南京守军原本指望安徽革命军的帮助。当时有各种消息称，安徽革命军将大举入苏，援助南京。德国巡洋舰爱姆丹号在芜湖附近，见中国商轮一艘，高挂德国国旗，上载从芜湖运来的军需款项等物，准备到南京接济宁军。德国军舰靠近盘问，探出真情后，将德国国旗收没，再将船只放走。南京市面上出现了原本在芜湖流行的西班牙银元，也是安徽支援南京的佐证。

柏文蔚到南京后，认为宁军也不是无力一战。南京城内粮食储存充足，造币厂内更存有大量白银，可以制作银元七十余万，且可以从芜湖获得各种供给。只是宁军内部混乱，将领彼此争权，剑拔弩张，有一触即发之势。柏文蔚奔走调停无效，留在南京反有被卷入的风险，遂在25日带领五百余人从南京出逃，前往上海筹措枪支弹药，并募集敢死队员，准备重回南京。南京战败后，柏文蔚亡走日本。

20日之后，紫金山、天保城两处炮台，已被北军控制。辛亥革命时，张勋因为此两处炮台失守而逃走，自然知道其重要性。宁军组织了敢死队反攻，却未能攻下，损失严重，城中鼓楼医院及两处教堂，均满是伤兵。

25日时，太平门、朝阳门，整夜鏖战，宁军坚守各门。张勋与宁军激战之时，冯国璋、雷万春两军却作壁上观。宁军之中，第一师与第八师，士兵态度全然不同。第八师由辛亥革命时的老兵组成，曾经将张勋逐出南京。第一师则是辛亥革命之后，招募各省逃至南京的流民组织而成。第八师志在战斗，第一师志在劫掠。宁军方面，每次发动反攻的中坚力量，都是第八师士兵。第一师曾两次派兵到前方，替代下第八师士兵，但第一师士兵见到敌兵皆纷纷逃走。第一师炮队团长许锡光及军官五人，奉令镇守天保城，不能尽职，经军事法庭议决，处以死刑。

南京守军本有投降之意，但张勋所部名声太差，宁军士兵判断投降后必然要被屠杀，故而拼命死战。对此张勋也心知肚明，是故外国医生马林及葛尔传教士，出城拜会张勋时，张勋声明入城后决不乱杀，又出具文书，让二人带回城中。

26 日，双方在太平门周围展开激烈交战。此日张勋发电称，已攻入南京。太平门难攻，因为门前是一览无余的空地，毫无掩蔽之处，城上则可以集中火力射击。张勋的战略是，将城墙轰塌一处，再以马队冲入。此日的交战中，太平门城墙被轰开，马队藉炮火掩护，冲锋入城，不料踩上地雷，被炸死二十余人，当即退出。张勋求功心切，看到马队冲入，立刻发电报给袁世凯报喜，称已攻下南京，成为笑柄。此时守城一方已呈颓势，张勋军炮火激烈如前，守军偶尔发射一两发炮弹，基本上依靠步枪御敌。此日全天大战之后，张勋以为明日必可攻入城中。

当日冲锋时，除了马队外，还有徐宝珍部下一大队。在进逼城门时，徐宝珍部被城上步枪齐射，遭受重创。徐宝珍部怨言颇大，认为张勋将他们当作炮灰。城内守军在击退攻势后，立刻在缺口处布置防御，设置埋伏，应对下一波攻势。

连续两星期交战，导致张勋所部纪律松弛，大开杀戒。在尧化门火车站，张勋部就公开处决了二十余人，其中大部分是被俘的守城士兵。其中有一人是当地乡民，被处决的原因也是离奇。此名乡民，看到张勋部下拖着大辫子作战，气愤不过，约聚多人，准备强行剪掉落单的张勋部下大辫子。结果反被张勋部下击退，其他人逃跑了，唯独此人被擒获处决。

27 日，张勋在太平门外发动攻势，再受重创。被运下来的伤兵有百余人，死者人数则不得而知。

28 日晨，张勋辫子军在紫金山山坡之下，排列大炮，轰击太平门，两军交战激烈。张勋亲自督战，辫子军一再挺进，怎奈城头弹飞如雨，虽一再进攻，均被打退。守军连续多日，日夜苦战，寝食皆废，其疲惫可想而知，但守军认定，一旦张勋入城，即死路一条，故而人人拼死作战。外间盛传，张勋意欲屠城，准许兵士抢掳二日，守军得知消息后，更发誓要死战到底。

交战时，张勋部队胡乱开炮，炮弹横飞，击毙平民颇多。宁军第二十九团，骁勇为全军之冠，苦战多日后，仅剩残兵二三百人，余悉阵亡。第八师虽处绝境，仍倔强不服，扬言杀一保本，杀十则已赚。城内宁军领袖，在交战时仍不忘发财，派了炸弹队前去商会，勒索大洋四十万。商会讨价还价之后，答应给出十万大洋，其中八万元供发兵饷，二万元作为南京各领袖离城之后的旅费。宁军拿了商会的调和款，却未退走，继续交战。

29日，南京守城主力第八师，尚存者仅一千五百人，但人人倔强，决意死守孤城。守军众领袖多次商议和战与否，但踌躇莫决，仍以主战为主。就民众而言，城中炮弹横飞，生命财产得不到保障，只希望早日完结战事，恢复和平。

30日夜，两军复在太平门、朝阳门外开战。太平门的守军一度被逼退至城下。11点时，张勋组织大队人马，猛扑城门，以炮队助战，仍被守军击退，大局无变动。两军交战之时，紫金山及城外各炮台，开炮轰城，以助其威。张勋部下胡乱开炮，英国领事馆中也有流弹落下，为此向冯国璋提出抗议。当时舆论普遍认为，因为是张勋率兵攻城，所以守军决不退让，拼死血战。若换了冯国璋攻城，则守军早已投降。但冯国璋此时，将主力放在浦口，隔山观虎斗，丝毫不急着攻入南京。

南京城各门皆闭，守军领袖何海鸣扬言，誓死不降。宁军拿了商会的钱，既然不出城，怎么也得维持秩序。宁军在城内大力维持秩序，严惩抢劫等事件。有士兵二人凌辱妇女，均被斩首。由于人手缺乏，宁军除了征募乞丐游民入伍外，开始强逼少年入军服役，并散布各种谣言，以鼓励军心。

到了9月1日，北洋各军布置完毕，发起最后总攻。张勋军攻击城东朝阳门、太平门，冯国璋军攻击城北仪凤门，雷振春军攻击城南聚宝门，当日南京失守，城中警察及民间卫队，均裹红布维持秩序，以示投降之意。张勋辫子军入城之后，四处搜寻革命军，城中枪声不断。全城遭到抢劫，几无一家幸免。

南京战败，标志着二次革命的彻底失败。在孙中山发动二次革命时，梁启超对此大为不满，激烈反对使用武力，写文指责国民党是"乱暴派"，武力造成"生灵涂炭"，导致国是日非。

是役国民党战败后，孙中山、黄兴等逃亡海外，北洋势力独大。击败国民党人之后，再无制约力量，踌躇满志的袁世凯再也不需要什么伪装了。1914 年 5 月 1 日，袁世凯颁布根据自己意志制定的《中华民国约法》(袁记约法)，废除责任内阁制，采取总统制，废止国务院，规定国家行政以大总统为首，专置国务卿一人襄赞之。

袁世凯又将《总统选举法》加以修正，规定总统任期为十年，可连选连任，不受限制，总统续任人选，由总统推荐，人名写在"嘉禾金简"上，藏在"金匮石室"里。这实际上是变相的帝王制了，大总统可以终身担任，可以指定继承人，可以由子孙后代世袭总统。即便如此，袁世凯还不过瘾，他要的是做皇帝。

第 二 章
白 朗 扰 乱

豫西土匪

清末时局纷乱，动荡不已，竟至无处不匪，"自庚子以后，百物昂贵，谋生日艰，游惰日众，富者率入于贫，贫者率流于盗"。大大小小的绿林武装在各地纷纷出现，一些地区竟至"无人不匪，无日不劫"。民国成立后，北洋政府也被土匪问题所困。当时匪患最重的是河南豫西地区，在北洋政府官方文件中，豫西被描绘为土匪横行、山贼林立之地。

豫西为三不管地区，历史上各类起义频发，民国初年更是悍匪辈出。豫西地区之所以土匪众多，与当地的社会、自然环境有关。河南西部临汝、宝丰、鲁山、郏县、洛宁等地，土地贫瘠，物产稀少，地租昂贵。宝丰和鲁山一带，大地主几乎拥有全部土地，农民沦为佃农。而租赁田地的价格是极其高昂的，收成的大部分要支付给地主。无法维持生计的男人只能到矿井里干苦力。当时矿井安全条件极差，随时可能发生坍塌，在矿井干活无异于陷入地狱。

在崎岖不平的豫西山区，要进行水利灌溉，就需筑渠引水，挖渠成为当地人的一个主要职业。大批青年人被招募来挖渠，称为"蹚匠"，仅鲁山一带就有约几万名这样的年轻人。大批穷困的年轻人聚集在一起，对生活已绝望的他们自然成为土匪的主力军。只要有需要，土匪头目振臂一呼，随时可以招募到大批年轻力壮的蹚匠入伙。在鲁山话中，"蹚匠"也成为土匪的别称。

每逢饥荒，豫西人唯一的出路就是逃出贫瘠山区，到富裕地区去当乞丐，"饥荒年月，弱者为乞丐，强者当土匪"。久而久之，就是没有灾荒的年景，外出乞讨也成为当地习惯。在正常年份，鲁山和宝丰地区最少有百分之十到百分之二十的人口外出乞讨。这些乞讨人口中的年轻力壮者，也随时准备加入土匪行列，大肆劫掠一番，以求改变命运。

1906年竣工的京汉线给中原地区带来了巨大冲击。铁路开通之后，运河周边的一些城镇开始衰败，大批依赖于运河吃饭的苦力失去工作。这些苦力中的相当部分选择投入土匪行列，壮大土匪队伍。铁路的出现，在导致运河衰退的同时，也使得铁路沿线一些城市迅速发展起来，如郑州，短短几年内就因为铁路而发展成河南最重要的城市，安阳则成为河南北部的中心，而当时信阳一个人力车夫的生活水准，可能超过豫西地区拥有一百亩土地的地主。

经济上的落差，贫富差距的加大，求生的强烈欲望，使得河南西部地区的赤贫人口，对富裕地区心怀怨恨，并在恰当时机，投身土匪事业，加入劫掠行列。大批贫困子弟，好比被堵塞在大坝上的洪水，他们等待着一次机会，冲垮大坝，蜂拥而下，劫掠一番，好衣锦还乡。

为了抗击土匪，河南一些富裕地区出现了地方自卫组织"红枪会"。红枪会宣称，将神符焚烧后用水服下，就能刀枪不入，以此吸纳会众。各地不但有红枪会，还有黄、蓝、白、黑、绿等枪会，甚至还有大刀、小刀、扇子等各种枪会。每个枪会各有崇拜的对象，连孙悟空、猪八戒也被顶礼膜拜。枪会中比较有名的是天门会，该会盘踞在林县山区。该地方一个张姓石匠，自称某日在山上凿石，忽然从石头中掘出一颗玉玺，于是开坛设立枪会，以真命天子自居，并借神符治病，附近各县农民纷纷前往朝拜，手下会众数万。张石匠登基称帝后，封党羽为宰相、元帅、将军等官职，又将妹妹封为公主，并在山里摆擂台比武招驸马。天门会和其他枪会一样，也靠吞服神符、刀枪不入之类宣传来迷惑民众，但因为张石匠手里有了一颗玉玺，更让农民信而畏服。红枪会起初是地方自卫团体，后来各县政府以红枪会作基础，将它编作民团。红枪会有时和土匪互相厮杀，有时则互相合作。

北洋时代的贫民

　　土匪根据城市经济条件不同而选择劫掠对象。安阳在北洋时代很少被土匪劫掠过，因为这里驻扎有重兵。而南阳则不同，一方面它因为丝绸业而富裕，另一方面它的周边全是贫困地区。富裕的南阳受到贫困地区的包围，于是不断地遭到劫掠。

　　通过劫掠而致富的梦想与可能，使得河南西部地区将土匪视作光荣职业。一个家庭中，如果没有一个人去投身于土匪事业，其家庭在当地会抬不起头来。父亲会怂恿儿子、妻子会鼓动丈夫去当土匪，未投身土匪事业的男人常被视作"阳痿"。如果一个家庭中出现一个名扬乡里的土匪头目，那么其家人则备受四乡八邻尊重，家人走路时也昂首挺胸。在盛产土匪的豫西地区，形成了一系列规则与社会认知。规则一方面使得当地能够有效地组织起力量，频繁发起地对外劫掠，另一方面，也可协调内部纠纷，保护当地民众。社会认知则使得当地人奋勇投身于此项事业，"如果想当官，先做土匪头；如果想坐轿，先去绑人票"。在这样的背景之下，白朗起义爆发，震荡多省。

对于白朗的来历，众说纷纭。普遍认为白朗 1873 年出生在宝丰县大刘庄。但当时的日本报纸调查后认为，白朗是河南鲁山县人，十八岁时曾任河南巡防队士兵，目不识丁，两三年后私自脱逃，此后行走江湖。白朗体格肥大，膂力过人，颇有胆略，有部属数百人。因其身高腿长，行走迅疾，得绰号"白狼"，奔走于豫西临汝、宝丰、鲁山等地，结识豪杰，积蓄力量。

兵匪不分

白朗早期只是率部出没于乡野之间，尚未有实力与官兵正面对抗，更不要提攻城略地了。随着清末时局的巨变，白朗实力不断得到扩张。宣统年间，河南一带有王天纵，自称中州大侠，交接各股力量，与清廷对抗。王天纵被清廷招安后，很多部下不愿归附清廷，各自流散，其中一部分投奔了白朗。

1912 年秋，河南地方当局实行招安政策，收编了一批地方上的著名土匪。很多土匪头目受"先造反，再招安"的诱惑，前去投诚。精明的白朗判断这是官府的一个诱杀策略，对此没有理睬，结果前去投奔官府的十八名土匪头目被杀。此后，众多土匪聚集到白朗身边，其队伍得到发展。此时河南省连年旱灾，地方上民生凋敝，铤而走险者日众。白朗起兵时，沿京汉线前进，沿途聚集的无数灾民纷纷依附，其中多是能战的青壮年子弟。

辛亥革命之后，南北议和，各省裁撤军队，大批士兵退伍。白朗乘机招募被裁士兵，购买军火，扩充实力。大量溃兵的加入，使得白朗军队提高了战斗力，得以纵横多省，屡败官兵。白朗军中的一些著名头领，具有较高的军事素质，他们有的是军队出身，有的则是军校出来的学生，对于作战计划及攻击防御等，均调度有方。负责围剿的北洋军官，在给陆军部总长段祺瑞的一份报告中指出："匪内有充过军官及遣散之士兵，号令甚严。"

白朗军能够坐大，军队与其暗中勾结也是重要原因。河南护军使雷震春1913年7月5日在给陆军部的报告中称："虽经各军多次围剿，迄今未能挫其锋芒。兼有不肖军人暗通声气，接济子弹，以致匪焰日炽，势成流寇。"此类官兵与白朗军暗通的现象极多。当时河南都督张镇芳统领的军队共计有五十营之多，每一营都曾追剿过白朗，每一营都曾与白朗做过交易。

当白朗攻击城池，打劫富豪财物、抢夺警局枪支时，为了应付差事，官兵不得不出动。交战时，官兵对天放枪，白朗军听到枪声后便后退。撤退时，白朗军在地上遍撒衣服、首饰、铜圆等，追剿的官兵捡到后有私自藏起来的，有集中起来分配的。官兵估计白朗军撤退至一二十里外之后，便打电报到省里报告已取得大捷。听到捷报后，长官便命令官兵继续追剿。这次官兵追时，白朗军不再后退，也对天鸣枪。官兵听到枪声后，各自撤退，撤退时在地上回赠白朗军最需要的物品——子弹。官兵撤退后，再打电报到省里报告，以穷寇莫追之类的话语敷衍了事。

河南地方人士曾评价道："此类追剿，实如商家之买卖，交易而退，各得其所，又似文人之唱和，诗酒往还，应酬频繁。"民间歌谣则唱道："来了一队兵，招来一帮匪，既卖子弹又卖枪，原是官府御林军，官匪一家有谁信？"

见河南地方军队追剿无力，袁世凯便调集正规军毅军赵倜部十营来河南围剿。毅军统领赵倜曾对前线军官约法二章：一、不厚集兵力不进攻；二、匪退入险地不穷追。对士兵约法三章：一、不狂放枪；二、不失联络；三、匪遗弃之财物、牲畜，非战毕不准收捡。

白朗军与豫西一地民众有着天然联系。1912年3月10日，北洋军中的一份报告中指出：许昌、临汝一带的富户基本逃光，留下的都是穷人。这些穷人祖护各地义军，一些村庄每天供给义军饮食，遇见陌生人就立刻为义军通风报信。"匪遂以各村为依据，而张其气焰。"与官兵相比，白朗军的优势在于不需要后勤补给，所到之处，通过抢掠得到补充。白朗军队以流动作战为主，避实就虚，使设防者措手不及，尾随追剿的官兵疲于奔命。白朗军队机动力强，一日能行军一百二十里，而官兵部署整齐后，日行军不过几十里。白朗军每到一地，均有当地人前来投靠，因此能熟悉各地地形，出没无常，使官兵无从进剿。

白朗旗下云集了怀抱致富梦想的蹚匠、失业的河工、对生活绝望的矿工、跃跃欲试的贫穷子弟及具有军事素质的被裁减士兵，又得到民众支持，开始敢于攻城略地，与官兵交战了。

1913 年 6 月，白朗军数千人，携带了大炮四门，直扑禹州，由内应打开城门，迎入城内。"白匪乘八人绿呢肩舆，指挥众匪先劫西大街各大商号毕，乃付之一炬，旋即挨户搜掠。该州新由省购领之快枪五百支，及旧有枪械全被劫去。死伤甚多，无辜者受祸尤烈。"白朗起兵后攻占的第一个城市是禹州，得枪支五百，自此声震豫西，势如烈焰。

初期白朗部属中，有很多退伍老兵，军事素质过硬，一般官兵不是对手。连续获胜后，白朗益形骄傲，所部声势日盛。其部所过之处，附近百数十里民众，多被勒捐钱米及强迫入伙，青壮纷纷逃逸，留下老弱贫民留看房屋。白朗特意出安民告示，上书年月为"大清新国宣统五年"，其旗帜奇怪，一长旗，一尖角旗，一黄色旗。

白朗部在 10 月窜至河南卢氏县，将县城围困，城中县署卫队数十人早已逃遁，知事也不知去向。19 日晨，探知城内无兵，即开始登城，城中商民均伏在城头上叩首求降。白朗也未进城，只命城中四面各插白旗一杆，率众向北而去。之后交战失败，又狼狈逃回，查点人数，死伤不少。白朗等因卢氏县地方极穷，又恐有追兵赶至，不敢驻扎，想去湖北老河口，又怕官兵拦截。白朗停留半日，犹豫不决，商民纷纷送酒肉犒军，哀求怜恤。白朗吃了民众的酒肉，心肠变软，率众向汝州而遁，卢氏得以保全，未遭焚掠。

随后白朗军在河南、湖北两省流窜，所到之地，官兵均不能抵抗。就白朗军而言，其军中最缺少的是武器。白朗军制定了《武器赎人章程》，就被绑架的人质换取多少武器明码标价。如商人一名，来复枪二十五支，子弹两千五百粒；西方传教士一名，来复枪十支，子弹一千粒；铁路工程师，来复枪五支，子弹五百粒；等等。不过，白朗对于媒体从业者倒是予以关照，"新闻家（记者）免缴赎品"。之所以如此，因为记者一再报道白朗及其军事行动，使其名噪一时，自然要予以照顾。

1913 年 10 月，白朗军在湖北枣阳境内，劫去美国人四名，挪威人四名，拘押在所谓的总司令部内。在枣阳的西方传教士曾组织义军，准备前去救人，只是不敢深入。西方人被劫持是件大事，官兵只好托人与白朗婉商，开出条件称："只放出该西人等，决不猛攻。"传教士组织的义军，也与白朗进行了商谈，提出以银数千元赎回人质，白朗方面狮子大开口，提出以二百支快枪交换。最后经过讨价还价，议定以新式快枪五十支，交换人质。

枣阳劫持人质后，白朗准备绕道攻打襄樊。枣阳地方上官兵则开始吹嘘，称白朗军已被击溃云云，以冒领军功。汉口地方上却是颇为紧张，唯恐白朗突然扑入湖北。在湖北各地的土匪，如哥老会头目袁熊、张从虎等人纷纷出动，附和白朗，拆毁铁路，到处劫掠，一时间阴云密布，风雨欲来。

白朗之乱，闹得沸沸扬扬。曾经与白朗一起呼啸山林的王天纵，此时已被收编，在京师安逸无事。王天纵主动向袁世凯请缨，自称与白朗有旧，愿前去将其招安。只是袁世凯对王天纵本就不放心，哪肯他离开北京，再入山林，滋生是非？

白朗兴起之后，各类谣传附会认为黄兴暗中指使白朗，以反对袁世凯。而各路武装也借题发挥，借黄兴张起大旗。1913 年 10 月底，驻扎枣阳的官军营长赵虎骐，带了人马至城外巡查，见多人抬着一大棺，看起来很是沉重。只是护送棺材的孝子，很是可疑，遂令士兵上前盘诘。两名孝子自称名叫易自强、易自昌，乃父于汉口病逝，现在运柩回乡。赵营长当即命令搜身，结果搜出所谓的黄兴委任白朗为"中部讨袁（袁）军大元帅公文一角信一封"，同时命白朗陕西湖北发展，"佐复汉明，将来裂土封王云云"。当即将棺材开启检查，发现藏有拆开的机枪部件及手枪子弹，易氏兄弟及随从二十五人，当即被拘禁送往襄阳审讯。

在攻陷河南南部各城后，白朗分兵袭击皖、鄂两省。白朗亲自统兵攻克安徽六安，占领城池两天后即撤军。

为捕获白朗军的踪迹，在湖北的北洋第二十师师长王占元，曾使用飞艇侦察白朗军队动向。至于当时尚属新鲜事物的飞机，在围剿白朗的战斗中也被使用。初始时是一名俄国飞行家古斯塔奇自愿驾驶飞机侦察，被白朗军击伤飞机后不能使用。当白朗军西进陕甘时，北洋军队又调集飞机二队进行侦察。

白朗军在各地势如破竹，除了具有一定的军事素质外，也与重视情报工作有关。白朗军中设有侦探队、商队等。侦探队化装成乞丐等各色人物，前往各地刺探军事情报，潜伏接应。商队则扮作商人，联络各地商界，将所劫取的财物兜售后购买军火。

在白朗军攻击潢川之前，曾有名叫章桢的人在城里租住了一所公馆，看上去俨然是官宦人家，但他实际上是白朗军的内应。经章桢秘密布置，在城内民团中收买安插人员。白朗军开到城外时，当地的民团首领带领民团登上城头准备开炮，突然被人从身后击毙，然后掉转大炮向城内轰击。白朗军攻下城池后，章桢也随队离去。

1913年，开封抓获十余名扮作鸡鸭商贩的白朗党徒。此十余人，在汉口卖掉鸡鸭之后，买了一批杂货返回开封。至驻马店时，有二人下车住宿，次日雇用了挑夫，挑担向西北而去，却不曾想到这挑夫却起了贼心。行至三岔河小镇时，挑夫伪称要吃早餐，与乡民一起将二人捉住，准备分掉货物。盘点时发现，所挑货物内，有大小洋铁盆十三个，其中藏有大量炸弹。

乡民、挑夫不知炸弹为何物，就拿出来玩耍。被绑住的二人见了大为惊恐，唯恐炸弹被这帮家伙玩爆，赶紧以实情相告。乡民、挑夫听了大惊，立刻将炸弹扔到河中。此二人自称，"系白朗卫军队长，一名黄开文，一名李荣山"，并称白朗军不会来此骚扰，只求得脱。但乡民却知一旦将他们释放，白朗必然要回来报复，就在夜间将二人缢死。驻马店驻军知道后，对此置之不问。前往开封的一批人，不久陆续落网。

不可否认的是，白朗军军纪极坏。民国三年（1914），白朗军在南阳被官兵围剿，之后路过栾川县境内雷湾时到处抢掠，被地方民团攻击，遂狂性大发，在当地见人就打，打死当地无辜农民七十多人，烧毁房屋三百多间。白朗军中一些士兵，竟在雷湾乡下脱得一丝不挂，四处寻找女人轮奸，作为报复。在所攻陷的城镇，白朗军也大肆掠夺。对此等行径，这些城镇内的读书人留下了翔实记述，从中可以一睹白朗军生态。

河南商城县熊宾在《商城失陷记》中，对于白朗军的攻城，及攻城后的行为有详细记载。民国三年（1914）腊月十四日，商城地方上得到消息，白朗军将奔袭商城。商城地方知事许味丹，特意请城内士绅一起筹划防御之术。城内此时仅有民团、侦缉队共百人，经临时拼凑，凑到不足二百人守城。守军枪支不足，只能先向城内绅商借快枪使用，又弄了好些土枪、短刀出来壮壮胆色，并翻出清代留下来的旧铜炮，配上火药铁弹预备使用。

当月二十日三更时，城内一名前福建提督洪梓青与城中绅士熊宾二人，见南城门失火，便一起到南城门协助守城。刚上到城门，即有枪弹击来。洪梓青边指挥守城，边亲自操枪命中白朗军士兵多人。白朗军进攻暂时受挫，便转攻城西南角，该处防守空虚，从此地得以杀入城内。

城破之后，熊宾慌忙逃下城墙，洪梓青因身体肥胖，着衣过多，不及逃走，被白朗军击毙。逃下城墙后，熊宾跑到表兄家中躲藏，其表兄家的女眷都躲在床下，熊宾没地方躲，只能躲在床后。白朗军闯入宅子后，先是将他侄儿一枪打死。随后隔着门对着房内胡乱开枪，又将他另一个侄儿和雇工打死，随后又将四名佃户裹挟而去。这批匪徒刚走，又有一批新的匪徒进来搜索，邻居的一个幼女躲在床下，因恐惧而全身发抖，被白朗军士兵发现后劫走。熊宾大气也不敢喘一个，战战兢兢地躲到夜间，方才得脱。出门时，见沿途死尸遍地，各家哭声震天，到处是被打劫后的狼藉景象。

六安之乱

1914 年 1 月底，白朗亲自统兵攻克安徽六安，占领城池两天后即撤军。

白朗进入安徽时，在河南负责围剿的赵倜，早已电告安徽方面，以早做准备，相机围剿。1 月 22 日，安徽陆军第一师师长马联甲，奉倪嗣冲命令，带队前去围剿，于除夕夜抵达庐州。北洋政府同时发布命令，命鲍贵卿带军队过江增援。倪嗣冲忧虑芜湖地方上空虚，特意电告长江巡阅使张勋，请派兵两营，到芜湖驻扎。

1 月 24 日，六安城内驻扎的六安巡防营，在营长王传禄带领下出城迎战白朗军。交战之后，王传禄很快败退。消息传到六安城内后，地痞流氓乘机抢劫，监狱发生暴动，秩序大乱。当晚，有援军一营抵达六安，会合撤回城内的王传禄，进行镇压。六安地方上的匪徒，与事先潜入城内的白朗军勾结，在夜间分头防火，又从门缝中开枪袭击。迫白朗至城外时，内应将城门打开，杀入城内。混乱之中，营长王传禄中枪受重伤。六安知事闻讯之后携款潜逃，"局署人员星散，全城为之糜烂"。至 25 日（除夕），援军一直未到，大股白朗军进入六安城。白朗率军攻入六安后，庐州至六安一线，电线全部中断。

安徽六安人吕咎予在《白朗扰蓼记》中，记载了白朗军攻入六安后的作为。作者与白朗军打过交道，对白朗军的生态有着详细描述。

24 日晚，吕咎予因为忧心白朗军来袭，守在大厅整夜未睡。半夜 2 点左右，城内突然枪声大作。家中仆人外出打探后来报，说街上巷子里到处是手持枪械的人，但未着军服，装束奇特，杂乱不一。正说间，突然一粒枪弹击破大门，掉在厅室中。吕咎予大惊，起身准备逃到内室去。就在此时，有一人从邻居房屋处爬墙进入。此人二十岁左右年纪，身着黄绸短小夹衫，虽已进入民国，但此人还留着一根辫子绕在脖子里。见到吕咎予即持枪问："此地有无狗子（白朗军常将官兵称为狗子）？"吕咎予已被吓糊涂，指着家里养的两条黑狗说："我家就只有这两条狗子。"

吕咎予见这人操一口河南方言，因自己年轻时曾在河南生活过，也能说河南话，便用河南方言与其交谈，遂将气氛缓和。这名白朗军自我介绍，名叫刘宝君，河南汝州人。他安慰吕咎予全家不要害怕，说只要趴在地上防流弹即可，又向吕咎予索要食物和棉衣御寒，吕咎予随即以洋缎大袍一件相赠。这名白朗军颇讲义气，说再有人来打劫，只要报他名字即可无恙。

白朗军入城后四处纵火，又无人敢救火，竟成燎原之势。吕咎予的房子也被烧光，他收集多年的宋明古董书画等也全被焚烧掉。全家人坐在池塘边看着被烧掉的房子正掉泪时，有一个素不相识的人偷偷过来道："白朗军中有令，凡是着皮裘者枪毙，先生你身上穿的皮袍子，还是赶快换掉吧。"吕咎予遂向旁边的难民借了一件洋布长衫换上，并将皮袍垫坐在身下。

惶恐之中，又听得白朗军高唱河南梆子腔："大王爷下了金銮殿。"此后各色白朗军接踵而来，有抢皮袍的，有拿刀威吓的，有拿枪恐吓的，不一而足。吕咎予侥幸逃得一命，也看到了白朗军中景象：白朗军中军服不一，各种服装都有，甚至有一些男人穿着女人衣服，将各类金银饰物细软挂满全身，语音大多数是河南鲁山、宝丰两县土音。军中又有很多儿童，特别勇悍。在众多白朗军士兵之中，吕咎予对二人有特别印象：有一人将灰鼠马褂反过来穿，并在胸口挂前清朝珠，另一人则歪戴前清官帽，二人形状诡异不已。

次日清晨，城里的枪声突然停顿。午前9时，城内号鼓齐鸣，凯歌迭奏，杂以爆竹之声。城内纷传白朗军要从南门离开六安，有人和吕咎予说白朗军开拔时军容齐整。吕咎予不信，决定冒险亲自前往察看。他躲藏一个巷子里偷窥时，白朗军已开拔出一部分，后面还有大队人马正在通过。

吕咎予先是看到一队骑兵约二百人左右开过，然后又是一队步兵，也约二百多人，装备有各种枪械，所着服装均系掳掠而来的华丽皮衣，其中一些少年所着服装尤其奇异。军中有炮数门，骡马基本没有鞍。骑兵、步兵有旗帜多面，上书"扶汉军白""总司令李"等字样。再后面是竹板、木板数百抬，由两人或四人肩扛，上有伤兵或抢来的财物，两边有步兵看守。最后是十几乘大轿通过。

在六安，白朗军惹出了一起大事件，引发了一场外交风波。白朗军入城后，闯入六安天主教堂，与传教士奚凤鸣在楼梯上相遇。奚凤鸣阻止白朗军上楼时，被当场击毙。韩祖康、达亦文两名外国传教士则被掳走，索取赎金二百万。六安教堂正房尚保存较好，余屋被毁二十余间。得知六安失陷，传教士被杀后，负责围剿的马联甲不敢耽搁，随即带了五营人马，赶往六安。迨马联甲抵达时，白朗已带了人马，前往霍山县而去矣。

霍山距离六安数十里，居民一向富裕，正是劫掠的大好目标。霍山县知事王寿炯，带领团防拼死防御，力尽城陷。马联甲派兵赶往霍山时，白朗又带队窜扰他境，实防不胜防。不过马联甲自吹，将被劫走的两名洋人传教士解救下来。据当时媒体报道，二人系自行逃出，侥幸未受到伤害。

面对白朗的进攻，一些地方官员效法戏剧套路，焚香迎接白朗军，倒也躲过一劫。1914 年 1 月 16 日，白朗挥军攻打固始。固始县知事邓瀛宾认为固始是弹丸小地，抵抗只会遭到杀戮，于是约集绅商，决定开城门恭迎白朗军。白朗军到固始时，城门大开，沿街摆满香案，民众披红挂绿，夹道欢迎。白朗大喜，下令不准劫掠，不拉民夫，不索要银子，只是将城里的枪支弹药收缴，并要求供应食宿。白朗军西进陕甘之后，很多地方官员也都搞起这套把戏，得以逃过一劫。

六安失陷后，庐州、凤阳两地也发生变乱。利用白朗突入安徽的机会，地方上的会党、饥民，纷纷发动，"皖省亳匪、乱党、青红各帮、饥民、地痞均已混入，恶氛甚炽"。白朗窜入安徽时，有三千余人马，至攻下六安后，队伍在皖北得到扩充，人数翻倍。

2 月初，安徽地方上一片纷乱，各种流言四散。寿县地方上风传，白朗已派出内应，联络寿县地方上的会党，在元宵节前攻打寿县。一些早先逃离寿县的会党，纷纷潜回，准备闹事。在六安被打散的溃兵，又于寿县附近骚扰劫掠。地方上紧急组织了团勇，加以弹压，维持治安。此时安徽地方上军队，基本上部署在前线。北洋政府又紧急从山东、直隶两省，抽调两旅军队来皖增援。

皖北受到白朗的冲击，皖南也不太平。皖南青阳县，素为会党出没区域。进入民国之后，为了稳定地方，团长柴宝山特派遣一个营来青阳驻扎。到了此年冬季，毗邻的石埭县会党势力蠢蠢欲动。柴宝山再增派一营前去驻防，以为震慑。至于柴宝山本人，则频繁往来于两县之间，督导练兵。会党见军队防范较严，大半远遁。至白朗进入六安、霍山后，柴宝山收缩兵力，将驻扎在石埭县的一营撤回青阳，加强防御，藉资震慑。

皖境硝烟

鉴于皖北地方局势险恶，上海邮政局在 2 月 4 日发布命令：安徽邮务区内六安县（六安州）、正阳关亳县（亳州）、阜阳县（颍州府）各邮局，现暂停汇兑事宜。此外，合肥县（庐州府）、寿县（寿州）两地邮局，汇兑事宜均暂停办。白朗骚扰地方，利用各地电报局，或放出各种消息，或获取情报。北洋政府特发布命令，凡被白朗所占领地区，一概不得使用明码电报。

白朗进入安徽，也带来了一些额外的话题。1913 年，黄兴在江苏发动"二次革命"失败，一度曾想利用白朗对付袁世凯。随着时局的发展，看到白朗四处骚扰地方后，黄兴发表宣言，声称与白朗没有丝毫关系。就袁世凯当局而言，对于黄兴联络白朗，却是分外警惕。

自白朗进入安徽后，有消息称，白朗攻打六安，其目标是由巢湖东入淮扬，联络江淮地方上的枭匪，打通长江通道，获得海外支持。北洋政府对此大为警惕，令长江巡阅使张勋，派遣军舰分驻长江要隘。更严令安徽都督倪嗣冲，派遣精兵，防堵白朗东窜。1914年2月11日，安徽都督倪嗣冲拟定了防范办法。一方面，在六安、颍州等地及各重要隘口，调派精兵驻守，堵住白朗东进；另一方面，派人清查长江上往来的轮船，防止白朗与革命党取得联系。

安徽六安法教士奚凤鸣被杀一事，很快传出。驻华法国公使康悌当即表示抗议。康悌认为奚凤鸣在安徽传教多年，人极慈善，遵守教条，此次被害，实系安徽地方官吏保护不力。虽然负责江南地方传教事务的姚主教，自愿和平了结此事，但康悌却不肯罢休，向北洋政府提出三项要求："严惩防护不力的地方官员；赔偿教堂损失，与传教士家庭抚恤金；保证今后不再发生此类事件。"同时提出，应援引清代江西传教士被杀的先例处理，在被害处设碑亭以志纪念，另须赔偿此次六安教堂损失，计银八十万两。安徽地方政府，对此是头大如牛，请尚在六安的传教士撤往安全处。不料两名从白朗军中逃出来的传教士，却坚持不肯撤走。只好商定，一旦六安再有危急局势，外国传教士立刻撤走。

2月24日，风闻白朗军窜至太湖县，全城扰乱。《时事新报》《申报》等报均称，此次扰乱的并非白朗军，系与白朗军有联系的前台湾总督刘铭传之孙，外号"毛少爷"。报道称，"毛少爷"手中积蓄甚丰，在皖北一带被各路土匪尊为首领。"皖北一带人素强悍，颍、亳一带，人民除当兵外，即为土匪，余无他事。"此次白朗冲入安徽，毛少爷不甘寂寞，坐地招聚可战之士万人，不操而战，每人快枪一支，子弹五百粒。

刘铭传后人得知消息后，立刻在各大报纸刊载广告，澄清真相。刘铭传共有四子，其中刘盛芬、刘盛芸、刘盛芥已去世，第三子刘盛苏尚存，住在六安东门内。此次遭乱，刘盛苏被白朗军掳去，花了一万两银子方才赎回，所有家资房屋，概被焚毁。刘盛苏的女婿也死于白朗军手中，如此血海深仇，怎可能有与白朗军沟通之事？至于所谓的"毛少爷"，则指陆军中将刘朝望。刘朝望一直从军，在北京居住。此年冬季回家探亲时，恰逢白朗军作乱，遂派遣团练八十余名赴六安助战，战死者有三十余名。"毛少爷"不但未与白朗勾结，更是生死对头，是故不得不加以澄清。

白朗入皖，给安徽带来了巨大冲击。安徽地方上的匪徒不甘寂寞，纷纷闹事。1914 年 2 月下旬，亳州地方上的土匪出动骚扰。知名悍匪匪首黄二成、燕二黑等合股，共四五百人，将燕牌坊附近七八处村庄，抢劫一空，此后一路东窜。2 月 26 日，涡阳县土匪作乱，地方上急电倪嗣冲求援。3 月初，寿县东南吴山庙地方，有土匪谢和、魏怀亭、周国强等人，在六安之乱后，勾结数百人，预备援助白朗。此群匪徒发动之后，先烧毁吴山庙前军队驻扎的学堂，树立红旗，四处抢劫，导致居民逃避，人心惶惶，大有惶惶不可终日之势。旅长夏叙堂派出军队镇压，将为首匪徒或击毙，或擒拿，稳定了地方。舒城县巨匪韦道应、乔三等，聚集数百人，准备呼应白朗。该县知事刘鸿庆迅速出击，联络地方团练、驻军，将匪首擒获正法。皖北军情告急，倪嗣冲不得不出台政策，以鼓励将士，士兵每月军饷，加给一元，待将白朗军肃清之后，另予以重奖。嘉奖令一出，"现各军队奋勇剿匪，尚有成效"。

驻扎芜湖的军队，2 月底全数调往皖北。到了 3 月份，芜湖驻军，仅有张勋派来的两营人马。张勋所统领的辫子军，虽然素来军纪较差，但此番在芜湖表现却可圈可点。曾有军官骑马在街市上闲逛，有黄包车避让不及，导致翻车。军官急忙下马，极力安抚，表达歉意，获得市民称赞。百业萧条之中，芜湖只有歌楼妓院生意较好。此次白朗入皖，也迫使芜湖警界加紧改革，将警官逐渐换为与本地没有什么联系的北方人或者湖北人，治安也日渐改善。

到了 1914 年 11 月下旬，六安传教士被杀一案最终取得交涉结果。芜湖八角亭（鹤见山）为芜湖胜地，此山与法国传教士创办的教堂毗邻。清末，地方民众曾摧毁该教堂。法国公使在交涉时提出，可以八角亭作为赔偿。因为山上都是坟冢，芜湖民众极力抗拒。最终两江总督以赔银十数万两，并斩首为首肇事者二人，了结此事。1914 年 1 月，白朗骚扰六安，杀毙教士奚凤鸣，焚毁教堂数处，事后法国驻华公使要求赔银八十万。就在双方在谈判时，法国公使突然又提出，奚凤鸣案可不索赔，只需将八角亭交给天主教堂即可。此时恰逢一战爆发，北洋政府电令各省，将未曾处理完毕的教案，一律迅速结案。倪嗣冲乃委托财政厅厅长袭心湛，与天主教教堂直接交涉，磋商月余，最终议定："芜湖八角亭租与法教堂为建筑天文台之用，以二十年为限，期满可以续租。由教会给租洋两千元，作所有山内之坟冢迁葬费用。"

白朗窜入安徽，先在六安与王传禄巡防营交战。王传禄所统领巡防营，素称精锐，一战即全军覆没，导致全皖震动。此后各处伏莽土匪，纷纷与白朗勾结，图谋起事，白朗气焰日益嚣张。危机之下，安徽省内兵力云集皖北，全力防堵进剿，到了3月呈现效果。

1914年3月初，白朗全军冲入湖北，安徽地方总算松了一口气。白朗入鄂后，安徽地方上各股土匪，失去外援，再无嚣张气息。3月，滁县巨匪李三杰被擒获正法。5月，颍州方家集巨匪刘钦鉴被剿平。至6月，皖境全局稍微安定，但各地土匪仍有闹事者。此年9月中旬，"安徽盱泗各县，现有帮匪纷纷欲动，县知事已奉令戒严"。

亡命西北

1914年3月8日，白朗军突然出现在湖北重镇老河口。11日傍晚，老河口城内戒严，驻军出具告示称，"所有茶酒各馆客栈，均须八点钟一律收市"，以免白朗党人混迹其中，同时分派军队把守城关，防备火患。

是夜，白朗军果然从大东门方向发动袭击，与官兵交战三小时之久。白朗军人多势众，官兵交战之后，弹药耗尽，战死数十人。统军的团长赵荣华眼见不支，就带了剩下的士兵逃走。官兵一走，地方上招募的商团上阵对战。商团分为四团，每团四十人，以各街店铺的年轻人或伙计、学徒充当。商团本意是辅佐军队作战，以壮声威。此时突然充当了主力，商团哪里是白朗军队手，被击毙二十余人，其余均溃散逃跑。当夜11点半，白朗军冲入老河口，随即放火，"居民多有从睡梦中惊起，仓皇出逃，被匪枪杀者不可胜计"。

12日天亮之后，街头充斥了各类手持新式快枪，一口河南口音，多数"后垂发辫"者——这也是白朗军的一个重要标志。白朗军中很多人未曾割去发辫，以示效忠清廷。是故在各地，已割辫的民众遭到的洗劫最为严重。

白朗军三五成群，在老河口挨家挨户勒索，一要银子，二要台票及金饰、鸦片之类，铜圆分文不要。谭家街上店铺最多，故而该街街头，倒满了搜出来的铜元。民众出逃者，需要乘坐渡船，船夫勒索，每人需要出资五百文至三千文不等，穷人无力渡河，只能在河边痛哭。白朗军则不时往河边射击取乐，一时流弹飞袭，中弹毙命者极多。老河口的教堂传教士被击伤，西方医生被枪杀，白朗军从教堂内掳去幼女数人，各处教堂损失甚巨。至13日，白朗军出动离开老河口，往河南邓州而去。"其总头目坐黄缎八人大轿，另有绿呢四人大轿两乘，并将河口良家妇女满载六牛车而去。"

老河口被轻易攻克，主要是官兵疏忽。负责驻防老河口的赵荣华团长，每日最喜欢的就是到梨园看戏，与劣绅打牌饮酒，在醉乡之中，疏于防卫。早有多名留有辫子的白朗军，扮为戏班中人，进入城内，联络本地匪徒，并用戏班的箱子运进军火，内外配合，很快攻入城内。

河南都督张镇芳系袁世凯表弟，因镇压白朗军失败，于1914年2月13日被撤职。袁世凯命段祺瑞以陆军总长代领河南都督，指挥北洋嫡系王占元、王汝贤两师，唐天喜、徐占凤两个旅，及河南、湖北、安徽、江苏各省地方军数万人，对白朗军进行四面包围，准备聚歼白朗军于安徽霍山、六安、霍邱一带。但白朗闯破四面合围，突围西进，越过京汉铁路，向陕西进军。

面对北洋政府的重兵围剿，白朗曾于1914年3月下旬召开军事会议，以确定未来发展方向。会上有两派主张，一派主张占据一个根据地，另一派则主张流动作战，对所得城塞仍然随攻随弃，并就地补给。最终白朗决定，进入陕西流动作战。入陕西的主要考虑是，陕西地方承平数十年，颇为富裕，进入陕西易于补给。

白朗西进后，陕西一带的地方势力无不蠢蠢欲动，附和者众多，往往白朗军未到，各地就有响应起事者。陕西各地的刀客（土匪），竟视白朗进军西北为奇货可居，纷纷头裹红巾，投入白朗军中以望发财，白朗势力日振。

白朗军西进至陕西后，所碰到的陕西地方军队更是混乱不堪。陕西地方军队所招募的士兵，多是市井无赖和会党，军官也没有受过军事教育。当兵以鱼肉富豪，抢夺财物为主要目的。当时陕西地方军队士兵的饷银极少，白郎军中士兵的饷银极高。而白朗军又予以诱惑，对投奔过来的陕西地方军队士兵开给双份饷银，并分给鸦片与白银，故而陕西军队投奔白朗军者甚众。

即使未来投奔的官兵，也暗中与白朗军沟通，以军火接济白朗军。陕西军队接济军火的做法，又不同于河南军队。双方先是派人商议好价格，然后指定一处地点，官兵将所售卖的枪械子弹埋在指定地点的泥土中。白朗军派人挖掘后，即在原处埋入所议定的金银，随后官兵自己去把金银挖掘出来。交易前双方都发誓，如果不守约就要誓死报复云云。

就算碰到一些肯卖命作战的军队，其军事素质也普遍不高。在当时的军队报告中，屡屡可见开战后不久子弹便告断绝的报告。官兵一碰到白朗军就拼命放枪，不久火力便告停息。在宝鸡城外，陕军第一营、第二营因为夜间不能辨认对方，互相开枪对射了一夜，发射枪弹共十万余发，竟然不过误杀平民二人，击伤士兵一人，击毙马一匹。

北洋政府调集重兵围剿白朗军，先后派有北洋军、毅军、川军、陕军、镇嵩军等，共约十余万人围剿。白朗军西进后，这些军队尾追不放。白朗军遂从陕西进入甘肃，以求能打开新局面。但在甘肃，白朗军却遭到强悍善战的回民打击。

甘肃洮县有新旧两城，新城居汉人，旧城居住的全是回民。白朗本想引回民为外援，但双方在谈判时发生冲突，混乱中白朗被一名回族妇女用木棍将牙齿打落一个，下嘴唇被打破，全军激愤无比，要求攻城。白朗军遂于5月18日攻城，旧城回民守军拼命抵抗，将白朗军几名大将击毙。战至5月19日晚，突降大雨，守军的旧式大炮不能使用，白朗方能突入城内，此后双方在城内激烈巷战四日。

向陕甘进军的战略，未曾得到军中主将宋老年、李鸿宾等人认同。宋、李等人声称："到了西北一枪不放，谁要是打一枪，就不得好死，叫大炮把头打烂。"果然在西征中，这些主将不肯出力作战。在洮县城下，其他主将不愿出力攻城，白朗不得不亲自出马，受挫负伤。

白朗入甘肃，本指望得到当地回民的有力支持，不想在洮县攻城遭受重创，并致回民死伤甚多。此后甘肃各地回民武装纷纷起来抗击，遇到白朗军即拼命缠斗，其强悍为白朗生平所未遇。而甘肃地方荒凉，人烟稀少，白朗军所至地方，给养饮水困难。经过各省军队联合围剿之后，军中一些悍将先后在甘肃战死。面对此种局势，白朗召开军事会议，确定未来发展方向。

军中谋士徐居仁献策进军甘州，将发配至此的端王载漪立为皇帝，被众人否决。又有白瞎子请白朗黄袍加身，登基称帝，成则为朱元璋，败也为洪秀全，也被否决。又有参谋献策，挥军入蜀，占据一块根据地，再图谋发展，而不必如此流窜奔命。白朗对此也表示赞同，但军中士兵却都想返回河南老家。因为进军陕西后，一路劫掠，军中官兵都已囊中饱满，现在只想衣锦还乡做富翁。

甘肃陇南人王士蔼的《白匪陷害陇南见闻录》记述了白朗军在西北的劫掠景象。王士蔼在家中时，有白朗军四五人前来索要衣服，并不顾王士蔼的求情，将各式皮衣、棉衣、单衣并眼镜、鞋帽、褥毯、钱贴、银两等约值二三百金劫去。有一人向王索要鞋袜，王笑道："只此一双，弟现穿着，兄若拿去，弟将为赤脚仙矣。"白朗军觉得他诙谐有趣，就放过了他这双鞋。这几人劫掠一番，随即离去，王士蔼送他们至门外竟然无恙。因为白朗军最为忌讳"送"，送行者常被枪杀。王士蔼看到，白朗军劫得钱财后，有将前清官帽、蟒袍穿戴整齐，然后在大雨泥泞地中疯狂乱行取乐者。有将妇女金牌、银圈、滚珠等物悬挂于马项，作为嬉戏者。又有令妇女将金银首饰全部披挂在身唱歌者，纷乱不堪，毫无军纪可言。白郎军搜刮财物时，最喜欢的是烟土，烟土既可以自己抽，又可以卖出好价钱。此外则偏好于妇女首饰、绸缎衣服、钱票等，至于布匹、铜元则一概不取。银贴、钱票及绸缎衣服，可以用来包裹烟土和首饰，又能卖钱，所以喜欢。

发财之后，在回河南的路上，各路围剿的军队，死死咬住白朗不放，尤以毅军追击最力。沿途苦战两个月，李鸿宾、白瞎子等重要将领阵亡，部下逃亡日众。退到河南鲁山、宝丰一带时，白朗全军已一蹶不振。1914 年 8 月初，白朗率领数百人在鲁山石庄与官军交战，负伤后身亡，部队溃散。

白朗死后，首级被镇嵩军获得，由镇嵩军头目亲自押解，前去邀功。白朗的首级，被悬挂在车站示众，一起被悬首的是外号为"韩大帅"的韩书堂。白朗死后，河南各地的土匪却未曾消失，豫南一带的小股地方武装又打出他的旗号，继续袭击各地的富豪，其中最有名者为绰号"老洋人"的张庆。

在整个北洋时代，中国各省多被土匪问题所困，以至于地方开支的大部分被用来剿匪。这样出现了一个困局，因为要剿匪，就要将地方开支用于军事。而大量的军事开支势必要剥削地方，致民生艰难，这又导致了土匪数量暴增，越剿匪越多。北洋时代，年轻人的出路要么是当兵，要么是从匪，以至于北洋时代的中国被称作"土匪世界"。

另类镇嵩军

在围剿白朗的战役中，刚被招安的镇嵩军获得了发展机会。北洋时代，军界中有谚语："穷巡防，富陆军，吊儿郎当镇嵩军，烧杀抢掠看张勋。"吊儿郎当的镇嵩军是河南地方武装，由民国初年的土匪武装组成。不想这土匪武装，竟然在北洋军事史上写下了浓厚一笔。

清末，河南各地民众屡屡起义，尤以王天纵、关老九、憨玉琨、张治公等人最为有名。辛亥革命之后，王天纵等人下山，自称革命党，要去攻打洛阳。河南各地青年纷纷响应，骑马佩刀执枪，臂缠白布，络绎而来，随王天纵围攻洛阳。包围洛阳时，各个头目之间爆发矛盾，就分家各带军队出走，散布在豫西各地。

北洋政府将豫西的各支武装收编，开到潼关整编，由刘镇华统领。因为豫西以嵩山最为有名，故称"镇嵩军"。镇嵩军分三标一营，第一标柴云升统领，第二标张治公统领，第三标憨玉琨统领。镇嵩军本准备以石言为统领，石言一介书生，再三推托，推荐刘镇华为统领。刘镇华毕业于保定北洋法政学堂，很早就秘密加入同盟会，在豫西一带从事反清活动，与各路武装有诸多联系，倒是适合人选。

镇嵩军成立后，驻河南地方的正规军仍然把它当作土匪，随时准备加以消灭。为了递投名状，镇嵩军第一标柴云升将他的结拜兄弟杀了。第二标张治公一看，得更狠点，就将他的叔伯兄弟杀了。第三标憨玉琨就急了，咬咬牙，狠狠心，干脆把他的亲兄弟憨玉林杀了。憨玉琨提手枪将玉林击毙，伏尸痛哭昏厥，逾时始苏，博得一片大义灭亲的喝彩声。

递好投名状后，镇嵩军又保证将剿灭嵩县一带的土匪，后来果然将一些著名土匪剿灭了。由于镇嵩军心狠，脱去了土匪的这层皮，才得以存活下来。

巨匪李永魁原系嵩县衙役，秉性枭桀，因积案投身土匪队伍之中，自称"万岁"，并分封诸王、将军。憨玉琨、柴云升、武世清等人以李永魁为主要抓捕目标，"皆身先士卒，出生入死，奔走于冰天雪地之中，为国忘家，故终能擒斩李匪，削平大乱"。

1912 年 11 月间，李永魁听闻镇嵩军出动之后，就躲避进入嵩县、永县两县交界处的深山之中，山形极险恶。柴云升、憨玉琨听到风声后，星夜驰往。此地山路崎岖，沟岭重叠，歧路百出，柴、憨二人，遂倾囊而出，收买眼线，凡樵夫、牧民及山坳偏僻处的人家，都许以重酬，以获得消息。此时冰雪漫天，山路梗塞，镇嵩军士兵穿着单衣，连日跋涉，饥困交迫，都生出退意。憨玉琨长跪于雪地之中，苦口婆心，激励部下，激起斗志，凌冰履雪，冒险复进。

一日，憨玉琨携护卫两人巡查至鸡头峰，突见山对面有数人仓皇逃走，均持有枪械。憨玉琨执枪射击，击中两人，一人倒地，一人逃跑。憨玉琨迅速奔至，将倒地者抓住，一看击中了其左股，此人乃是九千岁李福祥。

李永魁接连被打击，一路逃抵龙潭沟。柴云升侦悉土匪踪迹，带兵飞速前来围剿，与土匪大队相遇。土匪虽为乌合之众，却知道此番是性命攸关之战，拼命作战。镇嵩军斗志昂扬，击毙土匪中的左元帅杜茂荣、后路先锋高红丁等二十六人，生擒大将军冯松、倪麟、郭老八等人。

李永魁带了残部，拼命逃亡，一路东窜。柴云升督兵穷追不息，夜以继日。此后听闻李永魁躲藏在左峪谷底，依靠要隘严守。柴云升约了憨玉琨，联合攻击，柴搜东口，憨截西谷。谷底曲窄蜿蜒，只能侧身而入，柴、憨二人，身先士卒，带领士兵鱼贯而进。李永奎穷途末路，拼死抗拒，鏖战半日之久。柴、憨双方夹攻，击毙土匪中善战者八九人。巨匪李金堂等人自知不敌，跪伏投降，李永魁则带了亲信逃走。

柴云升收买的眼线送来情报，李永魁潜藏在南河村中。柴云升令部下管带武世清，带领精锐八十余人，四路包抄，途中与土匪数十名在村东相遇。武世清首先冲锋，苦战两小时，击毙悍匪杨大王等二十八人。李永魁在七名土匪保护下，从村中逃出，武世清尾随追击，又击毙四人。

此时夜已昏黑，李永魁携剩下的三人躲避至地窖中，持枪拒捕。武世清乘其不备，猛扑至窖口，击毙三人，生擒李永魁。李永魁被擒拿后，经过审讯，当夜即被枪毙。临刑时，李永魁仰天叹息，称："早知有此，悔不当初，刘先生误我。"原来去年官方收编土匪时，李永魁曾想接受招安，不想军师刘三杰却不赞成，认为李永魁身具王气，怎能依附于人？道人姚光武，也以玉皇符箓相赠，声称将此符箓藏于袖底，万灵辅助，贵为王侯。枪毙之前，李永魁腋下被搜出一个小囊，囊中有黄纸二张，朱书符箓，状若蚯蚓。据李永魁供称，此系道士姚光武刺其背上精血所书，囊口绣有"豪气冲天定宇宙"字样，乃是李永魁妻手工刺绣。

镇嵩军剿杀了一大批土匪，伊川、洛宁、嵩县、卢氏等地很快稳定。镇嵩军发展的初期，如柴云升、张治公这些出道较早的，称为"老架子"，为了扩充实力，他们又放出"外队"。所谓外队，即将一些与各地军事力量有联系的士兵委派为排长、连长，谈好条件，发给一些枪支弹药，再放他们出去招募人马。如果任命为连长的能找回来一个营，那么回来后就改任为营长，招的人越多，得到的军衔就越高。招募回来的外队均系各地土匪，编入镇嵩军之后仍在各地烧杀抢掠，绑架人质，搞得民不聊生。但正因为这种放外队的做法，使镇嵩军得以快速发展。

1913年白朗起义之后，毅军和镇嵩军联合去围剿，一路尾随白朗军西入陕甘，又尾随白朗折回河南，猛追不放。白朗在河南阵亡后，尸体被秘密埋葬。白朗的马弁与镇嵩军张治公部一个队官相熟，就去告密，镇嵩军遂将白朗的尸体掘出，将首级割下献给袁世凯请功。1914年，袁世凯提拔刘镇华为中将，张治公为少将，从此镇嵩军站稳了脚跟，但始终算是北洋一系的编外人员。

1917年陕西地方武装胡景翼、郭坚、杨虎城等组成靖国军，围攻西安，驱逐陕西督军陈树藩，陈树藩邀请刘镇华率镇嵩军入陕西助战，并许诺胜利后以刘镇华为陕西省省长。镇嵩军在河南受到河南督军赵倜排挤，没有发展之地，现在能有机会入陕西，自然是求之不得。镇嵩军入陕后，打败陕西靖国军，解了西安之围。1918年，三十五岁的刘镇华如愿当上了陕西省省长。

自1917年入陕后，刘镇华先后在陕西当了八年省长和督军，吸引了一批豫西的文武官吏、知识分子、无业青年前来投奔。陕西的军政部门，基本被河南人所掌控。陕西地方盛产烟土，便宜且质量高，运到河南能卖出高价。镇嵩军从军官到士兵，利用水陆两路，大肆贩卖烟土。凡入陕西的镇嵩军官兵，或多或少都

刘镇华

发了点财。

大土匪范龙章少年时因为得罪了当地地主，就到镇嵩军中当了两年"黑兵"，在军中给师爷端茶倒水，但是没有编制。范龙章每天伺候镇嵩军赌博，赌博后有彩钱抽取。积累了两年，加上发的一点军饷，手头有了两百多元钱。1920年，范龙章回老家探亲，在陕西以一块钱一两的价格买了一百两烟土，带回河南后卖出了七百元。去陕西闯荡能获得巨额回报，以至于当时河南人出门经商，被称作"上陕西"，希望能带来财运。

站稳脚跟，经济宽裕之后，镇嵩军开始扩展军力。镇嵩军极盛时期，官兵扩充到十万人，配备了新式大炮、机枪、步枪。势力扩充后，内部也开始出现裂痕。刘镇华弥补裂痕、控制镇嵩军的方法，首先是换帖拜把子，然后是在军队中聘用师爷。师爷在镇嵩军中起着居中调和，出谋划策的作用。

镇嵩军官兵主要是来自河南偏僻山区的贫苦农民，基本上不读书，不识字，只有粗俗不堪的小名。当了兵之后，这些人纷纷取"大名"，或称"官名"。如憨玉琨本来叫"山娃"，后来师爷冉祥征（字信甫）帮他取了个名字"玉琨"。冉祥征本来是秀才出身，清亡之后，也投身于土匪事业之中，再接受招安。

至于什么黑娃、狗娃、羊娃、二蛋之类的名字，在镇嵩军中比比皆是。每日里镇嵩军中的师爷，为了帮这些人改名字就忙得不可开交。后来这些师爷嫌麻烦，干脆就弄好一些名字，如"占标、占魁、得胜、得功"之类让他们自己选，以至于镇嵩军中同名同姓者比比皆是。

镇嵩军军中，信佛之人很多，其中师爷冉祥征心最虔诚，平时常到庙里烧香放生。某天西安街上要处决一人，师爷冉祥征路过时，犯人高喊："冉师爷救命。"冉师爷立刻让行刑人暂停，自己去找刘镇华求情，最终刀下留人。在打仗时，信佛的士兵与敌对方约定，彼此对空射击，不得已时才彼此射击。炮兵也是如此，开炮时向目标外射击，警告对方躲避。如上级追问，则说未瞄准，第三、四炮才向目标发炮。镇嵩军高级将领如憨玉琨、杨景荣等人，也笃信佛教，憨玉琨为其子取名"佛喜"。杨景荣战败退隐之后，在家中坐堂念经拜佛，闭门谢客。

1920年，直皖战争爆发之后，刘镇华早已投靠皖系，且陕西督军陈树藩是皖系大将，于是决定派兵前往洛阳，配合皖系作战。不想部队刚到潼关，就得到段祺瑞战败的消息，吴佩孚已杀到洛阳。刘镇华再次使出两面三刀，左右逢迎的手段，投靠了直系，将陈书藩出卖了。

直系进入陕西后，阎相文担任督军，但鸦片瘾重，每日不理政事，一切交给冯玉祥处理。1921年，冯玉祥诱杀郭坚后，镇嵩军上下大为惊恐，唯恐被冯玉祥灭掉。至阎相文吞鸦片自杀，冯玉祥接任督军后，一向无法无天的镇嵩军战战兢兢，如履薄冰。

刘镇华不得不放下姿态，去讨好冯玉祥，并学习冯玉祥带兵的一套做法，博得冯玉祥的好感，保住了省长地位。刘镇华大拍马屁，显示忠心，手段毒辣的冯玉祥对他竟然很是放心。1922年，冯玉祥入河南担任河南督军之后，保举刘镇华为陕西督军兼省长。

镇嵩军在陕西得到了快速发展，扩充为四个师，第一师柴云升，第二师张治公，第三师马水旺，第三十五师憨玉琨。憨玉琨的第三十五师，是中央番号，吴佩孚刻意为之，加以分化。

1924年，第二次直奉战争中，刘镇华押注直系，派张治公师到山海关参战。得知冯玉祥、胡景翼、孙岳在北京发动政变后，刘镇华派三十五师憨玉琨出陕，想抢占河南地盘。憨师到洛阳三天，渭北靖国军冯子明师出兵到华阴一带，与憨玉珍（憨玉琨四弟）部发生冲突。憨师又赶回潼关打击冯子明师，冯师被迫退渭北。

冯玉祥北京政变后，拥戴段祺瑞为执政，刘镇华再次投靠段祺瑞。而段祺瑞则授意，镇嵩军如果能驱逐在河南的吴佩孚残部，即可任命憨玉琨为河南督军。战败之后的吴佩孚，退到洛阳，被镇嵩军逼迫，狼狈逃去。1925年，胡景翼被任命为河南督军兼师长，与憨玉琨爆发冲突，迅速将憨玉琨击败，憨玉琨自杀。

镇嵩军在河南战败，残部分散在河南、陕西两省，准备再起。至1926年，利用冯玉祥国民二军在河南战败的机会，镇嵩军再次发动，入陕抢占地盘。1926年，刘镇华围攻西安不下，在冯玉祥国民联军援陕部队的逼迫下，被迫接受冯玉祥改编。对冯的心狠手辣，镇嵩军上下都很恐惧。1927年，镇嵩军番号改为国民革命军第二集团军第八方面军，从此镇嵩军的番号不复存在。

第 三 章
护 国 战 争

袁世凯称帝

当日袁世凯若不称帝，他将名垂千古，为万世所敬仰，称之为中国之华盛顿也毫不为过。后人常说他窃取了辛亥革命的果实，但当日，他的北洋雄师，兵逼武昌城下，革命军已是强弩之末，若他再强攻一番，历史又将是另一个格局。在这个历史的紧要关头，他以举世无双的手腕，促成南北议和，逼迫清帝逊位，使中国成为亚洲第一个共和国，结束了千年帝政，这是中国旷古以来最大变革。袁世凯的此番功绩，谁能否认？无袁世凯，能有清廷的退位，能有中华民国的建立吗？

袁世凯因其功绩而为中华民国之第一任大总统，在当日，为人心所向，万众所归。但袁世凯终究是一个旧时代的人物，他生在了一个全球迈向一体，以宪政共和为国家制度的时代，而他心仪的却是王朝霸业家天下。他或许可以成为比刘邦、李渊、赵匡胤、朱元璋更伟大的帝王，开创一个百年帝国。但他生错了时代，在这个时代，他再称帝，就是开历史的倒车，就是向世人宣战，向文明宣战。

袁世凯为何称帝？

其一，袁世凯是旧时代的人物。设若张之洞不死，给他个机会，他也会称帝。袁世凯内心之中，并不真正了解什么是共和、什么是民主，他所知道的、所要的，只是要当个皇帝，这是千秋大业，这是人生顶峰。

其二，1913年的二次革命中，袁世凯北洋一系，将南方势力打得体无完肤。

带甲十万，便可称帝，袁世凯以为凭借他的实力，称帝是理所当然的事情，谁能反对？

其三，袁世凯家族有病史，活不过五十九岁。此时他将要步入五十九岁之龄。他以为登基称帝，能以帝王的权威、人间最高的尊荣，来卸掉这厄运的轮回。

可袁世凯还不敢直接把皇冠拿来戴在头上，他对手下说："如果全国老百姓一定要我做皇帝，我就做。"

称帝除了内在的自信与迷恋外，也需要外界的煽风点火，让这帝王之心如火如荼。袁世凯当日虽非帝王，但其权势却不在帝王之下。他有称帝的心，自然会有无数人有那献媚的意。

美国人古德诺系袁世凯政治顾问，此人人品高尚，学术造诣颇深，但在当日，却也劝袁世凯称帝。此公总结中外历史经验，写就宏论《共和与君主论》。他认为中国大多数人民的智识不高，无政治能力。四年前，突然由专制而进入共和，实在是太过于骤然了，难有良好的结果。古德诺进而认为中国民众已经习惯于君主，根本不知道有什么大总统，因而中国宜有君主制，而如果实行共和制，则必定无善果。日本人有贺长雄则炮制了《共和宪法持久策》一书，书中认为君主制较民主制更为优，认为中国人不适合共和体制，应该由袁世凯出来做大皇帝。

1915 年 8 月，杨度、刘师培、孙毓筠、胡瑛、李燮和等人发起"筹安会"，专门研究中国国体问题，研究得出的结论是，中国千年历史，只有君主制而无民主制，所以中国能延续千年，所以中国不能没有皇帝。杨度还写出《君宪救国论》，文中认为，非立宪不足以救国家，非君主不足以成立宪。杨度为袁世凯称帝立下功劳，袁世凯亲笔题"旷代逸才"送给杨度。这个杨度，以善变闻名，一生多次华丽转型。

筹安会四处放烟幕，打好称帝的法统基础之外，袁世凯的亲信，号称"财神爷"的梁士诒出面组织了一个全国请愿联合会，上自王公遗老、各省将军，下至三教九流，各种劝戴书、拥立书如雪片一般飞来。最滑稽的是，他还收买了一堆乞丐、妓女，每日里嚷嚷请袁世凯登基称帝。

为了让戏演得逼真，各省还搞选举，由国民代表参加"国体投票"。国民代表从地方各县选出来，事先都进行过谈话，以确保他们投票赞成帝制。投票的过程滑稽不堪，在各省将军虎视眈眈之下，国民代表在印有"君主立宪"四个大字的选票上签上自己的全名，然后再写"赞成"或"反对"字样，这样的选票也是古今独一无二了。投完票之后，每个国民代表得大洋五百，作为参加选举的"川资和公费"。全国范围内总计有国民代表1993人投票，投票结果是一致赞成"君主立宪制"。

湖南将军汤芗铭监督着全省七十五名乡绅作为国民代表投票，七十五票全部赞成君主立宪，投票结束后由汤芗铭带领，全体起立山呼："中华帝国万岁！"四川巡安使（袁世凯时期设置一省最高民政长官）陈宧，在投票会场内外布置了大量士兵。每个代表的桌子上有毛笔一支、铜墨盒一个、糕点一盘。笔杆、墨盒上刻有"赞成帝制"四字，点心糕面上也有"赞成帝制"四字。投票完毕之后，有人想将点心带走留念，却被制止，只可以在会场内吃完，不可携带出去。

既然是"国民一致"要求他做皇帝，袁世凯装模作样地推让了一二番之后，就丝毫不客气地拿过皇冠戴在头上。12月13日，袁世凯在中南海居仁堂接受百官朝贺。就自己当皇帝，袁世凯大言不惭地道："天下兴亡，匹夫有责，予之爱国，讵在人后？"

袁世凯登基后，册封黎元洪为"武义亲王"，又封张謇、徐世昌、赵尔巽、李经羲四人为"嵩山四友"，免去其"称臣跪拜"，又将1916年改元为"洪宪元年"。袁世凯登基称帝，做的唯一一件好事就是在12月22日，下令颁发《永远革除太监申令》，这大概是中国历史上第一个不用太监的皇帝。

袁世凯称帝后封黎元洪为"武义亲王"。黎元洪的幕僚认为，为了安全计，不如暂时接受此封号。但黎元洪却说："我志已定，决不接受，即牺牲个人，亦所甘心。"袁世凯曾派出裁缝到黎元洪官府，为他量身定做亲王制服。黎元洪道："我非亲王，何须制服？"将裁缝赶走。

黎元洪到北京后，袁世凯以南海瀛台作为他的憩息之所，一切供应无微不至，又由其长子袁克定以十万元购得东厂胡同住宅，赠予黎氏。袁、黎约定，结为儿女亲家，黎夫人不敢以袁女为媳，故以黎女嫁袁之第九子袁克久。黎、袁是儿女姻亲，袁世凯未称帝前，每逢过年均有礼物馈赠。称帝之后，此年过年时，袁世凯赠黎礼物，礼物外贴有红纸，上书"赏武义亲王"字样。黎元洪大怒，坚决不收。后袁世凯改用"姻愚弟"字样，黎元洪才收下。当时人常谓黎元洪是泥菩萨、好好先生，但在大处他绝不糊涂。

1915年年初，袁克定宴请梁启超，表达了变更国体的意思，希望得到梁启超支持。梁启超从内外各个层面，加以分析，认为不宜推行帝制。宴席之后，梁启超大为忧虑，举家迁往天津。8月20日，梁启超写成《异哉所谓国体问题者》一文，洋洋万余言，在《大中华》杂志上发表。反对帝制，轰动全国。想当初，梁启超可是拥护袁世凯的，此番却激烈反袁。梁启超因反对帝制之文章，处境颇危，在天津有暗探窥其行动，在北京则禁售登载梁启超文章的杂志。

至于清室，在袁世凯称帝之后，其特殊地位与待遇，如何处理，引人关注。有消息称，袁世凯称帝后，宣统大约将移居颐和园，改称"满洲可汗"，将以居于中国的客君礼待之，仍给常年费银四百万。

帝制发生后，黎元洪常郁郁不乐，不视事，不见客，偶与二三知己晤谈而已。黎元洪常对人曰："帝制实行，中国必分裂，吾惟一死以谢之，惟泉下愧对为民国丧躯诸豪杰耳。"黎元洪尝言，若推行帝制，朝活则余夕死，故其夫人防卫周至，以免自杀。

初期日本政府对于中国帝制问题，采取不即不离之态度，并不表明态度。到了1915年10月29日，日本外务省发表对于中国帝制问题的看法："今观中国之实状，各地对于帝政之实现，外观虽似无大反对。而日本政府所得情报，如上所述，亦多表面之状势，其实里面潜伏反对之感情，事实意外之广，不安之气势渐渐弥漫各地，已无可讳观。"故而日本外务省劝告，袁世凯应谨慎推行帝制。中国官方对此回复："中国政府对于列国此次之警告，大约如左之回答：一、帝制系出国民之意志，无生扰乱之事；二、海陆军将校，尽系赞成帝制之人，反对者无反对之余地。"

针对帝制的反击行动，偶有发生。11月10日，袁系大将郑汝成被刺杀。当日上海镇守使郑汝成与庶务长舒锦秀，各穿黄色制服，乘坐汽车，同赴美租界黄浦路日本总领事署，参加日皇加冕庆典。行经外大桥北堍礼查西旅馆附近，突有年三十余岁，身穿马褂、缎袍的某甲、某乙，从右边跳上汽车，各出手枪向郑、舒二人连开十七枪。郑汝成身中十六枪，伤及要害，立时殒命。舒锦秀也被击中，受伤甚重。唯司机安然无恙。刺客二人完成任务后，下车从容而去。当时有两名捕头乘电车前往福州路总巡捕房，在车上突然听到枪声，且人声鼎沸，就一同跳下电车。下车后见有二人，从汽车方向走来，遂将二人逮捕，搜出手枪及子弹一百余粒，带入虹口老巡捕房拘留。

12月5日，肇和舰未奉调，就驶入浦江。海军司令部派人询问，该舰声称回防。至晚6时许，忽有小轮两艘，悬挂洋商旗号，由北而南，驶近肇和舰旁，约有百余人一拥而上。当时各军舰上层军官，正在参加萨镇冰上将的宴会，舰中均下级军士，革命党人趁机发起袭击。驻防陆军及海军司令部知有变故，当即传令御敌，命海筹、海圻等舰防御。肇和舰被控制之后，对制造局开炮攻击，并派敢死队数人上岸，于两小时内将制造局控制，将驻防陆军缴械。肇和舰事变后，驻泊浦江各军舰相继飞驰而至，齐向肇和攻击。肇和受重创不能抵御被击沉，战死之人甚多，战后发现尸身十七具，生擒二十一名。

事后据水兵云，午后有一陈姓海军学生，乘小轮，悬海军上将旗，驶至肇和舰前，偕二人登舰，即出手枪胁迫控制舰炮之人，令其发炮攻击制造局。之后又有同党多人相继登舰。时该舰上级军官均外出，舰内水兵共二百名，均被禁闭，陈等遂据有该舰，发动攻击。

刺杀郑汝成、肇和舰起义，只是反袁行动的预热，在袁世凯称帝后，成为反袁核心的，乃是蔡锷。

当世周公瑾蔡锷

护国战争之所以发生在云南，在于云南有强大的军事武装，且这批武装不属于北洋一系。

云南军队中的主要军官来自留日士官生和云南讲武堂毕业生，素质较高，思想开明，深受蔡锷影响，反对帝制，拥戴共和。这些军官在军队中占据了重要位置，一般士兵深受其影响，军中革命气氛浓厚。

1915 年 9 月 11 日，在云南警卫混成团团部召开第一次会议。出席会议的高级军官，一致投票反对帝制，"愿与天下英雄歼此国贼"。

1915 年 12 月中旬，正当袁世凯复辟帝制闹剧进入高潮时，李烈钧奉孙中山之命，偕熊克武等离开日本，乘船到越南，电告唐继尧来滇之目的。唐继尧派邓泰中到越南老街，迎接李烈钧入滇，不久蔡锷等人也抵滇。蔡锷为当世之周公瑾，不世才俊，风采绝伦，为军中之偶像。此番入滇之后，将掀起一场风暴。

蔡锷少时即不凡。十六岁时，蔡锷从宝庆步行到长沙，以第三名的成绩，考入长沙时务学堂，乃是全班年龄最小的一人。梁启超在此校任教，传播了变法理念，影响蔡锷颇深。在学校中，蔡锷成绩名列前茅，为师长所赏识，也与梁启超结下了深厚的师生之谊。戊戌变法失败后，梁启超逃亡日本，蔡锷追随他到日本东京留学。

光绪二十六年（1900 年），十八岁的蔡锷与刘百刚、吴禄贞创办"励志会"，后加入唐才常组织的"自立会"。8 月，蔡锷回国，参加唐才常自立军，预备在两湖发动起义。自立军起义之前，被张之洞侦破，唐才常等二十八人在汉口遇难，遇难者多数为留日学生。参与此次事件的日本人也被抓捕，因自称日本人，方得幸免。举事之前，蔡锷被唐才常派往湖南送信而幸免。失败之后，蔡锷复返日本。

1904 年，蔡锷从日本回国，江西巡抚夏时聘他到江西任职。1905 年年初，湖南巡抚端方聘请蔡锷，担任湖南教练处帮办，兼武备、兵目两学堂教官。同年 8 月，广西巡抚李经羲又聘请蔡锷为广西新军总参谋官兼总教练官、随营学堂总理官。蔡锷赴桂就任后，还在广西创办测绘学堂，自任堂长，并创办广西陆军小学，自任总办，李宗仁、白崇禧、黄绍竑、李品仙等新桂系人物，均出自此学校。

关于蔡锷担任广西陆军小学堂总办的情况，李宗仁曾回忆：广西陆军小学堂成立于光绪三十二年（1906），由广西兵备处总办蔡锷兼任陆小总办。陆小是新创办的官费学堂，待遇甚优，学生除供膳食、服装、靴鞋、书籍、文具外，每月尚有津贴以供零用。陆小教官多半是日本士官学校毕业回国的留学生，穿着绣有金色花纹的蓝呢制服，长统皮靴，腰间挂着明亮的指挥刀，威风凛凛。李宗仁回忆："我们的总办蔡锷将军有时来校视察，我们对他是敬若神明。蔡氏那时不过三十岁左右，可称文武双全，仪表堂堂。"

蔡锷在广西先后担任了兵备处会办（后改为参议官）、新练常备军第一标标统、龙州讲武堂总办、广西混成协协统、学兵营营长、广西干部学堂总办。在广西任职期间，蔡锷与南方革命党人有所交往。1907 年，同盟会在镇南关发动起义之前，黄兴秘密前来广西，暗中拜访了蔡锷。但蔡锷坚持不党主义，没有加入同盟会。

1910 年 10 月，在广西干部学堂录取军官时，蔡锷录取了一百二十多人，其中湖南籍九十多人，广西籍三十多人。蔡锷如此录取，主要是太平天国战争后，很多湖南人迁居广西，湖南学生文化水平较高，故而湖南籍录取率高。对此结果，广西学生大为不满，同盟会在广西的成员也乘机煽动，称蔡锷任用同乡，发起驱蔡运动。

1911 年年初，经云南讲武堂监督李根源、督练处参议官兼陆军小学堂总办罗佩金，向云贵总督李经羲推荐，蔡锷调任云南，任新军第十九镇第三十七协协统。离桂前，蔡锷设宴，招待驱逐他离桂的同盟会众人。席间，蔡锷笑道："你们何苦撵我？你们是革命党，我比你们资格更老。你们太年轻，浑身带刺儿，一不小心，将来难免杀身之祸。"

蔡锷在云南任职时，很是隐忍，他从来不表达对清廷的不满，在任何讲义中也不加入革命内容。对于革命党人的活动，他保持了默许态度。1911 年 10 月 10 日，武昌起义爆发，全国震动。云南革命党人积极行动，连续召开会议。蔡锷决定参加起义，定在 10 月 30 日深夜发动，被推为临时革命军总司令。

10 月 29 日，蔡锷赶往巫家坝，与七十四标及炮标各营管带的革命同仁商议起义计划。10 月 30 日（即农历九月初九，重九日）黄昏，蔡锷以夜间演习为由，下令各队司务长做饭，8 时又令发给士兵枪弹。因为是农历九月初九发动起义，故而又称"重九起义"。

起义中，蔡锷率七十四标、炮标入城，设司令部于江南会馆，亲自指挥战斗。七十四标第二营排长朱德，领兵攻打云贵总督署，将总督卫队缴械，迫使总督李经羲出逃。云南起义，战况激烈，也正由于此，对清廷的旧势力打击较为彻底，也使云南在以后保持了较高的革命精神。起义成功后，蔡锷被推选为云南军政府都督。蔡锷找到了躲起来的云贵总督李经羲。对其优礼有加，馈赠了白银四万余两，大洋五千元。李经羲路上还不忘捞钱，提取公款带走。

1912 年年初，蔡锷与谷钟秀等组织统一共和党，蔡锷为总干事。蔡锷认为，革命的目标不单纯是破坏，更是为了建设，而建设必须联络同道中人，共同努力。对统一共和党，蔡锷充满热情与期待，希望能为中国的建设发挥力量。

同年 8 月，同盟会与统一共和党等合并，改组为国民党。云南也酝酿改组，预备推举蔡锷为云南支部长，但蔡锷声明脱离统一共和党，坚辞国民党云南支部长，还通电要求解散各政党，"以齐民志，而定危局"。此后，蔡锷对国民党一直采取疏远态度。

蔡锷认为，军人应该不党，他曾通电说明，军人入党，弊端多多。如被政界事务分心，军事难以整顿。如以武力为后盾，容易推翻政府。如领兵将领身具党籍，则士兵之中，大量会党涌入，结为兄弟，容易发生兵变等等。蔡锷请求大总统发布明令，禁止军人入党，"以振纲维，而杜流弊"。蔡锷虽主张军人"不党"，但1913年5月，梁启超为核心的进步党成立，将得意弟子蔡锷列为进步党名誉理事，蔡锷也未加以否认。

二次革命之前，黄兴派人去邀请蔡锷一起起兵。蔡锷却以"民国初建，国基尚未巩固"，加以回绝。二次革命爆发后，蔡锷支持袁世凯对革命派镇压。蔡锷致电袁世凯云："知赣事已决裂，积年痼毒，趁此一决，未始非福。"

1913年8月，袁世凯任命贵州都督唐继尧为滇黔联军总司令，共同出兵攻打四川的熊克武。蔡锷反对二次革命，认为国民党是"暴烈派"，"以破坏为事，苟可以达其目的，即牺牲全国而不恤"。

二次革命中，虽然蔡锷站在了袁世凯一边，但袁世凯对蔡锷还是有所提防。袁世凯曾对曹汝霖道："松坡这个人，有才干，但有阴谋。"1913年9月28日，北洋政府命令："云南都督蔡锷，因病请假，着给假三个月，来京调养。"同时任命唐继尧署理云南都督。

蔡锷放弃云南都督，抽身进京，一是因为自己以客籍身份，治理云南军民所带来的尴尬，二是出自对袁世凯的崇拜信任。蔡锷入京时，对袁世凯政府是持有期待的，他表示"袁是中国的一个人才，能把中国治理好"，"如果袁氏愿意的话，就让他做个终身总统"。蔡锷曾对滇军营长以上军官表态，袁世凯原是我们的死敌，戊戌变法时，师友因为他的告发，死的死，逃的逃。但中国现在的局面，非他不可，此次入京，希望尽释前嫌，帮助袁世凯渡过难关。后来梁启超认为，当时的蔡锷"很有点痴心妄想，想带着袁世凯上政治轨道，替国家做些建设事业"。

1913年10月，蔡锷来到北京，袁世凯任命蔡锷为陆军部编译处副总裁（总裁是段祺瑞），加昭威将军的头衔。随后，袁世凯又任命蔡锷为全国经界局督办、陆海军大元帅统率办事处办事员、政治会议议员、参政院参政等要职。1914年5月，蔡锷患肠窒扶斯病（伤寒）甚重。大总统特派侍卫武官前往安慰，并赠珍贵食品多种。

1915 年 8 月，筹安会出笼，袁世凯复辟帝制的野心完全公开，蔡锷也看清了袁世凯的真正面目。袁世凯对蔡锷是栽培的，乃至于是有恩的。1913 年，蔡锷来到北京，袁世凯对他全力培养，甚至于想用他取代黎元洪、段祺瑞。但筹安会出场后，蔡锷愤怒地道："眼看不久便是盈千累万的人颂王莽功德，上劝进表，袁世凯便安然登其大宝，叫世界看作中国人是什么东西？国内怀着义愤的人，虽然很多，但没有凭借，或者地位不宜，也难发手。我们明知力量有限，未必抗他得过。但为四万万人争人格起见，非拼着命干这一回不可。"中国历史上，有此无畏担当，有此公义精神的，实在不多。宋渔父是一个，蔡锷是一个，奈何，都英年早逝。

梁启超公开反对帝制后，为了避嫌，蔡锷在北京到处说梁启超是个不识时务的书呆子。在赞成帝制题名录上，他大笔一挥"赞成"。在麻痹袁世凯之后，蔡锷择机逃到天津，与梁启超商量，梁去两广，蔡去云南，共同反袁。临出发前，蔡锷慷慨表示："失败就战死，绝对不亡命，成功就下野，绝对不争地盘。"12 月 2 日，蔡锷穿上日本和服，变更姓名，乘日商山东丸东渡日本，辗转前往云南。

致命二陈汤

当蔡锷回云南之日，于九华山光复楼举行会议，蔡锷在楼上休息，众军官在楼下等候。蔡下楼时，全体军官不期而然地起立，以马靴踏地一响致敬。

云南省有两师军队，战斗兵员一万七八千人，另有勤杂部队约两万人。云南军队装备精良，清末时曾大量购置了新式装备如马克沁机枪、克虏伯大炮等，每支步枪搭配子弹一千发，这在全国也是罕见。蔡锷自夸"滇军精锐，冠于全国"，是有他的底气的。

1916年元旦，云南成立中华民国讨逆军，旋改为护国军。蔡锷等人判断，袁世凯敢于称帝，得到了帝国主义列强支持。袁世凯如果战败，日本等国有可能出面干预，所以讨袁战争可能会牵连到日本等国，乃又改讨逆军为护国军。

护国军以蔡锷为第一军总司令，李烈钧为第二军总司令，唐继尧为第三军总司令。第一军向四川进军，取泸州、重庆；第二军先赴南宁，同桂军会合，再取湖南、广东；第三军坐镇云南。此时的朱德，在护国军中已是一员大将了。护国军此次出滇，也影响到今后十余年间西南的局势。

护国战争，名为军事交战，实质为人事关系之战。战场上的交战为辅，暗中的人际关系来往为主。

贵州地方实权人物刘显世，与蔡锷私交甚笃。刘显世出自兴义刘氏，兴义刘氏在太平天国运动中，靠镇压贵州各族人民起义起家，虎霸兴义一隅。辛亥革命爆发时，刘显世奉命领兵入贵阳驻防。行军至安顺时，刘显世得到贵阳光复的消息，遂表示赞成共和。刘显世进驻贵阳后，派人去云南，请蔡锷派兵"援黔"。

蔡　锷

蔡锷领兵进入贵州后，控制大局，任命刘显世为贵州军务部长。1913 年升贵州护军使，督理贵州军务，由是掌握贵州军政大权。

在云南尚未独立时，刘显世就与蔡锷暗中联系。云南宣布独立后，刘显世先按兵不动，电告袁世凯，称将率大军攻滇，只是手中缺乏军费。待袁世凯将军费汇到后，贵州于 1 月 27 日宣布独立，并推刘显世为都督，袁世凯是赔了军费又折兵。黔军合计一万二千人，分为二部，配合滇军，一出湘西，一出四川。不过贵州方面对于战局并不乐观，做好了失败的准备，事先提取了大量银洋，预备战败后逃亡之用。

护国战争以四川、湖南为主战场，又以四川为最要。袁世凯亲信陈宦在 1915 年调任四川军务会办，当时四川情势复杂，各色地方武装横行。袁世凯对之寄予厚望，临行时还送了二百万元的特别经费，将陈宦感动得趴在地下磕头谢恩。

陈宦，字二庵，湖北安陆人，少时家贫，入武备学堂学习时，深得张之洞欣赏，后考入京师大学堂。1900 年，陈宦担任武卫军管带（营长），守卫朝阳门，与联军苦战之后，带领余部突围而出，途中拾得军饷十三万七千两，亲自护送至保定，交给荣禄，由是闻名。

袁世凯把持北洋政府时，曾派陶云鹤去解散国民党人蓝天蔚留驻烟台的部队。陶云鹤带了十万元去烟台，钱花光了，部队却未遣散，反而气焰嚣张。袁世凯改派陈宦前往，陈宦到烟台后，未花一分钱，在三天内遣散了部队。事后袁世凯大赞陈宦："北洋军中，竟无此人。"从此将他视为自己亲信。

二次革命后，国民党势力遭到重创，核心人物或是隐藏，或是逃亡海外。袁世凯势力扩张到长江流域，全国范围内，只有广东、广西、四川、云南、贵州五省，尚为地方军人势力控制。袁世凯判断，在镇压革命党人后，广东都督龙济光投靠了北洋势力，不具备威胁。广西都督陆荣廷力量很弱，也不是威胁。四川、云南、贵州三省则需要加紧控制，是故准备派遣得力手下去经营，而陈宦成为袁世凯经营四川的不二人选。

陈宦对袁世凯忠心无比，曾说："我母亲曾说，你受大总统之恩，决不能辜负大总统。要是我对不起大总统，就是对不起我母亲。"除了陈宦的忠心之外，清末陈宧曾在四川、云贵担任军政要职，熟悉当地情况，是故袁世凯派其至四川经营。

为了配合陈宧入川，北洋政府又调冯玉祥第十六混成旅、伍祥桢第四混成旅入川支持。云南护国军举事后，袁世凯又命曹锟率领张敬尧、李长泰等北洋部队，火速赶至重庆，配合四川陈宧，迎战护国军。

护国军入川后，四川各地民军群起响应。四川陆军第二师师长刘存厚，与蔡锷同为留日士官生，回国后曾在蔡锷属下服役。蔡锷在云南发动后，刘存厚即暗中联系，秘密策应。蔡锷军队入川后，陈宧不放心刘存厚，准备将其部调防。刘存厚遂于 1916 年 1 月 20 日夜间起事，加入护国军，拥护共和，铲除帝制。

在四川战场，袁世凯调拨了张敬尧、曹锟、吴佩孚、齐燮元等北洋主力军，加上已在四川的两个混成旅，合计兵力四万五千人。双方在四川境内纳溪、宜宾、泸州等地交战。北洋军兵力雄厚，补给充分，护国军虽然士气高昂，但无法取得突破，战局处于胶着状态，此时幕后的人际关系之战进行得如火如荼。

北洋一系，最有实力者，如冯国璋、段祺瑞，均反对袁世凯称帝。冯、段二人在军界影响巨大，如冯国璋的亲信王占元为湖北将军，李纯为江苏将军，在四川前线的曹锟也与冯国璋亲近，广西陆荣廷则唯冯国璋马首是瞻。冯国璋暗中联络各地实力派，反对袁世凯称帝。故而袁世凯在调集军队于四川之外，又以两支军队，即徐州张勋与安徽倪嗣冲所部，监视南京的冯国璋。

袁世凯称帝前，曾准备成立陆军模范团，以培养自己的嫡系军官。袁世凯本意是让长子袁克定当模范团的团长，段祺瑞表示反对。谈了大半天没有结果，最后袁世凯说："我当团长你看行不行呢？"

这一来，段祺瑞就没法反对了。段祺瑞嘴上没反对，心里却在生暗气。段祺瑞有个生理缺陷，只要一生气，鼻子就歪了。别人生气能不形于色，可段祺瑞一生气，鼻子就歪到一边去。袁世凯一看，心道你段祺瑞还是反对我。

段祺瑞因为反对袁世凯当皇帝，两个人感情越来越坏，于是段便推说有病，躲在家里赋闲。因其反对袁世凯称帝，小说家曾言袁世凯派刺客刺杀段祺瑞云云。袁世凯称帝后，曾在丰泽园组织"征滇临时军务处"，请段祺瑞出来主持。

段以身体不佳为由推脱。为了讨好段，袁世凯甚至将他不喜欢的段祺瑞爱将徐树铮请出来做官，可是小徐对此也没什么兴趣，表示要全心办教育。

贵州反袁之后，陆荣廷掌握广西，也欲乘机而起，奈何手中财政吃紧。而袁世凯则认为陆荣廷起于徒手，只求富贵，可用金钱厚禄加以引诱，就派龙觐光赴广西安抚。又许以厚诺，若陆荣廷攻击云南，将给以百万经费。陆荣廷的儿子此时在袁世凯身边当侍卫武官，实际上等于被扣作人质。陆荣廷以生病为由，请放子归，不想儿子走到汉口时却突然遇害。陆荣廷悲痛难当，随即于 3 月 15 日宣布独立。

在广西独立后，冯国璋暗中联系，欲图压迫袁世凯取消帝制，惩办祸首，并得到江西将军李纯、浙江将军朱瑞、湖南将军汤芗铭、山东将军靳云鹏的赞同，遂以五将军的名义，发电征求全国各省将军意见。此时冯国璋自恃有五将军联合，也不畏惧袁世凯知晓，公然将电报发给各省将军。

直隶将军朱家宝在得到电报后，将电稿交给袁世凯。袁世凯看了电报后，竟然哀叹道："我昨晚看到天上一颗巨星掉下来了，这是我这一生中第二次。第一次是文忠公（李鸿章），这次轮到我了。"眼看北洋重将离心离德，不得已之下，3 月 24 日，袁世凯宣布取消帝制，并请徐世昌、段祺瑞、黎元洪等人出来，帮忙收拾残局。

宣布取消帝制之后，袁世凯认为与冯国璋、段祺瑞等军界大佬达成妥协了，手中就有本钱和护国军叫板，故而以胜利者的姿态向护国军开出谈判条件。而护国军则回复称，袁世凯必须退位，并惩戒杨度等人。

广西独立之后，陆荣廷即整顿兵力，准备攻击广东。广东将军龙济光为袁世凯死忠，此时财政枯竭，又处于护国军包围之中，无奈之下，一面伪称中立，一面向袁世凯求援。广东素来对外开放，风气开明，帝制在此素无基础。龙济光一再拖延，不想表态，暗中却倾向于袁世凯，激起民间及军队不满。军队中有鼓噪闹事者，打出"请龙济光宣布独立"横幅，逼迫龙济光表态。

龙济光在应对广东省内压力的同时，又派其兄龙觐光为云南查办使，由广西百色进攻云南。龙觐光从广东带了一千多人入广西，沿途招募土匪，号称一万多人，但丝毫没有战斗力。与护国军连战三次，均告失败。护国军一路打到百色，将龙观光俘虏。龙济光又秘密派遣儿子至个旧、蒙自，勾结土匪，以牵制护国军。但同样的问题是，土匪战斗力低下，一触即溃。面对着内外压力，云南又无望突破，龙济光无奈，遂于 4 月 6 日也宣布独立。

湖南是此次战事中，除四川之外最为激烈之处，袁世凯调集兵力四万余人在此布防，湖南将军汤芗铭也系袁世凯亲信。

陆荣廷在解决完广东后，又调头回师北伐，湖南地方势力如程潜等人起兵响应。汤芗铭早已附和冯国璋，通电请袁世凯废除帝制，现在一看袁世凯大势已去，于是请他的兄长汤化龙出面，邀请湖南革命党领袖谭延闿居中调和，遂于 5 月 28 日宣布独立，任由桂军从永州通过。

自滇军入川后，四川各地悉数成为战场，陈宦疲于防御。在袁世凯撤销帝制之后，陈宦乃派人与蔡锷接洽。陈宦与蔡锷本为莫逆之交，与蔡锷接洽之际，恰蔡锷军弹尽粮绝，陈宦就给了蔡锷一笔钱支持。经过谈判，陈宦得悉蔡锷无意于四川，而四川本地实力派刘存厚也不想和他争夺将军职位，故而有了独立之意，遂将在外作战的冯玉祥、伍祥桢等部调回，至 5 月 22 日，陈宦也宣布独立。

陈宦宣布独立，袁世凯气急败坏，任命四川本地势力周骏为第十五师师长，授"益武将军"，负责四川军务，以打击陈宦。面对周骏的威逼，陈宦所能依靠的，只有冯玉祥等北洋军队力量。在各种历史事件的紧要关头，冯玉祥都高举进步的旗帜，获得舆论好评。冯玉祥部下的回忆均认为，冯玉祥是被逼与护国军交锋。但实则不然，冯玉祥是要打这场仗的，而且很卖力地和护国军打了几个月。因为战功显赫，冯玉祥还被袁世凯破格提升为三等男爵、陆军中将，并称赞冯"忠勇奋发，极堪嘉奖"。等到四川宣布独立时，冯玉祥一看势头不好，在骗取了陈宦一大笔军费和物资后，联合北洋各部，通电表示不愿作战。

北洋军不愿帮忙，陈宦只好派遣刚刚组建的四川陆军新编第一旅（旅长杨志澄）出战，不想到了简阳，就全军投奔了周骏。此时陈宦仍不肯认输，为了鼓舞士气，他穿上军装，拿着军刀，全身披挂，召集部下开会。此时他手中尚有两团人马，自认为还能一战。在会上，陈宦将军刀一拍，放言道："我决定背城一战。"

不想他所倚重的团长丁搏霄，突然匍匐在陈宦的脚下，紧紧抱着他的大腿哭喊："我的爹啊，你快走吧！"

这样一哭闹，陈宦只好狼狈出逃。陈宦走后，周骏占据成都没有多久，护国军罗佩金很快杀到，将其全军击溃。

时人评说，袁世凯是服用了"二陈汤"而于 6 月 6 日病死，即四川陈宦、陕西陈树藩、湖南汤芗铭三个实力人物，在短期之内相继倒戈，使袁世凯抑郁而死。

11 月 8 日，年仅三十四岁的蔡锷病逝于日本。

陆建章败走西安

陕西将军陆建章系袁世凯亲信，生性嗜杀。

陆建章年轻时，吃喝嫖赌，样样精通，欠了一屁股债务。负债累累之下，陆建章偷了人家一头毛驴，被官府擒获，关入大牢。陆建章越狱而出，前往蚌埠投军，初时当了一名伙夫。因为识字，且能写得一笔好书法，得到上司赏识，转而从事文书工作，进而被推荐到京师武备学堂学习。

武备学堂毕业后，陆建章投入新建陆军，得到袁世凯赏识。1905 年，陆建章升任第四镇第七协统领，奉袁世凯之命，前往山东曹州镇压起义。在曹州，陆建章施展狠辣手段，杀戮颇重，战后被提拔为曹州镇总兵，再调任潮州镇总兵。进入民国之后，袁世凯提拔亲信陆建章担任总统府警察军参谋，之后升任警卫局统领兼京畿军政执法总长，继续进行杀戮。

陆建章颇有野心，培养自己的势力，一手扶持起了冯玉祥。1914 年 4 月，陆建章领兵镇压白朗起义。在围剿白朗时，冯玉祥升任第十六混成旅的旅长，为了笼络，陆建章将自己的外甥女嫁给了他。

袁世凯称帝之前，陆建章早早上表，献了忠心，但袁世凯还是将陆建章赖为臂膀的嫡系冯玉祥部调去了四川，帮助陈宧剿平四川地方多如牛毛的土匪。四川匪多，陕西山大王也不少，冯玉祥一走，陆建章头痛不已，而最具威胁的对手便是陈树藩。

陈树藩保定陆军学堂毕业后，回陕西担任炮营军械官。辛亥革命后，陈树藩得到起义消息，加入同盟会，参加了新军起义。陕西光复后，陈树藩被军政府任命为东路节度使，曾出兵支援山西革命。

1914 年，袁世凯以追剿白朗为名，命陆建章进入陕西，在地方上呼风唤雨，盘剥万民。时人指出，陆建章在陕西有四大过：（一）遣散当地军队，放任士兵携带枪械与弹药而去，四处骚扰地方；（二）抄没各地鸦片，另开设一鸦片专卖局，凡有购大宗烟土者则派兵护送之，获得暴利；（三）借搜查鸦片为名，实则掠抢富户金钱，被抢富家子弟，有在学校中谈论其家中被盗之事，则被诬陷为革命党，加以屠戮；（四）为袁世凯称帝，搜刮财富，捆载出境，较白朗劫去者尤多。

陈树藩此时已成为陕西地方部队领袖，因其部大多系绿林草莽，军纪极坏，被陆建章追剿过多次，不得已逃去山西。在山西一路劫掠，陈树藩反倒发了大财。陈树藩遂以重金贿赂陆建章儿子陆承武，二人结为金兰之交，陆建章这下拿他没有办法了，只好将他收编。陈树藩靠做土匪、贩私盐赚来的钱，大肆扩充军力，不久部队就扩充到两个师。袁世凯称帝后，陆建章派人去侦探陈树藩部队情况，一看他羽翼丰满，大吃一惊，一直想找机会将其枪械收缴。

此年 3 月，陕西刀客邱彦彪、郭坚、曹士英等，以白水县之黄龙山为根据地，自称讨袁军大元帅，召集四方匪徒，于下旬占据白水县，后长驱而入，攻陷富平县，更包围蒲城。所谓刀客者，即陕西一带健儿，轻财重义，奋不顾身，有游侠之风。刀客勇不畏死，常自相残杀，缺乏凝聚力，革命党人素来瞧不起刀客。但陆建章来陕西后，却促成了刀客与革命党的联合。

陆建章到任后，大力任用皖人，极力摧残革命党人，多方罗织冤案。革命党人愤愤欲动，乃与刀客联络，共谋倒陆。陕西一带的刀客发难于白水县后，攻下城池，徒党数千，声势大振，应者纷纷。浦城附近各县城的守备兵队，素闻该股刀客凶猛，不敢出剿。陆建章闻讯后大怒，想亲自率兵去讨伐，又恐省城人心摇动，遂命其子陆承武率精锐一旅，前去白水县剿匪。

陆承武行至富平时，与陈树藩部下胡景翼相遇。陆建章进入陕西后，提拔了大量安徽人做官，并以皖军为主力。皖军在陕西行为残暴，深为陕人所痛恨。陆承武出兵后，有革命党人乘机发布流言，称承武此行，名为拒敌，实欲收缴胡景翼所部枪械。

胡景翼是个武人，也就相信了传言。两军经过之后，胡部突然调头，开火射击。猛战数小时，陆承武所领士兵纷纷逃遁，陆承武被活捉。

陆建章听闻儿子被生擒之后暴跳如雷，准备提兵进剿。他老婆和儿媳妇却唯恐儿子丢了性命，哭哭啼啼地哀求他不要出兵，陆建章无奈，就请西方传教士出面与陈树藩沟通。陈树藩得悉陆承武被抓后，着实是吓了一跳，已将胡景翼绑了起来准备请罪，并预备将陆承武送回省城。现在一看陆建章主动来要儿子，这下可好，手中有了筹码。陈树藩立刻集合全部队伍，四处招募绿林好汉，陈兵于渭水河两岸，要求陆建章让出将军职位，立刻离开陕西，不然就把他的宝贝儿子杀掉。

5月17日，陈树藩在浦城宣布独立，并将攻击西安。5月18日，陕北镇守使陈树藩提出条件三条：（一）许陆氏一人离去陕西；（二）陆所率之军队须缴军器解散；（三）陆氏离去时不得扰乱城内秩序。陆建章知道大势已去，为了儿子的性命，只好同意离开。当日陈树藩与陆建章谈判，达成协议，陆建章交出西安，由英国传教士洛克与杨医生作为担保人。交换条件是，陈树藩保障陆建章的生命及财产安全。陆建章另外提出，由其带入陕西的皖军护送至潼关，也获得陈树藩许可。

5月26日，为陆建章启程之日。当日，陆建章及其护兵，携带了大量财产物资，随行车辆有一百二十六辆，以皖兵为主的护卫队三营共一千五百人。人车浩浩荡荡，从西安出发。陈树藩则安排士兵在一旁监督，就在陆建章出行至东关时，突然一声惊天动地巨响，有炸弹炸开，双方瞬间爆发冲突。陆建章护卫队当场被击毙五六十人，随行车辆也被抢夺。冲突发生后，陆建章家属四散逃亡，据说丢失财产有六百万之多，是为"霹雳一声，六百万家财俱尽"。

这炸弹为何炸开，众说纷纭。陈树藩一方的说法是，陆建章卫队士兵所携带的炸弹被挤落在地爆炸，导致双方误会，发生冲突。外间则传说，陆建章卫队士兵想投掷炸弹，炸毙看守城门的士兵，以使护卫队避免搜索，能携带烟土、军火、财物出逃。

冲突发生之后，陆建章第三子逃亡，眷属躲入民宅，陆建章则与护送他的传教士躲入教堂。已出城至十里远灞桥地方的人员，纷纷抛弃车辆上的财物，逃入乡间，以绸缎之衣易老农之服，皮革之靴易庄田之履。事后陈树藩立刻发表公告，对此次冲突表示抱歉，并招抚逃散人员及家属，有知下落而报信或送归者，则赏洋若干，如有贩卖人口及残害者处死刑，可谓仁厚矣。

陆建章在教堂中，既痛妻子之分离，又伤资财之丧失，终日哭泣，两眼肿大如桃。不久，陆建章第三子，被人在华阴庙中寻到送来。只是第四妾在冲突时当

陈 宦

场毙命，让其着实心痛不已。待将眷属找齐之后，陈树藩遵守诺言，将陆建章一家送出陕西。陆建章长子陆绍文，则留在西安军中，担任参谋长。

陈宦宣布四川独立后，冯玉祥起初准备留在四川，并被编为川军第五师。但护国战争结束后，冯玉祥感觉在四川无发展的机会，就准备回陕西，行至汉中时，北洋政府陆军部电令他开往宜昌。冯玉祥抗命不从，转而准备回北方。冯部撤离成都时，将凤凰山军火库所存枪支弹药全部带走。因为没有运输工具，故而全军士兵都要携带步枪子弹五百发，或是炮弹两枚，冯自己就背着两枚炮弹行军。

冯玉祥所部，几经周折，最终回到北方。冯欲驻军廊坊，但段祺瑞认为他桀骜不驯，难以驾驭，决定剥夺他兵权。1917年下令冯玉祥去职。冯玉祥统军有方，对待士兵极好，在士兵中威望极高，其部士兵有时长期不发军饷，士兵也没有怨言，还愿意作战，这在当时各军阀部队中是独一无二的。全军士兵不肯放冯走人，几至闹成兵变。经过陆建章出面做工作，冯玉祥才暂时离开十六混成旅，到张勋复辟时再次复出。

川滇黔军乱战

护国运动胜利之后，由蔡锷督川，陈宦另调任湖南督军。蔡锷上任后不过月余就去日本养病。蔡锷离川后，由罗佩金代理其职务，处理一切善后事宜。不想随后一场血战在成都爆发，这场战事，在本来同属一个阵营的滇、川、黔军之间展开，且比与北洋军的战斗更为残酷血腥。

滇军军帽上镶有一圈红色，军官用红缎，士兵用红布，故而四川老百姓称之为"红边边"。而川军则一律在军帽四周镶以灰色，老百姓称之为"灰边边"。红边边滇军进入成都后，以征服者自居，在街头寻衅滋事，各类是非不断，若有川警干预，就对之加以痛打。滇军每日还派出所谓的巡查队，由一名士兵以双手捧令箭先行，另有两名士兵各提一军棍尾随。所到之处，军警均须敬礼。而巡查队经常以警察不敬，小贩无礼为由，将四川警察、街头小贩毒打一顿，是故川人日益痛恨滇军。

滇军罗佩金一方面从四川兵工厂领取枪支，扩充滇军，另一方面裁撤川军，这激起了川军各部的不满。当川滇军势如水火之际，又来了一支不要命的武装，这就是黔军。贵州在护国战争中，尽出精锐部队帮助滇军作战。虽然黔军装备很差，但是作战骁勇，就是北洋劲旅也对其畏惧三分。黔军一个独立旅原先驻在重庆，罗佩金将这支黔军调来成都，本意是引为外援。黔军刚到成都时武器装备很差，到了四川后全部换装了四川兵工厂出产的新枪，战斗力得到提升。

1917年4月15日，罗佩金将川军一个团调入成都，下令全体人员到成都东校场集中等候训话。川军上午集合完毕，正在等候时，滇军突然出动将这一个团缴械，并剥光官兵的外衣外裤，将他们赶出东校场。这一个团的川军士兵穿了一条内裤在成都街头流荡，中饭又没吃，饥寒交迫之下，就到各处店铺抢取食物，城内一片混乱。在混乱之中，一些着便衣的青年过来密语，让这些士兵一起去川军刘存厚师部吃饭。

到了傍晚时，这些被缴械的士兵赤膊从刘存厚师部冲出，身上用白纸裹住，头上用黄纸缠住，以示必死之意。一些人手持长矛大刀，没有刀矛的士兵则发了疯一般，沿路找猪肉店借屠刀，找厨师借菜刀，找水果贩借水果刀，准备去找滇军拼命。这些光膀子士兵身后则是全副武装的川军压阵。成都居民因为厌恶滇军，沿途纷纷为这些光膀子兵呐喊助威，更是刺激得他们热血沸腾，双眼一片红光。这批红了眼的川军，拿着五花八门的刀，拥入滇军驻地，滇军猝不及防，被砍得落花流水，有一个营的武器被抢走。

待滇军回过神来，拿起枪反击时，在后压阵的全副武装的川军也开枪还击，于是滇川军冲突开始。在滇军所控制区域内，警察以及想逃去川军控制区的平民，大多被滇军从城墙上用长矛刺死扔下。冲突发生之后，滇军、川军各占据一部分地盘对抗。川军对滇军是大为警惕，川军第一军军长刘存厚所部，连日布置岗哨，盘查口令，严密戒备。

4月18号上午，滇军罗佩金发出训令，称近日遣散川军第四师军队，实因该师士兵军纪废弛，难期整饬，是以悉予资遣，以抒民困。其他各师部队，均系久经训练，不似四师之冗滥，自无全数解散之必要，更不必自相惊扰。只是现在部队过多，其他部队不得不稍微削减兵员。倘若有人造谣生事，煽动蛊惑，一律予以严惩云云。

至18日傍晚时，突然东校场、皇城内、省城内，各处炮声隆隆。双方展开大战。街巷中的人们受惊奔逃，商铺急忙收拾货物，急急关门闭户，街头摊贩来不及收拾，纷纷丢弃物品逃跑。

当日傍晚，刘存厚川军派出步兵队多人，换装之后，一律使用手枪，突袭川军炮兵。开战后，双方连夜交战不止。18号开战之后，城内川滇黔三军，将所占领的街巷，各自划分区域，派兵严密拦截，不准通行。双方所占领区域，犬牙交错。各军交界处，街头均用石块堆砌为关卡，设置数十名看守，或置机枪，或置大炮。各交界处均用白纸书写"某军驻于此处"，川黔军控制区内的民众，可以来往，但不能越界。

4月19号白天，被罗佩金解散的川军第四师暂编独立团团长孙泽沛，招募了敢死队数百人，由灌县一路飞奔，赶往省城。至成都后，敢死队与其他援军千余人会合，占领城内四川兵工厂及白药厂，将占领二厂的滇军两个连驱逐。

是日白天，旧皇城内连开多炮，炮弹漫无目标，落在成都各处（旧皇城本是明代"蜀王府"，城防坚固。清代改成"贡院"，是四川省举人考试之地，成都人一直称其为旧皇城）。其中一枚炮弹落在新街后巷周姓公馆堂屋，将神龛打毁，一枚落在福建会馆后殿铁化炉内，鼓楼街上落下八枚，击毙商民十余人。至傍晚时分，孙泽沛所部向后子门发起猛攻，战死五六十人。另一部川军向皇城内的滇军发动攻击，并以机关炮射击。

旧皇城内的滇军，一面由城墙上开炮，一面以水枪装煤油，浇泼于旧皇城周围民房上，并用燃烧弹烧毁民房。川军不得不让步，暂时停战。及至半夜，旧皇城外大火弥漫，警察携带水龙等消防器材前来救火，却被滇军击毙多名。又由于各交界处设置有关卡，火灾区域内的民众无法出逃，至天明各街开放栅栏后，民众才得以逃脱。当夜被烧死者，被炮击中死亡者，达数百人，烧毁之家数千户。旧皇城左侧的监狱之中，所囚禁罪犯数百人，在战乱之中也全数逃光。

至20号黎明，各受害区域民众纷纷向黔军控制区逃跑，因此时黔军严守中立。黔军所控制的东大街府城隍庙及各会馆，均住满受害民众。

4月20日上午，滇军出动，将旧皇城附近的回民劫掠了数百家，又至提督西街、东华门街、东西两辕门、东西两御街劫掠，纵火焚烧。其中提督西街、东华门街属于与黔军交界处，黔军出动将滇军击退，并全力救火，火势方未蔓延开来。

时任省长的黔军统帅戴戡，打电话找罗佩金交涉。罗佩金则称，已枪毙士兵一人，以正军法。不过这名被枪毙的士兵，实际上却是阵亡的滇军。至上午9点时，罗佩金又下令斩首七人，悬首级于皇城门外示众。但据旧皇城出来之人描述，被杀者是《新闻警华报》编辑、主笔以及孙泽沛的代表宋空子（宋辅卿）等人，由于双方交战正酣，也无人敢前去观看。

川军见罗佩金纵兵骚扰地方，更加愤懑，卖力交战，地方上受害更巨。20日上午，商会推出商董十余人，请英法两国领事出面调和。不想罗佩金开出条件，要价六十万，要求由西方人保证其领兵安全出境，否则宁愿与川人拼命到底云云。

午后由黔军戴戡及各界人士，约集英法日领事商定办法，议定将城内划成川字形。川滇军移驻两旁，黔军居中，以隔断两军，避免再次冲突。20日下午，川滇双方继续开战。乱战之中，有要钱不要命的商家到军营中索取债务，当即被杀。此日傍晚，双方又展开炮战。

川军为了击败滇军，抽调大量兵力进入城内，又在西校场城墙上安置三门大炮，以掩护步兵进攻滇军。滇军的指挥所设置在旧皇城内明远楼上，罗佩金主持作战会议室，被连续击中指挥所。此时罗佩金见黔军袖手旁观，滇军势孤，不得不请黔军出面斡旋停战。

4月21日上午9时，双方正式停战。此番黔军保护民众，调停停火，街巷人民深感保护之恩，集资备礼送到黔军军营犒劳。22日，川滇两军议定出城事宜，滇军开始渐次撤防，是夜始无枪声。24日，滇军主力从新东门撤退，川军也未加以拦截。滇军虽然撤走，但占了便宜，强行夺取了成都兵工厂库存步枪一千余支，子弹二百万发，并将军工厂的重要设备拆卸运走。

在川军与滇军爆发冲突后，黔军划出一块区域，宣布中立，坐山观虎斗。滇军撤出后，黔军乘机接收了滇军防区。好景不长，川黔二军，又开始剑拔弩张，双方沿着各自防区部署警戒部队。

7月5日下午，在成都玉带桥街口，川黔军因为口角冲突，互相开枪射击。瞬息之间，沿着警戒线，枪声接连响起，双方全面交火。

黔军军官事先已经做好准备，早将家眷撤离了成都，预备在成都放手大战一场。当日晚间，黔军以讨逆为名，派出七营黔军，强行占领西门、北门城防，并攻击留守北校场川军。川军初战失利后，放弃北门，死守西门。

7月6日，川军大批援军抵达，开始全面反攻。川军将营部驻扎西校场之后，乃分兵向督军署、南门一带开进。川军一支侵入金家坝城墙处，另一支出西御街小东门，又分出一小支部队到陕西街，夺取黔军营地内所存储军饷粮食。此处储存有黔军的大量军械，并有米数石。川军抵达陕西街时，放火焚烧黔军粮草，此时刮起大风，风助火势，很快蔓延开来，连烧数十家店铺。一直烧到韦驮堂门口时，方有巡警前来救火。此前巡警在其他地方救火时，不时遭到黔军枪击，不得不暂停救火工作。陕西街上有教会教堂及教会医院，建筑房脊甚高，巡警依赖高层建筑为掩护，方能救火。

6日午后，南门黔军多数被调到西北门。剩下守南城门者仅十几人，一听川军要过来时，立刻收拾包裹逃去。川军先后派出三人前去探听，一人赤膊，一人着普通衣，一人穿了军服，至南城后见一名黔军也无，就将电话机带回去复命。川军完全占领南城后，建立了三道防线。在北门一线，川军初期兵力单薄，丢掉城门。之后有援军赶到，打了个冲锋，逼退了黔军。6 日晚间，黔军、川军在鼓楼大战一场，双方并无胜负。之后川军将城内民房敲出枪眼，作为射击点。黔军交战后不支，退回旧皇城内。

至 7 日，川军已占据主动。退守旧皇城后，黔军自恃骁勇善战，又以为滇军得悉战事重开后，必定会来援助，决定在旧皇城内固守待援。川军预先部署，派出一支部队在城外防止滇军来援，先将旧皇城之外的黔军肃清，再包围旧皇城，加以猛攻。

川军先是用炮猛轰旧皇城，但未有多大效果，后又招募了二百名敢死队员，先发大洋二十块，成功了再发三十块。敢死队冒死爬云梯冲上城墙，黔军伏在墙垛口冷静等待，川军敢死队在城墙上一露头，即以长矛猛刺头部，敢死队伤亡大半，攻击遂告中止。川军攻城不下，又用一个棺材装满炸药，挖了一条隧道到皇城城墙下，然后点火引爆，炸出一个缺口。川军敢死队从缺口奋勇冲入，但黔军随即堵死缺口，冲入的川军敢死队全部战死。

黔军见滇军久不来援，又被这一炸给吓破了胆，便决定突围。但突围部队遭到川军火力重创，被迫退回，遂求投降。川军见久攻不克，城内一片火海，战事不能久拖下去，便同意黔军投降。没想到黔军是假投降，先以精锐一部分出城，出城后再接应城内黔军，内外夹攻，双方一度肉搏交战。黔军被困数日，缺乏粮食，士兵饥饿无力，战斗力下降，不能久战，被迫又退入旧皇城。三日之后，再次竖起白旗求降。

川军再次许可了黔军投降。黔军撤退途中，将在四川所掠夺的财物大半丢弃，随身只携带洋元及当时广泛认可的中国券仓促出逃。黔军出城后，预先派遣部队占领城外的制高点，以掩护撤退。不想川军早有埋伏，将此部先遣部队打散，并在城外设伏困住黔军。

为了突围，黔军拿出大洋，征募敢死队冲锋。征募好了敢死队，就得发放大洋。就在敢死队员抓大洋时，没有参加敢死队的士兵也冲过来抢大洋，结果自乱了阵脚，川军抓住机会，一次冲锋，将黔军击溃。入川黔军，至此大部分被俘，小部分逃跑。黔军主帅戴勘与川西道周绍久，出逃至仁寿秦皇寺，躲在一户农民家中。

　　不久川军追至，戴勘自知难逃，就开枪自杀，周绍久则安全逃走。戴勘与蔡锷一起，曾豪气万千，发起护国战争，出生入死，不想却死于四川乱战之中。黔军旅长熊其勋逃至简阳，被川军捕获，押解至成都后被杀。入川黔军四千余人，仅得六七百人回黔。

　　川黔血战，前后十三天。战后清查，城内战死的黔军尸体无数，而川军也战死颇多。战后不久，北洋政府正式任命刘存厚为四川督军。刘存厚此后多年称雄西南，至南京国民政府时期，靠着过人的活动能力，得以继续在军中任职。

第 四 章
满蒙独立运动

在华日本马贼

日本对外的间谍活动由来已久。自 1868 年明治维新以后，以对外扩张为基本国策的日本，为适应其扩张需要，着力加强针对中国的间谍刺探情报活动。在对华情报战中，日本情报机关利用一些熟知中国国情民俗，能操一口流利汉语的日本人，到华收集各种军政情报。英国情报专家查理·迪肯曾指出："在中国，日本人情报工作的形式是化装成各类人员，其成效远比其他形式更大，保密工作做得也很出色。"

由日本间谍荒尾精在汉口开设的"汉口乐善堂"，是近代日本间谍在华潜伏刺探情报的急先锋。汉口乐善堂的创办者荒尾精，1880 年毕业于日本陆军士官学校，1886 年脱离军籍，来华充当间谍。到达上海后，荒尾求助于被称为日本对华情报活动"先驱"的岸田吟香。

岸田吟香习中文，精武术，1878 年他在上海英租界开办"乐善堂"，以销售药品为主业，兼营出版业务，并暗中调查中国各地情况。岸田吟香在中国看到，参加科举考试的士人所用书籍，多是木刻版本，部头庞大，携带不便，便改用铜刻细字的活字版印刷，装订成袖珍本，一时畅销全国，既为岸田获得暴利，也使得他得以广交中国士人，开展情报工作。岸田吟香在华的努力，打开了日本在华潜伏刺探情报的局面，故而日本东亚同文会在为侵华有功者立传时，将岸田吟香之传列在首篇。

在岸田的资助下，荒尾在汉口开设了乐善堂分店"汉口乐善堂"，由岸田供应药品、书籍及杂货，在汉口行销，由此荒尾精开始了在华长达十年的间谍生涯。以汉口慈善堂为据点，荒尾网罗了一批日本浪人，在北京、湖南、四川、天津、福建等地分设支部。荒尾要求其手下的间谍，"对中国各地之地形、地貌、人口分布、风俗习惯以及土地、服装、运输、粮食、煤炭、兵制、工厂"等，都要从军事的和经济的角度加以"实际踏查"。

汉口乐善堂成员以各支部为据点，深入中国各地刺探情报。他们化装成贩卖眼药水、书籍和杂货的行商，冒充医生、风水先生、和尚等，四处流窜，刺探情报。乐善堂的情报工作，在日本的侵略战争中起着巨大作用。中日甲午战争期间，汉口乐善堂骨干宗方小太郎潜入烟台，刺探到中国军舰开赴朝鲜的详细日期，报告日本大本营，为日军击溃大清北洋水师于黄海立下赫赫战功。为此，宗方受到日本天皇亲自接见。

民国成立后，汉口乐善堂的活动虽告结束，但日本在华的谍报工作却未停止。荒尾之后的日本间谍，大多乔装打扮，在华刺探情报。此类在华日本间谍，一类为直属于日本参谋本部总务处的中央间谍（又称华北系），一类来自日本陆军士官学校或者拓殖大学（拓殖大学是专门培养在华间谍人才的学校，又称浪人大学）。这些日本间谍通晓中国风俗习惯，熟练使用中国各地方言，以各种身份潜入中国，通过开设药店、旅馆、吗啡馆和白面馆等，刺探情报。

潜伏在中国的日本间谍，其工作分平时与战时两种。平时工作主要有：调查各地驻军之数量及其变动情形，随时报告东京总部；注意各地的交通情形及一切建筑、电话、电报等各种设备之配置；调查一切兵工厂情形及其设备、管理及出品；详细调查当地天然资源、银行及商业状况等；调查当地民众抗日组织内部及测验民众抗日之情绪；结交当地领袖，掌握其品格及特性，以便利用。战时工作主要有：侦查及军事行动；进行扰乱后方及破坏工作；收买汉奸；挑拨离间军阀与政客等。

1901 年 1 月成立于日本东京的黑龙会，也是对华间谍工作的主力之一。黑龙会的首领为玄洋社社员内田良平，幕后人物则是头山满。其纲领是："本会制天下列强之势，认为实行世界经纶之第一步在于调查满洲、朝鲜诸般事物与形势。""目前之急务为先同俄国一战，从东方将其击退，然后攻略满洲、蒙古、西伯利亚，为经营大陆打下基础。"因其主张将日本的疆界扩展到黑龙江两岸、蒙古和西伯利亚，故而取名为黑龙会。

黑龙会成立不久，便大造舆论，发行《黑龙会会报》及《黑龙》月刊，刊载会员侦察到的中、俄、朝三国资料。在对华情报刺探工作中，日本看到当时中朝两国朝政荒废，官僚腐败，国力衰退，民生维艰。宗方小太郎在《中国大势之倾向》一文中指出，腐败遍及中国全民，知识分子已经丧失信仰，腐败献媚发展到"朝野滔滔，相习成风"。在随后的《对华迩言》中，他指出日本必须"以势力压制、威服中国"。这些情报使得日本浪人以为，他们在中国可以冒险横行，并且产生了在中国易于"雄飞"的幻想。

此外，黑龙会网罗了一些军国主义作家，炮制出版了系列宣扬冒险，鼓吹征服战争的出版物，这对日本青少年"雄飞大陆"之梦产生了不容忽视的影响。在这些军国主义作家的笔下，浪漫主义化了的马贼们骑着快马，浑身绑满子弹袋，于冰天雪地、白山黑水之间，快意恩仇，纵横驰骋，这使得一批批日本人沉溺在加入马贼匪帮的梦想之中。

所谓的《马贼之歌》，也开始在日本的街头巷尾广为流传：

> 我要前去你也去，狭小日本无生计。
>
> 隔海彼岸是中国，四亿民众期待我。
>
> 我无父而又无母，无依无挂无惜别。
>
> 情人眷恋别离苦，梦中相会可倾诉。
>
> 告别故国少年华，征尘仆仆满伤疤。
>
> 不愧丈夫男子汉，笑语声中胡须拂。
>
> 长白山上晨风吹，挥剑仰望雁南归。
>
> 北满原野望无际，茅舍渺茫不欲回。
>
> 故乡别离十余载，屹立满洲大马贼。
>
> 出没高原密林间，叱咤风云兵五千。

今日吉林城郊外，马蹄声声几徘徊。

明日急袭奉天府，长发迎风驰骋出。

闪光雷电草上飞，五万猎物又归谁。

飞奔疆场舞刀枪，壮龙洒血黑龙江。

晴空高悬银白月，戈壁沙漠枕过夜。

日俄战争之后，更有一批日本亡命徒来到中国东北，投身于马贼行当之中，实践自己的梦想。这批怀着种种野心来到中国的亡命之徒，其成分颇为复杂，有退役军人，有职业间谍，有地痞流氓，有妓女。这些亡命徒中，有的以日军及日本右翼势力为依靠，一入马贼团伙就获得了相当的地位，负责领导一股马贼；有的则经过长期打拼之后，爬上了头目地位。这些在华马贼，既通过马贼生涯满足了其冒险欲望，也成为日本对华扩张的急先锋。在满蒙贵族所发动的两次满蒙独立运动中，均可看到这些日籍马贼的形迹。

冒险家川岛浪速

两次满蒙独立运动背后的主谋之一，乃是川岛浪速。川岛浪速是日本长野县人，1865 年出生。川岛浪速的父亲是旧武士，1875 年举家迁至东京。当时日本流行西方文化，最受欢迎的语种是英语、法语之类，川岛却选择了学习汉语，1882 年进入东京外国语学校学习中文。1885 年东京外国语学校与其他学校合并后，川岛对学校的新课程不感兴趣，遂于 3 月退学，并于 9 月登轮前往中国。

来到中国后，川岛并没有混出什么名堂，一度返回日本，后再赴中国，投奔在上海进行情报工作的日本海军大尉新纳新介。二人多次前往江阴、吴淞、镇江等地收集中国炮台情报，绘制地图。这次情报工作结束之后，川岛浪速搬到上海浦东，住在日本人开的广业洋行仓库里，此期间结识了日本对华情报工作的干将荒尾精、岸田吟香、宗方小太郎等人。

1888年，被俄国侵入伊犁所刺激，在华的日本浪人目光转移到了北方。荒尾精、川岛浪速等人在对华情报工作上有了分歧，荒尾精认为其工作的中心在西北，应当派人到西北去刺探情报。川岛浪速则主张东北是情报工作的中心，认为这关系到日本的生死存亡。1889年，他从上海出发前往东北，准备开展情报工作，但途中患上疟疾，不得不先返上海，再回日本。甲午中日战争时，川岛作为翻译随军作战，参加了进攻威海之役。随后又随军进攻台湾，并结识乃木希典大将。日军入侵台湾时，淡水河一带原籍广东的六个宗教团体（六堆族）奋起反抗，经川岛游说之后放弃抵抗。

1900年八国联军侵华，川岛浪速再次作为翻译随军。在八国联军攻入北京之后，两千余名清军士兵困守在故宫之内。川岛自告奋勇，在神武门通过门缝与清军谈判，成功劝说清军放弃抵抗。第二天清军打开宫门投降，川岛因功被任命为故宫总监。

八国联军在京期间，将北京分区占领。因为德国公使在京被杀，德军进京时就已预备报复，所以军纪最坏，在京肆意抢掠烧杀。八国之中，倒是日军军纪相对较好，日本占领区治安情况也相对较佳。川岛浪速出面协调，让日军供应紧缺的大米给市民，博取了市民好感。

在八国联军占领北京之后，肃亲王善耆被派回北京，协助李鸿章处理外交事务。善耆听说一个日本人川岛浪速，为保全皇宫出了大力，特意前去拜谢。二人一见如故，相谈甚欢，开始密切交往。

1901年4月，经川岛浪速建议，得到清政府许可之后，在军政署警务衙门下开设了北京警务学堂。警务学堂由川岛浪速任总监，日本军官担任教官，从清军中选拔了三百人作为学生，对其进行新式警察训练。同年6月，在八国联军向清政府移交了北京城部分民政管理权之后，清政府赏给川岛浪速二品客卿待遇，聘

川岛浪速（左）与善耆

请他办理北京警政事务。此任命因其他各国反对而作罢，川岛继续进行警察培训工作，并为善耆出谋划策，两人交情益深。

1907 年，川岛与善耆二人结拜为兄弟，此后川岛浪速借助于善耆的影响力，为日本谋取利益。日俄战争之后，围绕珲春管辖权、安奉铁路、抚顺煤矿，日本与中国发生外交纠纷。在清政府拒绝了日本的无理要求后，1909 年 8 月，借助于川岛的斡旋，日本获得了它所想要的权益。为此日本特意嘉奖川岛，授其勋四等荣誉。

肃亲王善耆排行第六，因为与日本人联系密切，得外号"鬼子六"。善耆颇是高产，生了子女共三十八人，其中男二十一人，女十七人。善耆黑矮肥胖，其貌不扬，但也有开明的一面。清末汪精卫刺杀载沣未遂，审判时，善耆对汪精卫网开一面，未判处他死刑。

1911 年秋，川岛浪速前往中国途中，在下关得知武昌新军起义的消息。他改变行程，前往朝鲜汉城，拜访朝鲜总督寺内正毅。川岛浪速的设想是，分裂中国，黄河以北为大清国，黄河以南则听其发展。为了实现此计划，川岛浪速请求寺内正毅，抽调预备军人备用。在得到寺内正毅的同意后，川岛浪速前往北京。

川岛浪速到北京后，拜会了日本在华的公使伊集院，请其支持分裂中国的计划。伊集院初期对此有兴趣，但在袁世凯出任内阁总理大臣后，却改变了态度。伊集院与袁世凯关系密切，准备支持他，故而对南北分治策略的兴趣淡薄了。

川岛浪速则激烈反对袁世凯，甚至计划将其暗杀，被日本公使馆武官制止。后来川岛又与肃亲王善耆串通，企图策动禁卫军暴动，也未能实现。1912年初，清帝退位的大局已定，川岛浪速竭力劝说肃亲王善耆逃出北京，以满蒙为根据地，"匡复大清"。

某日，善耆伪称出席宴会，由数名日本浪人保护，乘火车逃出北京。当火车到达山海关时，得知北方铁桥已被破坏，于是变更计划，从海路前往旅顺。善耆全家一百多口人，在秦皇岛搭乘日本军舰"千代田"号，跑到了旅顺。亡命途中善耆还作诗一首云："燕赵非吾本，长啸返辽东。回首看烽火，中原落照红。"

1906年，日本在旅顺设立了关东都督府，其职责为"掌握管辖关东州，保护管理南满铁路的有关事务"。善耆一行突然到来，日本驻旅顺关东都督府事前毫无所知，一时不知如何对待。日本政府致电关东都督福岛安正："援助肃亲王，首先应考虑满洲独立。望尽快决定肃亲王方面的谈判对手。"

善耆当即推荐川岛浪速为自己的代理人。川岛当时不过是日军的一名三等翻译官，地位不高，日方不同意以他作为谈判对手。善耆想了个办法，将十四王女金碧辉过继给川岛为养女，川岛浪速身份提升，成为肃亲王与日本谈判的代理人，此女即后来大名鼎鼎的川岛芳子。

日本驻关东旅顺都督府对善耆一家很重视，特意将俄国在旅顺修建的两套大房子安排给他一家居住。这两套房子地理位置优越，山清水秀，能远眺整个旅顺风光。刚到旅顺时，善耆靠卖书画古玩来维持生计，见善耆生活窘迫，川岛卖掉自己在东京的房产，将所得钱财交给善耆维持生活。善耆死后，川岛与日本设在旅顺的所谓关东厅交涉，将大连的一块利市交给善耆一家，就地收取房租，以维持其家族生活。

薄天鬼与勤王军

辛亥革命爆发后，川岛浪速发起并组织了一批满清宗室，组成宗社党，主要人物有善耆、溥伟、良弼、铁良、升允、荫昌等人。1912 年 1 月 25 日，清廷举行最后一次御前会议，决定清室逊位，宗社党人对此强烈反对，不想次日良弼即被刺杀，使宗社党人惊恐万分。1 月 27 日，段祺瑞又联合四十七名将领通电要求清帝退位。川岛浪速与宗社党人决定暂避锋芒，另谋途径，复辟清室。

宗社党与在北京的内蒙王公结成联盟，密谋推举善耆为主，组织勤王军复辟。2 月 2 日，在日本驻京军官安排下，善耆一家秘密离开北京，从秦皇岛乘船

善　耆

到旅顺。善耆到达旅顺后，积极联系各地宗社党人，进行满蒙独立运动。满蒙独立运动，善耆是主要牵手，源于他与蒙古王公的姻亲关系。善耆的五妹是蒙古喀喇沁亲王的福晋，善耆的叔伯妹妹则嫁给了图什业图亲王。

宗社党人的活动得到了黑龙会头目头山满和日本财阀的财力支持，财阀大仓喜八郎一人就资助了数百万元给川岛浪速。正当满蒙独立运动进行得如火如荼时，日本的盟友英国发觉了此项密谋。

1912 年 2 月 6 日，英国驻日大使向日本外相提出抗议，称："根据清帝退位上谕，袁世凯受任建立统一中国，在满洲发起任何分裂活动，都不利中国统一。"日本随后向英国表示，绝不干涉中国内政，严守中立，将立刻停止支持满蒙独立运动。随后日本命令川岛浪速停止在华的一切活动。

川岛表面上服从了日本政府的决定，暗中却与宗社党保持联络，积极准备满蒙独立运动。宗社党在内蒙古招募匪徒组织"勤王军"，并秘密赶制"龙旗"，印发各种票面的"军用票"，刻制"大清帝国政府""大清帝国勤王军总司令部"等关防和委任状，准备工作进行得火热。

为了给在内蒙古喀喇沁旗的所谓"勤王军"运送军火，日军多贺宗之少佐将一大批军火从大连运出，通过日本控制的南满铁路运送到公主岭，然后再用马车装车，准备穿过吉林、辽宁、内蒙古三省交界点郑家屯，最后运送至喀喇沁。此次行动有五十八名日本人参与，由外号"薄天鬼"的日本在华马贼薄益三及其侄子领导，另有中国马贼左宪章带领大批马贼参与护送，共计三百余人。

"薄天鬼"薄益三，是日本新潟县人。年轻时在家乡游手好闲，后跑到加纳一家铜矿做工，又嫌当矿工太苦，不久返回老家。此时正值日俄战争爆发，薄益三决定到东北闯荡。但他不懂汉语，又没有学过军事，只好在日军后勤部队中帮忙。

日俄战争结束后，薄益三不高兴回国务农，留在日本人开办的赌场中靠看场子为生。薄益三控制赌场局面颇有一套，将一干闹事的地痞流氓收拾得服服帖帖。因薄益三看守赌场有功，不久便被提拔为赌场经理。混出点名堂的薄益三，还将自己的侄子约至东北一起闯荡。

到了 1910 年，不甘寂寞的薄益三和侄子离开赌场，纠集了二十六个日本浪人，凑了五支毛瑟手枪，几十把刀，拉起山头做马贼，并效仿东北土匪的惯例，报号"薄天鬼"，其侄报号"薄白龙"。在砍砍杀杀的土匪生涯中，他结识了吉林地面颇有势力的马贼头目左宪章，两个人结为金兰，经常在一起行动，然后坐地分赃。

薄益三一直认为，能否操控马贼，对日本的扩张事业起着关键作用。他曾言道："满洲之马贼由来已久，凡忽视马贼者无权议论满洲，此乃初通满洲情况者所一致肯定之事。显赫之奉天张作霖，新民屯之冯麟阁，均出身绿林。如今虽大局已定，但按中国人传统之习惯，今日无名英雄，明日称霸中原亦不足为奇。如得以操纵七分勇三分侠之马贼头目，在满洲实现大业，当非难事也。"在马贼中打开局面后，立志于从事日本扩张事业的薄益三，便积极参加了第一次满蒙独立运动。

此次运送军火行动，由薄天鬼统筹负责。奉天将军赵尔巽早就侦悉了川岛浪速的计划，严命驻郑家屯统领吴俊升以武力拦截。1912 年 6 月 8 日，运送队抵达郑家屯附近，双方爆发激烈交火，薄天鬼负隅顽抗。结果十三名日本浪人，三十多名中国马贼被击毙，薄天鬼、薄白龙等二十三名日本人成了俘虏，其余人逃散，四十三车军火被焚毁。

薄天鬼等人被俘虏后，吴俊升准备将他们枪决，但此事被在当地以开诊所为名潜伏的日本间谍森田福松探听到，迅速报告给日本情报机构。随即由日本驻四平领事出面，派出日本警察前往营救，声称他们是日本领事人员，享有外交豁免权。中国地方官员退让，接受了无礼要求，将证据确凿的薄天鬼、薄白龙等二十三名日本人无条件释放。

此次事件之后，东北地方当局严厉打击宗社党。赵尔巽下令："凡属宗社党匪，立正军法。"不久宗社党机构被破获十余处，数百人被捕杀，一部分宗社党人逃至旅顺寻求日本驻军庇护。在赵尔巽严厉打击之下，第一次满蒙独立运动遂告流产。

薄天鬼、薄白龙等人免受牢狱之灾后，又拉起同伙钻进大山，继续干打家劫舍的勾当。到了 1916 年，在日本支持下掀起了第二次"满蒙独立运动"，薄天鬼之流再次走出大山，并与蒙匪巴布扎布等勾结，图谋祸乱东北，分裂中国。

郑家屯事件

巴布扎布是内蒙古卓索图盟土默特左旗人，后举家迁至奉天彰武县。日俄战争爆发时，二十九岁的巴布扎布投奔日军，受命扰乱俄军后方，切断俄军交通线，进行铁路爆破活动，为日军立下了汗马功劳。1908 年，巴布扎布被日本军方推荐为彰武县巡警局长。

外蒙独立之后，巴布扎布带领人马前往库伦（今乌兰巴托）投奔，被封为镇东将军和镇国公，随后组织远征军骚扰内蒙古。此时巴布扎布尚未与川岛浪速、善耆等勾搭上，与第一次满蒙运动并无直接联系。

在初期交锋中，北洋军队不了解蒙古骑兵的战术，吃了大亏。1912 年，北洋政府派遣姜桂题带领毅军到热河围剿蒙匪。在初期的交战中，毅军部队被打了个落花流水，好几个营被歼灭。

蒙古骑兵作战时有以下几个特点：蒙古人在草原上成长，草原视野宽阔，一望无际，使蒙古牧民视觉特别敏锐，此外他们经常打猎，枪法精准，此其一；蒙古人在马背上长大，马术精良，每次蒙古骑兵出动，都携带有大批空马，骑累了就换一批，故而机动性极强，一昼夜纵横千里，此其二；蒙古骑兵出动，携带大批空马，遇到有水的地方，就将走不动的马杀了吃掉，马肉耐饥，蒙古骑兵一天吃一餐也有充沛体力行军，故而后勤补给容易，此其三；在作战时，蒙古骑兵大张旗帜，大量马匹一起疾驰，卷起黄沙，铺天盖地，这是精神战术，此其四；出战时蒙古骑兵纵马而奔，骑兵混在所携带的大量空马中，使得对方眼花缭乱，很难准确判断出蒙古骑兵在哪里，此其五。故而在和北洋军队的交手战中，蒙古骑兵初期能屡屡取胜。

但蒙古骑兵的不足之处在于，蒙古骑兵不会分散作战，也不善于包围和迂回攻击，攻击时常以密集队形冲锋，如果防守一方能运用重机枪这样的速射武器射击，必然会给蒙古骑兵造成重大伤亡。而蒙古骑兵的第一次攻击被击退之后，就很难组织起第二次攻击，即使组织起来，也是一次比一次稀松。蒙古骑兵善于进攻，但不善于防守，更不善夜战。如果蒙古骑兵占领的某个村庄中有酿制烧锅（白酒）的作坊，一个个必定喝得烂醉如泥，倒地不起。此时偷袭，如入无人之地。

蒙古骑兵贪酒到了让人不可思议的程度。一次蒙古骑兵聚集起来攻打开鲁（今属内蒙古通辽市），驻防开鲁的热河北路巡防队七八百人闻风弃城逃走。蒙军冲到开鲁城西北三十里的胡家岗子驻扎，此地恰好有一座大烧锅（白酒作坊），酒香四溢，进城前这些蒙古人一个个喝得烂醉如泥。开鲁城没有城墙，守军又逃走了，这一群酒鬼如入无人之境，跌跌撞撞地冲进城里。面对这群酒鬼，开鲁商会只能献上酒肉，恭维再三，只求这些酒鬼不要在城里作恶。闻到酒香，本已喝得烂醉的蒙古酒鬼，又放开大喝起来。

开鲁县长在离城逃跑时，曾将城内二百多名警察和绅商大户的贵重财物，集中存放在官钱局大院中，派警察持枪据守。蒙古骑兵探听到官钱局里有大批钱财，就组织人马进攻。但这些酒鬼在城外胡家岗子喝得还没醒酒，进入开鲁后又猛灌一通，已不省人事，就迷迷糊糊地展开进攻了。跑到官银局前时，这群酒鬼手软得开不了枪，跌坐在地上狂笑，被守在官钱局房上的警察开枪击杀。众多酒鬼围攻了一天也没打下官银局，酒醒后留下三百多具尸体撤走了。

在和蒙古骑兵的交战中，北洋军队摸清了其特征，相应改变战术，渐渐占据了上风。1912 年冬，北洋陆军骑兵第一旅旅长陈文运被派去围剿蒙古骑兵。针对蒙古骑兵机动性强，能长期在草原作战的特点，陈文运将自己的骑兵战术加以改变。骑兵一律改配远射程的步枪，而不是短小的马枪，以占射程优势。另外特意配备了一个机枪连，装备四门水冷马克沁机枪。机枪用马驮着，随骑兵一起出动，随时助战。马克沁机枪一袋子弹有二百五十发，威力大，射速快，可以有效对付蒙古骑兵。在作战中，此四挺马克沁机枪射杀了大批蒙古骑兵，甚至夺下了蒙古骑兵的军旗（旗上用蒙文写有"天下蒙古第一军"字样）。

到了1913年年终，在北洋军队重兵围剿之下，流窜于内蒙的蒙古骑兵遭受重创，不得不退回外蒙。巴布扎布退回外蒙后，因与俄国驻外蒙官员不和，率部出走，在呼伦贝尔喀尔喀河畔组建营地，发展了一批三千余人的骑兵武装。至1915年，巴布扎布与川岛浪速、善耆勾搭上，共同发动了第二次满蒙独立运动。

第二次满蒙独立运动的发动，与日本国内政局变化有着密切联系。

虽然1915年袁世凯与日本政府签署了《二十一条》，使日本在华获得巨大利益，但日本军方强硬派却反对袁世凯执政。在袁世凯称帝之后，日本参谋本部联合海军司令部一起对日本政府施压，要求对袁世凯采取强硬措施，1916年1月12日还发生了刺杀首相大隈重信未遂事件。

日本国内一些政治团体如黑龙会、同志会、政友会等也发表反袁宣言，要求日本政府采取措施反对袁世凯。此年3月7日，日本政府通过《针对目前中国局势帝国政府应采取的政策》，决定采取措施，迫使袁世凯退出权力圈，同时对在华日本民间人士的反袁活动给予财政、物资支持，在此背景之下第二次满蒙独立运动得以发生。

日本朝野之所以形成共识反对袁世凯，原因在于，只有袁世凯才能掌控全局，控制北洋各系，维持中国统一局面。设若袁世凯一倒台，则掌握军权的各路军界要人必定拥兵自重，割据一方，中国势必陷入分裂混战状态，日本可以浑水摸鱼，获取更大利益。袁世凯死后，果然再无能把握全局的人物，直系、奉系、皖系、晋系、南方各派军阀长期混战，中国政局进入混乱无序状态，而这正是日本所想要的。

1915年6月，巴布扎布派人与川岛浪速联系，准备共同发动满蒙独立运动。9月，川岛浪速派人实地对巴布扎布骑兵进行了考察，发现这是一支可以利用的军事力量，只是缺乏武器弹药。

1916 年 1 月下旬，善耆第七子被派到巴布扎布驻地，开始共同策划军事行动，并积极运送军火，武装巴布扎布骑兵。此次运送军火，路途遥远，须从大连运至哈尔滨，再乘中东铁路运至海拉尔，然后再送至喀尔喀河畔的巴布扎布军。因为需要使用俄国控制的中东铁路，为避免军火被俄国发现，由日本军官扮作平民运送。每次运送军火的队伍分成八个组，每个组两个人，每人提两个大提包，包里装满军火，扮成旅客模样，乘火车前往海拉尔，然后再将武器交给巴布扎布手下。

运送军火的初期未被俄国察觉。一次日本中尉盐谷武次运送军火时，在哈尔滨车站被俄国宪兵怀疑是鸦片贩子，对其开包检查，结果所有武器被没收。此后俄国加大检查力度，通过铁路运输武器的途径被堵塞。随后川岛浪速又委托长春"日清火柴会社"，将子弹装在运送火柴的木箱运送出去。运送炮弹则通过"三井物产"进行，先是将炮弹装入大酱菜桶中，在炮弹上方用木框盖上，再在木框上放酱菜伪装，然后装车发运。得到军火武装之后，巴布扎布军心大盛，作战能力也得到提高。

1916 年 7 月 1 日，在勤王复国军的旗号下，巴布扎布骑兵出动。此次行动，剑指东北，准备切断东北与关内交通联系，动摇东北军队军心，进而逼迫张作霖发表独立宣言，参与满蒙独立运动。因其军队中有一丈长的黄旗，被人们称为"锡喇奇力克"（黄旗军）。

巴布扎布统兵从呼伦贝尔盟哈拉哈河出发，向吉林洮南前进（洮南是东三省与内蒙古东部交界的中心）。沿途一路没有重兵把守，又是蒙古族居住地区，因而能横行无阻，于 7 月 24 日占领突泉县（毗邻洮南）。见巴布扎布旗开得胜，日本人吹捧他为"成吉思汗再生"。奉天督军张作霖，命令骑兵第二旅旅长兼洮辽镇守使吴俊升，率兵围剿巴布扎布。双方在突泉城激战，吴俊升击败巴布扎布，但自己在追击时被击成重伤，退守洮南。

巴布扎布在攻打洮南未果后，便向东南方向窜扰，随后经过郑家屯，准备攻击郭家店（在长春与奉天之间，为南满铁路要地），再沿南满铁路直捣奉天。8 月

14日，蒙军攻占郭家店。

8月15日，蒙军被奉军第二十八师击败，被困郭家店，后路郑家屯也被奉军切断，弹药消耗殆尽，形势危急。

随同巴布扎布行动的日本马贼薄天鬼见势不妙，急忙到大连向川岛浪速告急，经川岛运作，由驻旅顺日军拨给薄天鬼武器弹药，运去援助巴布扎布。

薄天鬼的侄子薄白龙则带领薄天鬼经营多年的匪队，前去营救巴布扎布军。但此时政治局势为之一变，袁世凯死后，日本政府也通过了新的对华方针，在东北的日本关东都督府开始支持张作霖，不愿意川岛浪速、巴布扎布等人将事情闹大。

川岛浪速安排的"满洲特殊部队"，早已在长春市内准备好大量炸药和枪支，准备7月31日半夜进行爆破，然后乘乱占领长春。在日本驻军协助之下，日本驻长春领事将这批"满洲特殊部队"的枪支及炸药没收，将人员扣押。本来预备支持巴布扎布的吉林督军孟恩远此时也突然变卦，导致巴布扎布全军陷入孤立无援状态。

对于被困的巴布扎布军，在旅顺的日本军政各方经过几次磋商，8月16日达成协议：

一、由关东军给予巴布扎布军事援助，拨给步枪一千二百支，子弹二十四万发，野炮五门，各类炮弹五百六十发。

二、派人劝告张作霖解围停战，并劝告巴布扎布军西撤。

8月19日，就宗社党达成协议：宗社党在两个月内解散，发给遣散费，参与宗社党的日本预备役军官每人发给一千至二千元归国路费。

而在8月18日，在郭家店的巴布扎布军，得到大炮五门，机关枪二架，枪千杆及弹药甚多，意气甚豪。巴布扎布武器弹药得到补充，扬言将与烟鬼冯麟阁、财奴张作霖决一死战。日本希望巴布扎布军撤退，但其退路郑家屯已被奉军堵住。日本借"郑家屯事件"加以干预，为巴布扎布打开撤退通道。

郑家屯为商贾经行之路，为交通要点。在郑家屯地方上驻扎有日军一队，另有日本商人数百人。去年某时，日军一队至郑家屯附近演习，事先并未通知中国驻军。中国驻军看到日军演习，疑是蒙古马队来袭，遂开枪射击，双方大战一场，所幸无人伤亡，最后不了了之。此事发生之后，日军乘机赖在郑家屯不肯离去。日本商人也乘机涌入此间，暗中私运枪支售予蒙军。

此年巴布扎布发动骚乱后，中国驻军忧虑日商以枪械加以接济，就引用中日条约，劝告日本商人离境。日本商人不肯离去，择机闹事。

却说 8 月 13 日，在郑家屯的某日本人，向卖鱼的幼童买鱼。幼童以日本人出价过低，拒而不售，该日本人遂执幼童痛殴。适第二十八师之士兵经过，从中干预，因与日本人起冲突。中国士兵一起出手，将该日本人痛殴。事后中国士兵离去，该日本人即起诉于日本兵营，谓被中国士兵无故殴辱。

日本宪兵某即偕此日本人，前往调查，旋回日本兵营报告，称不见中国官长，须请日本军官协助。该处日本统军官为上尉某，该上尉当即派某中尉，统领日本兵二十名，前往中国兵营理论。

中国军队驻扎在某当铺之内，日本兵队开至该处，即欲闯入内部。时门首有卫兵二人，加以拦阻，两方争论良久。日军官见中国卫兵坚不退让，下令使用武力。于是中方士兵聚集，或持枪或徒手，与日军对峙。

紧张气氛中，突然有人开枪，第一枪似立于远处的中国军队马夫施放。事后据云，以该马夫用枪击杀击伤日本兵为最多。日兵当场被击毙者七名，受重伤者四名。中国士兵除负伤者外，计死四名。日本士兵狼狈退回兵营，中国士兵并未追逐。

当时城中居民闻听枪声，又讹传毙伤日兵多名，因忧虑日本报复，人心浮动，幸得知事竭力维持秩序，人心稍安。到了晚间，该知事偕城中知名人物，亲赴日本兵营道歉，并商请将日兵尸首移去（日兵等执枪倒地为日兵谋攻击中国兵营之铁证）。日本军官却将该知事拘留，云忧虑中方夜间发动袭击，扣作人质。

次日晨，该知事以其儿子为人质，日本军官始将其释放。16 日，该知事从中调停，使中国军队退出城外五英里，以免再起冲突。此前一日即 15 日，日本骑兵、步兵，渐由南满铁路境内开到（依据条约日本只在南满铁路境内有驻兵之权利），郑家屯被日军包围。

此次冲突中，日本士兵前后总计死十名，这就是"郑家屯事件"。郑家屯事件为日本干预提供了借口。在巴布扎布被困郭家店之后，日本军队紧急出动，将中国军队逼出郑家屯，并宣布郑家屯至四平三十里内，不许中国人进入，为巴布扎布军撤退打开了通道。

10月初，巴布扎布军退至热河，沿途烧杀抢掠。热河督军、毅军首领姜桂题向张作霖求援，张作霖遂派兵从后方加以拦截。为打开逃跑通道，巴布扎布率兵强攻要隘林西县城。

10月7日，林西守军就已得悉巴布扎布要来攻城的消息，但预计要两三天后才能到达，就没有提高警惕性，只派了三旗（连）马队在城外巡逻。驻在城内外的步兵、炮兵通宵赌博，至拂晓方才入梦。不想10月8日清晨3点钟，巴布扎布军就出现在林西城外，巡逻的三旗马队看到巴布扎布军后就落荒而逃。城外东营盘的步兵赌了一夜，巴布扎布军出现时都还在睡梦中，听到动静后慌忙从被窝里爬出来应战，被杀得只剩下一名号兵逃回城里。

城里的毅军被枪声惊醒，仓促穿衣上城墙备战。攻下东营盘之后，巴布扎布布置军队趁黑进攻东城门，准备从此处突破。但蒙古人身体笨重，攀爬云梯困难，也不能灵活使用坑道埋置炸药，攻击了几次都无效果。到天色大亮之后，巴布扎布将全军集中东城门外猛攻。

城将破时，在城外指挥作战的巴布扎布目标清晰，毅军调集大炮轰击。但毅军炮兵平日缺乏训练，此时更是心慌意乱，连发多炮未能命中。林西守将米振标将一名退役后在林西卖烟的炮兵老兵找出来。老兵到了城上仔细瞄准，一炮击中，巴布扎布当场身亡。巴布扎布所部见主将阵亡，无心再战，全军溃败，薄天鬼带去的五百余人也大部分战死。

第二次满蒙独立运动中，薄天鬼多年所经营的马贼团伙被消灭殆尽。成为光杆司令的薄天鬼便去寻找日本军政财界要人，要求帮他兴办实业。念及薄天鬼为日本的扩张政策出力颇丰，经日本要人出面斡旋，帮他在蒙古居住区购置了大片土地开办农牧场，初名为"蒙古产业协会"，扩大产业后改名为"东亚劝业公司"，专事经济掠夺活动。待九一八事变后，"东亚劝业公司"更名为"满洲开拓株式会社"，开始垄断伪满洲国各项经济事业。

薄天鬼的侄子薄白龙，从十七岁时便追随叔父在东北闯荡，与东北各路马贼多有交往。在第二次满蒙独立运动后也金盆洗手，开办了一家镖局，起名叫作"山口运输公司"。靠着他在马贼中的人脉，运输货物一向安全，以此发家。此时谁能想到这衣冠楚楚的叔侄二人，当日竟是无恶不作的日本在华马贼呢？

老牌毅军

在北洋政治舞台上，除了以袁世凯小站练兵为基础的北洋一系之外，也有一些虽不属于北洋嫡系，但与北洋有着千丝万缕联系的军事武装力量，这些武装力量有毅军、安武军、镇嵩军等。

毅军系清末民初的一支重要武装力量，先后参与了一系列重大历史事件，如剿灭捻军、左宗棠西征、甲午中日战争、庚子之战、镇压辛亥革命等。因其敢打敢冲、作战顽强而备受清廷青睐。毅军旁支颇多，如张勋的辫子军、倪嗣冲的安武军均与其有渊源关系，在中国近代军事上有着重要地位。毅军前后几十年的兴衰，与其四任统帅联系在一起。

中国历史上名将林立，一向以文韬武略而自负的北洋军阀吴佩孚，生平却只推崇两个人，即戚继光与宋庆，盖因此二人与吴佩孚一样，皆为山东蓬莱人。戚继光为明代名将，宋庆则少有人知。

宋庆为晚清武将，其所编练的毅军，在晚清历史上起着重要的作用。宋庆年轻时因为家贫，离开山东到北京一京官处做仆役谋生。因其身躯魁梧，膂力过人，引起京官注意。后来京官外放到安徽亳州做官，将宋庆也带了过去，让其办团练。此后宋庆与安徽一带的捻军作战，打了几个胜仗，收编了一部分捻军，由此形成了自己的势力。

宋庆能战，获得了当时负责安徽军事事务的袁甲三欣赏，并对他加以提拔任用。咸丰十一年（1861），淮北地方军阀苗沛霖举兵反清，宋庆督军作战，连下苗沛霖数十圩塞。此战后，经袁甲三奏请，被清廷赏以"毅勇巴图鲁"的称号，后来宋庆组建的军队称毅军，即得名于此。1863年，宋庆会同僧格林沁围攻苗沛霖，苗兵败身死。1865年，清廷在安徽撤销临淮军，将裁撤下来的部队拨给宋庆，这样宋庆有了八营人马，在此基础上组成了毅军。

宋庆特别重视士兵的挑选与训练，其军中只留精锐，淘汰老弱。毅军关系和睦，将领家中有事，全由军中士兵帮忙，士兵平日里到军官家中穿堂过户，毫无禁忌，如同一家。每逢胜仗，战利品必与所有士兵分享，凡攻城先入的重赏，防守不退的也予以奖赏。因此毅军团结异常，战斗力强，在围剿捻军的战斗中屡屡取胜。

捻军被剿灭后，清政府开始关注西北地区的回民起义。同治八年（1869），清廷派遣左宗棠出征西北，宋庆部也随同出征。征西的战斗中，宋庆部经历的最激烈一仗为金积堡战役。金积堡因金积山而得名，该地濒临黄河东岸，水利完备，物产丰饶，为西北要冲，堡主马化龙是宁夏首富，西北回民首领。金积堡周边堡垒密集，东有四百五十余处，西有一百二十多处。金积堡本堡的外堡墙高四丈，厚三丈，周围九里。堡中又有内堡，高厚与外堡相同，且有沟渠防卫。清军军中有普鲁士后膛开花大炮，威力颇巨，但堡内屋顶皆为平顶，泥土极厚，炮弹不能贯穿，故而只能强攻。宋庆部在进攻金积堡时，每天发起十几次冲锋，死伤无数。后来清军改变策略，对金积堡不做强攻，而长期围困。被困一年半后，同治九年（1870）十一月马化龙请降，次年正月马化龙及其亲信一百余人被杀，其所余一万二千名老弱被分散安置。

西北战役结束后，毅军一直屯军于西北。对此毅军颇有怨言，因西北苦寒，而毅军又以安徽、河南地方人为主，难以适应此地。1880年，毅军调至旅顺，此后毅军在旅顺驻军达十九年。1894年甲午战争爆发后，宋庆所部开拔前方参战。

清政府考虑到宋庆已经年迈，曾特旨命宋庆离开前方四十里，以免意外。这也是清政府在僧格林沁战死后，给予最亲信大臣的特别待遇。

"宋庆晚年遇敌辄败，而宠以日固。"说起宋庆得宠，和慈禧太后有关。在第一次被慈禧召见的时候，宋庆和群臣跪在一起，慈禧太后隐约看到人群中有个人没下跪，便问太监那站着的是谁。太监回复说："那是宋庆，正给您跪着呢。"慈禧太后惊讶地说："跪着还这么高，让他站起来看看。"

宋庆站起来后，长须飘飘，仪表堂堂，慈禧看了大喜，夸他威仪过人，此后备受清廷信赖。宋庆驻军旅顺时恰逢七十大寿，清廷特派醇亲王奕譞代表皇帝前来祝寿，并从北京带来戏班，在旅顺连唱了十天京剧。至宋庆八旬大寿时，慈禧、光绪均赐寿礼，慈禧赏"耆年伟略"匾额，光绪赏"树绩微祺"匾额，可见宋庆在慈禧太后、光绪帝心目中的地位。

晚年宋庆不大管军务，由马玉昆执掌毅军。1899 年，清廷图谋自强，决定建立武卫军，命荣禄为总统领，以聂士成统率之武毅军为武卫前军，董福祥统率之甘军为武卫后军，马玉昆统率之毅军为武卫左军，袁世凯所编练之新军为武卫右军，每军各万人。因宋庆系袁世凯叔祖父袁甲三部下，与袁世凯父辈平辈，也算袁世凯长辈。袁世凯将毅军视作自己的一派势力，常说"我的毅军"。1902 年宋庆以八十二岁高龄去世，由马玉昆接掌毅军。

马玉昆是安徽蒙城人，1862 年以武童生身份在老家办理团练，1865 年投于宋庆军中，以善战闻名。次年随宋庆至河南围剿捻军，马玉昆因功升为千总。在左宗棠征西战役结束后，马玉昆因骁勇而被调任，随伊犁将军金顺出嘉峪关围剿白彦虎、黑瞎子。马玉昆率军连克乌鲁木齐、昌吉、玛纳斯等城，擒杀黑瞎子，逼迫白彦虎率部逃入俄罗斯境内，这就是今天一直留在俄罗斯境内的东干族前身。

马玉昆在新疆十六年，纵横天山南北，收复城池十余座。新疆平定后，经直隶总督李鸿章保奏，调马玉昆赴直隶办理军务，同时准备接替年迈的老将宋庆。甲午战争中马玉昆随同宋庆出征，先后在平壤、九连城、凤凰城、摩天岭等地与日军交战，所部均能以少击众。

马玉昆与日军在大同江激烈交战。日军先是以轻骑来犯被击退，后以两万人来攻，马玉昆部仅八千人。马玉昆先令一游击率千人迎敌，并警告他："宁死毋归。"过了一会游击派人来报告说已战死二百人，马玉昆不动声色说："等战到只剩五百人时再来报告，我自当派兵援助。"游击无奈，只能全力作战。当游击再来报时，马玉昆挥全军出击。是役杀日军千人，毅军也战死千人。战后日军也佩服毅军的战斗力，赞叹毅军"骁武绝群"。

1900 年，马玉昆调任直隶提督，此时义和团运动兴起，八国联军入侵。马玉昆接命后，统领武卫左军（毅军）驰奔天津，援助聂士成。马玉昆至天津后，聂士成战死。马玉昆收编聂士成余部，逼迫义和团首领曹福田、张德成以义和团为前锋冲锋。马玉昆率军在后督战。义和团稍退即挥兵痛击，杀死义和团甚多。马玉昆又派兵将天津北洋军械局中的军火取出，然后纵火烧毁北洋军械局，以此批军火守卫天津北仓。北仓之战中马玉昆彻夜不眠，出入战火，虽败于八国联军，但其部队的战斗力也为各国敬服。

天津战败后，马玉昆又奉命扈从慈禧、光绪西逃，立下功劳。天津之役，马玉昆前后十余战，英美诸列强知马玉昆能战而不敢追击。独俄国人自恃悍勇尾随追赶，被马玉昆以三千人击败，因此有功，被封为太子少保，也称马宫保。庚子之后马玉昆一跃而为晚清重将，在军队系统中与袁世凯并列，不受袁之节制。马玉昆也备受清政府信赖，可以专折奏事，清廷对他的奏折言听计从。很多被革职的官员投到马玉昆门下，待机请马玉昆帮忙，好恢复官位。

1902 年宋庆去世，马玉昆担任毅军首领。马玉昆掌握毅军时为毅军兵力的最高峰，共有兵力四十个营，武器也改为奥地利产五响曼利夏步枪，此时马玉昆又备受清廷信赖，毅军本可以此为契机而发展壮大。但晚年的马玉昆只想发财享受，既无争雄之心，也不想以现代军事模式来改革毅军。虽然装备更新了，但毅军仍保持着宋庆时代的治军模式，就连士兵的装束也没有任何变化。毅军士兵不配军帽，而用青布包头；不用皮带，而用布带缠腰。

1908 年马玉昆因为戒大烟死去，享年七十岁，谥号"忠武"，随后由姜桂题接掌毅军。姜桂题是安徽亳州人，年轻时曾参加过捻军，后来投到僧格林沁副将陈国瑞军中，僧格林沁败亡后到河南投奔宋庆，此后因军功而获提拔。攻打金积堡时，姜桂题亲自统兵冲击，右股中枪，但姜却"裹创血战"，因骁勇而被清廷授提督衔。

甲午中日战争时，宋庆率部出战，姜桂题留守旅顺，旅顺失守后被革职。1895 年底袁世凯在小站练兵，因姜桂题是毅军老将，且和袁世凯有金兰之交，便让他担任新建陆军步兵第一营统带（旅长），在此期间与徐世昌、段祺瑞、冯国璋、陆建章等后来的北洋要人结交。

宋庆死后，姜桂题又被调回毅军。马玉昆接掌毅军时，清政府另将毅军八个营调出，由姜桂题统领，驻军南苑。姜桂题大字不识一个，为人嘻嘻哈哈，爱和士兵打成一片，部下犯了错，只责备长官，不加罪士兵，以此被士兵拥戴敬爱。

姜桂题曾领军护送慈禧返京，因为护驾有功，慈禧太后每次召集亲信官员听戏时，也把他喊上。姜桂题在慈禧赏戏时，看到忘形处，以为自己还是平日里在戏园子看戏，大声鼓掌叫好。而慈禧赏戏的惯例是文武官员毕恭毕敬，诚惶诚恐，谁也不敢鼓掌喝彩。慈禧听到有人大声喧哗叫好，就让太监去看看是谁。太监报告说是姜桂题，慈禧听了倒是一乐道："这是个粗人，甭管他。"

姜桂题自称"姜老汉"，为人随意。毅军驻扎在浦口时，姜老汉微服上街散步，有新入伍的士兵，在街头买鱼数尾，不想给钱，且痛殴卖鱼者。姜老汉见了

左三为姜桂题

大怒，冲上去抽了士兵一个耳光，士兵不认识姜桂题，也饱以老拳。两人打成一团时，有马弁冲过来大叫："怎敢殴大帅？"这名愣头青一看大事不好，立刻拔腿逃跑。事后此名士兵被绑送前来治罪，姜老汉却道："我打他耳光，他回我拳，扯平了，不要追究。"

姜桂题对士兵的宽大，与马玉昆治军的严厉苛刻形成对比。马玉昆所统领的毅军主力部队，待遇低而军法严，常有逃兵，姜桂题所部则无此现象。后来清政府派姜桂题到南京浦口办理长江防务，这八营人马随他南下，改为江防军二十营。

马玉昆死后，姜桂题返回北方接任，这二十营人马就留在浦口，由张勋接掌，后扩充至五十个营，此即闻名于世的"辫子军"。张勋曾在宋庆手下效力，也算是毅军的人。

返回北方之后，毅军很是骄横，与八旗兵都发生碰撞。辛亥革命爆发后，留守北京的军队有"禁卫军一混成协，京旗第一镇（内有一混成标派守黄河桥及黄河桥以南之铁道及武胜关），毅军四十营（除派赴潼关六营外余三十四营）"。

1912年1月初，媒体报道称："满禁卫军与毅军近来大起冲突，各用枪击，互有伤亡。"虽然与满禁卫军有冲突，不过毅军对袁世凯是忠心耿耿。《申报》则称："毅军乃姜桂题所统，姜系袁党，故毅军极顽固。"

除了驻扎在京畿及通州之外，有六营毅军被抽调去守卫潼关。到了潼关，毅军与山西革命军开战两次，均遭遇大败，损失枪械子弹无数。前方的毅军急电姜桂题，请求援助子弹。姜桂题大骂了一通前方将领，将驻京师毅军的子弹挪出十三万粒，接济前方毅军。虽然得了援助，可前方毅军仍是节节败退。打仗不行，抢劫却是强项，毅军一路撤退，一路抢劫，骚扰地方。

在1912年3月爆发的北京兵变之中，由于姜桂题等人的多方安抚，毅军士兵虽然蠢蠢欲动，但未曾参与兵变，得到袁世凯嘉许。毅军驻扎的通州一带，民间得以维持稳定。不想到了8月24日，驻北通州南门外之毅军，在夜间骤然暴动，城中四面火起，居民大为惊惶，多数由北门出逃，城内钱店、当铺被掠夺一空。

姜桂题得到消息后，于25日早3点，带了亲兵三百名前往弹压。陆军部也派出驻军前往交通要道，防止叛军流窜。此番毅军发动兵变，起因则是剪辫子。临时大总统孙中山一就任，就颁布了命令，凡中华民国公民，一律剪辫："凡未去剪者于令到三日，限二十日一律剪除净尽，有不遵者违法论。"袁世凯在就任大总统之前，将大辫子也给剪去了。虽然有剪辫之令，但当日社会之中，很多保守人士，却舍不得割去这根辫子。一些思想保守的士兵，将辫子珍若性命，为了剪辫而屡屡引发兵变。

此次变兵之总数，共计毅军三营约一千五百余人。毅军管带官马松图（亳州人），因反对剪辫子，准备发动士兵抵制。就在众人聚集，预备为辫子而抗争时，突然有枪声响起，士兵当场哗变，群起涌出军营，四处劫掠。

天明时，叛军集合，出发去北京抢劫。行至通州以西二十里时，被赶来镇压的军队包围。下午2点，有高级军官去叛军中谈判，许诺放下武器，自动退伍者，不再追究。此时北京城内，各处路口的栅栏纷纷放下，军队密布，以应对叛军入京。至晚上9点时，叛军仍未解散，并鸣枪射击。到了25日深夜，被重兵包围的毅军叛兵，方才投降。之后叛兵军官十五人，士兵四十余人，总计六十余人，被押赴大操场枪决。到了12月，袁世凯对毅军也不大放心，下令将毅军十余营，调往热河，任命毅军姜桂题担任热河都统。

毅军不肯剪辫子闹过兵变，被枪毙了六十余名军官和士兵。臭名昭著的张勋"辫子军"则一直拖着大辫子，真是系出同门。张勋复辟失败后，他带往北京的十个营战败后被遣散，留在徐州的四十营辫子军被安徽督军倪嗣冲吞并，组成了安武军。

民国初年，袁世凯曾派毅军赵倜带领十营毅军去河南打击白朗。1914年，赵倜担任河南督军后，以这部分毅军为主力扩充为宏威军。赵倜曾在姜桂题身边担任文书，一日书写公文时，误将"姜桂题"写为"姜桂赿"。姜桂题是个大老粗，也没发现自己名字的错误，不想却被校对员看出，指责赵倜粗心。赵倜不服，私下找了个机会，痛殴了校对员一顿。此事被姜老头知道后，一笑置之。

民国成立之后，毅军的装备和待遇都有所提高，这是因为早年姜桂题和袁世凯结拜过兄弟。袁世凯当了总统后，按照官场惯例，姜桂题把金兰谱退了回去。

但袁世凯仍然当他是自己人，故而毅军士兵的待遇高于一般部队，在武器装备上也被照顾。姜桂题在大总统袁世凯面前也不正经，满口脏话，有时甚至当着袁世凯的面对着痰盂小便。看到袁世凯手下的后起之秀，就称其为"小犀孩儿"，袁世凯也拿他没办法。

袁世凯死后，后来的段祺瑞、冯国璋、徐世昌，均是姜桂题的多年袍泽，都给他面子。段祺瑞一向严肃，无论对谁都是板着面孔，很少露出笑容，更不会说什么笑话。但段祺瑞有一个例外，那就是对姜桂题特别亲昵。只要看见姜桂题，段祺瑞一定要笑眯眯地调侃："老嫂子，你好啊！"这对段祺瑞来说，是不同寻常的表现了，可见姜桂题在北洋军界的地位。靠老关系毅军日子过得颇滋润，一段时间毅军还曾控制热河，也算有过自己的地盘。

和马玉昆一样，姜桂题也爱财如命。发迹后姜桂题在老家强取豪夺，四处并购土地，亳州城区基本上都是他家的土地。驻军浦口时，浦口尚未通火车，姜桂题就在浦口买了大块土地。浦口火车站修好后，他买的地就成了旺地。在安徽蚌埠、山东济南等地，均有姜桂题购置的土地房产。姜桂题虽然嘻嘻哈哈，但也有残酷的一面。他性好渔色，有妾六人。其中一个妾曾和人通奸，被姜桂题知道后下令用白绫秘密绞死。

姜桂题老年时因血压过高，将血管挤压破裂，休养后得以康复。医生特别嘱咐他听戏时要远离锣鼓，免得太响亮了把血管震破。但姜桂题不听劝告，康复后照样去北京戏园，看戏时还坐到最前排，结果锣鼓一响，脑血管被震裂，因脑溢血死去。1922 年姜桂题死时，已七十九岁高龄，北洋政府下令给他国葬，大肆操办了一番。

姜桂题死后，发现他留下遗嘱，说死后由其亲信的师爷执掌毅军。这名师爷追随姜多年，在清末也谋到了功名，从资历上看也可以接任。但毅军一直是武人的天下，一个文人如何能压制住众多不识字的赳赳武夫呢？师爷尚未接手毅军，就被人刺杀，事后据说遗嘱乃是师爷所伪造。群龙无首了一段时间后，毅军由米振标出来掌管。

米振标系陕西清涧人，在毅军中是骑兵出身。毅军骑兵有个制度，马均须自己准备，一般要备两匹马，一匹骑，一匹备用。有的人想当骑兵，却又买不起马，只好投靠有两匹马的人，骑他的马，但发的饷银归有马的人，这在军中称为"骑二马"。米振标即是骑二马出身，后来立了战功被提拔上去。

1912 年，米振标奉命带领一部毅军前往内蒙剿匪。为了应付匪患，米振标决定在交通要隘林西一带搞建设。林西城初期没有城墙，县内只有十几户人家，一个县公署、警察署和邮局，颇是冷清。米振标到了林西后，大搞建设，修建了城墙，在城内盖了许多房子，给部队也建了营房。不久林西兴旺起来，吸引了许多百姓来此开垦荒地，城内也有了七八十家商店，还有银行、电报局等，初成气候。

从 1914 年到 1919 年，姜桂题担任热河都统，米振标任林西镇守使，毅军总算有了一块自己的地盘。驻防林西的米振标，在此期间也立下了赫赫战功。1916 年，蒙古王公与晚清遗老在日本鼓动下，发起了第二次满蒙独立运动。蒙军头目巴布扎布起兵作乱，驻林西的米振标部主力被姜桂题调走。巴布扎布得到林西空虚的消息后，就率重兵突袭林西。

此时米振标手下仅有几百人，而巴布扎布统率的骑兵有几千人，林西城被团团围住。蒙军都系骑兵，机动力强，且得到日本支持，装备精良，一时弹飞如雨，林西岌岌可危。在林西城快被攻陷时，在城外指挥的巴布扎布被毅军炮兵一炮击中毙命。巴布扎布所部见主将阵亡，便相率逃命，全军遂溃散，毅军猛追不舍。此年气温特别寒冷，达零下三十多度，蒙军残兵被冻死大半，追击的毅军也被冻死好多。

林西战役后，1919 年，姜桂题被总统徐世昌从热河调回北京，米振标也率部回京驻扎密云。姜桂题死后，米振标因其军功显赫，也就执掌了毅军，这时已是民国十九年了，而毅军仍保留着晚清时代的装束打扮，一些军官还拖着大辫子，着实不伦不类。米振标一字不识，思想保守，也无心改革毅军，故而毅军落后于时代，在军阀混战中只能小心谨慎，不开罪于任何一方，以求自保。

第二次直奉战争后，毅军奉命开赴河南。此时米振标已年近七十，再无雄心壮志，只想明哲保身。但儿子米国贤却蠢蠢欲动，欲图扩充军力。一次奉军在河南作战失利时，米国贤乘人之危，率部抢了奉军几百条枪。后来奉军再次进攻河南时，决定解决掉毅军。这时的米振标已是老朽之躯，连反抗之心都荡然无存。

米振标派人和奉军接触，表示愿意将部队枪械交出，只要保证毅军军官人身和财产安全即可。奉军与毅军渊源颇深，张作霖年轻时曾在毅军马玉昆手下当过随从护卫，也算源出毅军。故而奉军对毅军老将米振标是相当客气，答应了米振标的请求，还派专车一路将米振标和其属下军官送到北京，丝毫没有为难。延续了几十年的毅军至此告终，米振标于1928年死去，享年七十岁。

从毅军前后四任统帅身上可以看出毅军兴衰的轨迹。毅军统帅在壮年时都靠打仗顽强勇猛，以实在军功而得到晋升，并因其忠勇而备受清廷信赖，毅军也从普通的地方团练最终成为护卫清廷中枢的武卫军中一支。义和团运动之后，晚清的几支重要武装力量发生了变化，聂士成的武毅军因聂士成之死而土崩瓦解，董福祥的甘军退回西北后一蹶不振，此时只剩下袁世凯的新军与宋庆的毅军。

庚子之战后，毅军收编了聂士成所部，统帅又备受清廷之信任，本可与袁世凯的北洋新军并驾齐驱，成为影响中国近代史的重要力量，但因毅军的历任统帅文化程度太低，思想保守，不能看到近代军事变革的巨大作用，也没有什么政治野心，故而在以袁世凯为中心的北洋一系大肆发展，势力遍布各地的时候，毅军却开始走下坡路，渐渐衰没。

第　五　章
张　勋　复　辟

府院之争

袁世凯死后，黎元洪成为大总统，与总理段祺瑞为了对德宣战闹得不可开交。不得已之下，黎元洪出了下策，请一门心思拥戴清室的张勋进京调解，上演了一出复辟闹剧。

黎元洪是湖北黄陂人，1883 年考入天津北洋水师学堂机械科，被严复、萨镇冰等师长所赏识。从天津水师学堂毕业后，黎元洪在广东水师服役。甲午中日战争时，黎元洪随同广甲舰从广州北上增援。广甲舰被击沉后，指挥官乘坐小船逃生，黎元洪与十二人一同游水至大连海岸，仅四人生还。后两江总督张之洞听闻

黎元洪

黎元洪才名，请他去修建江宁、江阴炮台，两处炮台修得相当之好，黎元洪由此被张之洞赏识。张之洞调任湖广后，将黎元洪带了过去，让他与德国人一起训练湖北新军，其间还派他三赴日本考察军事。

辛亥革命爆发时，黎元洪所部第二十一混成协驻扎武昌城者不过一千五百人，无力抵抗革命军，黎元洪跑到部属家中躲避。革命军一时群龙无首，就硬生生地将他逼为湖北都督。10月11日晨，革命党人马荣等巡街，发现黎元洪的夫役挑了三个皮箱出来，遂抓住夫役，探出黎元洪行踪。经由夫役引导，至黄土坡黎宅找出黎元洪，推举为革命领袖。参加革命，实非黎元洪本意，国民党元老居正曾云："元洪本非革命党人，确系受逼而出。"

辛亥革命之后，革命派重于军事方面，政治方面则为立宪派所掌握。黎元洪没有实权，常被革命军排斥，其政治主张渐渐靠近于立宪派。湖北一些立宪派主将如汤化龙、张国溶等，都与他密切交往。辛亥革命后，袁世凯在彰德观望，立宪派倾向于袁世凯，自然黎元洪也倒向袁世凯。

黎元洪虽然被逼参加革命，但参加之后也作了一定贡献。张继曾说："把黎元洪说得如何坏，其实太过。黎元洪是不是从床下拉出来的，这可以不问。"辛亥革命时，黎元洪作为革命军领袖，起着统率全军、稳定军心的作用。荫昌率军南下时，在彰德与袁世凯会面。荫昌认为武昌起义军纯系乌合之众，无人主持，不难扑灭。袁世凯则说："湖北以黎元洪为首领，何谓无人？"

袁世凯复出之后，派手下大将冯国璋打下汉阳，在龟山上架设大炮，威胁武昌。在炮口威胁之下，革命军不得不同意议和。待南北议和成功，清帝逊位，袁世凯被选举为大总统，黎元洪为副总统。辛亥革命前，黎元洪不过是军队中一名高级军官，辛亥革命后，黎元洪一跃而为副总统，可谓是造化弄人。

辛亥革命时，孙武、张振武、蒋翊武三位青年才俊被称为"三武"。张振武在武昌起义后骄横跋扈，与黎元洪意见不合时，常拔枪威胁黎元洪。汉阳之战后，张振武去上海采购枪支弹药和服装，但其所采购的物品多数不敷使用，且张振武自作主张，将军火的一半分出来给自己，准备去烟台扫荡北方，导致黎元洪不满，暗生杀机。

南北议和之后，张振武被袁世凯聘为总统府顾问。在张振武进京后，8月13日，黎元洪给袁世凯发了一封密电，罗列张振武罪状，最后说："元洪爱既不能，忍又不敢，回肠荡气，仁智俱穷，伏乞将张振武立予正法。"袁世凯收到密电，看完内容后大吃一惊，随即将自己的四个亲信段祺瑞、冯国璋、段芝贵、赵秉均招来商量。商量后一致决定再次回电询问黎元洪，杀张振武是否出于黎元洪本人意思。黎元洪复电称，实系其本人意思，袁世凯遂决定捕杀张振武。

8月15日晚，张振武在北京六国饭店宴请军政要人，北洋要人如姜桂题、段芝贵等均出席，段芝贵此时已经获悉张振武即将被捕杀，在酒宴上照样把酒言欢，谈笑自若。宴席结束后，张振武在归途中被步兵统领陆建章逮捕枪决。在北京的孙武等人得悉后大为惊骇，遂来质问，陆建章就将黎元洪发来的密电出示给他们看，让他们知道杀张振武是黎元洪的主意。

张振武被杀，震惊一时。孙武、蒋翊武大为惊恐，还跑去找袁世凯要免死金牌。但张振武被杀，最重要的方面乃是袁世凯违背了《临时约法》。依照《临时约法》规定，总统命令需要总理签署才有效，但袁世凯这次杀张振武用的是军令，而不是行政命令。而约法中对大总统发布军令要不要总理副署又没有明确规定，这使袁世凯钻了约法的空子，并为以后进一步限制约法，乃至废除约法，走向军人干政、军人独裁、洪宪称帝铺垫了基石。就袁世凯杀张振武是否违背约法，参议院曾爆发激烈争吵，为此国务总理陆征祥一度称病住院。

民国初年有四个最具威望的人物，依照顺序排列为孙中山、袁世凯、黄兴、黎元洪。辛亥前，黎元洪不过一协统（旅长）而已，辛亥后一跃而为举国敬仰之人物。黎元洪既会隐忍，又会迎合人心，时人称黎元洪所发电报最酸最文，每遇时局危急，黎元洪必定在电报中痛哭流涕，"垂涕而道""泥首以请""痛心疾首"，一副为国操心和为民请愿的忠厚长者模样。虽然黎元洪伪装得好，但他此次请袁世凯杀掉张振武，造就冤案，将其本性暴露无遗，为时人所不屑。

黎元洪本想借袁世凯之手杀掉张振武，没想到袁世凯反将此事真相昭告天下，黎元洪遂为各方所不容。在黎元洪此后的政治生涯中，一直缺乏实力人物支持，也没有自己的独立性，成为一个被操控的傀儡。在北洋时代，黎元洪虽然贵为大总统，但始终只是一尊有虚名无实权的"泥菩萨"。

袁世凯死后，北洋元老段祺瑞、冯国璋等人，认为黎元洪好拿捏，就将他推上前台，接位为民国大总统。袁世凯在世时曾经制定过《袁记宪法》，赋予了自己至高无上的权力。但因为这是袁世凯个人意志操控下的宪法，袁世凯称帝失败后，此宪法自然再无存在空间，此时当回归临时约法，即虚位总统，而以总理掌握实权。

黎元洪出任大总统后，依照拥戴他的段祺瑞等北洋实力派人物本意，只想让他做个傀儡。不料黎元洪却想做个实权总统，处处着手干预，弄得总理段祺瑞很是不爽，双方势同水火。段祺瑞组阁时，拟任徐树铮为国务院秘书长。但小徐一直飞扬跋扈，黎元洪对其是敬而远之。黎元洪曾道："我是不能与徐树铮共事的。不但不能共事，且怕见他。我见了他，真是芒刺在背。"黎元洪甚至称："总统可以不做，绝对不能与徐树铮共事。"

可小徐是老段的灵魂，老段无论如何，都必须让小徐在前台掌握实权。为了说服黎元洪，老段请北洋元老徐世昌说情。不料黎元洪对徐世昌道："请你告诉总理，一万件事我都依从他，只有这一件办不到。"

徐世昌对于老段是了解极深："我以为一万件事都可以不依从他，只有这一件必须办到。"

黎元洪被逼无奈，只能同意任用徐树铮为国务院秘书长。就小徐而言，此人虽然才气过人，但睚眦必报，进了国务院后，处处与黎元洪作对。

当时舆论认为，总理段祺瑞与国务院秘书长徐树铮之关系，一言以蔽之曰"总理不管，小徐主政"。盖段祺瑞素性不喜治事，虽为掌握大权者之一，但事务都由国务院秘书长执行。如段祺瑞内阁与冯国璋及南方要人来往密电，就在私宅译发，由徐树铮掌管，外人不得探其真相。

1916 年 7 月 30 日，新任内务总长孙洪伊，偕同沪上议员二十余人，乘寻常快车，于上午 11 时抵京。是日除大总统特派武官二员外，内务部官员及其他各部门的政客与亲友等皆到站。此外尚有官弁带兵一队，在站保卫。下午 2 时，孙洪伊即晋谒总统，总统黎元洪称赞其维持共和之功，孙洪伊则称此次民国再造，实黎大总统及段总理首先反对帝制所致，而南方将士战斗之功，北洋军警维持秩序之力，尤有功劳，中国人心不死，故有今日。

孙洪伊，直隶天津（今天津）人，举人出身，曾为袁世凯幕僚。1911年（清宣统三年）当选为直隶谘议局议员，参加立宪运动。辛亥革命后在上海与汤化龙等组织民主党，旋参加进步党。民国年间，有南北大小两孙之说，南孙指孙中山，北孙即孙洪伊，孙中山年长为大，孙洪伊年轻为小。

8月5日，为民国议会第二次常会开幕之期。此日天气清嘉，沿途国旗飘扬，军警环立，气象万千。原本计划10时开会，9时50分总统及国务员到齐，即由参议院长宣告开会。总统黎元洪亲读颂词，全场向国旗行三鞠躬礼，然后总统举行宣誓典礼誓曰："余誓以至诚遵守宪法执行大总统之职务，谨誓。"总理段祺瑞及国务院秘书长徐树铮，皆身着金碧辉煌陆军礼服，其余来宾皆着大礼服。

内务总长孙洪伊上任后，在内阁会议上屡次与徐树铮发生争吵。二人在吉林省长郭宗熙实授、福建省长胡瑞霖查办案上，发生冲突。由徐树铮与孙洪伊冲突，发展为内务部与国务院的冲突，最终演变为府院之争。

8月中旬，总理段祺瑞任命郭宗熙为吉林省长。段祺瑞将任命书缮就，亲自签字，呈请总统用印完毕后，再交给内务总长孙洪伊签字。孙洪伊却不肯签字，称事前未与他商议，不能代负责任。段孙不免各有意见，孙洪伊为此告假三日。8月下旬，在徐树铮的操作下，欲使福建省长胡瑞霖去职。孙洪伊以徐擅权越限，大为不满，向段祺瑞提出抗议。之后徐树铮又想任命某人为某省财政厅长，孙洪伊一直拒绝签字。双方冲突激烈，孙洪伊愤而提出辞呈。

在法律上，国务院的主要成员是国务员（指国务总理与各部总长），并无国务秘书长。列席国务会议时，国务员有发言之权，秘书长则无。秘书长的职务，只是承国务总理之命，办理国务会议所议决事件而已。但在国务会议时，徐树铮以秘书长身份，列席发言比各部总长还要多。大凡国务会议上，与各部总长争执者，必徐树铮也。

又凡任免高级文武官吏者，必经国务会议议决。徐树铮常不经国务会议通过，擅自任命高级官吏。孙洪伊初始以为徐树铮不知程序，曾面告总理段祺瑞，以后任命官员必须经过国务会议，不想徐树铮继续任命官员，不经国务会议。徐树铮又以一人之意，电令江西李纯出兵攻击广东。孙洪伊初时不知，至李纯来电称无兵可调，始发觉此中隐情。

徐树铮屡屡越权，内务总长孙洪伊再三向总理段祺瑞抗议，却无结果。无奈之下，孙洪伊提出辞职，经各方面挽留，段祺瑞出面劝解，最终平息。表面上看，孙洪伊与徐树铮已握手言和，但徐树铮怎肯容忍，寻找机会，要将孙洪伊驱逐。

1916 年 9 月 8 日，孙洪伊将参与袁世凯称帝的部员六十四人停职。被裁部员多有背景，自然不服，在徐树铮怂恿之下，以祝书元为首的三十二人 9 月 19 日向平政院提起行政诉讼。平政院裁决，孙洪伊违背《临时约法》第三十四条"临时大总统任免文武职员，但任命国务员及外交大使公使须得参议院之同意"，将内务部停职部令取消。

10 月 17 日，孙洪伊因反对平政院裁决，提出辞职。但孙洪伊认为，自己辞职，则总理段祺瑞也应辞职，"国务总理如至总统之亲任官总长必须免职之地步，即系总理之责任。故此次问题以内阁员全体辞职为至当，无余单独辞职之理由"。国务院秘书长徐树铮则直接找到黎元洪，将拟好的罢免内务总长孙洪伊的命令呈上，请求盖印。黎元洪勃然大怒，愤而拒绝。

段祺瑞哪里肯陪孙洪伊一起辞职？置之不理。10 月 29 日，孙洪伊见拉不下段祺瑞、徐树铮，转而表示，非总统下免职令，决不辞职。此前总统黎元洪调解，请王士珍与孙洪伊同到总统府，劝其让步，不开内务总长职，暂以考察为名出洋稍避。孙洪伊回答称："如是总统下免职令，则决不恋栈，但自己无主动辞职的理由，至于出洋考察，我何必出洋？同为国务员，何必徇总理私意？"

徐树铮的行为，导致了国会的反扑。1916 年 11 月，议员数十人署名提出查办徐树铮案，列出罪状七条：（一）蒙蔽总理；（二）侮蔑元首；（三）伪造文书；（四）擅发院令；（五）擅专军令；（六）破坏金融；（七）煽惑军人。并谓斯人不去，恐较诸刘瑾、魏忠贤祸患尤烈。11 月 21 日，徐树铮查办案在众议院提出，以二百零四票多数通过，反对者一百七十八票。

看着双方僵持不下，国会议员又过来不断搅浑水，孙徐二人均不肯去职，府院矛盾激化。总统黎元洪又派人到河南卫辉，请出元老徐世昌来京调和。最后，经徐世昌居中调停，11 月 20 日，黎元洪下令免除孙洪伊的职务，暂时缓和了府院之争。12 月 22 日，下令免除徐树铮的职务。徐树铮虽然去职，可不甘寂寞的他，仍是总理段祺瑞的灵魂，照样操控时局，进而引发了变乱。

时局与徐树铮

徐树铮，江苏萧县人。少时徐树铮顽劣不堪，乡中小儿，分作两队交战取乐。徐树铮领一队游戏，对方某小儿年长，虽然机智不及徐树铮，但勇猛过之。徐树铮不能抵挡，遂暗中削竹签藏在身上，待两队小儿再游戏时，以竹签刺之，将其刺伤。徐树铮自知惹出大祸，径自逃出，躲在神龛下三天才敢回家。

光绪十五年（1889），十岁的徐树铮到徐州读书，十三岁时考中秀才，此后又获得了廪生的资格，可以得到官方补贴。徐树铮少年成名，使他自我放纵，而晚清的系列变革，也让他改变态度，准备投军。1901 年，徐树铮前往济南，想投军获得发展机会。此时恰好段祺瑞领兵驻扎在济南。一次段祺瑞到一家旅馆拜访友人，碰到了徐树铮，对他大为欣赏，聘其为自己的文案。徐树铮才能出众，过目不忘，聪慧过人，可一心二用，对于段祺瑞军中事务很快通晓，成为其臂膀，军中称之为"徐师爷"。北洋六镇成立后，段祺瑞先后担任第三镇、第六镇统制，徐树铮一直跟着段祺瑞做师爷。段祺瑞想栽培他，提拔他当官，徐树铮却表示想去日本学习军事。

徐树铮

到日本之后，徐树铮入日本陆军士官学校清国留学生队第七期步兵科，学习时间为 1908 年 11 月至 1910 年 5 月，为时一年半。徐树铮到日本后，很快就学会日语，且日语纯熟到日本艺妓也不能辨认出他是中国人。在日本士官学校期间，徐树铮与第八期士官生，后来的奉系干将杨宇霆成为莫逆之交。徐树铮留学时，段祺瑞的弟弟段祺勋也在日本，二人时常结伴到妓院狎妓。段祺勋有钱长得丑，徐树铮没钱长得帅，妓院诸妓各取所需。

徐树铮学成归国后，发现自己的上司段祺瑞已离开北洋第六镇，在保定办陆军学堂。徐树铮就前往投奔，在陆军学堂担任教员。辛亥革命后，袁世凯复出，段祺瑞带第二军南下镇压革命军。徐树铮也随军效命，他建议段祺瑞暂且按兵不动，坐观政局变化。冯国璋统领第一军拼命进攻，与革命军大战于汉阳。袁世凯一看段祺瑞的举动吻合自己的政治安排，而冯国璋则很难驾驭，便将冯国璋调回。随后徐树铮又鼓动段祺瑞联系四十七名将领通电，逼清帝逊位，为共和之创立立下功劳。

民国成立后，段祺瑞为陆军总长，徐树铮任陆军部次长，操纵陆军部大小事务。段祺瑞执掌陆军部时，事无巨细，如果向段祺瑞请示，段祺瑞就说："找又铮

（徐树铮字）去。"当时全国各省陆军，军饷、军械、军队编制等，无不要经过徐树铮之手。徐树铮不点头，什么事都办不成。

段祺瑞担任国务总理之后，徐树铮又担任秘书长，在北洋政府中显赫一时。因其巧舌如簧，又善于煽风点火，得外号"小扇子"。

徐树铮在段祺瑞面前是说一不二，而段祺瑞吩咐下来的事，徐树铮却可以驳回。有个李姓军官被撤职后穷得没饭吃，就写信给段祺瑞，申述了他被撤职的缘由，请求段祺瑞给他个差事。段看他说得可怜，就答应了，将信交给徐树铮去办理。徐树铮看到信后，在信上批"查该员无大用处，驳回"，此事也就罢休。

徐树铮自负文武兼备，瞧不起段祺瑞身边的军人，认为行伍出身的北洋军人都只是赳赳武夫。他和当时的一些政客如李思浩、梁鸿志、曾毓隽等比较亲近，也正是得到这些政客支持，徐树铮才能组织起操控政坛的安福俱乐部。

徐树铮天性聪敏过人，摸透老段脾气，也善于迎合老段家人。段祺瑞一家都被徐树铮奉承得开开心心，把徐树铮当作自家人，可以自由出入段家。段祺瑞家教极严，家中妇女不经许可不能见外人，家眷要买什么物品，都要通过仆役外出采购。仆役居中牟利，故而价格昂贵，货物又次。徐树铮来了之后，夫人、大小姐们都请他出去代购东西。徐树铮会拍女人马屁，选的东西价格便宜，质量好，又称女人们的心，段祺瑞一家都喜欢得不得了，只是仆人们痛恨他断了财路。徐树铮虽为段祺瑞所宠信，但他历来放荡，目中无人，在皖系内部也遭人痛恨。且徐树铮时常不经段祺瑞许可，就擅作主张，为自己埋下了杀身之祸。

到了1917年4月，随着美国对德宣战，许多中立国纷纷倒向协约国阵营，欧洲战局已趋明朗，德奥已呈败象，此时加入协约国阵营对中国更为有利，而且协约国方面也对中国抛出了更为优厚的参战条件。协约国方面表示，愿意考虑中国提出的增收关税，暂缓赔款的要求，这既可增加财政收入，又可维护主权，实为中国之利。

黎元洪和段祺瑞的府院之争，本是政治派系之争，因一次大战中的战和问题，使矛盾复杂，导致北京政局动荡。段祺瑞提出的参战方案，屡屡被国会否决。这里就有一个问题，段祺瑞以北洋元老而任国务总理，为当时掌握实权者，为何国会敢于和他作梗？

在袁世凯当政期间，旧国会曾被解散。黎元洪继任大总统后，又恢复了旧国会。在被解散的两三年内，这些国会议员过着清汤寡水的苦日子。这次旧国会重开之后，他们纷纷奔走，想谋个肥水差事，做个实官。很多议员游走于段祺瑞门下，但段祺瑞此人一向清高，对于此类图谋官位的议员，先是冷淡待之，再以闭门羹待之，得罪了很多议员。

黎元洪外号"泥菩萨"，为人圆滑，对来求帮忙的议员，均客客气气，来者不拒，并说："你要想弄个官位，我这绝没问题，只要总理段祺瑞答应就行。现在是责任内阁制，总理说了算呀。"这话就挑明了，不是我黎元洪不帮忙，是歪鼻段祺瑞挡了你们的道。议员们虽然没谋到官职，但均感激黎元洪，并认为段祺瑞与他们作对。故而一个个议员恨段祺瑞恨得牙痒，一有机会就刁难段祺瑞。

段祺瑞虽然早年在德国留学，但对德国并不盲目崇拜。到了1917年，欧洲战局已经明朗，加入协约国行列，对德奥宣战，可获取外交上的主动。此外英美法等国业已开出相当优厚之条件，对德宣战可为中国获得极大利益。梁启超又为段祺瑞一一剖析了对德宣战的利处及当时国际局势，使段祺瑞下定决心对德宣战。

黎元洪置国家利益不顾，与国会一起反对宣战，处处刁难段祺瑞。段祺瑞所提的参战议案，就争取中国利益而言是没有问题的，但当受到阻碍之后，他的手段却是错误的。

徐树铮挟段祺瑞北洋巨头之威，将各省握有军权的督军邀请来京共商，威胁国会，由此开了军人干政之恶例。1917年4月25日，在北京召集各省督军代表会议，与会者有八位督军、两位督统、一位省长、十二位省代表及北京陆、海军总长等。与会众人中，有十七人赞成参战，七人表示遵从多数。

与会众人中，唯有海军总长程璧光表示："如国会一致，当服从多数民意。"这使段祺瑞大为不满。黎元洪是海军出身，清代在广甲舰任管轮时，为程璧光属下。黎元洪当了总统后，推荐程璧光担任海军总长。程璧光掌握海军，支持黎元洪，但当日海军的力量，却尚不足以与陆军相抗衡。

督军团之外，徐树铮还学习袁世凯称帝前组织请愿团的手法，花钱收买了一千多闲杂人士组成所谓"公民团"。"公民团"每日在国会门口发传单，喊口号，要求通过对德宣战案，逮住机会痛殴议员，几个议员被打成重伤。议员邹鲁被打急了，嚷嚷道："公民可以打我们议员，我们议员就可以打总理。"准备冲进休息室去揍段祺瑞，被其他人拉住方才作罢。

各省督军云集京师，一致请求对德国开战，逼迫黎元洪解散旧国会。黎元洪不许，唆使内阁阁员全体辞职，使段祺瑞成为光杆儿总理。黎元洪又以军人干政违背宪法为由，解除段祺瑞职务。

在左右的鼓动下，1917 年 5 月 23 日，黎元洪下令免去段祺瑞国务总理，由外交总长伍廷芳代理其职。被解职后段祺瑞声称，依据《临时约法》，大总统发布命令时须国务总理副署才能生效，即总统要撤掉总理，也需要经过总理签字，否则不生效。故而段祺瑞认为黎元洪的罢免命令非法、无效。

依据《临时约法》第三十四条规定，临时大总统有任免文武官吏（包括国务总理）的全权。第四十七条规定，国务总理受国会弹劾后，临时大总统应免其职务。黎元洪与国会亲近，自然能操作国会弹劾段祺瑞。从程序上讲，黎元洪的免职命令合法。段祺瑞见在程序上无法抗击黎元洪，一气之下，鼻子一歪，回到天津。

就在府院之争闹腾得沸沸扬扬时，以张勋为首的满清遗老遗少，也亢奋异常，蠢蠢欲动，四处串联。各省督军在北京逼宫的同时，也派出代表到徐州与张勋会商，这期间段祺瑞的心腹谋臣徐树铮也窜到了徐州。徐州顿时热火朝天，张勋也以盟主姿态自居，积极筹备复辟。张勋得意扬扬，对幕僚们道："吾岂甘为黎（元洪）用者，特黎、段已成鹤蚌，我将作渔人耳。"只是谁是鹤蚌，谁是渔人，犹未可知。徐州开会期间，徐树铮还与守旧派倪嗣冲，一起赴张勋生祠游览。

据张勋部下统领苏锡麟回忆，各派势力在徐州达成默契，名义上拥戴张勋复辟，驱走黎元洪，暗地里则决定待张勋复辟之后，再将他做掉。一门心思搞复辟的张勋，听到各派支持他，大喜过望，想找块黄缎子让大家签名做证据。恰好他二姨太处有块准备给儿子做肚兜的黄缎子，就拿过来让大家签名，签完后交给张勋的秘书万绳栻保管。张勋复辟失败后，准备找出这块黄缎子，抖出各派阴谋，此时才发现这块黄缎子已经被冯国璋重金买走。

若要说段祺瑞想借助张勋之手，借复辟搞掉黎元洪，以段祺瑞平生历程来看，他不会做出此等事情。段祺瑞为人苛严，重名节，有底线，原则性强，不能做的事情，他绝对不会做。但此事牵涉到他的亲信徐树铮，而徐树铮一贯招摇，胆子大，经常不和段祺瑞商量就自作主张。为了把黎元洪拉下台，徐树铮出面表态支持张勋复辟，拉下黎元洪相当可能。张勋在复辟失败后曾道："只有段芝泉（段祺瑞）是劝我不要干的，惟他可以打我，别人不配。"

徐州议定之后，各地一起行动。一直对"乱党"黎元洪痛恨不已的安徽督军倪嗣冲首先发难，盘踞在东北的张作霖也跃跃欲试，想出兵山海关，扩大势力范围。各省督军则宣布独立，与中央政府脱离关系，使黎元洪成了光杆儿大总统。面对各省武夫的武力威逼，黎元洪不得已之下，听信谋臣意见，请张勋进京调解。

6月1日，黎元洪以张勋"功高望重，至诚爱国"为由，请他"迅速来京，

张　勋

共商国是"。不过黎元洪也不是政治白痴，任凭张勋带兵进京。黎元洪曾致电徐世昌、段祺瑞和李经羲，请转告张勋，入京时"毋庸多带军队。如军队业已启行，亦请暂在天津以南驻扎，庶不致人心摇动"。

张勋从徐州带领五千名辫子军和众多妻妾，浩浩荡荡进京"调解"来了。得知张勋要带兵入京师，搞复辟之后，驻扎在徐州的辫子军军官及各兵士，无不欣喜若狂，彼此庆贺："大帅要做宰相，我辈定武军，皆交升官好运。"

入京后，驻扎在先农坛、天坛的辫子军，将这两处名胜，弄成了猪圈。辫子军进驻后，到市场上强行索取鸡鸭鱼肉之类，回来在墙角下垒石为灶，开始烹调。没有柴火，就将先农坛、天坛内的树木砍掉焚烧。墙被烟火熏蒸，变成黯黑色者有数百处。

很多辫子军士兵是第一次入京师，对京师的一切都充满好奇。逛街时，辫子军或袒胸，或着奇装异服，将辫子盘在颈项处逛街。辫子军在刺刀上悬挂小龙旗一面，酒葫芦一个。逛街逛累了，就将葫芦取下，随地坐下狂饮。京师居民看到辫子军，纷纷绕道而行，如避瘟神。

辫子军的一根大辫子，此时在京师成了特别证件。大辫子挂在脖子里，乘车不买票，看戏不要戏票，吃饭不要钱，买东西不要钱。辫子军在街市上强取物品，有要钱者，则将大辫子一亮："你不瞧见俺的免票么？"辫子军又扬言："从徐州到北京，一路上吃喝住行，俺向来不出一钱，就凭借着辫子免票。今天如果想要钱，除非将俺这大辫子剪下来。"看着辫子军的气势，店伙计哪敢剪辫，只好连呼晦气。

有店铺伙计索钱时，被辫子军以枪柄痛打。警察看到后出面干涉，让辫子军给钱。辫子军则狡辩："俺们从前在徐州，为长江巡阅使部下之兵，买物尚不给钱。今日俺家大帅，升官晋爵，俺们便是王爷的兵了。小皇帝即位，全部是俺们的功劳。这些开店铺的要酬谢俺们，才是道理。"说罢扬长而去，警察也无可奈何。

十二日复辟

段祺瑞内阁下台后，黎元洪为了组建新的内阁绞尽脑汁。在当时，敢于接下这个烂摊子，与皖系对抗的，在政坛上并无几人。

黎元洪初期准备请元老徐世昌，或者由王士珍来组阁，但这二人却是老狐狸，不肯出面。到了5月25日，黎元洪任命李经羲为国务总理，意图组成新内阁。李经羲曾担任过云贵总督，蔡锷、张勋都是他的老部下，在北洋属于元老级别。李经羲一直在天津赋闲，此番不甘寂寞，就接下了这个烫手山芋。但李经羲旋即发现，自己这个曾经的封疆大吏，却是毫无影响力了，遂一直躲在天津租界，不肯进京就职。

6月7日，张勋率辫子军数千人，由徐州乘车北上。6月8日，辫子军进入北京，张勋则在天津与各方谈判。张勋开出的"调停"条件，即黎元洪必须解散现在的国会。黎元洪这个弱势总统，之所以能将段祺瑞逼走，依靠的就是国会支持，现在让他解散国会，无疑是自毁长城。黎元洪此时已昏了头，将赌注全部压在了张勋的调停之上，遂决意解散国会。

解散国会的命令须总理副署，代理总理的伍廷芳却不同意副署。黎元洪无奈，请王士珍替代，却被回绝，再请李经羲帮忙，也不同意副署。武夫张勋对于文人的这套把戏很不耐烦，直接道："这种命令，要副署何用？只管从速发布。"

到了6月12日，黎元洪免去代理总理伍廷芳，以北京步军统领江朝宗暂代总理，再由江朝宗副署，解散国会。调停条件被满足后，6月14日，张勋得意扬扬地带了黎元洪任命的国务总理李经羲等人入京。张勋入京，还带来了一个人随行，这个人就是一门心思搞复辟的康有为老先生。

康有为入京，一路上鬼鬼祟祟。被人知晓后，康有为还放出风声，称是去游明十三陵，与清廷没有任何关系。经过天津时，康有为的高足梁启超正在此处，康有为不敢见他，怕被梁启超看出他肚皮里的算盘，扮作个老农，偷偷摸摸地进京去了。张勋复辟之后，梁启超通电反对，师徒二人从此南辕北辙，各行其是了。康有为到京后，本住南河沿张勋宅中，旋因种种不便，移居法源寺。张勋对康圣人照顾备至，派家中厨师前往寺中为之供膳。黎元洪闻康有为来京，即命人请其入总统府面谈，康有为以征衣甫卸，劳倦未苏却之。

6月18日早7时半，张勋头戴红顶花翎，身穿纱袍，坐汽车，至神武门，换乘特赏肩舆，依前清故事，赴宫门请安。张勋带领定武军统领四人，随同入宫拜谒清帝，得赏紫禁城骑马。张勋与四统领入宫行礼，礼毕四统领即退出。张勋则入内廷，至养心殿谒见宣统，面陈时局甚详，并谓优待条件自当力争，加入宪法。此番觐见，历时约一小时之久，宣统因上课时间已到，即退入书斋。四皇妃复亲临养心殿，垂询一切，张勋详为奉答后退出。之后宣统在坤宁宫后板子院，设筵为张勋洗尘。前清摄政王涛朗诸贝勒，在座奉陪，席间复畅谈一切，直至11时半始撤宴。张勋入宫时，献纳修理陵寝经费，为数甚巨，清廷赏赐给他的珍品甚多，内有古玩名画数件，皆稀有之物。是日张勋一切礼节，悉依清廷旧例，即所递职名柬上，仍自称奴才云。

张勋到京之后，表面上莺歌燕舞，一团和气，请梅兰芳等名角唱戏交际，私下里与康有为等保皇党秘密布置，准备复辟。布置停当后，1917年6月30日夜，张勋亲自带兵前往清宫，准备拥戴溥仪登基。到了宫门口，看门的却不肯开门，张勋再三说开门啊，我有要事要见皇上啊。看门的就是不理他，张勋急了，嚷嚷再不开大门，我就开炮，看门的方才让张勋入内。张勋到宫中时，溥仪睡得正香，突然被一帮子人摇醒，披挂上皇袍皇冠，一起吃喝，再登皇位。当夜待皇帝与皇亲国戚到全后，张勋拿出一堆拥戴复辟的奏折，其中有伪造的冯国璋、陆荣廷及前军机大臣瞿鸿禨等人的奏折。

1917 年 7 月 1 日，张勋率领大小文武官员，在养心殿上朝，叩拜溥仪。召见张勋时，溥仪说个什么事，张勋立刻磕头道："奴才照办！"上朝完毕后，忠心耿耿的辫子大帅汗流浃背，一路上和手下嘟囔："皇帝圣明，天威可畏啊！"

复辟后的溥仪发布第一道上谕，宣称："临朝听政，收回大权，与民更始。"让人哭笑不得的是，与 1916 年袁世凯称帝时一样，溥仪所做的第一件事就是给现在的大总统，当时的副总统黎元洪封爵，袁世凯封黎元洪为"武义亲王"，再次登基的溥仪就封黎元洪为一等公。此外溥仪又大封文武百官，康有为得了个弼德院副院长，又将各省督军名称改回清代的总督、巡抚之类名称。

此次进京，康有为老先生本想执掌学部（教育部），随身还携带了一些他所编写的教科书。不想复辟成功之后，张勋只给了他一个弼德院副院长的闲职，正院长还是他一贯看不起的徐世昌（弼德院相当于日本的元老院）。康有为大怒，连作恨语，次日加赏了他一个头品顶戴方才平息怒气。

虽有不快，但在一点上，康有为与张勋是相同的，即不主张国号再称"大清"，都认为应改称"中华帝国"。复辟后，詹天佑也被封为邮传部尚书（正部长）。詹天佑本想进京，但因在汉口被事务所困，未能成行，是故逃过骂名。

复辟之后，群丑进宫拜谒溥仪。溥仪一看这么多人，好多没有见过，就让各自报上名字。雷震春是个大老粗，跑上来大声吆喝："俺是雷震春。"其他人也纷纷自我介绍，俺是某某某。唯有顾瑗，上前依照前清的礼法道："臣顾瑗。"顾瑗在前清时，是翰林出身，自然熟悉这套礼仪。

复辟之后，张勋下令北京城内商户一律悬挂龙旗庆贺。可清朝已经逊位六年多了，再说当年的龙旗本来就没几个人手里有。庚子年间，八国联军杀入京城，有好多滑头商铺准备了各国旗帜，待联军进京后即挂起，并大书"大日本顺民""大德国顺民"，倒也逃过一劫。现在复辟毫无征兆，根本来不及准备。于是北京城里的商号就八仙过海，各显神通。街上就出现了各式各样的龙旗，有破旧不堪的，有用黄布画的蓝龙，有用纸糊的，还有长方形的，三角形的，千奇百怪，飘扬在街头。

复辟之后，京师内人心震动，都认为大祸将临了。在京的殷实人家、各部公务员，纷纷买车票逃去天津。辫子军一看这么多人要逃跑，就把廊坊一带的铁轨卸掉。这让驻京的各国外交团一片哗然，遂以公使团名义发出警告，因为依据1901年的《辛丑条约》，北京与天津之间的交通不得中断。为了免生事端，在京外的各路讨逆大军赶紧把铁路修好。

复辟后，也出现了一道西洋景，一群鸡毛鹤发的老头子，为了赶时间，竟然纷纷乘坐被他们排斥的洋玩意儿火车进京，以求谋得一官半职。溥仪的老师陈宝琛门前车水马龙，递上来的名帖如雪片一般。这时求得一个官职容易，难的是弄身官服。7月2日，上谕赏赐康有为头品顶戴，这表明复辟后要沿用清代官服。

想谋官职的老头儿们刮起了寻找官服的旋风。戏园子里的各色戏服被收罗一空。军头雷震春有商业头脑，从天津运了一大箱旧官服来京贩卖，发了笔横财。泰昌绸缎庄以一百二十元高价收罗了三套蟒袍，旋即以三倍的价格卖出。各路神仙，各显神通，想当官的，还怕弄不到官袍？

再说黎元洪，得悉张勋跑到北京搞复辟之后，一气之下，也顾不上和段祺瑞的纷争，赶紧发电，恢复段祺瑞的总理职务，令他兴师讨逆，同时命令副总统冯国璋出兵。自己呢？别忘了，武昌首义时，枪声一响，黎元洪立刻逃跑。这次命令一发，黎元洪就立刻从中华门跑到日本大使馆去寻求庇护。等张勋这个大老粗想起来要抓黎元洪时，人已经不见了。黎元洪一逃，张勋立即下令辫子军在街道上搜查。只要有汽车经过，辫子军即荷枪实弹，拦阻检查，造出诸多惊吓，折腾到了晚上方才停止。

当时社会，对张勋复辟一片哗然。各省实力派人物、地方绅士、各界名流，无不通电反对。连张勋的拜把子兄弟，铁杆哥们儿广西督军陆荣廷也通电反对，并驳斥张勋所谓的陆荣廷、冯国璋、张勋联合复辟一说。

避居在天津的段祺瑞冷眼旁观，暗中布置。7月2日晚，段祺瑞在梁启超、汤化龙的陪同下，坐火车前往马厂。老师康有为站在了复辟一方，学生梁启超站在了讨逆一方，此番争斗，也有师徒之战的意思了。

马厂所驻扎的是北洋嫡系第八师，师长李长泰为段祺瑞亲信。随即召开军事会议，成立讨逆军司令部，以段祺瑞为总司令，段芝贵为东路总司令，曹锟为西路总司令，徐树铮担任参谋长，梁启超、李思浩、龚心湛等分别筹划军政事宜。

段祺瑞所调集的兵力均为北洋嫡系，同时又命令安徽倪嗣冲、山东张怀芝及江苏冯国璋出兵，三面夹击张勋留在徐州的几十营辫子军。段祺瑞曾愤愤表示："张勋之个人与其所率军队，素为余所不齿，数年以前，余即欲消灭之，以除国家发达进步之障碍，惜当局（指袁与黎）未听余言。"

段芝贵担任东路总司令，只是手下无一个兵。段芝贵脑子一转，突然想起被冷落的冯玉祥正驻军廊坊。在与冯玉祥见面之后，双方一拍即合，段芝贵去交通银行贷款十万元，充作军费，又准备了一列车皮的面包咸菜之类，前去廊坊慰问。

7月7日上午，准备逃离京师的男女老幼云集于火车站。至8点时，听到火车汽笛之声，见火车高挂英国国旗，以安全通过交战之地。看到有火车能出京，无数民众蜂拥而上，"即妇女亦挤立于车门之外"。目睹无数民众搭乘火车出逃时的乱象，有人愤愤大骂张勋："以张辫子一人之淫毒，竟累此盈千逾万无能力之同胞受此痛苦。"

火车出京后，于11时抵达丰台车站，辫子军在此与讨逆军交战，双方不时起立，互放排枪，更有飞机助战，从空中投下炸弹，炸出一个个弹坑。火车之中的出京逃难之人，在枪炮声中，呼天痛哭，令人心碎欲绝。所幸双方虽打得凶猛，火车乘客之中，只有一名日本人被流弹击中腿部，其余均告无恙。丰台之战很快结束，张勋辫子军四散鼠窜，被俘获者五六十人，"均为之薙发放去"。

火车继续前行，在万庄车站，有讨逆军对乘客加以检查，以辨别从北京开来的火车上，有无藏有危险物品及奸细。凡脑后有辫子者，均被带去询问。此日上午从北京出发之后，沿途火车且行且停，于烈日之中，乘客不食不饮十余个小时。沿途的居民均已逃匿，故而无人卖食物。倒是有乞丐抓住了此次商机，兜售水与黄瓜。至晚间7时，火车终于开到天津，众人逃出生天。

段祺瑞本以为密集重兵之后，张勋一见不能战必然会让步投降，不想张勋对前清死忠，又以为手中有能要挟北洋众将领的证据，死不让步。7月8日，讨逆军逼近北京，开抵朝阳门外。随后各路大军相续开赴，包围北京，各部兵力总计有六万五千人，而张勋所部不过四千人而已。段祺瑞兵力集中之后，却一直没有进攻，主要顾虑是一旦开战，北京一地，民众商号必受重创。此外北京所驻各国外交使团唯恐双方开战，殃及池鱼，也出面居中调停。

7月8日，有记者去采访张勋，只见张勋头盘发辫，满面灰尘，刚刚阅兵归来。

记者问他："战否？"

张答："至死力战。"

记者又问："往他处去否？"

张回答："断不他往。"

又声称手头积攒的各路将领赞成复辟的电报高达数尺，一旦惹火了老张，将立刻公布。7月9日，各国外交团居中调解，向张勋提出，将其武装解除，另编入陆军之中，张勋的生命财产由各国外交使团保证。可这张勋却好比红了眼的公牛一般，任谁说也不理，对洋人的劝告也予以拒绝，嗷嗷嚎叫，唯愿一战。

7月10日晚，北洋元老王士珍，为避免在京畿开战，特去劝说张勋。张勋不为所动，嚷嚷"唯有一死而已"。张勋把自己亲信的部队集中在内城，在天安门周围摆出阵势，准备玉石俱焚。

段祺瑞布置好军队之后，在北京出现了一个三重势力的景象：驻守在北京内城的是张勋辫子军，高悬满清五爪黄龙旗；在城中间的则是步兵统领江朝宗的部队，表示中立，打着白旗；城外则是民国讨逆军，打着五色国旗。

京师之战

1917年7月12日，段祺瑞部署各部开战，东路由冯玉祥、王汝勤负责，西路由吴佩孚等负责。各路讨逆军所到之处，势如破竹。张勋军队知道必败，早已做好逃命打算，许多士兵开战前就买好草帽，以方便遮挡头上的大辫子。有的辫子军将领早就想投降，只是怕被张勋发现，提前将辫子军手中的子弹收入军火库。

开战之后，一些辫子军手中没有子弹，无法抵抗，只好投降。更有聪明的辫子军，事先筹划，准备逃跑的旅费。辫子军一度在天坛附近公开售卖军米，第一天卖了数百包，收入却不足逃跑的盘缠。到第二天卖米时，购米者在半途被辫子军拦截，谓其偷盗军米，每人被敲诈了三四块大洋之后，方才放其离去。

12日黎明，讨伐军开始攻击天坛驻扎的叛军，此地距使馆界一里之遥，各种枪炮声闻四野。此次战事之中，有两处抵抗最为激烈。一处为天安门，此处为清廷禁军守卫，均系旗人，支持清室复辟，所以拼命抵抗。清廷禁军在天安门城头上架起大炮，向讨逆军射击。讨逆军则在顺治门城头上架起大炮回击。不过据当时记录，双方"发炮虽多，当无甚损害"。

另一处为前门箭楼，在此处猛烈抵抗的乃是无处可去的原奉军将领汤玉麟、冯德麟（字麟阁）等人，这几人在与张作霖闹翻之后投奔了张勋。张勋是个大老粗，看到这几名马贼出身的将领来投奔，心中爱惜，引为同道，加以重用。此番复辟，选拔精锐，交由二人带领。复辟之时，汤玉麟也得了个侯爵称号。

汤玉麟、冯德麟带了四五十人守卫前门箭楼，架起机枪二架，手持手枪，居高临下射击。守卫箭楼的均是在东三省出没多年的老土匪，枪法精准无比，且居高临下，故而讨逆军受害甚多。不得已之下，乃分兵抄至箭楼后，避开箭楼正面火力，将这群老匪包围。被围困之后，箭楼上的众匪犹拼命反抗，直至其他各处停战后方才停止开枪，被抓后大骂："张大辫子不济事也。"

在三道门，辫子军用土袋堆积，作为防御工事，并布置有机枪两架。三道门两旁，辫子军在高处防御，故而只能正面突破。初期进攻时，有五名不怕死的士兵冲锋，结果死二、伤二，还有一人躲入临街店铺内。双方僵持之后，讨逆军悬赏组织敢死队，参加者每人赏大洋五十元，招募得了二十余人。此次再攻，人人紧贴街头店铺逐渐前行。辫子军无法打到敢死队，就退至石桥西防守。讨逆军占据三道门后，一面用大木造云梯，夺墙而上，一面将墙凿开，以机枪射击张勋住宅。

辫子军进退无策，有丢弃枪械军装自行逃跑者，有向警察厅主动缴械者。至战局基本稳定之后，京师警察及游缉队出面，维持地方秩序，防止各路宵小之徒乘机打劫。

开打之后，京师内野炮、机枪、来复枪万响齐发，打得好不热闹。最后统计，双方死伤不及百人，"名之曰战，不若谓之为戏"。军人将战争当作儿戏，只是苦了升斗小民。12 日上午 6 时，一枚流弹落在电话局中，将电话局工作人员吓得四散逃跑，导致京内电话联络全部中断。双方用各类武器大打出手，因为未纵火焚烧，对街市损害倒是不大，不过伤及些玻璃窗与太平水缸而已。

到了下午 3 时，号令停战，至 4 点已无枪声。此战之中，讨逆军死伤甚微，张勋部战死不过百余人。在开战时，巡警及提署军队处中立态度。巡警将投降的辫子兵，安置于瑞金大楼旧财政部。这些辫子兵绝无丝毫忧愁，虽天气炎热，身体劳乏，仍嬉笑如常。初始并未解除武装，所有巡警与辫子兵相处融洽，感情甚好。战后收容张勋部投降士兵三千八百人，即将辫子剪掉遣返回乡。回乡途中，不许脱下军服，以示辨认，又在军服上打一圆形记号圈住的"废"字作为标识。

战事之中，如京城以往的各场战事一般，京城里的地痞流氓（俗称口袋队），早已经作好劫掠准备。所幸段祺瑞布置得当，派兵严加镇压，才未出现大规模劫掠事件。双方交战时，有大量的中外围观者观看双方交战，在城墙上围观的一名美国人还被流弹击中死亡。

就在此次战事中，刚刚出现的空军也出动飞机助战。除了为讨逆军进行军事情报侦察之外，还轰炸了清宫。7 月 7 日，南苑机场派出飞机两架助战。机上的飞行员投弹时，毫无经验，也无投弹仪器、瞄准器，将炸弹装在兜里，投弹前将保险拿去，看好大致目标就扔下去。飞机共投掷炸弹三枚，据亲历者溥仪回忆，三枚炸弹"一个落在隆宗门外，炸伤'二人肩舆'的轿夫一名，一个落在御花园的水池里，炸坏水池子一角，第三个落在西长街隆福门的瓦檐上，没有炸，但把聚在那里赌钱的太监们吓了个半死"。

张勋复辟之战

　　讨逆军发动攻击之后，溥仪逃去英国使馆。张勋则在自己的宅子里换上一身清朝官服，并穿上黄马褂，一手持枪，一手握刀，对家人称准备战死在此。家人就请荷兰使馆的老外来劝他走。荷兰人来了之后，张勋还不肯走，两个大个子荷兰人把他一架，拖起来就走。张勋拼命挣扎，急了还猛咬了架他的荷兰人一口，但还是没有老外力气大，被架上汽车逃跑时还不忘大叫"诸君误我"。

　　逼迫张勋逃离的第一功，却是被招安的王天纵。南北议和之后，曾在山林为匪的王天纵被袁世凯招进京，委任为京师总督察处副处长，其所带卫队也合并入警察队伍中。此后几年，王天纵于京师官场之中，沉默无声。1916年袁世凯去世后，黎元洪接任总统，对王颇是青睐。至1917年张勋复辟时，黎元洪逃入日本公馆。乘段祺瑞讨伐张勋之际，王天纵带领自己的亲信，会合讨逆军，扒开南河沿以北围墙，架起云梯猛攻张勋公馆，迫使其逃入荷兰使馆。

　　康有为则再次化装，一溜烟儿逃得比兔子都快。被封为邮传部右侍郎（副部长）的保皇派陈毅，也化了装，可他拖了根大辫子逃跑，这就好比乌龟要化装，却忘了卸掉龟壳一般，能逃去哪？一跑就被抓，抓住后也没为难他，只是剪了他的辫子，让他写了个保证书，保证"永不参加复辟"就放了。

战后，各方就如何处置清皇室发生分歧。持激烈意见的一派有伍廷芳、汪精卫等人，激烈派主张立刻废除清室优待条件，将清皇室赶去颐和园居住。最激烈的甚至主张将满清皇室赶去西北边陲，并派军看守。温和派则主张保持清皇室原有待遇不变，认为溥仪及皇室是被张勋所逼迫，这派主要有徐世昌、冯国璋等人，最后温和派占了上风。

此次战事中，冯玉祥复出，并再露锋芒，曾建议由他带兵冲进紫禁城，彻底解决清皇室问题，但被上司曹锟否决。若干年后，清皇室终究还是被冯玉祥从宫中赶出。在领兵攻打天坛时，冯玉祥命令炮兵测定距离，准备轰击。吴佩孚得知后，就赶过来劝阻，说若乱开炮恐怕会损伤过度，并让冯玉祥等等，由吴佩孚亲自去天坛劝降。

去劝降之前，吴佩孚与冯玉祥约好，在自己出来之前不得开炮。但是吴佩孚进天坛谈判好了出来时，却看到冯玉祥的部队正准备开炮，便恼火地问坐在一根大木头上的冯玉祥这是想干啥。冯玉祥笑嘻嘻地说："子玉（吴佩孚字），我看你老不出来，准备开炮救你呢。"吴佩孚嘴上没说，心里暗骂，冯玉祥这个大块头真不是东西。

8月10日，民国新政府下令通缉六人：张勋、康有为、刘廷琛、万绳栻、梁敦彦、胡嗣瑗。事后接受审判的只有雷震春、张镇芳等几人。雷张二人，在此之前曾经拥戴袁世凯称帝，现在又跳出来拥护清室复辟，当时被称为"双料帝制犯"。雷震春、张镇芳被判了无期徒刑，结果只关了一年就放了出来。奉系将领冯麟阁等人兵败被抓后，也没判刑，关了一些日子，经张作霖出面营救，出来后与张作霖重归于好。

张勋复辟失败之后，1917年8月14日，北洋政府发布大总统布告，正式对德、奥宣战，加入第一次世界大战中协约国行列，并宣告所有以前中国与德、奥两国所订条约，一律废止。

复辟事件之后，黎元洪本打算继续担任总统，国民党和西南各省军阀也表态拥戴，甚至派了两艘军舰到秦皇岛准备迎接黎元洪南下任职。没想到黎元洪的贴身侍卫突然发狂，用刺刀刺死三人，刺伤三人，段祺瑞借机解散黎元洪的卫队。黎元洪本人被吓得不轻，就称病不敢出山，随后由原副总统冯国璋担任总统。

冯国璋上位之后，竟然派了内务总长汤化龙，以中国使者的身份，到皇宫拜会"大清国皇帝"。拜见时，汤化龙口称："大中华民国大总统，谨派内务总长汤化龙，致谢'大清皇帝'，并敬问'大清皇帝'好。""大清皇帝"溥仪则回问大中华民国大总统好。

张勋复辟时，京师一带兵力最为雄厚者为陈光远，该部装备战斗力均优于其他军队。张勋复辟之后，陈光远在南苑驻军区域内首先悬挂起龙旗，但同时也将五色旗郑重保存起来。当得悉段祺瑞发表讨逆通电之后，仍持观望态度，既不推脱张勋封授的官爵，也接受段祺瑞委派的讨逆军中路司令。当张勋部队连吃败仗，败局已定时，陈光远部方才出动，出兵时还带有大清龙旗和民国五色旗，以备随时更换。直到7月10日，张勋败局已定时，方才挂上五色旗，正式作战。北洋时期，多地是这样的两头观望的军阀，这也是张勋复辟的基础。

张勋的辫子军在徐州一带驻扎，号称六十营，既非新军编制，也非湘淮军老营制，每营三百六十名的兵员总额，也不过二万两千人而已。唯张勋辫子军武器充足。张勋第一次在南京战败，狼狈出城，虽携带了大批枪炮子弹，奈何且战且走，加上革命军尾随追踪，所存无几。第二次攻入南京，张勋却发了大财。凡扬州徐宝山部解散后的枪械，以及金陵制造各局、江阴、镇江所存枪炮，悉数没收。

嗣后冯国璋到南京任职，张勋即将各处掳获武器，捆载而入徐州。袁世凯称帝时，欲利用张勋，批准他从外国洋行购办军火一大批。至共和再造，张勋唯恐南军袭击，秘密由上海某洋行添购大批军火。此年张勋带领北上的辫子兵，计三千人（马步炮、机关枪俱齐），徐州存有辫子兵将近二万，大炮二百余尊，机关枪四百余架，子弹、粮服不计其数。

张勋复辟失败之后，留在安徽滁州、凤阳、当涂等地的辫子军，成为安徽地方上的心病，唯恐复辟失败之后，辫子军狂性大发，危害地方。最后决定，由安徽倪嗣冲出面，动用金钱，将辫子军招抚。但留在安徽各地的辫子军，仍借机各自发动，大肆抢劫了一番。留在江苏徐州的辫子军主力，则在 7 月 12 日发动兵变，烧杀抢掠。分驻在苏北各地的辫子军，纷纷发动，各自劫掠。在丰县，辫子军为了金钱，发生内讧。丰县城内有辫子军一营，准备勾结城外辫子军抢劫城内。丰县知道大事不好，赶紧筹集了三万元的大洋，孝敬城内辫子军。城内辫子军得了钱，当城外辫子军来袭时，据城开枪射击，双方打了四五日方才停手。

辫子军作乱了一阵子之后，在留守徐州的辫子军将领张文生配合下，倪嗣冲收编了张勋留在徐州、海州一带的辫子军四十营，以张文生为统领，同时取消定武军番号，辫子军一律割辫，此后再无辫子军。辫子兵投奔了倪嗣冲，时人以张倪本一鼻孔出气，对此颇多疑虑。

对于复辟祸首张勋，事后徐世昌曾向段祺瑞说："绍轩（张勋字）虽为祸首，但不过一介莽夫。念北洋同袍之谊，穷寇莫追。"段祺瑞默许，遂对张勋睁一只眼闭一只眼。徐世昌还特意电告躲在荷兰使馆的张勋，将为他保管好财产。

张勋在荷兰使馆躲藏了两三年，到直皖战争之后，看风头已过去，方才出来，跑到天津做寓公，过他的神仙日子。此时也没谁来追究他复辟之责，后来张作霖一度还想捧他做江苏督军，因为名声太臭而作罢。

护法与靖国军

辛亥革命后，革命党人成立了中华民国临时政府。1912 年 3 月 11 日，临时政府颁布了《中华民国临时约法》，此即"旧约法"。

依据《临时约法》，应在十个月内召集正式国会，由临时参议院制定选举法、组织法。1912 年 8 月，临时参议院制定了国会组织法，众议院议员、参议院议员选举法等法令。据此法令，国会由参众两院组成，参议员由二十二省议会各推举十名，蒙古、青海、西藏等地由选举会推举五十四人，全国共二百七十四名。众议员依八十万人选举一名选举而出，不满八百万人的省份，可选出议员十名，全国共计众议员五百九十六名。

1913 年 3 月，国会选举结果揭晓，国民党大获全胜，共得到三百九十二席（众议院二百六十九席，参议院一百二十三席）。3 月 20 日，宋教仁在上海北站遇刺。此后袁世凯不经参议院同意，以全部盐税收入为担保，签订了《善后大借款》，由此引发二次革命，国民党兴兵讨袁。

11 月，袁世凯解散国民党，取消国民党议员资格，被收缴证书、证章的议员超过国会半数，国会只好停止议事。参众两院议员，作鸟兽四散。为了扩大权力，袁世凯于 1914 年废除《临时约法》，另颁布了《中华民国约法》，此即"新约法"。1916 年 6 月 6 日，袁世凯在抑郁之中去世，"项城病革时，涕泣向徐世昌言，帝制皆为人蒙蔽云云"。

就接任大总统的人选，各方都无大的争议，不论依据新旧约法，都该由副总统黎元洪接任。只是新旧约法，在副总统接任上有着本质区别。据"旧约法"制定的《大总统选举法》规定："大总统缺位时，由副总统继任，至本任大总统任满之日止。"而据"新约法"制定的《修正大总统选举法》规定，副总统为代任，为限仅三日。

6 月 6 日，段祺瑞以国务院名义发布的通电称，以黎元洪"代任"大总统。6 月 7 日又称是"接任"。黎元洪也含糊其词，在就职宣誓时，先说是"接任"大总统职，又说是"代行"大总统职。

以孙中山为首的革命党人及西南各省势力，则拥护"旧约法"。依照"旧约法"重开议会，国民党必然在其中占优势地位。海军之中，受革命思想影响较深，受北洋势力影响较弱，于 6 月 25 日宣布独立，拥护"旧约法"。海军站出来表态，加上南方各省施加压力及社会舆论的力挺，6 月 29 日，总统黎元洪宣布恢复"旧约法"。

1916 年 8 月 1 日，依据旧约法组成的国会重开。此前流亡各地两年余的议员们再次相聚，百感交集。在欢迎议员时，黎元洪向所有议员深鞠一躬，并表示："与诸君子相见以诚，以期勠力同心，共匡大局。"黎元洪的示好，劫后余生的危机感，对北洋势力的不满，使国会议员本能地亲近黎元洪，处处与段祺瑞抬杠。

双方的矛盾，由对德国战和之争而激化，段祺瑞主张对德宣战，黎元洪则反对。1917 年 5 月 23 日，黎元洪下令，免去段祺瑞总理职务，由外交总长伍廷芳以代总理名义副署。段祺瑞则认为，此命令需要经过总理副署，由外交总长代理副署，违背约法。此后内阁解散，在段祺瑞北洋巨头的威压下，内阁无法组成。

黎元洪无奈，请张勋入京调停，而张勋开出的调停条件则是解散国会。段祺瑞一系对国会是恨之入骨，此前通过各省督军逼迫，未曾达成解散国会的目标，此番再借张勋之手，逼迫黎元洪解散国会。

黎元洪走投无路之下，自毁长城，于 6 月 12 日下令，解散国会，并请各省长官体谅苦衷，不生异议。总理伍廷芳偕其公子伍朝枢至总统府，黎元洪将解散国会的命令请其副署，伍廷芳凝思良久无语，其公子伍朝枢从旁用广东土语谓其父曰："阿父年已七十余，尚复何求？若一经副署，便受千古恶名，颇不值得。"伍廷芳点头同意，对黎元洪道："我不副署。"总理伍廷芳不肯副署，命令便不能生效。

总统黎元洪无法，一方面将伍廷芳解除代理国务总理之职，另一方面派人到天津，邀张勋及李经羲来京，并任命李经羲为总理，在李经羲到京之前，由江朝宗为临时代理总理。至于解散国会的命令，由江朝宗副署之后通过。

西南地区，广东、广西、云南、贵州、四川、湖南六省，在当时相对独立，具有较强的军事力量，不属于北洋一系的势力范围之内。西南六省中，以滇系唐继尧、桂系陆荣廷势力最大。新旧约法，国会存废，成了西南军阀与北洋派系博弈的工具。国会被解散后，南方各省要求，恢复被非法解散的国会。孙中山表示："民国存亡，系于约法，约法无效，民国即亡。"孙中山认为国会是被非法解散的，平定复辟后，约法犹在，自然应恢复旧国会。1917 年 8 月，经过号召，被解散的国会议员有八十一人南下到广东，虽人数不足，但通过非常会议，成立中华民国军政府，选举孙中山为海陆军大元帅。

伍廷芳辞去总理之后，愤而出京，走到山海关时，听到张勋复辟的消息，更加愤怒，便前往广东，参加孙中山的军政府，被护法军政府委任为外交总长。伍廷芳虽然年迈，却为护法军政府的外交事宜，到处奔波。1919 年，伍廷芳与外国使团交涉，达成以 13% 的比例，提取关税余款，为军政府开辟了财源。这笔款项数目甚大，至 1920 年春就领取了三百九十余万元。1922 年，伍廷芳在上海去世，临终前接受西方记者采访时表示："请告诉我在美国的朋友们，对中国要抱长远眼光，不可操之过急。前路多坚，因万事开头难，但宪政终究会胜利，中国也必将走向真正的共和，而非徒具共和之名。这非一朝一夕之功，但最终一定能实现。"

孙中山掀起护法运动后，焦子静受孙中山派遣，联络陕西革命党人组织护法军。陕西都督陈树藩依附于段祺瑞，故而反段必先除陈树藩。9 月，焦子静返回陕西，以孙中山授予的"护法军陕西招讨使"名义，策划反段（祺瑞）讨陈（树藩）斗争。

1918 年 1 月，陕西国民党革命派胡景翼、郭坚等人，响应孙中山与护法军政府号召，反对段祺瑞废弃《临时约法》，成立靖国军。陕西靖国军分兵进攻陈树藩。4 月 28 日，陈树藩亲自率军，赴前方督战，不想一抵故市，即与郭坚相遇，两军激战。至 3 时余，陈军大败，士卒伤亡无数，乃星夜退归省城。取胜之后，郭军司令部由羌白移至故市（属渭南路），并欲整队追击，直取省城。同时曹世英、甄寿山诸军率得力劲旅共三千余人，由商陵进攻。西安城内异常惊惶，几有朝不保夕之势。

6 月上旬，陈树藩集中兵力，围攻在羌白镇的郭坚。郭坚坚守四十余日，至 7 月下旬，杨虎城攻下兴市镇，郭坚趁雨夜突围。虽然双方各有胜负，但陈树藩处境极为困难，不断发电，恳请北洋政府派兵援助。至 8 月，为改变靖国军各自为战的局面，胡景翼、郭坚、卢占魁、樊钟秀、高峻各司令，拥戴于右任为陕西靖国军总司令，张钫为副司令，胡景翼为总指挥。

陕西靖国军实数约三师，总司令部驻三原，副司令张钫，卫戍兵暨卫队一营，步兵一营，骑兵一营。第一路郭坚，驻乾武一带，步兵三团、骑兵三团。第二路樊钟秀，驻鳌屋，步骑兵共三团。第三路曹世英，驻交口、高陵，步兵四团，骑兵两团，补充兵一团。第四路胡景翼，驻三原、泾阳、富平，步兵四团，骑兵两团，炮兵一团，机枪四连。第五路高峻，驻白水关、山兴市，步兵二团骑兵一团，机枪一连。第六路卢占魁，驻耀县，骑兵四团，步兵三营，炮队一营。

至 9 月，靖国军已占领三原一带，渭河以北，高陵、三原、泾阳、醴泉、耀州等地均系靖国军控制范围，渭河以南系陈树藩控制区域。陕西南北两军，夹渭水相对峙。双方均取守势，陈树藩军中士兵，不忍自相残杀，时有一连或一排逃跑，投降靖国军。两军军士每于休战时，彼此互有往来之事。胡景翼等，因军械子弹缺乏，对渭水上下民船，课以重税，以为补充手段。9 月 17 日，胡景翼被设计擒拿，送到省城西安囚禁。胡景翼被囚后，很是硬朗，不为所动，靖国军士气也未受影响，陈树藩只好将他长期软禁。

靖国军一度兵分三路，渡过渭河。但靖国军现有之军力，也无法一口气攻陷西安。渭河之北约六十里，有所谓硬斗党者，党徒数以千计，仇视基督教，性质略同义和团，自信可避枪炮。郭坚所部士兵，出去放哨侦查，往往被硬斗党袭杀，此外硬斗党也不供给郭坚粮食油薪。郭坚出兵围剿，枪毙约四百人，毁村九所。郭坚起兵之后，在各地杀戮颇重，是故被斥为土匪，也是后来北洋政府出兵围剿的借口。

潼关方面的靖国军，面对的局势比较复杂，除了要面对陈树藩之外，还有邻近的河南军队。故靖国军占领潼关后，旋又退到商州。对于陕西陈军与靖国军作战，河南军队取中立态度，不加干预，不以援助。北洋政府接济四川刘存厚之子弹，经过陕西时被靖国军夺获，计步枪弹四十万，大炮弹因不便运输，被靖国军就地烧毁。陈树藩军作战时，每亲自督队，后置机关枪两挺，如有退却即行射击，因是军士死者颇多。而靖国军方面见陈树藩残暴，咸抱有不两立之感。

9 月底，西安城已被胡景翼、于右任、王安澜、张钫等军队从三面包围。陈树藩虽在西安，既无现款又无军火，部下军队人心不齐，不肯尽力抵御。不得不将西安南、西、北三门堵塞，以防敌军冲进，仅开东路一门，预备退入潼关。城中商民迁徙一空，物价腾贵，米价每斤涨至五角，面三四角，盐二角，即最粗重之煤每斤也须铜圆八九枚或十余枚不等，为历来各省所未有。

1918 年 11 月初，陕西靖国军副司令张钫统兵一师一旅镇守潼关，并分兵严守各要地防，堵塞北洋军队入陕道路。战况不利，陈树藩请辛亥革命元老井勿幕出面，前往三原调解，企图借井勿幕的声望分化靖国军。井勿幕素孚众望，加之靖国军多系其旧部，一到三原就被推举为陕西靖国军总指挥，士气大振，发动大规模攻势。

陕西靖国军发动之后，关系重大，于右任认为："先经略西北，为党集力，与南方护法之师相应，且为他日北方革命力量之储备。"广东军政府也重视陕西，派军援陕。11 月 8 日，云南靖国军第八军军长叶荃率部援陕，到达陕西靖国军郭坚驻防的凤翔县。

11 月中旬，井勿幕一行前往凤翔慰劳叶荃部，当井勿幕返回三原，途经兴平时，接到郭坚来信，约他赴兴平南仁堡参加军事会议。结果一到南仁堡，就被陈树藩收买的郭坚部营长李栋材杀害，时年三十一岁。井勿幕被杀后，李栋材割下井的首级，向陈树藩表忠心，尸身由随行护兵背回泾阳。后经泾阳驻军团长田玉洁几次与陈树藩交涉，才索回井的头颅，与尸身一起草葬蒲城。1943 年 8 月 14 日国民政府明令褒奖，追赠陆军上将。

靖国军的军事行动，受到护法运动的直接影响。1918 年 5 月 20 日，孙中山离开广州，护法运动失败，此后南北双方开始谈判，而陕西之战，成为谈判桌上的关键问题。北洋政府将陕西靖国军视为土匪，出兵围剿。得到支援之后，陈树藩发动攻势，占据主动。靖国军丢失渭河以南及西部地区，收缩于三原一带。陈树藩试图收编靖国军，被于右任严词拒绝。

1919 年 2 月底，陕西战事仍然激烈，以史家坡（富平县属）为最。刘世珑、姜宏谋以七八营之众，攻击靖国军，血战七昼夜，靖国军在 3 月 1 日退出，此地遂为陈军所占。陈树藩又向富平进攻，双方在交口发生激烈战斗。陈军袭交口者约有三营，靖国军守将为团长王祥生，初未开枪，待敌逼近战壕始开始攻击，故敌人死伤甚众。双方战事激烈，经过调解，于 1919 年 4 月达成协议，划分地盘，靖国军活动范围限于三原等八县及渭南县渭河以北地区。

在 1920 年直皖战争之后，直系开始打压属于皖系的陈树藩。为了分化靖国军，陈树藩将被软禁了两年的胡景翼释放。可胡景翼并不领情，由西安返回三原后，积极组织军队，驱逐陈树藩。1921 年，直系将领阎相文被任命为陕西督军，陈树藩则被命令"迅速来京"。

陈树藩垂死挣扎，不肯入京，并积极备战。到了7月，阎相文带领直系部队进入陕西，一路摧枯拉朽，逼迫陈树藩出逃。直系入陕之后，郭坚被冯玉祥诱杀，胡景翼被直系收编，靖国军主力至此告终。仅存杨虎城高举靖国军旗号，但实力不足，只能盘踞一地。

辫帅张勋

如果说倪嗣冲是军阀中的异类，张勋则是异类中的异类。张勋是江西奉新县人，八岁时祖父被太平天国起义军所杀，同年丧生母。1866年，十四岁的张勋丧父，之后无人管束，因其嗜赌致家境日趋贫寒。继母温氏感到生活压力过大，遂自缢而死。族人认为张勋有气死继母的忤逆罪行，便将其逐出族中。张勋被驱逐出族后，经许家长工介绍，到大户许家放牛，十六岁时转为书童。教书先生闲暇时也教张勋识字读书，张勋能写颜体大字，熟悉四书和《通鉴》。

二十五岁时，经许家少爷推荐，张勋到江西按察使处当了名亲兵。1881年，又由许家少爷介绍到湖南巡抚潘鼎新处当百总（连长）。1894年中法战争爆发后，张勋随同潘鼎新到广西作战，立了军功，后归于广西提督苏元春麾下。

苏元春曾令张勋携巨款到上海采购军火，但张勋到了上海后，赌性大发，将这笔钱输光，不敢回去，就到北方投奔毅军老将宋庆。甲午中日战争时，张勋随毅军出战，战后因功得任山东新防军统领，与山东巡抚闹僵而被解职，便赴天津。此时袁世凯正在小站练兵，张勋就去投奔，任新建陆军工程营管带（营长），并成为徐世昌的门生。

义和团运动之后，慈禧太后出逃西安。慈禧从陕西回京时，张勋被派去护卫。一路上张勋鞍前马后，颇是操劳。一晚西太后失眠，就外出查看，见一矮胖军官在大雪中巡夜，询问后知道是张勋，对他留下较好印象。护驾途中，张勋舍得花钱巴结太监，太监们都帮他说好话，给张勋创造机会接近皇太后。张勋人长得憨厚，一看到慈禧太后只知磕头。没大脑、外表憨厚、忠心耿耿这类人是慈禧太后最喜欢的，张勋正好符合了这些条件，从此备受清廷青睐，平步青云。徐世昌到东三省担任总督时，将门生张勋也带了过去，任命张勋为行营翼长。张勋在东北剿匪有功，慈禧就提拔他为实缺提督，许其专折奏事，每有上奏即"着照所请"，是故张勋对慈禧感恩不尽。

辛亥革命时，张勋任江南提督，驻南京。当时江、浙、沪、皖均已起义，南京文武官员一起来鼓动张勋起义。张勋暴跳如雷，嚷嚷"谁敢投降，我就杀谁"，把众人吓退。不久革命军进攻南京，张勋败后退守徐州。因张勋死忠清廷，1911年12月，清廷任命张勋为两江总督兼南洋大臣，可谓是位极人臣。

张勋所统领的定武军，靠着蛮劲而闻名，军中对于卫生从不重视。士兵身上往往藏有麦饼数个，饿了就取出来充饥。时间一长，麦饼常发生霉变，就用刺刀刮去霉菌吃下。士兵渴了，就地取水解渴，也不在意水源清洁与否。不过张勋所统定武军悍不畏死，很多军容整洁，衣着光鲜的军队望之即逃。当激战正酣之际，张勋时常亲自出马督战，头裹黑巾，裸露上半身。

民国成立后，张勋仍念念不忘清廷的恩泽，待机复辟。张勋所统领的军队一概不准剪辫子，他的儿子也留着辫子，直到张勋死后才剪去。1914冬，张勋入京参加会议，京师内各总长看他还挂了根大辫子，着实不伦不类，就一起劝说张勋剪掉辫子，却被坚拒。众总长知道他喜欢麻将，就要请他打麻将，预备乘其不备，将辫子减去。张勋入席后，看到电灯忽明忽暗，桌上之人举止异常，心知有异，就从怀中取出手枪道："有开鄙人玩笑者，敢以此奉敬。"众人见之失色，莫敢奈何。

张勋辫子军军纪极坏，当时流传一首民谣："穷巡防，富陆军，吊儿郎当镇嵩军，奸淫抢掠找张勋。"辫子军驻徐州时，街头巷尾到处是奇形异状的辫子军，民众备受骚扰。于是徐州人商量了一下，为张勋建了个生祠。张勋一看，这可是民众感谢我带兵有方，造福地方，就严加控制部下，骚扰方才渐轻。

张勋满脑子顽固思想，最恨西式玩意儿，坚守传统理念，不穿西式服装，只穿清廷官服及常服，极力模仿旗人说话风格和举止。正儿八经的旗人溥仪见到张勋时，只见他身矮体胖，留的辫子细而弯曲，眉目间也不见有悍勇之气，如御膳房的太监，一脸倦容。张勋一脸倦容，实因纵欲过度。

张勋荒淫在当时是出了名的。张勋还没死时，就有一本书叫作《张勋秽史》，专挖他的丑事。1914 年，张勋坐镇徐州时，特意派人到京津各地邀请著名艺人为他庆祝生日。当时的著名艺人王克琴（外号小毛子）也被请来。演出结束，王克琴被用轿子直接抬入张宅，新房都已经布置妥当。老妈子直接告诉她："你现在是大帅的姨太太了，请享福吧。"王克琴惊得嘴都合不拢，此后即成为张勋的笼中鸟。

张勋闹腾复辟时，其眷属多躲避在东交民巷中。只有其爱妾王克琴在复辟之前即居于天津特别区，尝往来于恒利金店，日以置办珠宝金饰为事。店伙计周某外貌和蔼可亲，遂为王克琴所赏识。不知如何，王克琴竟拨出资本金四十万元，贮存于谦益丰银号。1917 年，乘张勋复辟失败之机，王克琴逃出张家，后到上海重新登台演戏。

张勋盘踞在徐州时，有一年庆贺生日，除了各省文武要员外，曲阜衍圣公孔令贻、江西龙虎山张天师，远近各丛林的僧道女尼纷至沓来。孔令贻此时也未剪发，盘了个小髻，体态肥硕，步履蹒跚。而法力无边的张天师则西装革履，类沪上闻达。张天师到徐州后，送出大量法符，分绫、布两种，根据身份分别馈赠。

张勋不但好色，更贪财。他在京津二地置办有众多房产，仅在天津英租界对面就有独栋洋房一百五十套。因慈禧太后曾手书"松寿"二字赐给张勋，张勋晚年自称松寿老人，此地也称松寿里。在北京安定门永康胡同张勋有一幢豪宅，为其拜把子兄弟太监小德张所送。此宅当时很有名，袁世凯本想重金买下，但小德张恼恨袁世凯灭了大清国，就气呼呼地把宅子白送给誓死保大清的张勋。这太监倒还有点气节。

张勋发迹之后，对当年帮助过他的教书先生和许家少爷念念不忘。因教书先生早逝，在江苏任上时，张勋就将教书先生的儿子接到南京居住，后又赠其银元六千，派人为他在老家建造了一所大房子。张勋也将许家一家请到南京居住，每逢过年，都要到许家去拜见许家老太太，并行磕头大礼。张勋曾想保举许家少爷担任江西省长，因许家少爷无意功名才作罢。张勋又想将女儿许配给许家少爷的儿子，因生辰八字不配而未能成功。这些方面可以看出，张勋还是个知恩图报，重感情的人。

虽然张勋年轻时被驱逐出族，但复辟之后却不忘故里，先是公关族中大佬，将自己重新纳入族谱，又在江西老家广行善举，收买人心。张勋在老家办有绍轩（张勋字）小学一所，收容贫困学生学习。为了示恩，张勋还特意为过往挑夫免费提供饭食，每满八人即凑成一桌开饭。因为挑夫较多，每天需要四五十桌，耗费甚多，甚至有人因张勋的慈善餐供应豆干而致富。北京的江西会馆，也是张勋独家捐资十万元建成，其豪华程度为各省在京会馆之冠。张勋还在北京修缮了奉新会馆，凡奉新县青年来北京求学或游历者，均可在奉新会馆中吃住。奉新同乡找张勋谋职者，首先招待膳食两个月，考察其言谈举止，可用者则用，不可用者给银遣返。

复辟之役时，张勋军中营务处唐宗源的儿子，出身陆军学校，身着戎装督战。此子少年任性，制服整齐，徽章灿烂，惹人瞩目，没多久就中弹阵亡。张勋很是惋惜，此前唐宗源欠张勋八九万两银子，遂一笔勾销。张勋在这些事情上花费钱财数目甚巨，但与其庞大家产相比，不过是九牛一毛而已。

张勋家产甚巨，据估计所有动产、不动产加起来累计上千万元，其所控制的企业有银行、钱庄、金店、工厂、商号等约有七十余家。张勋的这份家产虽巨，但败起来也快。张勋六十得子，为姨太太所生，取名张梦潮。此子和张勋一般，滥赌狂嫖，好抽鸦片，曾一夜输掉价值数万元洋房一栋。张梦潮娶张学良的四妹张怀卿为妻。1933 年，两人离婚，法院判处张梦潮支付十万赡养费。张梦潮不想支付，结果被查封了京津两地三十一处房产。不几年间，就将张勋留给他的家产败光，生活窘迫。因张勋在世时曾帮助过京剧名角姜妙香，姜妙香就将张梦潮收为徒弟，靠唱戏谋生。

1923 年 9 月 12 日，张勋在天津去世，根据他的遗愿，遗骸最后运回老家江西奉新安葬。溥仪特意赐给这名老臣谥号忠武。张勋死后，当时报纸以《大辫翘了》为题进行报道，文中写道："奴隶其性，君臣其癖。胡被鬼迷，甘为帝逆？"堪为其一生真实写照。

第 六 章
收复库伦

守旧倪嗣冲

北洋时代各类军阀层出不穷，而倪嗣冲则是其中另类。其他各类军阀不管如何，在民国初创之后，总还要表现出维新之意。倪嗣冲却反其道而行之，恪守旧日礼制，活在昔日的王朝世界里，活脱脱一本翻不过去的老皇历。

倪嗣冲是安徽阜阳倪家寨人，父亲倪洪曾在南京盐巡道袁保庆处做过幕僚，

倪嗣冲

兼教袁家子弟读书。袁保庆是袁世凯的嗣父，袁世凯小时跟着倪洪读书，因此也认识了倪嗣冲。倪嗣冲年轻时中过秀才，但此后在科举上再无突破，后来经朋友帮忙，捐了个知县，到山东候补。但在山东等了几年，倪嗣冲一直没有补到正职，此过程中也熟悉了山东官场情况。

也是倪嗣冲命好，在他失意之时，他的幼时玩伴袁世凯到山东当巡抚，倪嗣冲就投到袁世凯手下效力。庚子事变中，因为熟悉山东情况，倪嗣冲帮袁世凯镇压山东义和团，待袁世凯被任命为直隶总督兼北洋大臣时，将倪嗣冲弄到北洋军中当了个巡防营官。

在北洋军中效力时，倪嗣冲卖力擒获直隶景廷宾。1902 年，直隶广宗县武举人景廷宾，打出"扫清灭洋"的旗帜，聚众万余人。被袁世凯派兵镇压之后，景廷宾生死不知。倪嗣冲派人暗中打听到消息后，"自率亲兵追之，冒雨一日夜行三百里，获廷宾"，将景廷宾处死。为此袁世凯为他上奏请功，赏加二品衔，仍以道员留于直隶补用。

1904 年日俄战争爆发后，徐世昌到东三省任总督，调了一批北洋军官去帮忙，倪嗣冲也跟着去了东北。徐世昌是袁世凯亲信，自然要看重倪嗣冲。倪不久被派任黑龙江民政使、黑龙江巡防翼长等职。在东北任上，倪嗣冲谎报灾情，虚报开支，被查出后革职，勒追赃款。倪嗣冲花了一大笔钱才躲过牢狱之灾，但官职全丢，此后在天津赋闲。

武昌起义后，袁世凯复出，倪嗣冲抱紧袁世凯的大腿，又到北洋军中谋了个差事。倪嗣冲被袁世凯派去河南招安土匪，收罗了一批人马，以此作为自己的军事基础。

辛亥革命之后，皖北革命党人发动起义，光复颍州（今阜阳）等城。革命军占领颍州后，由于队伍中鱼龙混杂，更有土匪冒充革命军，四处抢掠，地方上的士绅富户受损颇多。颍州士绅派出代表，赶赴河南，找到袁世凯胞弟袁孟昂，请其派兵帮忙。袁世凯初期对此置之不理，颍州士绅遂捏造谣言，云革命军不日将派兵北上，毁袁氏祖茔，"袁世凯闻之怒，遣倪嗣冲率兵数百，命其前往保护"。

倪嗣冲受袁世凯之命，从河南领兵，进攻阜阳，"以炮兵轰城，甫三日城陷"。阜阳失守后，倪嗣冲将俘获的数百名青壮集中至城隍庙，然后强令排队报数，因为革命军中以寿县人居多，凡有寿县口音者立即被斩杀。倪嗣冲因为卖力镇压革命军，与袁世凯、冯国璋、张勋、段祺瑞一起被列为五大汉奸。当时民谣云："四更四点月正中，汉奸倪嗣冲，呀呀得会。要想立大功，统兵南下路不通，苦无穷，吭军饷呀，北军逃无纵，呀呀得会，必死在营中。"

进入民国之后，安徽督军柏文蔚是国民党人，为了对付他，袁世凯又特意将倪嗣冲调回安徽。

1913年二次革命时，倪嗣冲将部队开进老家阜阳，准备进攻柏文蔚。但没想到柏文蔚部下一个旅长先发制人，突然带兵包围阜阳。虽然倪嗣冲将全城能抵抗的民众都赶上城头，拿着长矛大刀守城，但却无法抵挡。城就要被攻破时，倪嗣冲突然做出惊人之举，翻出藏在箱子里的清廷官袍，穿戴整齐后准备自杀。也是他命不该绝，他弟弟从河南地方带了两千多人过来解围，倪嗣冲才没有披挂着这一身前清官服赴死。

经过此战，倪嗣冲确立了他在安徽北部的统治。不久袁世凯颁布命令，任命他为安徽都督。这个曾经的破落文人，摇身一变，竟也成为一方大员了。

当上督军，风光无边，自然不能忘记往日朋友。倪嗣冲青年时嗜赌，然每赌辄输，负债累累。倪嗣冲与其好友王某，豪赌一日，输了两万两。倪嗣冲无法还债，被赌徒抓了送去警所。王某家中殷实，出面帮他还了债务。倪嗣冲发达之后，请王某到蚌埠，为他修建了宽敞高大的东亚饭店，作为报恩。

当上安徽督军之后，为庆祝夫人生日，倪嗣冲电请梅兰芳来皖演戏。梅兰芳以事务繁忙为由，加以推脱。倪嗣冲大怒云："我堂堂都督，反不若一伶人？"部下无奈，多方设法，最后通过张謇出面，方才将梅兰芳请到蚌埠。

倪嗣冲盘踞安徽期间，要求部下遵守前清礼节，对他行跪拜礼，而民国已废除此种陋习，三鞠躬就算大礼了。民国时在行政上也有革新，但倪嗣冲却坚持陋习，凡公事仍沿用清代"滚单"方式传递，即由差人轮流骑马，接力传递公文。

至于登堂会审，更是动辄摆出威风，命令手下："拿我令箭，打四十军棍。"每逢出门，倪嗣冲如往昔满清官员一般，坐八抬大轿，左右弁兵护卫，亲兵随同，沿途禁绝交通，完全老派作风。

民国初年，全国多数省份已改办新式学堂，但倪嗣冲却反对新式学校制度，认为科举方是选拔人才的最好方法，醉心于儒家传统"耕读传家"模式。倪嗣冲曾提请袁世凯提倡读经："中国之命脉元气，即《四书》《五经》也。"在他看来，读书人就该平时读书准备科举，农忙时下地干活儿。他认为新式学校里的学生既学不到修治齐平的知识，又不会种地，这让他痛心疾首。清廷解体后，倪嗣冲牢骚满腹，认为没有了皇帝，这个天下还算天下吗？日夜期盼着皇帝再次出现。倪嗣冲常唠叨说："王法，王法，有了王才有法，没有皇上了，哪里有法？"想不到民国建立之后，皇帝真的又出现了。

1914 年，袁世凯预备称帝，先是试探称，要将大总统任期改为终身制，并请各省长官发表意见。倪嗣冲看到后，当即通电表示赞成。为了配合袁世凯，特下令解散安徽省议会及县议会。

在镇压二次革命，打败国民党之后，袁世凯称帝野心毕露。倪嗣冲探到消息后大喜，上书劝袁世凯称帝，认为"国不可一日无君"。真龙天子再现，倪嗣冲何其激动，他联合十四省官僚，密电袁世凯，请速定大位，又伪造民意，弄出请愿团，请取消共和，恢复帝制。

袁世凯称帝后，给倪嗣冲封了个一等公爵。倪为此欣喜若狂，除了给袁世凯上折谢恩之外，还全家焚香祭祖，认为这是整个家族的荣耀。好景不长，蔡锷在云南起兵讨袁。为了报效袁世凯，倪就命令自己的弟弟率兵进军湖南，铲除所谓的叛党。不想一段时日后，突然收到袁世凯电报，说不称帝了。倪嗣冲看了电报后愤愤不平，给袁回电，称愿意举兵进京，清君侧，护皇位。袁世凯还是比他有头脑，说你还是算了吧。

袁世凯没多久就归天了，倪嗣冲想做开国重臣的梦想暂时告一段落。之后北洋政府开始追究袁世凯称帝时支持者的责任，倪嗣冲是铁杆帝粉，怕被追究，就投到段祺瑞门下。段祺瑞看着倪是安徽老乡，又是北洋老人，就放了他一马。

北洋政府改变各省制度，把将军改称为督军，巡抚改称省长时，由张勋担任安徽督军，倪嗣冲担任省长。（民国初年仍然遵循清制，各省统军大员称都督，1914 年 6 月，袁世凯下令在各省设置将军。1916 年 7 月北洋政府下令将将军改称为督军。）

张勋这时盘踞在徐州，倒没有冲过来和倪嗣冲抢地盘。倪嗣冲过去是拥戴老友袁世凯当皇帝，现在袁世凯死了，倪嗣冲又开始拥戴清廷复辟，他放出高论："宫保（袁世凯）的天下是从大清手里来的，现在宫保死了，天下该还给大清了！"对热衷复辟的张勋，倪嗣冲积极支持，与张勋在徐州开了几次会，二人一拍即合。

1917 年，张勋搞复辟，大清龙旗又挂了出来。张勋复辟后，封倪嗣冲为安徽巡抚，倪随即在安徽响应，以"宣统九年"的年号发布安民告示，在城内悬挂龙旗，将清廷的官服再一次穿戴起来。但这次复辟只持续了十二天，倪嗣冲不得不脱下清朝官服。

张勋复辟失败之后，"双料帝制犯"倪嗣冲摇身一变，倒戈一击，开始"讨逆"。他出兵接收了张勋留在徐州的辫子军，增强自己安武军的实力。

借助于这支武装，倪嗣冲在安徽为所欲为，进行残酷统治，以至于当时安徽有民谣称："倪家猫、倪家狗，张牙舞爪满街走。"由于"讨逆"有功，加上段祺瑞的袒护，倪嗣冲不但未被清算，反被复任为安徽省长兼督军，并兼任长江巡阅使。

与其他军阀不同，倪嗣冲野心不大，他仅要求自己能保住安徽一省地盘即可。在军阀混战之中，他是墙头草，随风摆动。保住自己的地盘，根本目的则是为了赚钱。在安徽期间，利用自己的权力，倪嗣冲做起了倒卖粮食的生意，获利无数。倪嗣冲所经营的恒益粮号，是当时最大的粮号，所采购的粮食，主要向军队供货。每逢战事，粮价必然要上涨，倪嗣冲手上有军队，有粮源，有运输保障，能获得暴利。

武穴主和

1925 年 12 月 30 日，北京各大报均刊以大幅标题《陆建章子陆承武替父报仇，于廊坊车站杀死徐树铮》，据当时报载，徐树铮过廊坊车站时下车散步，被暗中跟踪其多日的陆承武伺机连发三枪毙命，事后陆承武发表通电云报杀父之深仇。实际上徐树铮并不是被陆承武所杀，而是被冯玉祥部下枪杀。徐被杀原因复杂，其设鸿门宴诱杀陆建章乃是源头。

陆建章，字朗斋，安徽蒙城县人。陆建章早年毕业于天津北洋武备学堂，系北洋军阀中的老一辈人物。清末时清政府曾准备练新兵三十六镇，在近畿练成北洋六镇，1905 年陆建章任第六镇第十一协统领（旅长），后段祺瑞调任第六镇统制（师长），因与段交恶而离开。民国初年，陆建章担任袁世凯手下的陆军执法处长，专事侦探反袁党人，被捕者凶多吉少，得了外号"人屠"。

因为帮助袁世凯镇压有功，陆建章被委任为陕西将军。在陕西主政时，陆建章令全省农民改种罂粟，罂粟收割之后，由陆建章派士兵包办运送。地方上农民除了纳官税外，还得缴纳私税，所得全部被陆纳入腰包。不到半年时间，靠着搜刮陕西民间，陆建章成为巨富。袁世凯称帝时，陆建章更是第一个上表劝进。其人可谓劣迹斑斑。袁世凯称帝失败后，陆建章被投靠段祺瑞的陈树藩赶走，从而与段祺瑞水火不容，下台后四处奔走反段。

1918 年，皖系段祺瑞力主对南方各派军阀动用武力，而直系冯国璋力主议和。素来敌视段祺瑞的陆建章在全国各地活动，力倡和议。此时陆建章亲信冯玉祥部正驻扎在江苏浦口，准备溯江前往湖南，陆建章便赶至冯玉祥军中活动。

陆建章与冯玉祥渊源极深，1901 年袁世凯任直隶（今河北省）总督时，冯玉祥在袁世凯的北洋军中当兵，其长官就是陆建章。1907 年，经陆建章介绍，冯玉祥与陆建章的外甥女结婚，二人遂有了亲戚关系。民国初年，袁世凯任命陆建章为步兵统领之后，陆建章即将此时正赋闲在家的冯玉祥招于帐下，加以提拔重用，三年内冯玉祥即由营长升至第十六混成旅旅长。陆建章主政陕西期间，蒙城曾多次发生饥荒，蒙城地方上很多人到陕西投奔陆建章，以求生路。陆建章将这些蒙城老乡，都安排到了军中，有"嘴里会说蒙城话，腰中就把洋刀挂"的说法。这批蒙城出来的军官，后来很多成为冯玉祥部下。

冯玉祥所部本来驻扎北京，因段祺瑞忌惮，而被调遣南下。段忌惮冯，主要原因是在张勋复辟时，冯玉祥率部入京消灭张勋后曾通电全国，提出几点意见，如取消优待清室待遇，废溥仪为平民等。段祺瑞认为冯玉祥以一个旅长的身份，敢对国事发表议论，实在太难驾驭。加上冯玉祥又系陆建章旧部，放在京畿重地实在危险，便决定择机将冯部外调，以消隐患。

1917 年 8 月，中华民国军政府在广州成立。9 月 10 日，孙中山就任大元帅。军政府在广州成立后，北洋方面调第八师、第二十师进入湖南，以打通前往两广的通道。湖南是西南门户，是北洋势力与南方革命政府必争之地。广东军政府派出护法军，进入湖南，连败北洋军。

以冯国璋为首的主和派屈服于段祺瑞，放弃了和平主张，一致同意对南方大举用兵。北洋政府命曹锟为援湘军第一路司令，率吴佩孚第三师、张敬尧第七师，沿粤汉路向长沙前进；又命张怀芝为援湘军第二路司令，率施从滨的山东暂编第一师、安武军李传业一路，经江西向株洲前进。

1918 年 1 月，山东督军张怀芝担任第二路司令，出兵由赣攻粤。山东出发之兵，有一师即所谓先锋队者，由兖州镇守使所部之一旅改编而成，名为暂编陆军第一师，陆续南下集中滁州，第一师司令部于滁州设立。此次经张怀芝呈请，兖州镇守使施从滨任为师长，进驻滁州。2 月，施从滨全师由浦口开赴九江。

1918 年初，段祺瑞调遣冯玉祥部南下，沿长江运往湖南岳州，以对抗南方的护法军。2月2日，冯玉祥所部九千六百余人，在浦口搭乘招商局江新、江华、江孚、江永、固陵、快利六轮输运抵九江后，停泊数日，等待过驳，所有兵士均不准到街市闲逛，仅在江岸活动。之后预备上驶汉口，行至黄石港时，冯玉祥突然声称，因水浅难行，船停滞江心，无法再上行。冯军不再上驶，留在武穴，以半数登岸，半留船中，各轮船不能卸清驶回，停阻在彼。

冯玉祥对待北洋政府，常以滑稽诙谐手段。当留滞武穴，不遵命令前往湖北时，电告北洋政府云，长江水浅，船陷泥中，不能前进。实际上其他轮船照常上驶，毫无困难。之后又来电请假，称忽患脑病，头胀面痛，至于病因如何，却未说明。

冯玉祥登陆湖北武穴后，2月14日、18日，他两次发出通电，主张对南方停战，恢复国会，和平解决南北争端。冯玉祥又截断长江交通，扣留税收，意图夺取皖系地盘。

再说陆建章，从陕西被赶走之后，手中没有了地盘，就盯上了老家安徽。陆建章的计划是，利用冯玉祥及革命党人将倪嗣冲驱逐出安徽，获得安徽地盘。冯玉祥通电后，陆建章抵达南京，住在儿子陆承武家中。陆承武此时也积极行动，搜罗了一些人马，准备帮助老父抢夺地盘。北洋政府曾一度请陆建章出面，劝告冯玉祥听从中央命令，被他以人微言轻为由谢绝。陆建章随即从南京出发，前往武穴联络冯玉祥，共谋驱逐倪嗣冲。冯玉祥所部兵强马壮，训练有素，一旦入皖，倪嗣冲的军队根本不是对手。

在张勋复辟失败后，安徽倪嗣冲不但未受到牵连，反而扩充了实力。倪嗣冲以安徽省督军兼长江巡阅使的身份又吞并了张勋的定武军，更名为"新安武军"。倪嗣冲最为痛恨革命党人，乘着此番实力暴涨的机会，在安徽地方上镇压革命党人，连带着将革命党人的亲属也加以清除，扬言要"斩草除根，不留后患"。

诸多安徽籍的革命党人，流亡上海，对倪嗣冲深恶痛绝。就在此年，柏文蔚为父奔丧，路过上海，被众人推举为领袖，共同反倪。柏文蔚与倪嗣冲本有深仇，不再推辞，遂出面联络广东、湖南等省，获得支持。湘粤联帅谭浩明、湘军总司令程潜，拨出部分兵力，交付柏文蔚。

就在柏文蔚准备大干一场时，冯玉祥突然在武穴通电，主张南北议和。柏文蔚判断冯玉祥为人深沉不外露，若是自己领兵发动，必然会同情响应，是故当前不可操之过急。就在柏文蔚派代表与冯玉祥取得联系之后，陆建章于3月秘密抵达上海。经过秘商之后，决定组建"安徽讨倪军"，推举陆建章为总司令，冯玉祥为副司令。

倪嗣冲早就得到消息，特意派兵在要地驻扎，以防止冯玉祥进入安徽。皖系大将徐树铮则赶到蚌埠，与倪嗣冲商讨如何对付冯玉祥。之后徐树铮即赶赴秦皇岛，联络奉军，截下冯国璋和陆军部从日本订购的军械，押送到奉天，以此联络张作霖出兵关内。代理总统冯国璋则授意陆承武，将其父陆建章请到天津，劝说曹锟回归直系，与江苏督军李纯合作。

此年2月24日是倪嗣冲生日，倪嗣冲假做寿为名，邀请各路军头，派出代表会商，以确保安徽地盘。军官、策士均齐集蚌埠，旅馆客栈大有人满之慨。倪嗣冲在蚌埠开军事会议，调遣军队集结于宿松（与湖北黄梅、广济县交界之处），又设立兵站，直达宿松，以石牌为第一站，太湖为第二站，防范冯玉祥图谋安徽。

冯玉祥在武穴宣告独立后，曾向各征收机关提取巨款，以充军饷。武穴在湖北与安徽交界处，又与江西九江接壤。第二路所属施从滨军队，2月18日抵达九江，冯玉祥旅屯兵武穴，其势足以威胁施从滨军。为此，张怀芝致电政府，对冯旅如何处置，请速宣示。

此时曹锟已进驻武汉，张怀芝进驻南昌，冯玉祥十六混成旅所处环境极为险恶。冯玉祥派骑兵营营长张之江、团副吴景南分别前往联系，缓和关系。张之江到汉口拜见曹锟，请求帮忙。曹锟以老好人著称，又想笼络冯玉祥，就向段祺瑞求情，请从宽处理冯玉祥，撤职留任，以观后效，得到许可。此后冯玉祥领兵经武汉，至湖南常德驻扎两年，这是他领兵以来头一次在一个地方驻这么长的时间。此两年间，冯玉祥严格训练，订出种种教练方法，使官兵战术素质能逐步提高。

再说皇帝迷倪嗣冲，身体不好，顽疾缠身。为了祈福，幕僚建议，在阜阳为他造生祠。倪嗣冲自然乐意，如是可以祛病延年。1919 年春，在其原籍阜阳将生祠建好，这激起了各地安徽同乡会的愤慨。抗议电报如雪花般飞往北洋政府，请求惩办倪嗣冲。1919 年冬，倪嗣冲重病缠身，又逢政治对手不断发动攻势，遂以退为进，提出辞职。

1920 年，倪嗣冲前往北戴河养病。倪嗣冲生病之后，毅军姜桂题与段芝贵，都看上了安徽的地盘，彼此争斗。北洋政府也不好插手，就让张文生暂时主管安徽军事，安徽行政事务则由倪嗣冲之子倪道杰主持。倪道杰主政一年多后，离开官场，到天津打点倪家的生意。倪道杰来到天津后，身兼多家银行、工厂董事长之职，过着纸醉金迷的生活，后与女艺人章遏云闹出绯闻。倪嗣冲在安徽搜刮了无数财富，多数在天津进行投资。到了他儿子倪道杰手里，挥霍无度，多时一月开销三十几万大洋。倪道杰去世之前，倪氏已经是负债累累。

倪嗣冲离开安徽之后，凭借着他所创办的，以家族为中坚力量的安武军，继续保持着对安徽地方上的影响力。至 1924 年倪嗣冲死后，他的家族仍然想盘踞安徽。倪嗣冲侄子倪道烺野心勃勃，到处游走，想当安徽省省长，但北洋政府却任命了聂宪藩当省长。聂宪藩是前清将领聂士成的儿子，聂士成 1900 年在天津壮烈战死，被视为民族英雄，因此聂士成家族在安徽地方广有威望。倪道烺打通关系，北洋政府不久下令免去聂宪藩省长职务，但安徽地方上却出面挽留聂，学生还上街游行示威。倪道烺就让军警镇压，打死了一名学生。聂宪藩抓住这个机会，扩大游行，动员安徽地方父老将倪道烺赶出安徽，倪家势力此后遂在安徽没落。

至于陆建章，本想利用冯玉祥拿下安庆，当上安徽督军，但冯玉祥志不在此，不为所动，督军之梦落空。到了 5 月，陆建章由上海到达天津，倪嗣冲得到消息后，即联络徐树铮，请下手铲除陆建章。陆建章到天津的活动，不利于皖系，徐树铮遂自作主张，决定下手除掉陆建章。陆建章在南方的活动，早被皖系知晓，其返回天津时，段祺瑞与冯国璋正处于战和之争的最高峰。此时也正值徐树铮志得意满、威福自擅之时。得意忘形的徐树铮决定拿陆建章开刀立威，免得他在天津四处串联捣乱，同时也帮依附于皖系的倪嗣冲除掉一个大敌。

西北边防军

徐树铮多年追随段祺瑞，为其幕僚，也曾任过陆军次长，但手中一直没有自己的人马。徐自诩文武全才，风流倜傥，以当世之周公瑾自居，欲一展宏图。在以军事实力为竞争基础的北洋时代，徐树铮积极发展自己的军事力量。

1917 年中国对德国宣战后，日本曾给予北洋政府一笔参战贷款，用来购买军火装备部队，以参与欧洲战事。当时的总统冯国璋准备以这批军火扩充自己的部队。徐树铮得知这批军火的消息后，便暗中联系日本士官学校时的同学杨宇霆，因杨宇霆系奉系红人，通过杨与张作霖取得联络。张作霖的奉军当时有三个师，但均为旧式装备，正为装备而发愁。张作霖与徐树铮一拍即合，决定联手劫取这批军械。

徐树铮事先将这批军械在秦皇岛上岸的日期通告张作霖。1918 年 2 月，奉军动员入关，在秦皇岛将这批军械劫走，此即为当年的"秦皇岛劫械案"。所劫夺的这批军械中，光步枪就有两万五千支，均为日本"三八式"，山炮为日本最新出品的"大正六年式"。以这批精良的军械为基础，成立了关外奉军共六个旅，张作霖任关外奉军总司令，徐树铮任副司令，杨宇霆为参谋长，设司令部于天津。有了军事力量支撑后，羽翼丰满的徐树铮顿时飘飘然了。

冯国璋和段祺瑞得知此事后，皆大吃一惊。冯国璋去电质问张作霖，张作霖回电耍无赖："劫械是保护国家，拥护元首，别无他意。"抢了你的武器，是为了保护你，冯国璋气不打一处来，却无可奈何。此番劫械，为段祺瑞的重新上台创造了契机，徐树铮对此也很得意，将他引诱奉军入关之事称为"匹马度关"。

听说陆建章回到天津后，徐树铮定计，设鸿门宴杀陆建章，免得陆建章四处游走，滋生事端，不利皖系。陆建章接到邀请后便答应赴宴，一来以为自己在南方的反段活动徐树铮并不知情，二来因为徐树铮与其长子是日本留学时的同学，且交情颇深，徐树铮每次见到陆建章时均以老伯相称。故而陆建章于端午节后，放心前往关外奉军司令部赴宴。

至关外奉军司令部后，先由杨宇霆作陪，后徐树铮至，请陆建章至后花园僻静处谈心。至后花园后，由奉军军官将陆枪杀。据奉军军官回忆，陆建章被杀前曾叹道："老头子死在后生小子手里。"陆建章生平杀人无数，冤冤相报，最后也死在枪口之下。

陆建章被杀后，陆承武懊恼无比，在报上通电表示自己是杀父凶手。冯玉祥部已移驻湖南常德。得闻陆被杀的消息后，因此时皖系势大，冯玉祥也未作抗议，只是命令全体官兵一律臂缠黑纱为悼。冯玉祥另派专人赴天津致祭，并拿出一千元慰问。倒是直系军阀江苏督军李纯、江西督军陈光远，通电表示强烈抗议。

徐树铮杀陆建章，段祺瑞并不知情。虽然段陆素来不和，但同系北洋老人，且在北洋内部有不成文的规矩，对北洋系统内的将领，哪怕兵戈相向，一旦战事罢了，对战败一方的将领也不加以杀戮。徐树铮杀陆建章坏了规矩，各系军阀对此均愤愤不平，皖系将领如段芝贵对此也强烈不满，认为陆建章身为陆军上将，纵然有罪也该经过军法审判后再判处死刑。段祺瑞对徐树铮此举也极为惊讶，闻讯后说："又铮闯祸了。"但此时也不得不替徐树铮掩饰，炮制出陆建章煽动军队，意图作乱等罪状加以宣告。

徐树铮与张作霖合作，夺取军械后，官居关外奉军副司令。张作霖本只想给他个虚衔，谁知道徐树铮却想利用奉军为他卖命，调动军队四处出战，对不听他命令的奉军军官，重者撤换，轻者扣发军饷。张作霖因为徐树铮独断专行，曾向段祺瑞抱怨。段祺瑞则表示诧异，说："他是副司令，你不在，他当然要行使职权，不然设置副司令干嘛？"

一向跋扈的张作霖也忍受不了"小扇子"徐树铮的专横，便提出和徐树铮分家。徐树铮自然求之不得，秦皇岛劫夺的军械，徐分到了一半。而和奉军分家时，徐树铮将奉军的军装、粮秣等也拿走很多，且关外奉军中最为精锐的两个旅，也被他要了过来。徐树铮的作为使张作霖对他怀恨在心，更担心徐树铮坐大，故而选择与同样痛恨徐树铮的直系曹锟合作。

借助于引奉军入关和秦皇岛劫械，徐树铮组建了自己的武装西北边防军。西北边防军名义上有五个混成旅（北洋时代，一个师一万人，一个混成旅五千人，混成旅兵力强于旅，又逊于师）。第一混成旅驻洛阳，以宋邦翰为旅长；第二混成旅驻廊坊，以宋子扬为旅长；第三混成旅驻张家口，后调驻库伦，以褚其祥为旅长；第四混成旅驻洛阳，以张鼎勋为旅长；第五混成旅实际上只有一个团新兵，以李如璋为旅长。

西北边防军所有骑炮工编制一律较普通军队增加半数，一般部队每连有一百二十六人，徐军则每连二百六十八人。其官制之名也与众不同，如军需官，在边防军中则称司需官，副官则称佐事，"盖欲独创一特殊势力也"。

北洋政府曾向英国订购了六架汉特兰贝奇飞机，其中有三架拨给了西北边防军，其余则存在南苑航空处。存在南苑的飞机，一直没有被利用，锈迹斑斑。有人建议将这三架飞机转为商用，试行售票，来往京津之间。通过商业飞行的收入，来维持飞机日常维修费用。

西北边防军中，科班出身的军官比率颇高，主要来自日本士官学校或国内陆军大学，军中还有日军官担任教练。徐树铮重视军官的教育，规定所有军官必须学习《孙子兵法》《管子》等书，每两周或一个月要写文章一篇，军官还得学习开汽车、车辆调度等技术。士兵训练中，重视野外演习和实弹射击训练，更重视体能训练。士兵须练习体操、刺杀、负重跑步等项目，这些项目军官也必须参加，要求更严格。

徐树铮头脑活络，有新式思维，在西北边防军中废除了旧式军队的一些做法。原先北洋军驻地门口都要悬挂两个老虎牌。老虎牌是一个木牌，上画一个老虎头，两个牌子上各书四个字"某某重地""禁止喧哗"，每个牌子中间悬挂黑红棍一根。黑红棍是一种刑具，上半截为圆柱形，油漆成黑色，下半截为扁平鸭嘴形，涂成红色，是一种体罚刑具，西北边防军将此全部废除。

西北边防军是徐树铮的私人武装，与段祺瑞直接控制的"边防军"不同。在对德宣战后，段祺瑞政府一度曾准备派遣军队参加欧洲战事，为此段祺瑞向日本借了巨款，从日本购买了大批军事装备，以日本军官坂西利八郎等人为军事顾问训练出来一批军队，以靳云鹏为督练，徐树铮为参谋长，称"参战军"。

参战军共三个师，第一师师长曲同丰，第二师师长马良，第三师师长陈文运。这批军队训练好后，一次世界大战已经结束，参战军就改称"边防军"，归陆军部直辖。边防军与西北边防军同属皖系，但不是同一支部队。

徐树铮出兵塞外

在驱逐张勋之后，徐世昌当选大总统。徐世昌能当上总统，徐树铮出了大力。张勋复辟失败之后，就如何恢复法统，有两种意见：一种意见是恢复旧国会，由黎元洪复职，另一种意见主张仿照辛亥革命后南京临时政府的做法，重新选举参众两院议员。段祺瑞与黎元洪冲突严重，与原先的旧国会更是水火不容，遂采纳了后一种意见，在北京召集临时参议院。

1917 年 11 月，由各省军政长官推选议员五人，在京组成临时参议院。11 月 10 日，临时参议院开会，大总统及国务员均莅会。旧国会解散后，以梁启超、汤化龙为领袖的研究系，试图控制新的内阁，实现政治上的自主独立。徐树铮在与国会的冲突中吃了亏，此次另有打算："自民元以来，政府为国会操纵，闹得天翻地覆，不若自个组织，和编练军队一样，我有子弟兵，则操纵在我。"

新的《参众议员选举法》颁布后，徐树铮操盘新国会选举：其一，由徐树铮假段祺瑞名义，分电各省区长官，依照其所开列议员候选人名单选出；其二，另开一单，罗列研究系中曾担任旧国会议员的忠实分子，密令各省区特别注意，不许选出。

此番选举议员，在皖系操盘之下，选出了亲皖系的新国会。最终选举结果，研究系议员大败，在新国会只获得二十一席（参议院三席，众议院十八席）。安福系议员获得三百三十五席（参议院九十九席，众议院二百三十六席）。此后梁启超退出政坛。

1918 年 8 月 12 日，新国会正式开幕，史称"安福国会"。为了临时参议院开会方便，徐树铮曾在北京西城安福胡同弄了个大宅子做聚会场所。待国会正式成立之后，议员们仍然在这里聚会，于是得名安福国会。初期曾想取名为"皖党"，徐树铮笑道："政党二字，最为当世所诟病，应当避用此，不如用安福俱乐部，既得口采，又脱政党之局限。"

安福俱乐部的经费充足，号为财神爷的梁士诒慷慨解囊，更有曹汝霖所借的外债。不过徐树铮对于梁士诒有较多忌惮，曾在酒后道："梁士诒手段辛辣，袁世凯当日尚且畏之。"安福国会的议员，每月津贴三百元，支票上钤有"任重致远"图章。安福国会是徐树铮一手包办出来的，在政治上也唯徐树铮马首是瞻，成为其操控政坛的工具。

在徐树铮操办下，安福国会选出徐世昌担任大总统。徐树铮本以为自己会担任内阁总理，但徐世昌却任命了同属皖系，与徐树铮不和的靳云鹏担任总理。为了安慰徐树铮，徐世昌另任命他为西北筹边使，后又兼任西北边防军总司令，统筹西北事务。徐世昌此安排颇有心计，徐树铮野心勃勃，留在北京不知要添出多少是非，让他去边疆地区，等于拔除了一颗定时炸弹。

徐树铮被任命为西北筹边使后，时人哀叹："呜呼！徐树铮者一兴风作浪之徒也，今之筹边使，不过添一兴风作浪之具耳。筹权利，筹捣乱，乃其特长，筹边云乎哉？"不意兴风作浪之下，徐竟真能筹边，收复国土。

徐树铮的职务主要是规划西北边防，振兴地方事业，筹划西北各地方交通、垦牧、林矿、硝盐、商业、教育、兵卫事宜，所有派驻西北各地军队，全部归其节制。这个职位具有相当实权，又满足了徐树铮的虚荣心。如此安排，徐树铮就忘记了没当上总理的不快。

徐树铮一直以当世周公瑾自居，自命风流倜傥，处处要造佳话。在被封为西北筹边使之后，徐树铮得意扬扬地从八大胡同里迎娶了两名妓女。八大胡同里议论纷纷，认为他娶两名妓女，不是为了自己，而是为了送给蒙古王子，准备再搞一出昭君出塞。其实哪有那么复杂？他只是为了满足自己的需要而已。

辛亥之后，外蒙乘机独立，驱逐中国驻库伦办事大臣。外蒙哲布尊丹巴在辛亥年阴历十二月二十八日在库伦登基称帝，国号"大蒙古国"。哲布尊丹巴本是外蒙的宗教领袖，地位崇高，与前藏的达赖、后藏的班禅、内蒙的章嘉并称为"黄教四圣"。俄国曾与驻阿尔泰办事大臣桂芳交涉，以中国同意修造张库铁路作为条件，换取俄国取消支持外蒙独立，但被桂芳拒绝。

1913年，外交总长陆征祥与俄国驻京公使库朋斯齐商定中俄蒙三方协定声明文件，文件第一条即外蒙取消独立。但当时二次革命在即，国会两院为了牵制北洋政府，使之被外蒙事务所困，竟对此文件加以否决。二次革命之后，1913年11月5日的中俄联合声明文件中，却将外蒙取消独立一项去掉。该文件声称：

一、俄国承认中国在外蒙古之宗主权。

二、中国承认外蒙古之自治权。

三、中国承认外蒙古人享有自行办理自治外蒙古之内政，并整理本境内一切工商事宜之专权，中国允许不干涉以上各节。是以不将兵队派驻外蒙古及安置文武官员，不办殖民之举。唯中国可任命大员协同应用属员暨护卫队驻扎库伦。此外中国政府亦可酌派专员驻外蒙古地方，保护中国人民利益。

根据此文件，俄国承认外蒙为中国领土之一部分，但涉及蒙古政治土地事务，中国应允许俄国参与其中。

徐树铮为人狂妄，对孙中山、汪精卫却别有好感。徐树铮一度曾到上海玲珑路四十四号拜会孙中山，对其一见倾倒。徐树铮自认为在边疆问题上，国内无人能出其右。不想孙中山对边疆问题，谈起来头头是道，对于外蒙地理状况的熟谙，更不输每日翻阅外蒙地图的徐树铮。在拜会汪精卫时，汪精卫将中国古代政治概括为"权奸政治"，则让徐树铮动容。

1917年俄国发生革命，无暇顾及外蒙，日本遂乘虚而入。俄国内乱，无暇他顾，也为中国收复外蒙创造了机会。

徐树铮之外，北洋政府另外还派了个人在库伦，与蒙古王公谈撤销蒙古自治的问题。这个人上文曾提到过，叫陈毅，在张勋复辟时被封为邮传部右侍郎，拖了根大辫子出逃被抓住，曾写过保证书，保证"永不参加复辟"。事后没多久，陈毅重新复出，被任命为库伦都护使。

外蒙以往的局势一直是王公管政务，喇嘛管教务，双方泾渭分明。但蒙古自治后，活佛哲布尊丹巴登基干预政治事务，王公受到排斥。哲布尊丹巴登基时，得到俄国人支持，至俄国革命后，俄国无暇顾及外蒙。外蒙王公乘机想撤销自治，但其目的不是要回归，而是打击宗教势力，重新夺回权力。

陈毅在库伦和蒙古王公谈了大半年，但没有取得实质性突破。

到了1919年8月4日，蒙古召开库伦大会，王公和喇嘛争夺激烈。在此种局势下，王公们决定取消自治，与陈毅达成秘密协议，恢复前清旧制，并设置地方自治议会，由王公出面组织议会。

但外蒙王公此时并无实际力量，外蒙最有力量的是哲布尊丹巴活佛，他是喇嘛们的代表，于是王公们就想借重北洋政府的力量来打倒喇嘛势力。哲布尊丹巴活佛反对取消自治，并派出地位仅次于自己的嘉亨尊活佛到北京表达自己的意向。王公们则联名向北洋政府呼吁，要求撤销自治。

利用此机会，北洋政府决定由徐树铮统领，出兵外蒙。徐树铮不比喜胜贪功对外蒙事务一片懵懂的陈毅，在接任西北边防筹备处处长之后，徐树铮就开始收集外蒙情报，对外蒙了如指掌。

徐树铮率领自己与奉军分家后所组建的西北边防军，进军外蒙。为此次进军，徐树铮购买了八十辆卡车，准备了御寒服装，沿途设立交通站，开凿水井，分兵两路，开赴库伦（今乌兰巴托）。从多伦出发前往库伦，沿途多为沙漠，以卡车开行大约五六天可至，而徐树铮为了保持军容，特意规定不必着急，七天到达即可。徐树铮所购买的卡车均系美国货，为此日本商人还提出抗议，要求徐树铮退美货，改用日车。

初期定在 10 月 22 日起程，后改为 10 月 24 日，据熟悉西北情形者言，此时蒙地已开始降雪。乘车而往，虽不过五日路程，但气温下降，有汽缸冻裂、轮胎冻坏之忧。徐树铮为此行做了充分预备，所筹办的馈送蒙古王公的礼品，为数甚巨，预订了二十万上好鼻烟、苏杭绸缎，购办了上品景泰蓝器具，市面上几乎被其一扫而空。徐树铮率兵出发时，文臣谋士相随同去者二十余人，声势浩大。对小徐的夸张行径，舆论嘲讽与希望之词各占一半。

从张家口搭乘汽车，过戈壁沙漠，九日行七百里，可至库伦。张家口与库伦之间，除一百里为荒芜地区外，其余为平坦肥沃草原，碧草蒙茸，足供野兽及家畜食料畜牧所用。沿路时时见井，地下多水。离库伦不远，有喇嘛聚居之城都林。库伦城旁有小山，自平原上眺望，如同巍峨大山，由此渐渐斜下，直至库伦城外。穿过草色鲜碧的山谷，渡都拉河，入库伦城中。库伦居民约五万之数，两面有大山为之屏蔽。库伦分为五大区域，一为中国人镇，二为俄罗斯人居留地，三为市集，四为喇嘛城（居喇嘛万人），五为活佛宫。城中中式建筑物与蒙古帐幕相衔接，俄国驻蒙总领事馆舍外形则陆离光怪。

到进入库伦之前，徐树铮特意将电话接到日本驻库伦武官处，以日文询问有无日本驻军在库伦。日本武官承认有驻军一百余人，徐树铮则责问日军，为何敢公然在中国领土驻军，并限令日军立刻将武器交出，不然就以武力解决。日本武官果然在半个小时之内，将所有武器交予库伦中方办事处。随后徐树铮带兵进入库伦。至库伦后，徐树铮举行阅兵式，所部一律日式装备，军容威武，顿时镇住蒙古王公。

徐树铮对陈毅的怀柔政策极为不满，认为应当展示实力，在非常时期，行非常之事。一次半夜，徐树铮邀请陈毅小酌。徐树铮善饮，将陈毅灌醉。陈毅一觉醒来时，徐树铮告知他，蒙古活佛已经同意撤销自治，将给中央政府的呈文签字待发了。陈毅大吃一惊，原来徐树铮搞了个鸿门宴，将蒙古重要人物请来，逼迫他们签字取消独立。

徐树铮10月29日到达库伦，11月21日返回北京，前后二十二天，即令外蒙取消独立。蒙古取消独立后，徐树铮兴冲冲地回北京述功。徐世昌对他的功劳大肆吹捧，又给了他一个册封专使的职务，让他带着七狮金印回库伦，主持蒙古活佛哲布尊丹巴的册封典礼。册封典礼在1920年元旦举行，册封典礼花费颇多，隆重热烈，被蒙古人称为旷古未有之盛事。徐树铮兵不血刃，收回外蒙，事后连孙中山都发来贺电，称他"吾国久无陈汤、班超、傅介子其人，执事于旬日之间，建此奇功，以方古人，未知孰愈"。

徐树铮拟订了系列治蒙计划："分防训练，兼事屯田，倡举马政，发达文化，平视邦交，推行交通，廉取税则，修路凿井。"遗憾的是，徐树铮满脑子想的都是在北京争权，并没有切实推行外蒙开发计划。

徐树铮此时扩张兵力，所需军费极巨，在外蒙没什么油水可捞，就打道回府，到北京谋肥缺去了。在北京，徐树铮挟收复外蒙之功，向徐世昌和靳云鹏提出，将西北陕西、甘肃、察哈尔、内蒙、新疆、绥远等省都划归他统一指挥。靳云鹏对此大加反对，认为这是割裂中央，形成国中之国。

徐树铮想统治西北各省的目标不能达到之后，靳云鹏给了他一个张恰铁路督办的职位。徐树铮对此大为失望，就鼓动自己控制的安福国会，处处与徐世昌、靳云鹏为难。不过在张恰铁路督办一职上，徐树铮倒是做了一番规划，设计张家口至恰克图的铁路路线。

对大总统徐世昌，小徐是丝毫不给面子。一次徐树铮找徐世昌索要西北边防军的军饷，对徐说："不是我出力，到现在大总统你还在辉县老家享清福呢，这把年纪还占着位置干什么？"徐世昌被气得放声大哭，事后愤愤地说是可忍，孰不可忍。

徐树铮回北京后，在外蒙库伦留有西北边防军一个旅。1920年，被苏俄红军打败的白俄流窜到库伦附近，不断骚扰，驻库伦的中国军队向北洋政府求援。北洋政府派骑兵一个团前往增援，并调运物资接济库伦。不久白俄大规模来袭，驻库伦中国军队旅长褚其祥及魏益三等军官，派参谋长及库伦商会会长奔赴北京求援。

等使者到达北京时，库伦已经失陷。在外蒙的中国陆军分散撤退，在退往张家口途中被冻死饿死者甚多，一部分官兵在俄国恰克图地方被苏联红军解除武装，次年在苏联红军护送下经海参崴回国。驻库伦的骑兵则经草地入陕甘再到达五原，沿途杀马取食，生存归来者仅百余人。

出兵西伯利亚

1917 年俄国十月革命之后，协约国决定共同出兵干涉俄国，在远东方面，由各国出兵西伯利亚。对于干涉俄国，日本最为积极，因为这可以扩张日本的势力。中国此时已经加入协约国阵营，故而亦决定出兵。为了准备出兵，由段祺瑞负责参战事务，并新编了四个师的边防军。四个师的装备，全系日式。此后，经国务会议商量，命令海军部亦派军舰前往干涉。海军遂命令驻上海的"海容"军舰准备出发，与联军共同行动。

海容是二等巡洋舰，由德国制造，甲午中日战争之后加入中国海军序列。排水量为 2950 吨，装备有 15cm 大炮两门，10.5cm 炮八门，六磅炮四门。海容舰于 1918 年 4 月从上海出发，航行四天，抵达海参崴。当时各国已经派出军舰进入海参崴，美国派出的是远东海军总司令的旗舰巡洋舰 Brooklyn 号，日本派出的是巡洋舰三笠号和朝日号，英国派出的是巡洋舰 Suppalk 号，法国也派出一艘炮艇。

海参崴是东方最为优良的港口，港内可以同时容纳多艘万吨军轮，港底也没有任何暗礁。进入冬季后，从 11 月至次年 2 月期间冰冻封港口。当时海参崴处于无政府状态，治安靠联合军维持。在海参崴设有治安指挥部，由美军少校 Gohuron 负责主持。每日由各国军舰派十二名水兵联合起来，不定时地进行巡逻。中国军舰抵达之后，也派遣十二名水兵参加巡逻。

至 1918 年间，各国陆军陆续开入，日本运入的军队最多，有二十六个师团。美国也运来了有六个师的部队。英军方面派遣了一个营的士兵参加，因其人数过少，所以后勤补给委托日本办理，因为两国在一战期间是亲密盟国。

段祺瑞临时指派驻北京南苑的陆军第九师，组成驻海参崴支队，由该师步兵第三十三团团长宋焕章兼任支队长，率该团步兵第一营营长刘春台、第二营营长苏炳文的两个营，附以骑兵、炮兵、工程兵、辎重兵、机关枪兵各一连，共计两千人前往。1918 年 8 月初，驻崴支队自北京出发，通过京奉、南满、中东三线铁路，运输到吉林绥芬河站（俗称五站）中俄交界处进入俄境。

支队司令部驻双城子，步兵第一营担任由双城子至意满站沿线的护路任务，步兵第二营担任由绥芬河以东到海参崴沿线的护路任务，营本部和炮、工、辎、机关枪等连均驻双城子，骑兵连进驻伯力。此年冬，各国协商之后，议定中国增加兵力一千人，由北京派遣步兵第三十三团第三营营长李源昆和步兵第三十五团第一营营长曹德明的两个营进驻双城子，巩固防务。中国方面派了约一个旅的陆军部队，但实际上驻海参崴的只有一个连，其他驻扎在俄国境内双城子。

在海参崴的还有捷克军人两个师，南斯拉夫军队一个师。这些本是德奥的协从国部队，不愿意给德国作炮灰，便投奔了协约国，一直东撤到海参崴。法国给他们提供经费，并许诺战后帮助他们独立。1920 年，这两支部队由美国运输机绕道苏伊士运河运回欧洲。因为日军最多，各国便公推日本大谷大将为联军总司令，各国军队一律受其指挥。日军到达后，便将其部队展开，部署在西伯利亚沿线重要地区。

1919 年春，日本派遣一名皇族大员来海参崴慰问各国官兵，携来大量日本产最高品质香烟朝日牌分给各国官兵。后中国也派遣一名陆军中将前往犒劳各国官兵，携带中国出产的最上等茶叶。1920 年夏末，各国军队接到本国政府命令，世界大战已经结束，应取消战时状态，陆续撤出驻海参崴军队。

在中国军队进驻海参崴期间，还有一支中国舰队被困在俄国境内庙街长达一年，目睹了日军、白俄军与苏联军队的激烈交战。

1919年秋，上海的军港中停泊着五艘舰艇。舰艇中最大的靖安号运输舰排水量不过一千吨，最小的小浅水炮舰的排水量才一百多吨。就是这样的小型浅水炮舰，却要漂洋过海，穿越异国，到中国北方松花江上巡航。

这次出航，还得从1858年的《中俄瑷珲条约》谈起。1858年，俄国冒险家穆沙维约夫强迫清政府签订《瑷珲条约》，割走中国一百万平方公里土地，条约中也规定黑龙江、松花江、乌苏里江三江上的航行权由中俄两国共有。

十月革命爆发后，俄国内烽火连绵。战乱之中，松花江上的航行权反被俄国独自占去，中国船只在江上航行时常被俄国军舰拦阻。为收回中国在松花江上的航行权，北洋政府海军部于1919年7月设立吉黑江防筹备处，派王崇文为处长。经王崇文建议，决定从上海调遣军舰至黑龙江，以充实江防力量。

中国军舰北上，需从海参崴进入鞑靼海峡，再经庙街、伯力溯流而上，方可到达松花江。1919年7月21日，中国海军江亨、利捷、利绥三艘浅水炮舰和利川号武装拖船及靖安号运输舰，由上海启航北上。江亨、利川两舰先行，靖安拖带利捷、利绥二舰随后，以江亨舰长陈世英为队长，负责舰队一切事务。

江亨舰是1907年清政府向日本川崎船厂订购的浅水炮舰，排水量五百五十吨，舰上编员八十五人，装有一百二十毫米炮一门，七十五毫米炮一门，四十七毫米速射机关炮四门，马克沁机枪四门，火力在浅水炮舰中堪为强大。

利捷、利绥两舰本为德国军舰，停泊在南京。一战期间，在中国对德国宣战后，此两舰被中国没收，并编入中国舰队。"利捷"号炮舰排水量为二百六十六吨，装有七十六毫米炮二门，机关炮三门。利绥号炮舰排水量一百七十吨，装有七十六毫米炮一门，五十七毫米炮一门，机关炮二门。靖安号运输舰也是中国没收的德国舰艇，排水量一百〇五吨，装有两门四十七毫米炮。

舰队官兵齐心协力，穿越黄海和日本海，经济州岛、朝鲜海峡、釜山等沿岸海区，经过十五天航行，于8月5日到达海参崴。海参崴此时集结了大批协约国军队。在海参崴的协约国军队以日军为主力，另有美国、英国、捷克等国军队。中国在对德宣战之后，也派出海容号巡洋舰及一旅陆军进驻海参崴。陈世英率领舰队到达海参崴后，受到中国驻军欢迎，在海容舰上聚餐并合影。

在海参崴稍作停留之后，舰队继续前进。进入鞑靼海峡之后，由于未能寻得领航人，加之气候日渐寒冷，而海峡风大浪高，决定靖安号运输舰先行回国，其余四舰则继续前行，在9月上旬安抵庙街。

庙街（Nikolaevs）本属中国，位于黑龙江口北岸。1850年，俄国海军上将涅韦尔斯科受沙皇尼古拉一世派遣，率兵侵入黑龙江下游，在此建立军事哨所，遂以沙皇尼古拉一世的名字将该哨所命名为尼古拉耶夫斯克，从此被俄国占领。

中国军舰到达时庙街情况复杂，得到日本支持的白俄谢苗诺夫势力控制庙街，不准中国舰队进入港口。在一个月多月的交涉无果之后，粮食、淡水即将耗尽的中国舰队不再等待，径自驶入庙街港口，白俄方面倒也未作拦阻。

中国舰队进入庙街之后，当地华侨告之不久将冰冻封江。四舰稍做补给后，决定日夜兼程，以在封江之前抵达松花江。途中舰上官兵无不惊叹于西伯利亚的富饶资源及壮丽景色，奈何此等山河，已属异国矣。

连续航行七日后，舰队于10月18日到达伯力附近。但在伯力附近，舰队突遭白俄军岸炮攻击。负责指挥的陈世英沉着应对，命令各舰不要回击，并指挥撤退，所幸各舰均未被击中。此外又据中方侦探来报，说白俄军已在江面上布下水雷。四舰不得不中止行程，而伯力下游无处可以过冬，便掉头折返庙街。

至10月25日舰队回到庙街时，江上已结上厚冰，人车可行。庙街气候寒冷，每年封江时间长达八个多月，冰厚一丈以上。各舰将舰艇周围冰层凿开，使舰艇不致被冰挤压损坏。中国军舰北上的主要目的是经海参崴进入松花江，收回中国在江上的航行权，途中因俄军阻挡而未能及时赶至哈尔滨，遂被困庙街前后长达一年。在此期间，庙街日军与白俄军队联合抵抗苏联红军进攻，双方交战甚为激烈。中国各舰以中立地位，目睹了此场残酷战事。

在一战结束之后，俄国境内红军仍与白军交战不休，红军一度将主力调出远东地区，致伯力、庙街等地为白军谢苗诺夫部所控制。在苏俄红军主力撤出之后，日军多次调集重兵，协助白军围剿远东地区的红军游击队。红军游击队则利用自己熟悉西伯利亚地形、气候等优势，对日军发起攻击。1919 年，在稳定战局之后，苏联红军开始抽调部队，对远东地区白军展开反击。

据驻庙街的中国领事张文焕报告，1920 年年初苏俄红军已密布远东乡间，并广泛运动群众，将庙街附近的农民编练成军，声势颇盛。守卫庙街的白俄军队士兵也纷纷投诚，加入红军队伍，以致红军力量日趋壮大。在庙街的白军积极设防，并有日军三千人助战。庙街冬季严寒，非日军所能习惯，从 1920 年年初开始，两万多名红军利用严寒天气，对日军、白俄发起攻击。

在庙街之外和红军的交战中，日军连连失利，不得不退守庙街城内，而苏俄红军攻击越发激烈。连续交战两月之后，日军、白俄残部困守城内，而此时距离江水解冻，援军到来尚有时日。日军、白俄弹尽粮绝，伤员颇多，自知不支，此时在庙街的中国舰队成为日军和白俄关注的对象。中国舰队中的江亨舰上有一百二十毫米大炮，其他各舰均装有速射机炮和大口径机枪，如果能够得到中国军舰的支持，则必然可以延缓红军进攻，以等待援军的到来。

自红军与日军、白俄交战之后，中国舰队即秉持中立立场，不参与战事。但在日军、白俄连遭败绩，退守庙街时，陈世英决定借给白俄炮三门，其中一门为五管速射炮。至于中国为何借炮给白俄，在此年 8 月日方的调查报告中，一名叫作张斗星的华侨陈述：在开战前，日本领事曾居中撮合借炮一事，即由庙街的白俄巨富贷款给中方，中方则借炮给白俄，中方对此也表示同意。

中方将炮借给白俄，这与当时的中国军舰的困窘情况相关。被困在庙街的中国军舰，虽经华侨帮助而借到款项购买粮食过冬，但仍需归还华侨的借款并采购各种过冬物资。借炮给白俄，也是无奈之举。而苏俄革命后，大批俄国富人逃到庙街，为了保证安全，他们自然愿意捐资助战。双方一拍即合，便有了借炮助战一事，但此时并未想到借炮后来会滋生出许多事端。

苏俄红军攻进庙街之后，与日军、白俄展开激烈巷战，城中居民寝食不安，中国领事馆也被流弹所中，所幸未伤及人。但庙街华商商会会长孙盛之腿部被流弹击伤，医治不愈而死。

战至 3 月 7 日，庙街东面的白俄军炮台被红军占领。攻占炮台后，苏俄红军俘获了中国军舰借给白俄的大炮一门，但不会操作。恰巧此时有中国军舰上的水兵在庙街通过时被红军抓获，便由中国水兵教授红军操炮。红军在学会用炮之后，即将一门炮移至街市东面，发起轰击。连续炮击之后，日本军队无力再战，便向苏俄红军求和。3 月 9 日，双方议和成功，红军进入城内。入城后，对投降的日军，苏俄红军也未解除武装，而仅仅将白俄军队的武装加以解除，双方似乎一时无事。

依照和议，苏日双方共同负责庙街安全秩序。但红军进城后，将在庙街的白俄军官及俄国富豪五百余人关入监狱，同时又征募朝鲜人及华人编成部队，这让日军感到不安。日军又打探到消息称，在为战死的红军举行葬礼后，红军将解除日军武装。日军不甘束手就擒，决定反抗。日军指挥官石川少佐与日本驻庙街领事石田秘商后，自忖兵力不及红军，硬拼必败无疑，于是决定在 3 月 11 日夜突袭红军。

日军攻击计划为：由水上大尉指挥第十二中队（缺一小队），携带机枪两挺，攻击红军指挥部。后藤大尉指挥第十一中队，携带机枪一挺，从华人居住区向红军军需所发起攻击。日本海军无线电信队一部分及其他部队负责夺取教堂附近的红军大炮。石川少佐亲率六十人及机枪一挺，策应水上大尉攻击红军司令部。

3 月 11 日深夜 1 时 30 分，残存日军对红军司令部发起突袭。攻击初期日军进展比较顺利，红军司令受伤，副司令被杀，红军战死者颇多。但稍后红军集合大部队发起反扑，与日军逐屋争夺，战况激烈。石川少佐在当夜战死，至天明后，日本军官大部分战死，袭击红军司令部的日军损失近三分之二兵力，遂退回日本领事馆。后藤大尉发起攻击后，遭到红军猛烈反击，反被红军包围。至天亮后，该部一度曾突围至庙街市场附近，但被红军炮击之后全数歼灭。海军无线电信队发起攻击后，夺炮不得，也被围困歼灭。

双方激烈交战数日，日军及其侨民死亡甚众，残余的日军百余名困守日本领事馆。红军密集重兵围攻，日军不敌，残部一百三十四人于 3 月 15 日缴械投降。此次战事颇为残酷，红军遭受突袭，伤亡惨重，转而泄愤于被关押的白俄。据当时被困在庙街的美国工程师戴尔佐治事后记录，当时庙街监狱中已人满为患，13日夜间气温降至零下十三度，寒冷彻骨。红军命令监狱中被指控为间谍和资本家的白俄囚犯脱去衣物，步行到一英里外的阿穆尔河上，逐一击杀。

中国驻庙街领事张文焕，在 11 日当夜听到枪炮声后，即派人外出打探，打探者回报云："日军不肯缴械，于半夜袭击，红党司令部已被日军火烧等语。"至天明街上已无日军，仅日本领事馆及兵营中有少数日军向外发枪，红军正调集兵力围攻日本领事馆。张文焕曾修书准备劝阻双方，"因交通阻碍，未能投送，而领馆遂被焚矣"。

日军战败之后，张文焕及庙街华侨不得不面临一个问题，即江水解冻之后，日军援兵很快就会来到庙街，双方势必重起战事。此外，参加红军的华人众多，华侨担心日本援军到来后，将以此为借口对华侨进行报复，在庙街的华侨无不人心惶惶。

张文焕与中国舰队商量之后，决定在日本援军到来之前，将舰队和华侨撤出庙街。但军舰运力有限，决定由侨民自备帆船，由军舰拖离庙街。5 月 24 日开江之后，中国军舰护送华侨二千余人至庙街上游四十里麻盖地方避难。随同华侨一同避难的有俄国人一千余，日本妇女十四人，此外还有英、美、法等国侨民。

就在中国军舰和华侨撤离庙街的次日，红军开始焚烧庙街，"旋据由庙街逃来华、俄人等报称，庙街房屋被红旗党（红军）焚毁，中国领馆亦已起火等语"。在日本援军到来前，5 月 25 日夜，红军杀死一百三十四名被俘日兵。26 日又毁全城，据在庙街的西方人统计，共有三百五十名日本侨民及四千名俄国人在混乱中被杀，华侨死亡者约一百人。庙街战前有房屋四千余处，经过苏俄红军纵火焚城后，残留房屋不足百余处。

庙街日本守军被围困之后，其无线电通信设备被红军击毁，对外联系中断。在海参崴的日军主力知晓庙街日本守军岌岌可危，2 月上旬曾派出日本海军三笠号及见岛号（装有碎冰装置）前往庙街援救。但鞑靼海峡冰封万里，坚硬如铁，虽然军舰极力碎冰，却进展缓慢。限于天气等情况，日本不能援救庙街守军，但日本积极调集军队，准备在江水解冻后立即进入庙街援救日军。

1920年夏，江水解冻后，日本立即派出军舰六艘由伯力开来庙街。6月3日，日军抵达庙街，随后将庙街日军及侨民被杀情形报告国内。日本新闻界借机夸大其词，以煽动对外敌忾之心，并将祸水泼给中国。各种关于中国军舰助战的新闻层出不穷，《朝日新闻》则称在战死的日本军人口袋中发现有日记，日记中记有中国在庙街之军舰以机枪十二挺，扫射日军，致日军死伤甚多。此类消息一经披露，使得中国在开江之后撤回军舰、接运华侨的计划生出变故。

日舰到庙街之后，第二天即派一艘军舰到麻盖，停在中国舰队旁加以监视，并告知中国舰队不许离开。对中国军舰所保护的俄国难民及各国侨民，日本用商船分别运送至海参崴及伯力等处，但不许华侨随船而行。此时中国军舰及侨民粮食即将告罄，遂要求日本司令接济，"日本司令始而拒绝，续而仅给日米八百小包。侨民之食粮不足者多以山中野菜、马铃薯、干鱼充饥"。

七月底，日本使馆致函中国外交部称：中国炮舰有以下情形：（一）炮击日军官兵及平民；（二）供给红军武器弹药。就此日方提出两个请求：（一）中日双方协同调查；（二）至调查结束为止，中国军舰须停留麻盖地方，至于中国军舰的食粮补给及通信等，日方将不与为难。

日方扣住中国军舰，但对停留在麻盖的中国侨民归国却毫无拦阻的理由。伯力中国领事馆派出船只接侨民归国，7月24日到达麻盖。7月28日晚，张文焕派朱德磬带领侨民九百二十五人由麻盖起程先行回国。在麻盖余下的华侨，则在9月初由吉林红十字会出面，租借两艘拖轮接回。

为尽早解决中国军舰归国问题，中日双方组成的联合调查组于9月6日达到庙街，同日原先驻扎在麻盖的江亨等四舰也驶返庙街，听候双方调查。从9月7日起至9月18日止，中日双方共同进行调查，调查主要集中在四个方面：

（一）中方认为，驻庙街领事张文焕为保护华侨起见，与苏联红军交涉，并无可以指责之处。但日本方面认为张文焕与苏联红军关系热络，如曾帮助红军从华人处购买各类物资等，日方对此感到遗憾。但有西方人士作证，5月下旬，在苏联红军撤离庙街之前，张文焕曾请红军撤退时，应依照国际法保护日本侨民，对此日方也无语可说。

（二）中国江亨舰舰长陈世英与白俄达成协定，为保证中国军舰及军人安全，凡侵入中国军舰周围一定距离者，中方可加以射击，此事白俄方面曾加以公告，日本守军也知晓。在 3 月 12 日夜间的战斗中，一部分日军靠近江亨舰求助，被舰上的中国水兵以机枪扫射。天明之后方才发现被杀者为三名日军，中方水兵遂凿开冰层，将尸体投入冰下。中方认为当时交通断绝，将尸体交还领事馆为不可能之事，任由尸体暴露又不人道，故而埋入冰下，并不为过。日方坚持认为此举是为了掩盖真相，坚持要求对负责人加以惩戒。

（三）调查表明，日本报纸所称中国方面借炮给红军一事纯属乌有。就借炮一事，中国方面最初坚称并未有借炮之事。但随着调查的进行，中方承认江亨舰长陈世英确实曾借过炮，不过不是借给红军，而是借给白俄方面。日本方面则表示，在红军攻入庙街之后，陈世英借给白俄的一门五管速射炮被红军所夺取，"舰长陈世英不设法取回该炮，以致该炮最后有为红党利用之形迹"，对此日方表示甚为遗憾。

（四）在 3 月中旬日军与红军进行激烈巷战时，中国部分水兵因私事外出，为自卫起见，随身携带武器行走街中，被日军误击之后，便开枪回击。其中一两名水兵在经过红军阵地附近时被红军抓获，并教授红军如何使用大炮。日本就此提出抗议，认为在日军与红军交战之时，中国士兵擅自脱离指挥，并接近红军阵地，在于军官统率不力，应当予以处罚。

调查结束后，中国军舰于 9 月 19 日离开庙街，23 日到达伯力。过伯力后，军舰高悬国旗，进入中国疆域，10 月 11 日抵达哈尔滨。到哈尔滨时，哈尔滨商会召开盛大欢迎会，并宴请海军全体官兵。宴后请全体官兵观看戏剧，舞台上有大字书"恭贺海军战胜大回朝"字样。四舰回国后，编入吉黑江防司令部，由王崇文任司令，后改编为东北海军。

对于中国军舰误杀日军等事，日方提出赔礼道歉、处罚当事人、赔款等四个要求。12 月 21 日北洋政府外交部总长颜惠庆致函日本小幡公使，对日方的四个要求全部答应：（一）由驻东京中国公使依照会向日本政府道歉；（二）由庙街中国舰队司令向日军总司令道歉；（三）处罚中国舰队队长与水兵，免去陈世英舰长之职，水兵则按其犯罪轻重处以六个月以上一年以下之禁锢处分；（四）给被误杀的日军士兵恤金三万元。

江亨舰舰长陈世英虽受免职处分，但他在孤军悬于海外时，于战火纷飞之中，既保护华侨，又保全舰队，实有功绩。陈世英被免职后，北洋政府海军部令其改名陈季良，调入第一舰队任楚观舰舰长，并授予他"文虎"勋章，以示肯定。1922年陈世英升任海容舰舰长，1924年晋升为海军少将。

第 七 章
直 皖 战 争

和平总统冯国璋

    北洋军阀之间的第一次大规模战争，是 1920 年的直皖战争，直皖战争源起于冯国璋与段祺瑞之争。

    冯国璋是河北河间人，出生于咸丰八年（1858），死于民国八年（1919）。冯国璋兄弟四人，他排行第四，故而北洋一系称他四哥。年轻时由于家中贫寒，冯国璋到天津投军，后被保送到天津武备学堂。袁世凯小站练兵时，冯国璋在袁世凯麾下效力，担任步兵学堂总办兼督练营务处总办。

冯国璋

辛亥革命之后，冯国璋统领第一军，段祺瑞统领第二军前往武汉前线。冯国璋指挥部队猛攻，攻下汉阳，这却违背了袁世凯的本意。袁世凯希望能将战事僵持，以此为筹码要挟清室，故而将冯国璋调回京畿，接掌禁卫军。禁卫军由旗人组成，一直反对共和，拥戴清室，而冯国璋与旗人关系较好，袁世凯希望他能掌控住禁卫军，不致生出兵变。

冯国璋对清室忠心耿耿。据冯国璋幼子冯家迈回忆，为清帝逊位一事，袁世凯特意召集北洋大将开会，会后冯国璋回家说："今天我刚开完了个会，会上宣布皇上要逊位，国家要改为共和体制。我当时问逊位逊给谁？宫保（袁世凯）说逊给国民。"冯国璋道："如果帝位逊给某个人（指袁世凯），我可不干，但是逊给国民，那就没话可说，只能支持。"

在清室逊位的过程中，冯国璋以身家性命向禁卫军担保，共和之后，既优待清廷，也将禁卫军过去一切待遇照旧，并将禁卫军编在自己属下。后此部禁卫军改编为第十六师，一直由冯国璋统领。直至民国元年，冯国璋仍然保留着头上的发辫，当时高级将领没有去发辫的，冯国璋之外，就是张勋了。冯国璋所戴的大清红顶花翎之官帽，也一直放在帽架子上。

辛亥革命之后，南北议和，南方请袁世凯到南京担任大总统，北京突然爆发兵变。在兵变中，禁卫军未曾参与劫掠，反而主动出兵护卫街市。事变之后，冯国璋奖励禁卫军每人一个戒指，戒指上刻"名誉"二字。

二次革命时，冯国璋和张勋联合进攻南京，依照先入城者为王的规矩，本来该由先杀入的张勋控制江苏。但张勋纵兵在南京抢掠，杀了两个日本人，招致日本抗议，甚至调集军舰，准备进攻，只好把江苏让给了冯国璋。为了安慰张勋，袁世凯将徐州划出给张勋管辖。此后江苏成为冯国璋的地盘，冯国璋治理江苏期间，吏治清平，社会稳定，为当时纷乱格局中的少有净土。

袁世凯称帝之前，冯国璋得到消息，到北京来询问袁世凯。袁世凯一口咬定，绝无称帝之心，冯国璋一回到南京，筹安会就开始推动帝制，冯国璋知道被袁世凯欺骗，大为不满。在袁世凯称帝后，冯国璋置身事外，袖手旁观，又联络江西、浙江、山东、湖南四省将军，联合通电，请取消帝制，惩办祸首。袁世凯看到电报后，知道大势已去，不久去世。

袁世凯死后，冯国璋、段祺瑞二人密商，立黎元洪为大总统，二人一心，未见隔阂。立黎元洪，冯段二人都能接受。冯国璋得了个副总统的名，并可以继续控制自己的肥沃地盘江苏，段祺瑞则以为立个泥菩萨黎元洪，可以操控中央大权。不想这个黎元洪不甘心做泥菩萨，与段祺瑞闹得不可开交，最后竟然引张勋入京，闹了几日复辟丑剧。

张勋复辟失败之后，黎元洪本想再度出山，被段祺瑞威胁，只好息了此念。随后段祺瑞请副总统冯国璋来京代理大总统。冯国璋为是否进京，犹豫再三。段祺瑞给冯国璋打了一个电报，就四个字"四哥快来"，表示二人亲密关系。冯国璋拿到电报后颇是得意，将电报展示给部下，认为这是段祺瑞对他的尊重与信任，不久便动身前往北京。这之后，冯国璋走上前台，接掌大总统。进京赴任前，冯国璋将江苏留给自己的亲信李纯打点。

不比没有军事实力的黎元洪，冯国璋可是雄霸一方，在北洋系统中实力最称雄健。冯国璋当上大总统之后，又与段祺瑞形成新的"府院之争"。因为二人各自都有实力，由制度之争而演变成为派系之争，即直系皖系之争。

直系一派的大将有直隶督军曹锟、江苏督军李纯、湖北督军王占元、江西督军陈光远等人，这些都是冯国璋的人马。因为冯国璋系直隶河间人，故称直系。

段祺瑞的皖系则有安徽督军倪嗣冲、山东督军张怀芝、陕西督军陈树藩以及段芝贵、吴光新等人，因为段祺瑞是安徽合肥人，且这一派安徽人居多，故称皖系。

冯国璋当上大总统后，对德宣战不再是"府院之争"的焦点，此时冯段之纷争，集中在如何对付南方各派军阀上。

南方各派军阀主要有桂系军阀陆荣廷、滇系军阀唐继尧、湘系军阀谭延闿、贵州军阀刘显世等人。段祺瑞主张采用武力统一，冯国璋则主张采用和平谈判。冯国璋之所以主张和平，因为西南的军事实力派如岑春煊、陆荣廷、刘显世等人，均与冯国璋私交甚厚。而段祺瑞的武力统一主张，却是想利用冯国璋直系一派武装去消灭南方各派军事力量，坐山观虎斗，渔翁得厚利。

冯段争执激烈，冯国璋发现这个大总统当不下去了。1918年1月间，冯国璋气呼呼地南下，准备回自己的根据地南京。段祺瑞下令山东张怀芝、安徽倪嗣冲加以拦截。张怀芝敬畏他是总统，没敢拦阻。车开到安徽蚌埠，碰上个老而昏庸的倪嗣冲，却不和他讲什么道理了。

倪嗣冲是个皇帝迷，这个迷，不是他自己想当皇帝，而是认为中国不能没有皇帝统治。袁世凯称帝，他急急忙忙地跳出来支持，袁世凯败亡，他如丧考妣；张勋复辟，他大喜过望，复辟失败，他哀叹再三。冯国璋在袁世凯称帝、张勋复辟失败中起着重要作用，这自然被倪嗣冲痛恨，认为他是乱臣贼子。这次听说他要从自己地盘上走，正好报复。

倪嗣冲带了重兵，在蚌埠拦下冯国璋的火车，不让他通过，并且和冯国璋说："项城当年做皇帝，要不是你带头反对，他何至于气死？话又说回来，他要不死，大总统也轮不到你！"

冯国璋虽然生气，却拿他没法子，只好再回北京。冯国璋折返北京后，所施政策略均遭到段祺瑞一派阻击，即使以和事佬著称的王士珍出山担任国务总理也无可奈何。

段祺瑞又进一步怂恿倪嗣冲联合数十省的督军，逼迫冯国璋下令对两广开战。被逼无奈，冯国璋只能命令曹锟、张敬尧等进军湖南。

曹锟之所以同意去攻打湖南，主要还是段祺瑞派出亲信徐树铮前往游说，以两湖的地盘相诱。但曹锟这大老粗没有想到，他领兵在前卖命冲锋血战，段祺瑞的亲信张敬尧领兵在后面捡果实。曹锟部下吴佩孚带领北军，接连打下长沙、衡山等地。吴佩孚连战连胜，以为必定能当上湖南督军，但段祺瑞却任命张敬尧担任湖南督军。对此吴佩孚愤怒到极点，甚至大骂："做走狗，也不是这样做法！"

随后吴佩孚不再理睬段祺瑞的进军命令，5月间即与南方军队秘密议和。而江苏督军李纯、湖北督军王占元等，在冯国璋的指示下，也发出和平通电。

在同年的总统选举之中，为了摆脱冯国璋的羁绊，段祺瑞亲信徐树铮操作安福国会，将冯国璋赶下台。1918年9月，皖系又扶出素以"琉璃球"而闻名的徐世昌当大总统。冯国璋下台后在1919年年底死去，享年六十二岁，北洋政府通令全国下半旗三天。冯国璋临死时曾口授遗电，希望早日实现和平，以不能亲见统一为憾。

《申报》评论："冯国璋以庸众之才，得时会之宜，被举副总统之职，又得时会之宜，由副总统而代理大总统事，岂非今世幸运之人哉！"冯国璋、王士珍、段祺瑞被称为"北洋三杰"。进入民国后，王士珍因为忠于满清，安居守业，在政治舞台不怎么活跃。自袁世凯死后，北洋从袁世凯一人独大变成了冯段双峰对峙。冯段二人关系本较好，小站练兵时同吃同住，情同手足，不想因为权力之争，冯段分道扬镳，势不两立。冯国璋死后，段祺瑞曾亲自往悼，到了后进入灵堂，看了冯国璋遗体一眼，一言不发，就此离去，随后送来一副对联："本欲同舟共济；奈何分道扬镳。"

冯国璋善于敛财，身后留下的财产，据其儿子回忆，动产、不动产和各类投资在内共有两百六十多万，仅在北京帽儿胡同的房产就有四百多间。两百六十多万在当时可是巨额数字了，但这笔钱在军阀中也不算多，和冯国璋的下属李纯、张宗昌就不能比。李纯死后留下的资产在千万以上，张宗昌丢失的一个花旗银行存折就有美元千万。

琉璃球徐世昌

新出任的大总统徐世昌籍贯天津，幼时父亲到河南开封当官，就随父到河南。七岁时他父亲在任上死去，而他母亲又有鸦片瘾。照常理，这个家庭是没法维系生活了，但徐世昌的母亲出身名门，源于安徽桐城学派刘家，很有文学功底。在这种逆境之下，她反而发奋要将徐世昌兄弟二人培养成才。

徐世昌

在母亲的严厉督促下，徐世昌兄弟二人很早就学完四书五经，且文采出众，前途可盼。但由于家贫，母亲眼光又高，徐世昌一时找不到媳妇儿，成为大龄青年。后来鄢陵县令请徐世昌做文书，县令看徐世昌长得仪表堂堂，文章写得又好，认为他将来大有前途。最重要的是县令家里有个妹妹，是个大龄剩女，就牵线搭桥，让二人成亲。

县令对妹妹极好，将自己大半家产作为陪嫁嫁妆。有了这笔嫁妆，徐世昌生活无忧，可以全心读书。后来带着弟弟徐世光一起赶考，兄弟二人同中举人，弟弟的名次还在哥哥前面。但在 1886 年的会试中，弟弟没考中，徐世昌却高中，入了翰林院。

翰林院中看不中用，外表光鲜，其实是个清水衙门，所以有穷翰林一说。徐世昌入了翰林院，靠着老婆的陪嫁而衣食无忧，还能生活下去。在这个清水衙门里一熬九年，漫漫长夜，冷暖自知。1895 年，袁世凯在小站练兵，邀请徐世昌过去当幕僚长。

徐袁二人早就认识。同治年间，袁世凯的嗣父袁保庆在河南团练大臣毛昶熙处当差，袁世凯随嗣父一起住在开封城内，与徐世昌家相距很近。徐比袁年长四岁，经常在一起游玩，为总角之交。袁世凯发迹后看到徐世昌在翰林院长期坐冷板凳，就想拉他一把。徐世昌一看袁世凯这里是龙腾虎跃，潜力无限，受到邀请自然过去，由此获得了腾飞机会。

小站练兵，徐世昌负责文书工作及与京城里皇亲贵族的人事往来，军事方面并不负责。军事方面，练兵由冯国璋负责，炮兵由段祺瑞负责，工兵由王士珍负责，小站还有一些重要将领如姜桂题、张勋、曹锟、李纯等人。徐世昌与诸将相识相处，奠定了后来他的政治资本。在小站时，徐世昌还将张勋收为门生。徐世昌看中张勋头脑简单，性情直爽，是张飞、李逵之类有勇无谋之徒，容易利用，就收其为门生。

徐世昌投靠袁世凯之后，仕途上一帆风顺。1903 年，清廷设置练兵处，以庆亲王奕劻为总理，由徐世昌负责实际工作。1905 年，徐世昌奉命作为五大臣之一，准备出洋考察，不想在正阳门车站遇袭，侥幸未受伤。1907 年，清政府对东北进行行政改革，任命徐世昌为第一任东三省总督。徐世昌当总督时，以东北边防脆弱为由，将北洋六镇中精锐的第三镇调往东北，以掌握兵权。但第三镇统制曹锟是袁世凯的亲信，根本不把徐世昌放在眼里，徐世昌就逮住一个机会，把曹锟赶走。

在东三省任上，徐世昌考察东北地方，编了《东三省政略》一书，对东三省的政治、经济、地理及现实局势做了详细阐述，提出了系列对策，诚然有益于东北地方，并博得当时社会一片赞许声，由此一发不可收。贪图虚名的徐世昌竟然在北京设了一个专业编辑机关，雇用了十几名编辑和十几名抄写人员，帮他编出了庞大的作品集。编辑一个月给一百多块钱报酬，抄写人员给三四十块钱，每天干的活儿就是东拼西凑，组成文集出版。据说一些徐世昌的朋友将诗文稿件给他过目，徐世昌觉得好的，也拿过来编入他的诗文集中。

徐世昌发达之后，捞钱无数，却自称清廉。徐世昌的老友赵元礼很穷，徐世昌有次和他聊天时说："一个人若是没有几百万元，那还算个人吗？"赵认为徐这是在讽刺自己无能，就将这个典故到处讲给人听，并恨恨地说："徐东海（徐世昌号东海）经常号称清廉，可这话却露了他的马脚。"所以当时士人评价徐世昌道：

"徐世昌为人，虚矫过人。"

徐世昌外号"琉璃球"，为人四通八达。光绪、慈禧去世后，光绪弟弟载沣以摄政王监国，为了给光绪报仇，撤去袁世凯职务，将袁世凯赶回老家。袁世凯倒台后，徐世昌反被提升。清末清廷仿照西方模式，推行新政，废除军机处之后，以庆亲王奕劻为内阁总理大臣。徐世昌和奕劻关系过硬，就由徐世昌担任协理大臣，这是当时汉人所得到的最高官职了。

到了民国，袁世凯担任大总统，总理人选，屡有更迭，可在袁世凯心目中，最理想的总理人选，乃是徐世昌。一日袁世凯宴客，忽问谁可取代自己，座中无人敢应。袁世凯忽然道："徐世昌何如？"在座有一官员，误听为许世英，不觉失声而笑。袁世凯厉色正色道："你笑什么？菊老（徐世昌号菊人）不可，谁其可者？"

"徐世昌，所谓旧僚之人物也。旧官僚者，他无所能，以官为生活者也。"1914年，袁世凯请徐世昌出山担任国务卿（1914年5月1日，北洋政府将内阁改名为政事堂，总理改称国务卿。1916年6月29日，北洋政府政事堂复名内阁，国务卿改为国务总理）。

徐世昌出山，自有小算盘。袁世凯当大总统，如果不干了，那么徐世昌就可以续任。但没想到袁世凯后来竟然要称帝，虽然袁世凯称帝后封他为"嵩山四友"，他也不干。徐世昌对人说："所谓嵩山四友，就是永不叙用之意。"随后返回河南辉县老家隐居。

回老家没多久，徐世昌又被袁世凯请出山。此时他的老友袁世凯已快一命呜呼了，临死前指定徐世昌、段祺瑞、黎元洪三人为总统候选人。袁世凯一死，他所制定的"袁记宪法"自然也没有存在的现实依据。依照原来的《临时约法》，黎元洪是国会选举出来的副总统，从法理上讲只有他才能续任，虽然徐世昌是老资格，也只能望总统宝位而兴叹。

在北洋系统内，照资历来讲，徐世昌是最老的。但是最初徐世昌想当总理，等了好几回才等上；想当大总统吧，可大家都在捧泥菩萨黎元洪，只能在一旁干巴巴地望着。借助张勋复辟，黎元洪被赶跑，怎么说也该他当总统了吧，可这次又被冯国璋挡了道。徐世昌心里虽然急，可他能观望，能等，因为他是北洋一系里资格最老的，早晚会请他出山。

果然机会到了，冯国璋、段祺瑞闹翻后，段祺瑞手下徐树铮操控安福国会，改选总统，拉下冯国璋，准备捧徐世昌当总统。徐世昌一无兵权、地盘，二表示中立，三又是北洋元老，捧他出来做大总统，既可以任意拿捏，也可以服众。

徐世昌虽然很想当大总统，现在机会来了，他却摆出姿态，退回河南辉县老家。于是各路说客纷至沓来，劝他出面做总统，徐世昌摆足姿态之后，也答应出山了。但这回徐世昌要当大总统却有个阻碍，那就是得获取实力派支持，而现在皖系之外，最有实力的人就是当年徐世昌的下属，曾被他找机会撤去兵权的小混混曹锟。

为了当上大总统，徐世昌放下身段，推举曹锟为副总统，曹锟也忘记前仇，兴高采烈地准备做副总统。但是没想到安福国会在选举时出了岔子，选举徐世昌时到会四百三十六人，徐世昌得四百二十五票，高票当选。第二天选举副总统时，好多议员却不来了，与会者不足法定人数，曹锟的副总统梦破灭。

曹锟未能当上副总统，是皖系徐树铮下的绊子，怕曹锟当上副总统后成为第二个冯国璋，难以控制，就设计把他拿下。曹锟当不上副总统，徐世昌可是违背了当初许下的诺言，但徐世昌管不了那么多，先坐上大总统宝座再说。就这样，在 1918 年 10 月 10 日，徐世昌坐上了他梦寐以求的大总统宝座。

直皖对峙

徐世昌是个老滑头，政坛不倒翁，左右逢源，既讨好直系各督军，又感谢皖系的大力支持。当选总统之后，按照惯例，他应该立即帮助为他登上总统宝座出力最大的徐树铮成为总理。但徐世昌知道徐树铮一贯锋芒毕露，为曹锟等人所痛恨，若是任命他做总理，等于得罪直系。

此外，徐树铮专横跋扈，让他当了总理，徐世昌自己的日子也不好过。故而徐世昌选了以好人闻名的钱能训当总理。但钱能训当了几个月总理，就被徐树铮掌握的大小报纸给攻击得焦头烂额，主动缴械，请求辞职。

老滑头徐世昌又选了同属皖系，但和徐树铮势不两立的靳云鹏来当总理。靳云鹏是山东人，年轻时受过刺激，精神一度失常，外号靳疯子，又称靳瞎子。靳云鹏深得段祺瑞信任，将他一手从士卒之中提拔，并让他学习炮兵。段祺瑞时常道："我以炮兵起家，继我后者，其翼青乎。"翼青，靳云鹏字也。

蔡锷在云南发动起义时，在军中任职的靳云鹏化装成轿夫，逃出城外，辗转逃到河内，再返回北方。得到靳云鹏返回的消息后，段祺瑞的表现是，不禁狂喜。在段祺瑞运作下，1913 年，靳云鹏暂署山东军务督理（后改称督军）。在段祺瑞执掌大权后，靳云鹏返回京师，全力逢迎段祺瑞。靳云鹏与徐树铮之间，成见极深，暗斗激烈。

靳云鹏

靳云鹏恨极徐树铮，动辄粗口相向，倒也是徐树铮的克星。有次在陆军部，靳云鹏看到徐树铮在他窗外，以为他在偷听，直接爆粗口大骂。徐树铮装作未听见夹尾巴溜走了。据靳云鹏秘书回忆，靳云鹏曾公开嚷嚷徐树铮老是在段祺瑞面前陷害他，哪天他受不了时就得动手揍他。让他当总理，可以借靳云鹏的刚暴，克徐树铮的阴柔，这徐世昌还真是老滑头。

此外，靳云鹏既是段祺瑞亲信，又与直系各派军事人物渊源颇深。靳云鹏与直系大将吴佩孚有师生之谊，又都属山东同乡，且时常在政治上提携吴佩孚，二人私交甚笃。靳云鹏与奉系张作霖还是亲家，他出来当总理各方都能接受。

1919 年 11 月，靳云鹏组阁在参众两院通过，宣告成立。此时在段祺瑞一派，特别是徐树铮看来，靳云鹏已经背叛皖系。但靳云鹏组阁，绕不过皖系，其内阁成员基本上都是来自皖系，各部总长纷纷与他作对为难，实际上是个光杆总理。徐树铮对这个仇敌，是格外仇视，全力打击。

靳云鹏当上总理后，徐树铮在他背后不断放冷箭。一个堂堂国务总理，总不能亲手去揍徐树铮吧。靳云鹏就密电吴佩孚，表示受不了，不想干了。吴则劝说他，怎么也得留职，但靳云鹏最终还是下定决心辞职。1920 年 5 月，才当了几个月总理的靳云鹏称病辞职，段祺瑞也没有挽留，随他去了。靳云鹏一辞职，吴佩孚就不干了，立刻召开军官会议，通过决议，第一条就是要求恢复靳云鹏内阁。

吴佩孚真是为靳云鹏打抱不平吗？

不是。主要原因是不满于皖系利用直系做打手，却不给赏赐。吴佩孚早已在湖南宣布要停战北归，现在正好以靳云鹏内阁辞职为契机，将了皖系一军。

吴佩孚不肯再战，并要北归，现在又帮靳云鹏打抱不平，徐树铮铁定要给他穿小鞋。在徐树铮唆使下，北洋政府不给吴佩孚的部队发军饷，吴佩孚派军需处长去北京索要也毫无结果。吴佩孚不得不用缴获的枪械弹药与南军换成现金，为部队发军饷。

吴佩孚部下第五旅旅长张学颜系安徽人，毕业于陆军大学，与徐树铮有交情，被邀到北京密商。会商时定下计策，准备将吴佩孚生擒到北京。不想张学颜拍发给部下的电报是明码，被电报局人员看到。

这个电报局的人员有心让吴佩孚知道，故意跑去吴佩孚师部上厕所，并在茅厕里大肆张扬此事。一起蹲坑的吴部军官听到后吓一跳，赶紧跑去告诉吴佩孚，事情就暴露了。张学颜从北京回来后，吴佩孚将电报取出给他看，张只能认罪。吴佩孚也没追究他责任，只是让他离开军队，还送了一笔钱给他做生意。

曹锟、吴佩孚长期在南方，既不能得到新的地盘，而在北方的地盘又差点被徐树铮设计端掉，对徐树铮已是恼羞成怒了，于是在 1920 年 3 月末主动开始北撤。吴佩孚从衡阳北撤，表明吴佩孚公开与皖系决裂。一看吴佩孚动真，皖系也有点慌神。徐树铮为了拉拢吴佩孚，亲自前往衡阳游说，劝说吴佩孚继续进兵。段祺瑞则以北洋政府名义，授吴佩孚"孚威将军"衔，以示恩宠。

湖南督军张敬尧虽系段祺瑞心腹，但对吴佩孚驻军湖南一直耿耿于怀，怕吴佩孚抢他地盘，一看他要离开湖南，自然是莫大欢喜，紧急安排欢送会，敲锣打鼓地送走。西南各地军阀看到吴佩孚要撤军，也乐不可支，这等于不战而胜，而且吴佩孚回去肯定是要收拾老段和小徐，这真是大快人心！

南方各派军事力量都乐呵呵地给吴佩孚提供经济援助，广东军政府一口气就送了吴佩孚六十万军饷。这样，吴佩孚军心大振，气势如虹，全军北归了。途径武汉时，吴佩孚还顺带把汉阳兵工厂接收了，让全军补足了装备，继续北上。吴佩孚走后，因张敬尧在湖南连年杀人如麻，各地湘军发起驱张运动，张敬尧狼狈逃出长沙，由谭延闿担任湖南督军。

吴佩孚北归，先行乘车到保定与曹锟会面。曹锟这人在民国的军阀中算是实心眼儿，一团和气的人，他顾及与段祺瑞同属北洋袍泽，多年情谊，不想开战。经过吴佩孚再三陈述利害，并将小扇子徐树铮的恶行一一道来，激得曹锟两眼发红，通电段祺瑞，要求免去徐树铮西北筹边使职务，不然就要向皖系开战。

徐世昌一看直皖要开战，就赶紧请张作霖来北京调和。1920 年 6 月 19 日，张作霖到北京，先与徐世昌、段祺瑞等人会面，随后前往保定会见曹锟。张作霖在保定与直系达成秘密约定，如果调停不成则共同对付皖系。张作霖之所以支持直系，因为皖系此时掌控中枢，扩张势力，而自己要向关外发展，这就势必要铲除皖系。此外张作霖对徐树铮当年挖他墙脚，把奉军两个旅弄走一事，一直是没齿难忘，此次正好报当年的一箭之仇。

不管曹锟、吴佩孚，还是张作霖，都把打击的对象指向徐树铮，认为一切的罪过都是他造成的，与段祺瑞无关，以将段祺瑞和徐树铮切割，这也是北洋一系之间的一种感情。张作霖回到北京，将直系开出的条件转达给段祺瑞，即必须罢免徐树铮。

老段一听大怒："吴佩孚一个师长也敢要挟中央罢免边防大员，成何体统？大可与我兵戎相见，一决雌雄。"

段祺瑞反而开出条件，要求曹锟免去吴佩孚一切职务。直系自然绝不肯让步，准备与段祺瑞在疆场上一决高低。

徐世昌一看双方已成僵局，不能再左右摇摆，便表态支持直系，于1920年7月4日宣布罢免徐树铮的职务，徐树铮所练的西北边防军由陆军部接收。段祺瑞见了此声明，立即调兵包围总统府。

7月初，天津连日风传，直皖两军已开战，但此时双方尚未开战。驻防在琉璃河的双方军队，因为误会发生了一场小规模冲突，持续了近一个小时。冲突中，吴佩孚属下以大炮轰击，造成皖系军队五十余人受伤。事后双方均加以克制，避免事态扩大。在前方的各路直皖军队，有互相来往者，有彼此嬉笑，感情甚融洽，多数皖军不愿卖力作战。

1920年7月6日，段祺瑞对皖系军队下达作战动员令。在段祺瑞府中，曾召开过军事会议，商讨对直系是战是和。会上分为两派，一派主和，认为力战必败，一派大力主战。

毅军老将姜桂题大力主和，对段祺瑞道："吴佩孚年轻，有地方得罪了你，教他赔个不是好了，不至于劳动国家军队，使小民受苦。"

姜桂题又道："你真要打他，你打得过吗？"

段祺瑞道："打得过！"

姜桂题道："此刻的小孩子，比我们厉害得多呢。"

段祺瑞无言以对，姜桂题则调头大骂徐树铮："什么是非都是你这小孩子弄出来的。"段祺瑞、徐树铮二人，面对这名号称"从长矛杀到机关炮"的老将，也无可奈何。

在皖系武力逼迫之下，7月9日，徐世昌只好再次下令，开去吴佩孚第三师师长一职，并将曹锟革职留任。7月12日，曹锟联合直系各大将，联名通电，历数徐树铮六大罪状，"祸国殃国，卖国媚外，把持权柄，破坏大局，以下杀上，以奴欺主"，称"迫不得已，惟有秣马厉兵，以伸义愤"。7月13日，张作霖通电响应，称"派兵入关，扶危安乱"。

直皖开战之前，段祺瑞将指挥部搬至北京大兴团河行宫。团河系清代皇帝打猎时的行宫，行宫内只有一个大殿，大殿两旁各有一排平房。段祺瑞入住之后，将大殿以木框钉上白布加以分割，分为卧室、餐厅、客厅、浴室以及打牌、下围棋的房间。段祺瑞在大殿处理军务，办公人员则在平房里住宿办公。段祺瑞随身有重机枪一连，步兵一连，便衣侦查一连护卫。

段祺瑞到达团河后不久，靳云鹏来求见。靳是此次战事的导火索之一，现在私下又与直系打得火热。靳云鹏来时，段祺瑞正与魏宗瀚、刘询两个师长打麻将。一听靳云鹏来了，立刻鼻子都气歪了，说让他等着。后经魏、刘再三劝告，方才见了靳云鹏。

段祺瑞当面指责靳云鹏未能驾驭属下，使得吴佩孚肆意横行，靳云鹏只能无语。靳云鹏告辞之后，徐树铮赶到，以有靳云鹏暗通直系的证据为由，劝段杀掉靳。段祺瑞没有理睬，反而斥责徐树铮胡闹。靳云鹏、徐树铮、曲同丰、付良佐并称段祺瑞手下四大金刚，不想靳徐二人闹翻，仇怨极深。至直皖战争之后，徐树铮在日本公使馆避难，靳云鹏竟然买通附近卖大饼油条的摊贩，想投毒干掉徐树铮。

在团河不几日，张作霖又来求见。徐树铮听到张作霖要来的消息后，立刻去团河找到魏宗瀚、刘询，让二人派兵在团河附近埋伏，扣住张作霖，切断张作霖与曹锟、吴佩孚的联系。

魏宗瀚认为张作霖与段祺瑞关系深厚，至少会保持中立。但徐树铮认为张作霖为一世枭雄，狡诈诡异，绝对靠不住。徐树铮见到段祺瑞之后，又提出在团河扣留张作霖一事，段祺瑞不同意，并指责徐"各方树敌，非厚德载福之道，应当力戒"。后来徐树铮的下场，也印证了段祺瑞的这段话。

张作霖来团河时做了充分准备，他的防弹汽车后跟有两辆大卡车，车上装满了身着灰布大褂身藏手枪的护卫。张作霖属下猛将汤玉麟，能双手使枪，击中飞鸟，也扮作卫兵随同前来。张作霖极力调解，请段祺瑞避免武力冲突，但段祺瑞坚持要查办吴佩孚。张作霖见双方已势如水火，随即表示自己将保持中立，临行前还表示日后如有需要，可随时出来调停云云。

张作霖果然是枭雄，离开团河，回到奉天之后，立刻抛却原先对段祺瑞许诺的中立立场，支持直系，加入战事。

就直皖二军而言，直系军队多系老兵，久经战事，能征善战。而皖系官兵则是新练，战斗经验不足。皖系的日本顾问坂西利八郎，在开战之前就指出皖系边防军训练不足，士兵及指挥官没有战争经验，用以作战为时过早。但皖系军队纯一色日式装备，且补给充沛，军饷优厚，初生牛犊不怕虎，本也可一战。不想交战之后，几天之内，皖系军队就败得落花流水，主要原因在于皖系将领无能。

皖系以段祺瑞为总司令，以徐树铮为东路军总司令，会同驻济南边防军第二师马良部，由津浦线南北夹击天津。以段芝贵为西路军司令，魏宗瀚为参谋长，指挥曲同丰边防军第一师、刘询陆军第十五师两个师及陈文运边防军第三师一个旅，攻击保定。此战之中，皖军方面出动刚刚从日本购置的巨型重炮二门。此重炮系日本东京帝国兵工厂出品，质量精良，每枚炮弹重达一千磅，威力巨大。

皖系方面，边防军一、三两师各一万一千人，第九师魏宗瀚之部六千人（余部在海参崴驻扎），十三师李进才部下八千人，刘询之十五师八千人，边防军训练处之学生队约三千人，西北边防军宋子扬混成旅八千人，共五万五千人。

直系方面，能加入战事者，有吴佩孚之第三师一万一千人，第一、第二混成旅（在保定），合计一万六千人，补充旅六千人，曹锟卫队三千人，直隶警备队二十六营约一万三千人，曹锳之第四混成旅八千人，共五万六千人。

段芝贵并无军事经验，用其督军，只是因为他与徐树铮主战最力。段芝贵算是民国史上的一朵奇葩，既长期是政坛不倒翁，又是交际界的唐璜，更是美食老饕。段芝贵与段祺瑞同乡，均系安徽合肥人，当时人称段祺瑞老段，称段芝贵小段，但二者并无亲戚关系。

段芝贵少时在李鸿章家做书童，由于聪明伶俐，得到李鸿章喜欢，被送入天津武备学堂读书。袁世凯小站练兵时，段芝贵也去帮忙出力，由此平步青云。段芝贵会"烧冷灶"。"烧冷灶"指当某个政治要人失势受到冷落时，对他一如既往地热情对待，并予其帮助，待这个政治人物复出之后，自然要大力提拔在失意时过来送温暖的人。

袁世凯被赶回老家彰德后，段芝贵急忙过来"烧冷灶"，他不但常住洹上村，而且买了一架电影机，放电影给袁世凯家人看。（1911年川汉铁路国有事件爆发时，端方奉旨南下查办，前来彰德和袁世凯面谈，袁世凯当晚还放映电影来招待他。）袁世凯复出之后，自然不会忘记段芝贵，大力提拔他。称帝后还封段芝贵为一等公，可谓是凌烟阁二十四将了。袁世凯死后，冯段争雄，段芝贵和二人关系都很好，只是因为段祺瑞与他是同乡，所以就依附了老段。

段芝贵擅长经营人际关系，是吹牛拍马烧冷灶的顶级专家。又特别注重衣着，每日必要更换衣服数次，出门时，副官必定携带一大包衣服备他随时更换。

段芝贵

此外他更好吃，段芝贵非他的专用厨师李香亭做的菜不吃。段芝贵脾气暴躁，经常骂下人，但一骂李香亭，李就回骂，且骂得更为凶悍。段芝贵气极，将李香亭赶走。但没了李，段又吃不饱，吃不好，只好又将他请回，如是数次。后来段芝贵只敢躲在屋内小声骂，李香亭听到后就在院内跳脚大骂，段躲在屋内不敢回一句。

此次战事，事情如此重要，但段芝贵却携带着自己的专用厨师李香亭，带了一车的洋酒、大烟、罐头、火腿、纸烟等前往战场。在火车上段芝贵念念不忘的不是战局，而是张作霖打麻将输给他的几十万块钱还没还。战后上海报纸嘲笑道："段芝贵在前线督战，设办公处在火车上。车前悬挂一木牌，牌上书'总司令处'四个字。车中有烟枪、烟盘十四副，麻将牌七副，大菜司务二十四人。"有在麻将桌上指挥作战的统帅，皖军焉有不败之理？

直皖兵戎相见

1920 年 7 月 14 日，成了民国史上最为滑稽的一天。此日有三道命令发布：（一）段祺瑞皖军下达攻击令；（二）总统徐世昌发布息争令；（三）北京卫戍司令部公布戒严令。《申报》评道："息争令与攻击令同下，可谓滑稽。至戒严令，则系根据攻击令而来。自是以后一般人对于总统之息争令，已不顾问。"

此次战事，段祺瑞也知道部下战志不坚，恐生出变动，故而力主速战。段祺瑞一面胁迫总统徐世昌下讨伐令，一方面令东西两路分头进攻，又命徐树铮在廊坊督战。

战事爆发后，西路皖军第一师曲同丰部，以四倍兵力向直军发起进攻，直军一度不支，退出高碑店。东路方面，徐树铮带了一万多人发动攻击，双方阵线相距一里，超出枪击范围。两军都用大炮轰击，只是皖军所用的野战炮，均是去年新从日本购来，炮弹落地后不能炸开，直军不过二十多人受伤而已。

15日晚，皖军援军抵达东线，共计有四万余人。此日大雨滂沱，双方列出野战炮，展开激烈炮战。当晚，杨村及张庄间，爆发激烈战事。从夜间9时30分始，西北边防军第二混成旅，边防军第三师步兵二团，共约一万五千人，分三路由张庄进攻杨村直军防线。直军在杨村者为第四混成旅及直隶警备军步队廿营，共约二万众，堪为势均力敌。

直军东路总指挥曹锳，亲赴杨村前线指挥。双方在杨村北部十里正式开战，枪炮齐鸣，血流成河。战事之中，皖系一方的士兵，多不愿与直系交战，只是被长官逼迫，是故较为消极，在前方胡乱放枪。相比起来，直军一方士气高昂，在前方表现较好，列阵还击。两军战至午夜2时半，各换生力军重复大战，死伤盈野。

15日夜的战事之中，直军一度退至李家嘴附近，与皖军前后交锋四次。据曹锳云，之所以后退，并非战败，而是另有原因。直军驻军在杨村火车站吊桥两旁，布置大炮多门，以为御敌。直军阵地恰好与负责守卫铁路的日军相邻。当皖系军队发动进攻时，日本军官多人出来抗议，请直军将大炮移走，并云铁路附近两英里（1英里=1.6093公里）以内，不准作战。直系军队无奈，遂撤军，导致防御阵线出现空缺，之后一度败退。当夜双方前后相扑者凡四次，皖军炮火火力凶猛，但少有命中者。直军从杨村火车站撤退时，以机枪断后，有序而退。皖军追击时，反被击杀甚多。直军一路退至北仓及李家嘴中间，阵势始定。同时有奉军工程兵一营驰至相助，声威大震。

16日晨，两军血战未曾稍有停息，且更加激烈。此时直系一方明显已占优势，但伤亡较多，直系援军由各处纷纷出发。由于双方交战，京奉铁路一度中断，至16日凌晨又重新开车。16日下午，直军第四混成旅与皖军开战，直军获胜。5点至8点，又继续作战，直军更得胜利，只是攻势过猛，一度误入皖军埋伏，在北仓遭到大败。之后直军奋力猛攻，在奉军的支持下，转败为胜。战事最为激烈的此两日，连续大雨，直系军队久在南方，习惯雨水天气，在雨中赤脚作战。皖系军队则穿雨衣，畏惧泥泞，战斗力大降。

东路方面，由于张作霖出兵支持，使直系获得大胜。由奉天运送士兵的火车，共计二十六列。16日晚，九列奉军运兵车抵达天津，装有数千精兵及军火。当夜，另有十七列军车，满载奉军士兵，由山海关出发参与战事。至17日，奉军运往北仓者计火车六列，此时天津至北仓的铁道已全面堵塞，等到前方卸载之后，才将后方的奉军运送至前线。

17日，吴佩孚派出精锐部队突袭西路皖军前敌总指挥部，捕获第一师师长曲同丰和指挥部的高级将领，曲同丰全师随即败退。第一师败退后，一路撤退到北苑，全师人员武器均未受到多大损失，可以说是全师而退。但由于师长曲同丰连同师部被俘，这一师只好在北苑等待缴械。

指挥部被袭击时，曲同丰脱去军服，穿了件布褂，佩戴着指挥刀，躺在高粱地中，被直军俘虏。被俘后，曲同丰与一同被俘的炮营营长马德清一起，被送往保定。路上马德清问道："师长到了保定，作何态度？"曲同丰慨然道："死则死耳，大丈夫安肯乞怜？"马德清赞道："好男子，虽败犹荣。"

到了保定，曹锟召见二人。不料曲同丰一见曹锟，顿时鼻涕眼泪齐流，行鞠躬礼，又解下腰刀以双手递呈，恭敬无比。马德清大怒，连骂"曲辫子"。战后在保定设军事法庭进行审判，被审第一名即为曲同丰。曲同丰曾在定远号军舰上服役，甲午中日战争中，定远舰被日舰击中沉没。曲同丰抱了块木板，在海中漂泊了一日夜，被救生船救起。曲同丰此次被俘之后，不久被释放，至1925年皖系段祺瑞再起时，他竟然出任空军司令。

边防军第一师中的下级军官，多是保定军官学校毕业生。曹锟当日在保定时，优礼军官学校学生，每周休假时，都要请军官生看戏，看戏之前数日，即将戏单送到军校。保定军官学校毕业的军官，一般均对曹锟抱有好感，故而不愿卖力作战。

17日上午，皖军纷纷溃退，下午直军占领卢沟桥。傍晚时分，有段祺瑞方面请出的政客数人，乘铁路轧车，高举白旗，赴直军前线，恳求停战。吴佩孚则开出条件，必须先解除武装。此日皖军已无战意，换衣逃跑者有三团之众，余者亦狼狈不堪。此后两日，直系势如破竹，一路扫荡追击。至20日，直军大队抵达长辛店，将溃散的皖军一律扫清，至此战事告终。京汉线火车已通行无阻，照常售卖客票。段祺瑞见军心已去，败局已定，自请辞职。

此番战事，皖系大败，个中原因，一则皖系各军战斗意志不强，二则奉军出手，为直系助拳，导致皖系很快战败。皖系高级将领之中，段芝贵早做好两手准备，他的火车两头各挂一个火车头，胜就前进，败就后退。听到吴佩孚军突袭后方的消息后，段芝贵吓得立刻坐火车逃跑。随后皖军第十五师刘询部的两个旅投降直军，直接导致第三师陈文运部溃退。第十五师刘询本是冯国璋卫队，士兵多系直隶河间人，内部团结无比，冯国璋死后才被段祺瑞给收编。刘询部到了前线后，与直军不时来往，彼此嬉笑，其部多数不愿意卖命作战。

战前段祺瑞本想换下刘询，但因为刘询表态将誓死效忠段祺瑞，故而未加撤换。开战后皖系以十五师为后卫，但一开战，边防军第一师就通知各级军官，对十五师要加以提防，曲同丰忧虑后方，故而不敢全力进攻。十五师在与直军的战斗中，一接触即纷纷投降，导致西线战场的全线崩溃。

东线战场因奉军突然出兵助战，夹击皖军，旋即也战败投降。留在山东的边防军第二师马良部也不战自溃。五天之内，战事即告终结。此场战事，战前双方虽大张旗鼓，但开战后战事相当简单，如同演习一般。

此次战事中，直系方面第十六师，号称"茶壶队"，从未经过战事，纪律松弛。此师到了前方后，将领未曾约束士兵，只顾抢劫，结果被皖军包围，团长刘振鹭被击伤。所幸骁将李景林冲入包围圈，将人救出。李景林见第十六师无用，立刻去找直隶省省长曹锐，被委任为前敌副司令，出关迎接奉军，将皖军击退。此次战后，李景林却未得大用，后投奔奉系，在第二次直奉大战中出了大力。

战前皖系各要人，早已将家眷细软移至各国租界居存，以求得庇护。天津河北四马路财政厅后为段芝贵私宅，自直皖军开战，段芝贵眷属携带大量细软，逃遁租界，其家中笨重物件，交由护兵看管。传言段芝贵宅中藏有大量军火，直系派兵前去搜索，但无所得。不想段芝贵家人竟公开招商拍卖，将宅内家具陈设各物，一律出售。售完之后，众家人作鸟兽散。

自两军正式交战后，北京城内气氛紧张。14日晚，西城东斜街有流氓数十人，希图抢劫，各家将宅门紧闭，以电话通知警察署。警察署立即派来警察多名，将该股流氓驱逐。前门外某店铺，于当夜12点，有车夫四十余人想要闯入抢劫，经警察鸣笛，驱逐散去。京师内各小钱铺、小米店、小油盐店，常有衣冠不整之人，故意喧扰，想要浑水摸鱼。

15日最为紧要，此日两军激烈交战，胜负尚未明朗。京师内的警察，忙碌奔走，在城内采购馒头、烧饼，以麻袋装载，用火车运到前线，供战士食用。当日傍晚，大量伤兵乘坐火车抵达，更致京内人心惶惶。是日天降大雨，整个北京，景象惨然。

北京市民认为，战事之中，最可惧者有二，一为土匪之滋扰，一为溃兵之入城。土匪可用警察镇压，但无力应对溃兵。为免溃兵入城作乱，京师大户人家，家中已插起英、美、法、日等国小旗。至皖军战败之后，溃兵纷纷涌向北京，京内人心大为惊慌。各国使馆所在的东交民巷之内，人满为患。六国饭店每日收入房饭价七千余元。有外国使馆中的牛棚，也被出租，每日可得收入颇丰。京中米价飞涨，经过警察厅出面控制，以十六元为最高限度。溃兵汹汹而来，所幸老将姜桂题坐镇，督促毅军严守城门，不放溃兵入城，人心始得安定。

直皖战争结束后，曹锟以胜利者姿态来到北京。特意将行辕设在帽儿胡同冯国璋家中。曹锟入驻后，让冯国璋儿子将祠堂打开，要给冯国璋行礼。曹锟对着冯国璋的遗照说："四哥，我给您报仇了！"并和冯国璋的三儿子吹嘘，这次算是给冯大总统报了仇，又得意扬扬地说："年轻的时候，在小站段祺瑞就打不过我。"

靳云鹏曾跑去劝段祺瑞，速入租界躲藏。此时的段祺瑞却大骂："狗奴假惺惺，吾终不去，彼等其奈我何？"直皖战事结束之后，9月间吴佩孚来京，只带副官一人、卫兵二人来见段祺瑞。段厉声说："你来得好极了，我在家等着你呢。"吴佩孚则和颜悦色，一再关问段祺瑞饮食起居如何。段祺瑞方才缓和下来，答"方知清闲才是福"。吴佩孚又以段祺瑞历来清廉，恐其家中无积蓄为由，想提供点钱给段作为家居之用，被段拒绝。曹锟、张作霖到北京后，一直未亲自去拜访段祺瑞，只是联名署了一个"沐恩"的名帖，送了一桌燕翅酒席，段祺瑞收下后打赏了来使一百元。

皖系失败之后，段祺瑞辞职下野，安福国会被解散，徐世昌则继续在奉系与直系之间走钢丝。直系战胜后公布了一批悬赏捉拿名单，第一名就是徐树铮，悬赏十万大洋。段芝贵也列在悬赏名单中，不过段芝贵为人和气，得罪的人少，也没谁找他麻烦，跑去天津隐居，倒也逍遥，没多久也取消了通缉令。1926 年夏秋之际，段芝贵突然脑溢血死亡。

皖系大将，段祺瑞之妻弟，长江上游总司令吴光新，则被湖北督军王占元扣押。1918 年春，段祺瑞设立长江上游总司令部，委任妻弟吴光新为总司令，监视直系大将王占元。1920 年 5 月，吴佩孚率领全军由衡阳撤防北上。段祺瑞一面令张敬尧拦截，一面令吴光新南下夹击。吴佩孚军渡过洞庭之后，吴光新方才姗姗来到汉口。王占元决定设鸿门宴，在武昌设宴款待吴光新。吴光新左右均反对赴宴，但吴光新性格粗暴，不听劝阻，带了十几名卫兵，乘小兵舰过江，在汉阳门登岸，前去赴宴。到了武昌，吴光新酒菜还未吃上，即被扣押为阶下囚。吴光新曾开枪自杀，但枪没对准自己脑门，反将身旁的一名警卫击杀。

至于徐树铮，他知道自己招人恨，在京师若是被抓到了肯定没有活路，就跌跌撞撞地逃到东交民巷日本使馆避难。中方追索徐树铮甚急，日方也不好藏匿。1920 年 11 月 14 日，日本士兵采购了大号行李箱一只。17 日，在日本人高森助次郎帮助下，将徐树铮装入行李箱。捆扎行李箱时，麻绳不够用，高森助次郎就用皮带捆绑柳条箱，自己则换和服随行护送。徐树铮离开日本使馆时，行李箱上书"大日本帝国陆军用品"，一路由日方人员护送，于当晚乘坐火车抵达天津。

从使馆区至车站，途中经过城门时，中方侦探人员对于行李箱中的物件，很是怀疑。只因是日军行李，不好查探，遂将其放行。日方北京守备队长镰田中佐担忧徐树铮，竟一夜未睡，次日凌晨得到电报，称行李于 18 日安全抵达天津，方才放心下来。运到天津后，打开箱子让徐树铮出来，徐已经全身麻木，躺在箱子里动弹不得。现在一些人说直系入京后，徐树铮如何镇定，去书店付掉书款，然后如何潇洒地逃走之类云云，纯属后人遐想了。

此次战事之中，得了大便宜的便是奉系张作霖，皖系军队所采购的新式武器，多数被奉系所得。战后段祺瑞被人监视，安福系人物多数藏匿东交民巷使馆中。有人有远识，担忧曹锟、张作霖未来发生冲突，遂从中撮合，使两家结为姻亲，以防患于未然。不想两年之后，两家果然闹翻，直奉爆发大战。

六不总理段祺瑞

段祺瑞因通电逼迫清帝退位、抵制袁世凯称帝和讨伐张勋复辟这三件事，有"三造共和"的美誉。梁启超评价段祺瑞道："其人短处固所不免，然不顾一身利害，为国家勇于负责，举国中恐无人能比。"段祺瑞私德也佳，人称"六不总理"，即不抽、不喝、不嫖、不赌、不贪、不占，在北洋军阀中极为难得。

段祺瑞不贪财，也从不收礼。一战中，在中国对德国宣战之前，德国驻华公使带着德华银行经理求见段祺瑞。见面后德国公使先是说段祺瑞曾在德国留学，对德国一直友善，现在欧洲大战正酣，请贵总理秉持一贯亲善立场，不要对德宣战。说罢嘱咐德华经理取出支票一张送给段祺瑞。段祺瑞严厉回复道："对贵国宣战是为中国利益计，请收回馈赠。"德国公使只好将支票收起来走人。

据其身边人回忆，每逢段祺瑞生日，哪怕是他的亲信，也只不过送两盆花来而已。逢年过节，官场的陋习是外省官员要给京官送礼。每逢有人将礼物送来，就由门房将礼单送给段祺瑞过目。段祺瑞总是仔细审视，将最不值钱的收下，将贵重物品一律退回。冯玉祥给他送了一个大南瓜，他高高兴兴地收下了。一次张作霖从东三省派人送来江鱼、黄羊等东北特产。张作霖的副官再三请他收下，他才勉强收了两条江鱼，这已是给张作霖很大的面子了。

段祺瑞平素饮食简单，晚年素食近二十年，从不吃鹿茸、燕窝这些营养品。吃饭时就两三样素菜，最爱吃南方豆豉，每日不可缺。段祺瑞虽吃素，可是也吃鸡蛋。他专门养了几只母鸡，没有公鸡，认为这样下出来的鸡蛋是素的，可以吃。段祺瑞嗜烟，常烟不离手。在位时抽红司令牌香烟，当时每听八角钱，下野后得知这个牌子涨价到一元，就改抽国产白金龙牌，每听四角。

段祺瑞有个习惯，吃饭时要单吃，不和太太小姐们同桌吃饭，逢年过节也不例外。大年初一一家人吃团圆饭时，他就躲起来一个人吃。段祺瑞为人古板，不苟言笑，家人也乐得躲开他，免得一起吃饭时受拘束。偶尔段祺瑞请同僚吃饭，同僚们相当头痛，段祺瑞面无表情，在饭桌上如同一根木头，毫无生趣，同桌的人谁也不敢说笑，这饭吃得着实痛苦。

段祺瑞生活相当规律，每天起来后吃早饭，看公文，再去办公处，中午回家吃饭。然后午睡，下午下棋或办公，晚饭后打牌。一年三百六十五天，天天如此。段祺瑞喜欢下棋，找了一堆高手陪他对弈，其中有一少年吴清源，棋艺极高，后来入

段祺瑞

了日本籍，成为日本国手。

段祺瑞年轻时就邋遢，发迹之后对于服饰也从不讲究，衣着随便。平时常是一件长衫，头上戴个瓜皮帽。出门时，没人能认出他是堂堂的国务总理。在正式场合，他也会换上西装，穿西服时常将领带歪在一边，毫无风度可言。不管多么考究的衣服，穿在他身上总是松松垮垮。

北洋时代，军政要人中流行追捧戏子。谭鑫培、梅兰芳、杨小楼等人在舞台上盛极一时，备受追捧。段祺瑞不但没有捧过戏子，更从未到戏园子里听过一回戏，家中也没有演过一场戏。每逢他母亲、妻子的生日，顶多请一场杂耍，就算是段公馆里最热闹的场面了。

民国年间，官场上做寿之风甚盛，若杨度、梁启超等，俱以家庆为号召，排日开觞演剧，祝贺者动以数百金为礼，豪侈之习，无以复加。非此外不足以夸耀社会，内不足以娱亲友。时段祺瑞适届五十，徐树铮联络其部属，欲为之祝寿。段祺瑞闻讯大怒，握笔亲书一函，训斥徐树铮。

清代有个陋习，即大官的门房，对于来求见者，总要索要"门包"，不然就百般刁难。这个陋习到了民国也被沿袭下来，但是段祺瑞的门房从来不敢索要门包。客人来了，门房就规规矩矩地向他汇报，段祺瑞说见就见，说不见就由门房代向来客道歉。门房要是敢收门包，被他知道了一定是一顿军棍打得残废。

一个远房侄子从老家过来投奔，段祺瑞在军校替他找了个勤杂工的职务。干了几年，别人看他是总理的亲戚，就照顾他，让他采购厨房食物。有了一点权力，这个家伙就开始偷工减料，导致伙食越办越差。此事传到段祺瑞耳中，段祺瑞就到厨房查看，一看果然伙食很差，就将他侄子找来一顿痛骂，打了他一百军棍，成为废人。

段祺瑞不但在私德上严于律己，也严格要求属下。陆军部有个军官，买了个五六岁的小女孩做佣人，小女孩年幼无知，经常被军官的太太虐待，打得头破血流。这事不知怎么被段祺瑞知道了，顿时勃然大怒，将军官和小女孩传到他家客厅，客厅两边站满马弁。军官到了后，段祺瑞拍桌子大骂，然后要打他四十军棍。军官吓得浑身发抖，跪在地下磕头认错。段祺瑞骂了半天，气消了才饶了他。随后吩咐把这个小女孩送到后院，由自家太太把她收下来抚养。

北洋时期的军政要人基本上都在北京、天津有豪宅，唯独段祺瑞没有，一直借住在朋友家。段祺瑞后来在北京南门仓修了个公馆。他没钱，建这所房子的钱都是部下凑份子凑出来的，营长以上每人出一百二百不等，买了块地皮盖公馆。公馆建好后不久，日军占领北京，段祺瑞跑到天津，宅子就空在这里。段祺瑞死后，这个公馆被日本占用，日本人拿了一笔钱给段祺瑞后代，算是买下来的。

段祺瑞下野之后，住在天津日租界旧部魏宗瀚的宅子里，每天也就是念佛经、下围棋、打麻将。段祺瑞家人口多，段平日清高，没积蓄，全靠旧部接济生活。段祺瑞这时也开始操心家务了，每月的日常开支，如柴米油盐以及烟卷茶叶之类，每天都要详细记在账本上，每月送给他过目。当时他一家的生活费用，每月大概在五六百块钱以上，对他这种级别的政界要人来说，过得是相当寒碜的了。张勋下野之后，请名角如杨小楼、梅兰芳等唱戏，一次就要耗费几万块钱，一顿饭就抵得上段祺瑞一个月的生活费。

段祺瑞与原配夫人生有子女各一，长女段淑贞嫁给李鸿章侄孙，长子段宏业曾在保定陆军学堂就学，但因体弱多病而退学。段宏业嗜好围棋，棋艺精湛，可以与当时的国手相匹敌。段祺瑞与继配夫人生有子女四人，妾生有子一人。段祺瑞对子女教育极为严格，发迹之后将家中子侄也接来读书，如果在学校成绩不好或者顽劣，则加以体罚，因此晚辈都畏惧段祺瑞。1922年毅军老将姜桂题在北京死后，段祺瑞去祭奠，回家后说道："翰卿（姜桂题）大哥死了，可惜未给儿孙留下财产。"家人很惊讶，姜桂题在北京有大量房产，在老家更有无数田产，怎么会没留下家产呢？段祺瑞说："我就是知道他留下了很多产业，才这么说，你看他留下的财产多，可子女不读书，这不是祸害他们吗？"

第 八 章
第一次直奉战争

湖北驱王运动

　　1920 年奉军入关，助直系击败皖系，之后奉系分得热河、察哈尔两个省的地盘，但奉系入关的部队却赖在京津一带不肯撤回。军纪极差的奉军在当地征集粮秣，肆意干预行政，以至于京津地区有民俗道："妈拉巴子是护照，后脑勺子是车票。"

　　直皖战事之后，皖系三个师的精良装备都被直系吞了。张作霖虽然分到了骨头，但是没有吃上肉，对直系也有不满。一次张作霖所部与直系争抢两部探照灯，但没抢到。为此张作霖多次出面向曹锟追索，引起曹锟不满，骂道："雨亭（张作霖字）真他妈是胡子，连两个灯都要。"

　　战后在天津曹家花园举行了分割地盘的会议，会上张作霖对着曹锟骂骂咧咧，嚷嚷自己没有捞到好处。曹锟不善言辞，被他弄得无话可说。一贯伶牙俐齿的吴佩孚忍不住跳出来，提醒张作霖此战是以直系为主，奉系为辅。张作霖恼火地对曹锟道："这个会议是我和你之间的，要是一个师长也能这样发言，我手下师长多着呢。"吴佩孚一看张作霖因为军衔低瞧不起他，气得跑出门去。

　　吴佩孚是山东蓬莱人，晚清时还中过秀才。年轻时心高气傲，经常喝酒闹事。一次为了看戏和人大打出手，被地方官革掉功名，后北走天津，靠代人书写家信谋生。吴佩孚有亲戚在天津武卫前军聂士成处当差，便由亲戚引荐入伍。当时士兵普遍是文盲，现在突然有个秀才来投军，聂士成自然乐意收下他，对他大力加以培养，推荐他去天津武备学堂读书。

　　1900 年庚子之役，聂士成在天津战死。武卫前军溃散之后，一部分官兵被毅军收容，一部分则四处流散。吴佩孚从武备学堂毕业后，发现没地方可去，再次流落街头，靠算卦为生。1901 年袁世凯任直隶总督兼北洋大臣，奉命收容聂士成残部，吴佩孚遂重新入伍，被派到天津巡警道段芝贵属下当差。其后又被推荐到保定测绘学堂学习测绘，毕业后到北洋第三镇当队官。

1904 年日俄战争爆发后，吴佩孚被抽调出来协助日本人刺探俄国情报，扮作算命盲人、商人等，在东北四处奔走，刺探情报，出力颇多。日俄战争结束之后，吴佩孚重新回北洋第三镇，担任第六协第十一标第一营管带（营长），此时曹锟担任第三镇统制（师长）。

北洋第三镇奉命在东北剿匪，曹锟手下各部懈怠拖沓，只有吴佩孚立下功劳。因为曾在东北进行过情报工作，吴佩孚熟悉地形，在剿匪行动中又身先士卒，剿灭土匪甚多，土匪对他很是头疼，给他取了个外号"吴小鬼"。但此时吴佩孚还未吸引只想吃喝玩乐的曹锟注意。吴佩孚被曹锟看重并被得到重用，是1914 年在湖南。当时的湖南都督汤芗铭，对吴佩孚极为欣赏，曾想将他挖去帮自己训练军队，曹锟这才意识到吴佩孚的重要性，就提拔他当了旅长。此后吴佩孚飞黄腾达，成为直系最有实力的人物。

到了此年 9 月，京津各界强烈呼吁奉军撤走，吴佩孚也乘机打电报要求奉军移防。张作霖不得不将军队调回关内，但心中却埋下了对吴佩孚的不满，因吴佩孚在电报中有一句话"貌似官兵，形实土匪"，这刺痛了出身土匪的张作霖的心。张作霖、吴佩孚二人虽有矛盾，但尚未爆发，都在努力扩充势力，争夺地盘。

1921 年，湖南军阀赵恒锡和四川军阀熊克武、刘湘，因在本省养兵过多，民众不堪重负，相继侵入湖北。湖北督军王占元，向曹、吴求救，这为直系提供了一个绝佳的扩充实力的机会。

王占元，字子春，山东馆陶人，青年时代一度从事苦力，后投入淮军，立下军功，入天津武备学堂学习。至甲午战争后，王占元投奔袁世凯，在新建陆军中，由一名普通军官升为北洋陆军第二镇第三协统领。辛亥革命时，王占元的第三协被编入第一军，随冯国璋南下。王占元在前方作战卖力，曾赤裸上身，指挥战事，被最后的清廷提升为第二镇统制。

王占元

　　至中华民国成立后，王占元所部改编为第三师，由其担任师长。1914 年 4 月，因为围剿白朗，立下功劳，王占元担任湖北军务帮办。段芝贵督鄂时，大力任用安徽人，激起湖北人士不满。王占元乘机挤走段芝贵，掌控了湖北军政大权。

　　在袁世凯称帝的闹剧中，王占元表现积极，拥护称帝，被封为壮威将军。王占元得到袁世凯青睐，命其督理湖北军务。袁世凯死后，王占元又运动总统黎元洪，不但未被追究参与复辟事宜，反被任命为湖北督军。1920 年 6 月，黎元洪下台后，新总统徐世昌任命王占元为两湖巡阅使。王占元左右逢源，一方面讨好皖系，甚至为徐树铮开设银行"加印官票一千万张"；另一方面又交好直系，当吴佩孚从湖南撤兵，经过汉口时，王占元送上军费六十万元。

　　王占元将湖北视为自家的后花园，任人唯亲，大肆敛财，又残酷镇压各地民众的反抗。王占元自己曾说："吾待鲁人不薄，湖北六十九县，吾鲁人已占四十九。"湖北省的县知事，一大半是山东人了。

　　1920 年 8 月，王占元推荐自己的亲家，山东人孙振家担任湖北省省长，获得北洋政府批准，这激起了湖北人的怒火。在京的湖北同乡会首先发动，要求北洋政府收回成命。湖北省议会也召开紧急会议，反对此项任命。各省湖北同乡会纷纷配合，形成了强大的舆论压力。

在各方压力之下，北洋政府于 9 月免去孙振家省长职务，改任命湖北籍的夏寿康为省长。新的任命遭到王占元反对，他暗中操纵，发表夏寿康的所谓种种劣迹，逼迫其不敢来湖北就职。

久滞京师的湖北省长夏寿康，最终还是来上任了，于 11 月 20 日晚乘车南下，22 日抵武汉。湖北方面提前接到消息，除军省两署抱冷淡态度外，其他如商会等团体，则忙碌筹备欢迎。22 日晨 7 时，各团代表齐集大智门车站，胸悬徽章，精神焕发。各界联合会代表手持白旗数面，上书"我们的决心、省民自治、废除督军、限制兵额、制省宪法"等语，又以白布横书"请夏省长特别注意者十六条"。武昌军政界以王占元之故，多不敢出面欢迎，故到者寥寥。社会团体参与欢迎者达五六千人，签名簿上犹不止此数。原定 8 时半抵汉，因在广水让车，耽误两小时。车抵站时，军乐齐奏，白旗飘扬，脱帽欢呼，声彻四野，夏寿康立于头等车内，脱帽答礼。

夏寿康来鄂时，王占元及山东系军人大力反对。23 日，孙传芳、尹同愈等军官致函于夏寿康，阻拦其接掌省长印，并派一军官拜见，提出要求三条。夏寿康感受到了危险，24 日，夏寿康以拜客为名，渡江至汉口，躲进汉口英租界内，不敢在武昌的省政府办公。25 日，商会及各团代表在双方之间奔走调解，但无结果。

夏寿康不甘心处于王占元的威胁之下，便利用此时兴起的湖北地方自治运动威胁王占元。湖北地方自治运动，声势逼人，让王占元颇是头大，使出各种手段回击。王占元利用报纸攻击自治运动是"诡托民意，要挟政府"，又派遣代表赴京，陈述夏寿康在湖北的所谓劣迹，请将其去职以平民愤。为了安抚湖北人，又提名湖北籍的刘承恩为省长。至 1921 年 3 月 8 日，夏寿康被免去职务，以刘承恩为省长。

湖北驻军有十万左右，每月军费约百万，均由湖北财政厅筹措。筹集来的军饷，大部分进了王占元的腰包，军中拖欠军饷严重，就是王占元的嫡系部队，军饷也被他侵吞。通过调运铜圆、贩卖黄金、兼并土地，喝士兵血的王占元发了大财。

1921 年，两湖巡阅使兼湖北督军王占元赴津，与直鲁豫巡阅使曹锟、东三省巡阅使张作霖三人开会，称"三角会议"，讨论国事。会后，王占元赶赴北京，向大总统徐世昌索取部队欠饷。在北洋政府财政极其困难的情况下，徐世昌仍发给王占元三百万元的军饷。王占元人没有到湖北，部队官兵已得此消息，官兵盼望着早日发放已拖欠了三个月的军饷。不想王占元返回武昌后，只按八成发了一个月欠饷。此事引起官兵不满，都大骂"王土包子"（王的绰号）没良心，今后不再为他卖命。

1926 年 6 月 4 日夜，驻宜昌的第二十一混成旅，发动兵变，将银行、货栈、海关等抢劫一空，城内民众被枪杀者数百人。兵变后，王占元立刻派孙传芳带兵前往镇压，将乱兵击溃。之后原驻宜昌二十一混成旅一部，由宜昌乘轮船到武汉，调往他地。

7 月 7 日凌晨，轮船停泊在鲇鱼套，士兵一登岸就开枪抢劫。王占元立刻派出嫡系第二师前去镇压。不料嫡系第二师长期被拖欠军饷，一直蓄谋兵变。当夜第二师发动，纵火为号。驻扎省城内外的军队，纷纷响应，武昌城内外枪声大作，四处起火。兵变之后，电话局被叛兵控制，切断电话总线。电灯公司被叛兵破坏，全城陷入漆黑。叛兵涌入省议会，开枪击伤警卫，又冲入会计室内，寻到贮钱铁柜，一时打不开，就将钱柜抬走。

出于对王占元长期侵吞军饷的不满，叛兵对督军署发动猛攻，只是防守严密，不曾得手。叛兵愤懑之下，遂以煤油在城内纵火，大火持续到 9 日清晨方才熄灭。此番兵变，给武昌带来巨大损失，王占元更背负了巨大的舆论压力。为了缓解民愤，王占元在兵变次日，拟定了处置办法。

8 日，王占元出面安抚乱兵，称只要将枪械缴下，即可给予军饷，并准许携带抢来的财物返乡，不再追究责任。乱兵在兵变中发了财，自然想回乡，一个个兴高采烈地缴枪。此后二千余乱兵，携带着大量细软，乘船过江，再搭乘火车北返。王占元则安排军队，布置在要隘处。当日傍晚，运兵车开到伏击地段时，以两列火车头分别堵住前后，再以机枪射击，将乱兵射杀。查办武昌兵变的陆军部次长金绍曾在密电中称："该变兵一千七百名，遣送至孝感，预伏机枪，一律击毙，幸逃无几。"

由于王占元长期克扣军饷，造成武昌兵变，民间损失惨重。在全国声讨中，湖北自治运动再次兴起，此次运动，从要求任命湖北籍的省长，变为罢免王占元，掀起了轰动全国的驱王运动。此次驱王运动中，旅湘湖北同乡会感到势单力薄，遂采取"联赵驱王"策略。董必武等湖北同乡，则请四川军阀出兵援鄂。

湖南省长兼湘军总司令赵恒惕，想将湖北纳入自己地盘，遂联络四川军阀刘湘，共同组织援鄂军，驱逐王占元。

7月26日，赵恒惕派遣湘军，进攻湖北。29日，四川军阀刘湘以"援鄂军"总司令名义，出师湖北。湘军入鄂后，士气高昂，王占元手下大将孙传芳骁勇善战，在前方苦战八日之后方才撤退。湘军将领鲁涤平谈及作战情况时说："我们事前完全没有估计到王占元手下，竟有孙传芳这样一个肯打硬仗的战将，从7月28日打到8月5日，足足跟我们拼了八昼八夜，他的人马死伤过半，后面援兵不至，才给我们打跑了。我们虽然打了胜仗，却也死伤了二千多。"

王占元眼看不支，急电曹锟、吴佩孚，请求支援。说起来，王占元与曹锟、吴佩孚关系不坏。吴佩孚由衡州撤防北上时，王占元不但"借道"，更馈赠军费。在直皖战争中，王占元曾配合直军，逮捕了皖系大将吴光新。曹锟、吴佩孚一直将王占元当作北洋老人，不好意思下手。湖北自治运动中，曾有湖北人士到洛阳向吴佩孚请愿，要求驱王自治。吴佩孚训斥道："要是各省军政都归各省自己办，那么中国不成了五胡十六国了？"

但此番机会就在眼前，且若是曹锟、吴佩孚不下手，则湖北的地盘将要落入其他军阀手中。曹锟、吴佩孚当即调遣萧耀南第二十五师、靳云鹗第八旅向湖北进军。萧耀南是湖北黄冈人，曹锟、吴佩孚内定其为湖北督军，以满足"鄂人治鄂"的呼吁。

7月31日，萧耀南抵达汉口，随即占领汉阳兵工厂，控制武昌火车站。靳云鹗则驻军前沿茶庵岭，但不准属下擅发一枪一弹。8月7日，眼看大局已无可挽回，王占元辞去两湖巡阅使和湖北督军。8月11日，王占元乘兵舰出逃，经上海抵天津，此后在英租界定居。王占元下台时，将部队薪饷数百万元带走，他拖欠的第二师官兵军饷，后来孙传芳主浙时才陆续还清。

统治湖北期间，王占元敛财数千万，在天津过着富豪生活。不过，王占元在天津仍不改他的悭吝之风。他在天津购置了大批房产，每月腰挂大把锁匙，亲自收取房租，被嘲讽为"天津各大马路巡阅使"。王占元虽败，但他的部下孙传芳却在不久之后崛起，成为东南霸主。

吴佩孚所派援军进入湖北之后，按兵不动，坐山观虎斗。待王占元战败通电辞职之后，北洋政府于 8 月 9 日任命吴佩孚为两湖巡阅使，又以其部下萧耀南为湖北督军。王占元手下大将孙传芳，则被任命为长江上游总司令。

随后吴佩孚指挥军队先后击败湘军、川军，降服各路军阀，将湖北纳入掌中。除了湖北之外，在陕西督军陈树藩被驱逐之后，直系阎相文担任陕西督军，这样直系势力控制了直隶、陕西、河南、湖北四个省。

直皖战事之后，号称"靳疯子"的山东大汉靳云鹏再次担任总理。靳云鹏复出是均势的产物，但靳云鹏任命吴佩孚为两湖巡阅使者，得罪了亲家公张作霖，不久被赶下台去。

祸起梁士诒

随后张作霖推荐号称"财神"的梁士诒担任国务总理。1921 年 12 月，大总统徐世昌任命梁士诒担任国务总理。梁士诒担任总理，是张作霖鼎力支持的结果。梁士诒上台后，自然也唯张作霖马首是瞻，无视曹、吴，这激起了曹、吴的不快。客观而言，曹锟、吴佩孚与梁士诒并无嫌隙，梁士诒若是左右逢源，处理好与双方关系，倒也可以维持一时。但梁士诒内阁却唯奉张是从，忽略曹、吴利益。

1922 年元旦，徐世昌下令撤销对原先皖系一些要员如段芝贵等人的通缉令。

梁士诒内阁为了满足张作霖军饷之需，又发行了巨额公债，这两件事都让直系极其不快。

吴佩孚遂于 1922 年 1 月 5 日通电反对梁士诒内阁，罗列梁的罪行。吴佩孚骂得极为痛快："天降丧乱，蟊贼内讧，国家将亡，必有妖孽。梁士诒以洪宪罪魁，幸逃显戮，营私结党，盗窃揆席，虺蛇为心，燕集剿幕，奴性不泯，媚骨天成。"

为配合吴佩孚，湖北、山东、河南、陕西、江苏、江西六省督军联名通电，要求罢免梁士诒内阁。梁士诒一看形势不妙，旋即于 1 月 25 日托病请假，以颜惠庆兼代总理。

梁士诒是广东三水人，清末成为袁世凯幕僚，曾为袁世凯编撰过《北洋兵书》，深受袁世凯赏识，在清末先后担任过铁路总局局长、邮传部（交通部）大臣等职。晚清时期，海关等部门均由外国人控制，只有铁路为本国掌控，是当时油水最多的部门，故而梁得号"财神"。

进入民国后，梁士诒继续垄断交通事业，并插手金融业，先后担任交通银行总经理与董事长，控制中国银行、新华储蓄银行、盐业银行、铁路银行，操控中国财政金融，形成所谓的"交通系"。北洋时代，梁士诒举手之间可以筹集上千万资金，对当时政局影响颇大。袁世凯当上大总统之后，梁士诒曾担任总统府秘书长，为袁世凯的各种政治活动纳金吸银，在袁世凯称帝的过程中发挥了最为重要的作用，因为影响力大，被时人称为"二总统"。

袁世凯称帝失败后，梁士诒以为自己能被免责，但黎元洪登上大总统宝座后立即就把他的税务处督办一职免掉。在云南护国军提出的帝制祸首名单中，梁士诒位列"七凶"，被通缉捉拿。梁士诒迅速从天津逃到上海，再逃奔香港。跑到香港之后，从 1916 年至 1917 年，梁士诒主持其所创办的惠民公司，招募了近二十万华工赴法国从事挖掘战壕、搬运军火等工作。

华工在法国期间，由法国支付工资，但工资中的一部分被取出作为公积金，这部分钱数额超过一亿法郎，最后流向何方不得而知。在欧洲死亡的华工为数甚巨，他们的家属也未得到任何抚恤。欧战结束之后，大批华工归国，梁士诒的惠民公司对他们不闻不问，导致大量华工流离失所。

中国劳工前往欧洲

欧战后期，梁士诒暗中活动，委托张作霖、曹锟出面，请求大总统冯国璋取消对他的通缉令。冯国璋与梁士诒之间却有过节。袁世凯称帝前，梁士诒在袁世凯身边，洞悉其一举一动。冯国璋曾对梁士诒打过招呼，如果袁世凯想称帝，要预先和他说一下。但直到袁世凯称帝已成定局之后，梁士诒才写信告诉冯国璋，说称帝大局已定，我们只能遵从之类的话。冯国璋由此对梁士诒不满，当上大总统后，在取消梁士诒通缉令一事上作梗。

梁士诒一方面请张作霖和曹锟等做说客，另一方面又送了冯国璋一大笔钱，冯方才同意取消通缉令。1918年2月，梁士诒的通缉令被取消，随后梁重新出山，回到北京，再次呼风唤雨，先后出任参议院议长和国务总理。

在舆论攻势及直系的打击下，梁士诒请假出京，躲到天津去避风头了。吴佩孚打梁士诒，实际就是在打张作霖。张作霖对此非常恼火，打电报给曹锟，说吴小二（吴佩孚）现在越发猖狂，若再不加以克制，恐怕将来要学赵匡胤黄袍加身。打完电报，张作霖脑筋一转，又想离间曹锟和吴佩孚之间的关系。当时直系分成在保定的曹锟、在洛阳的吴佩孚和在京的曹锐（曹锟弟弟）三派势力，张作霖拉拢曹锐，屡屡在曹锟面前挑拨离间。但曹锟这个大老粗却极其信任吴佩孚，不为所动。

曹锟此人只想吃喝玩乐捞钱，用兵打仗一概交给吴佩孚。而吴佩孚每战均能以少胜多，被誉为常胜将军。1920年的直皖战争中，直系虽然取胜，但与奉系相比，实力仍然相差悬殊。曹锟、吴佩孚的基本部队是在北洋第三镇基础上组建的第三师，除了这一个师之外，另外有两个独立旅，但是战斗力不行。直皖战争后，直系扩军至四个师两个旅，这才成为堪与张作霖匹敌的实力派。

直隶一带可以驻兵的地方只有保定、天津、马厂、廊坊、韩柳墅和北京附近的南苑、北苑兵营，现在军队扩充多了，这些兵营容纳不下。吴佩孚提出由自己带两个师去洛阳驻扎，因为洛阳有原先皖系的军营，且洛阳又紧靠巩县兵工厂，可以就近补给军火。吴佩孚在洛阳安顿下来之后，有了一方霸主的气势。曹锟身边的人则不满吴佩孚傲气逼人，瞧不起他们，时常在曹锟面前挑拨。

曹锟一生在军事上没什么建树，唯一的优点就是重用吴佩孚。他的这些地盘和军队，是和吴佩孚血战分不开的，对吴佩孚绝对信任。凡是过来挑拨他和吴佩孚关系的，一律严词训斥道："你们骂子玉（吴佩孚字）不好，你们有本事就去打仗卖命啊！"曹锟对吴佩孚可谓是言听计从，吴佩孚对曹锟也是忠心不二。第一次直奉战争之前，曹锟不愿意和亲家张作霖开战，但吴佩孚坚持要打，曹锟就同意打。

直奉初交锋

1922年4月初，吴佩孚得到情报，张作霖已下达动员令，正在新民、锦州一带集结大军，挥师入关。奉军入关的部队，总计四个师十个混成旅三个骑兵旅，全军十二万五千人。直系全军人数约十万。

4月10日，张作霖电曹锟谓："解决时局端赖你我二人。"张作霖提出停战条件：（一）请元首颁令军人不得干涉中央政治；（二）请责令吴佩孚回两湖巡阅本任，撤去巡阅副使；（三）任梁叶张自动销假。

4月23日，吴佩孚由洛阳到郑州，因为盛传有刺客出动，故而宿在列车上。当日召集军官会议，吴与会议之军官，均一律脱去帽金，卸去肩章，与兵士同一服式，唯各人臂上缠一红布，上书旅长、团长、营长等字样，会议结果，一律主战。

4月28日，两军开始对阵。

此番战事，奉军摆出了个一字长蛇阵，直军则摆出了个三角阵。北京的几个军事专家，研究之后认为，奉军的布置，一点被突破，则牵动全军。直军布置成三角阵形，每角都集中兵力，一角失败，其余依旧可以作战。军事专家将意见提供给张作霖，张作霖看了一笑置之，云："直军器械陈旧，军饷发不出来，一打就跑，哪是我军对手？"

奉军在东线有四个梯队：第一梯队司令张作相，辖第二十七、第二十八师，第六混成旅，驻廊坊；第二梯队司令张学良，辖第三、第四、第八混成旅，驻胜芳镇一带；第三梯队司令李景林，辖第一、第七混成旅，驻唐官屯；第四梯队张九卿，辖吉、黑两个骑兵旅；另有一个骑兵军，布置在马厂一带。

奉军在西线有两个师、三个旅，司令张景惠，辖暂编第一师、第十六师、第九旅、第十旅，前线指挥部在长辛店，布置在京汉线两旁。

西线奉军司令张景惠与张作霖是结义弟兄，且与曹锟关系密切，私交甚厚。在奉系内部张景惠是主和派，此次被主战派打压，遂快快不快。张景惠战前即与老友曹锟联系好，互不开火。开战之前，张景惠还躲在前门外八大胡同狂嫖滥赌，对于作战并没做什么认真部署。

在直奉开战之后，张景惠部下郑殿升一度发起进攻，取得进展，为此张景惠还亲自来到阵地训示郑殿升："谁让你打的？快把部队撤回。"

到直军发起进攻时，张景惠才傻了眼，没想到一贯忠厚老实的曹三爷（曹锟）也会骗人，违背约定，来打自己。但这也不能怪曹锟，曹锟和张作霖是亲家，和张景惠是老朋友，他自己也不想开战，甚至准备从保定撤退前往河南。直到收到吴佩孚电报称："如果你们不打，我一个人也要打。"曹锟才下定决心开战。曹锟临战时没有军费，向他姨太太借了十八万作军费，方才仓促上阵。

5月2日，吴佩孚亲带一万大军猛攻东线奉军。张学良所统领的第二梯队几乎不支，所幸得到丰台援军支持，勉强守住阵线。张学良此时年方二十二岁，张作霖特意派了素称骁勇的"大虎"汤玉麟陪伴，以随时保护。开战时，有消息称吴佩孚在前方指挥，汤玉麟大喜，要亲自出马，活捉吴佩孚。不顾左右劝阻，汤玉麟带了几十人冲了上去，不一会又原路退回，向张学良报告称："敌人有炮，我们上不去。"

吴佩孚带来了学生军两个团，系其在洛阳亲自训练出来的精锐。学生军挑选十五岁至二十岁的良家子弟，体能发达，反应敏捷，作为未来军队将官中坚。在5月4日攻打长辛店时，西方记者看到学生军一手持手枪，一手提短刀冲锋，颇是勇敢。

吴佩孚在长辛店、固安、马厂一带，埋下大量地雷，奉军受伤者颇多。奉军从周围强征乡民去挖地雷，而吴佩孚则以钱粮帮助地方上民众，故而民众对奉军恨之入骨，帮助吴佩孚刺探奉军各类情报。

战争开始后，吴佩孚将家眷迁至保定，以鼓舞军心。吴佩孚一贯重视舆论，此番也不例外，偕中外新闻记者，乘汽车到丰台等地视察军情。

据观察战事的各国军事观察团评判，中国军队较以往战术有进步。奉军在战斗中，勇敢坚韧，战术刚硬，故而屡受伏击暗算。直军在战术上，重视挖掘战场工事，挖出的泥土散布于四周如平地，并不似一般军队堆积起来，作为架枪之用，如此敌方很难获得目标。双方激战正酣时，在长辛店观战的英国使馆翻译被流弹集中，穿透头颅，所幸未伤及大脑，不致有生命之忧。

长辛店附近炮火通日不息，两军防地未有移动。奉军布置大炮阵地七处，每处阵地置三英寸口径大炮三门，发射不绝，炮弹能及一千八百码。而于较近距离之内，使用的战壕榴霰弹威力最大。直军方面不如奉军炮弹充足，炮术也逊于奉军。30日夜，双方爆发大战，奉军不支，沿铁路向丰台稍退。

交战中，直军英国式飞机一架，由保定飞至战地，抛掷炸弹，有一枚落于美国水兵所乘之火车附近，未有损伤。奉军阻断京津间之铁路交通，外交团已提出严重抗议，谓违背《辛丑条约》，如不立即恢复交通，则将派外兵防守路线。

西线交战不久，吴佩孚故伎重演，以大队人马正面进攻，另以精兵迂回到奉军后方，发动夜袭。5月4日，直军包围西路奉军，奉军腹背受敌，炮弹也告用罄。奉军西线上的邹芬第十六师，原本是冯国璋的亲信部队，后来被奉军收编，此时临阵倒戈，导致西线全线崩溃。第十六师战败之后，张景惠打电报给张作霖，称邹芬战败自杀身亡。但邹芬自杀时，只是把脚给打伤，被人劝住后，并未再自杀。后邹芬被张景惠送到大连躲藏，每日吸食鸦片。

西线军队退至卢沟桥、丰台一带时，尚存部分实力，但统帅张景惠竟弃全军而去，西线遂瓦解。战事结束之后，张景惠寄居北京，未回奉天，曹锟对他优礼相加。曹锟贿选登台后，任命他为全国国道督办，月给经费两万元。

西线奉军溃败后，一部分败兵退到北京城外，但城门紧闭，不能入城。有少数溃兵于5日午后，想冲入北京城内，被警察开枪射击，随即逃走。至夜间，东便门外又有溃兵数百人，搭乘火车前来。溃兵想冲入城内，毁坏城门一扇。守卫开枪阻击，在得到城内大队警察的支持后，最终击退奉军溃兵。

由于京内警察守卫得力，北京治安良好，未曾出现历次战事中的溃兵作乱。此前的直皖战事中，北京城内居民已有避战经验，挖有地窖。此番直奉开战后，北京居民一闻枪声，纷纷钻入地窖内躲避。在京师内的各省会馆都设有护卫队，为了避免发生误会，均改穿警察制服，作为辅助力量。北京封闭各城门之后，因为此前已有充分准备，虽断绝交通，但粮食可以支持三个月，倒不成问题。

京外溃兵众多，京内虽有城墙隔开，但面对如狼似虎的溃兵还是忧虑不已。京师内各方力量联合，在南苑、西苑、北苑等处设置收容所，准备好馒头。同时预先筹集六十万元，作为遣返费，溃兵每杆枪可换得三元。

奉军东线方面，第一梯队由张作相统领，其所指挥的部队平素就缺乏训练，军纪涣散，士兵战斗力低下。一些部队的指挥官是张作霖从随身护卫中提拔上来的，既骄横又缺少军事知识，当官之后只想享受，到了前线只求自保。驻扎在廊坊的第三旅旅长鲍德山，开战后按兵不动，当前方激战正酣之际，鲍德山却身着全套大礼服，戴着长缨帽，率领随身侍卫骑着高头大马雄赳赳气昂昂地去见张作相。

张作相一看就傻眼了，吼道："这都啥时候了，你不出兵打仗，穿一身大礼服跑来跑去发什么疯？"鲍德山听后不悦，掉头就走。张作相随后电令他出击，并警告他不听指挥，就须承担责任。鲍德山接到电报后骂道："什么责任，什么命令？扯淡！"在西路溃败之后，战斗意志本就不强的第一梯队就更加不济了，旋即全线撤退。招摇的鲍德山，虽在西路长辛店附近腿受重伤，战后也被张作霖枪毙泄愤。

东线第三梯队由奉系猛将李景林指挥。李景林是当时著名武术家，也是军中猛将。辛亥革命时，冯国璋带领北洋军队南下攻打革命军，曾在军中招募了五百名敢死队，分作两队，作为攻打汉阳的急先锋。李景林应募并担任第二敢死队队长。在汉阳之战中，第一敢死队队长战死，李景林带领第二敢死队冲锋，占领汉阳龟山，插上龙旗，被清廷赏穿黄马褂。辛亥革命之后，李景林一度曾在皖系段祺瑞的边防军中担任团长。

段祺瑞战败后，李景林投奔张作霖，得到重用，被任命为奉军第一师师长。李景林自述道："某年终，我欠了官银号七八十万小洋，都是赌博输了的，我没法偿还，挺身向老将（张作霖）以实告。老将很慷慨地答应销账，并安慰说好好干吧，使我终生难忘。"

感激于张作霖厚待，李景林在奉系中卖力训练部队，所部被称为"疾行军"，战力强悍。此次开战之后，李景林所部接连取胜，张作霖激动地夸奖他为奉军第一健将。5月4日，听闻西路奉军溃败消息后，李景林率领部队有序撤退，途中遭到直军优势兵力追击，虽有损失，但终能抵达滦州。

5月3日张作霖前往前方督战，行至廊坊时列车受阻，不能前进。第二天从天津来了个"奇人"拜访，此人就是在天津隐居的辫帅张勋。张勋临走时，张作霖对他苦笑道："这次我要栽筋斗了。"张勋大笑道："你栽的筋斗能有我的大吗？"

5月4日，张作霖见战局不支，便下令全线撤退。大批败下阵来的奉军拥堵在古冶地方不能前进，铁道上的七条道岔全被堵死，逃回关外的铁路中断。见情势紧急，张作霖派人携带现大洋两万，去犒赏铁路工作人员，鼓励他们尽快疏通铁路。但这么多现大洋搬到铁路上，无数溃兵的眼球立刻被吸引住了，现场情势顿时紧张起来。张作霖立刻命令将大洋分给士兵，才避免了一场兵变。

退至滦州之后，张作霖开始收容败兵。凡败军所乘的列车到站，张必亲自躬迎，对每个士兵都有打赏，平均每个士兵能领到大洋二十元，仅在滦州收容士兵，就花掉了大洋二百万。二十天内，张作霖没好好睡过一场觉，其能称雄一方，败而不溃，败而再起，实有过人之处。

5月4日正午12时，吴佩孚带了一旅兵入丰台车站，其时奉军十列火车已逃，铁路上丢弃的枪支、子弹、大炮甚多，而馒头及罐头食物满地皆是。吴佩孚部下进站后，正好在此吃饭。吴佩孚与路经丰台的美国武官霍金斯共进午餐，连发两道追击命令。

此战中，大批奉军骑兵被堵在关内，成为俘虏。直军也讲道义，让奉系骑兵将军服军帽脱下来，每人另发给蓝布衣裤一套，草帽一顶，衣服上有八寸见方紫青色大字"废"，表明是俘虏，然后再全数加以遣返。这批骑兵由塘沽搭乘货轮返回东北原先部队。当时骑兵的马是个人装备，属于私人私产，直系将每匹马按照官价作价，支付钱给奉系骑兵个人，马鞍则由士兵随身带回。

直奉战争时，海军元老、曾经的国务总理萨镇冰，亲率海军主力舰海筹、海容、海琛、应瑞各舰，帮助直军作战，炮击奉军后方葫芦岛。但是海军炮弹缺乏，火力不足。此事被在场观战的英国军舰得知，遂援助了萨镇冰一些炮弹。因为此前曾有一艘英国军舰在渤海湾搁浅，萨镇冰命令中国军舰海天号帮助将该舰拖入海中，此次英国军舰借机回报萨镇冰。

萨镇冰之所以帮助吴佩孚，据说是因为在萨镇冰担任国务总理时，张作霖进京，萨镇冰请他吃饭，张作霖既没有到场，也没有表示谢意，萨认为张作霖目空一切。而萨镇冰为海军元老，在海军中是一呼百应。战前张作霖曾以十万元收买海筹舰舰长甘联鳌，甘联鳌将此事告知萨镇冰。萨镇冰让他将十万元取出，分给舰上众士兵，甘就照办，可见萨镇冰在海军中的影响力。此次直奉战争，萨镇冰亲自出马，将海军主力拉到直系一方，帮助吴佩孚打张作霖，以海军大炮轰击葫芦岛，断奉军后路，奏了奇效。

奉军退回关外后，一部分奉军在山海关一带凭借坚固工事与直军对峙，以确保关外根据地。奉军在山海关前线弹药严重不足，只有敌军进入射程之内方许开枪。没有战事时各部连长就检查士兵枪筒是否发热，发热证明士兵开过枪，要受惩罚。为了解决弹药问题，张作霖曾向日本关东军借枪弹五十万发，但被关东军拒绝。张作霖极为沮丧，此后自掏腰包，在东三省建起了庞大的兵工厂，以免在弹药上受制于人。

张作霖在山海关一线稳住阵脚之后，开始凭险固守，双方交战激烈，在前线形成僵局。一部分直军绕出长城攻击，控制了榆关一带的险隘。驻京各国公使担忧在榆关一带交战可能会影响铁路交通，便出面调停。6月20日，直奉双方在秦皇岛达成停战和约。此战直系大胜，共缴获奉军枪支八万支，大炮二百余门，战马九千多匹。

直系取胜之后，吴佩孚驻京代表请总统徐世昌发讨伐令，指名惩罚祸首张作霖、梁士诒、叶恭绰、张弧四人。徐世昌认为，张作霖尚拥有三省三区地盘，投鼠实为忌器，以"稍为考虑，再行核办"八字回复，故而只列了后三人之名。

至消息发布时，排名改为了叶恭绰、梁士诒、张弧，叶恭绰的排名在梁士诒之前。之所以如此，因为此时周自齐署理国务总理，他是交通系重要分子，与梁士诒私交尤厚。为了让周自齐副署，在惩办祸首命令中，将梁士诒改在叶恭绰后

梁士诒

227

面，以顾全周梁个人之交谊。梁士诒、叶恭绰提前得到消息，逃亡日本，此后迁回香港居住。

5月5日晚，惩办叶、梁、张命令发表。6日上午，警察总监薛之珩带领保安侦缉队前往报子胡同叶恭绰寓所，执行查抄。但该宅并非叶氏所有，系赁居，自难查封。故仅将叶氏住屋数间，以及什物等项，一一粘贴封条，派警察看守。甘石桥梁士诒的住宅，则由步军统领王怀庆带游缉队前往，至时该宅已无主人，只有仆从数名。王怀庆将仆从放出，房屋一律查封。张弧处系由左翼袁得亮带队办理。张宅在南长街，袁得亮到时，见门旁挂有三菱洋行招牌，高悬日本国旗，内有日本人数名。据称该宅系三菱洋行所有，张弧在此赁房居住。

最初一般人推测，以为此次奉直之战，必将旷日持久。不想开战之后，不及十日，即告结束。即使落堡有一恶战，也不过草草收场。自5月3日，直军下总攻击令后，不及一日，而三路奉军不支。又一日，张作霖从军粮城逃离，战事结束之快，出人意料。

直奉战争之后，在西南各省军阀的支持下，直系决定逼徐世昌退位，请黎元洪复职。徐世昌犹恋栈，不肯走人，被直系狠逼之下，方才恋恋不舍地交出大总统印信，回天津租界养老去了。在北洋军阀中，徐世昌算是高寿的。1939年，徐世昌以八十四岁高龄在天津去世。

但这次直系请黎元洪出山，黎元洪却不肯干了。没有军权的黎元洪，上上下下了几次，吃足了军头们的苦。这次开出条件，首先要废督裁兵，不然绝不复职。这给正张罗得热火朝天的各路军头一盆凉水。但现在除了黎元洪，还能选择谁呢？无奈之下，曹锟、吴佩孚不得不通电表示愿意废督裁兵，黎元洪遂在6月11日进京就职。

比较而言，吴佩孚军队装备并不佳良，军饷亦缺乏，唯其士兵训练精良，且服从其领袖。张作霖则军器极佳，而兵士乃金钱雇来者。此次奉军大败，当时人总结有三个原因：其一，奉军兵骄将悍，私欲心重，不适于作战。其二，战前子弹、炮弹滥发，至紧要关头却无弹药可以补充。其三，粮食问题。奉军官长将所发口粮费，半入私囊。战后打扫战场时发现，奉军阵亡的排长，身上也有现大洋八十元，其他高级军官可想而知。

奉系此次大败的深层原因在于，张作霖未全力对付此场战事。吴佩孚则是背水一战，败了就一无所有，而张作霖败了还能逃出关外。在交战时，张作霖三心二意，未全力出击，他既希望广东方面北伐，又期望河南督军赵倜等省军阀抄吴佩孚后路，端吴佩孚老巢。在前线，奉军又将本为直系的第十六师（冯国璋以前清禁卫军为主改编的部队）放在第一线当炮灰，结果十六师在前线叛变，使得全军震动，遂一溃千里。而吴佩孚则全军主力押上拼命，吴佩孚本人在第一线指挥，凡是作战不力者当场格杀，全军拼命，焉能不胜？

冯国璋在1919年去世。1920年直皖战争，被段祺瑞收编的冯国璋的第十五师临阵倒戈，导致段祺瑞大败；1922年第一次直奉战争，被张作霖收编的冯国璋的第十六师临阵倒戈，导致张作霖大败。冯国璋当大笑于九泉之下："我老冯的部队，有这么容易吞并吗？"

对于主持此次战事的吴佩孚，为舆论所吹捧："吴用兵者，几如旧小说中之天上神兵，又如欧洲大战中之英法名将。"

冯玉祥主豫

战前和张作霖暗通的各省军阀有河南督军赵倜、安徽督军张文生、山东督军田中玉等人，但真正发动攻击的只有河南督军赵倜。

赵倜借助围剿白朗，立下大功，当上河南督军，一干就是十年，在河南作威作福，鱼肉民众。赵倜出身毅军，以此为基础，在河南组建了私人武装宏威军，安排自己的弟弟赵杰当军队司令。赵杰在河南各地招兵买马，收罗的都是地痞无赖，骚扰地方。

赵倜在河南鱼肉乡里，开封学生联合前去赵倜督军署抗议，不想赵倜竟令军队开枪镇压，更准备将所有学校解散。河南各地民众对赵倜忍无可忍，纷纷跑去洛阳向吴佩孚告状，吴佩孚屡次建议赵倜解散这支部队，赵倜对此置之不理。

在张作霖和吴佩孚之间，赵倜打太极，左右摇摆不定。对奉系开战之前，吴佩孚不想招惹太多是非，对赵倜以容忍为主，只是找他借三百万军饷。赵倜是个大财迷，对自己的军队还时常克扣军饷，现在让他一口气拿出三百万给吴佩孚，无异于要他老命，于是赵倜决定和安徽督军张文生、山东督军田中玉结成联盟，共同反对吴佩孚。不想消息被泄露，吴佩孚决定拿下赵倜，以其他人为河南督军。赵倜得悉之后，大为惊慌，急忙送了四十万块钱给吴佩孚。

吴佩孚一方面张罗对奉系的战事，另一方面又不放心赵倜这颗安在后方的炸弹。4月25日，吴佩孚由洛阳动身前往保定前，派人约赵倜到郑州谈话。赵倜接了电报不能不去，可是一上车就开始哭，说："这是鸿门宴，我怕是再也不能见到各位了。"于是送行的众手下一起表态，劝他不能去郑州见吴佩孚，将他硬从车

赵　倜

上拉下来。赵倜被吴佩孚屡屡逼迫，扬言："吴子玉如逼我太甚，我唯有奋力一战，战而不胜，则我有六万人，即作白狼生活，亦可纵横中原。"

吴佩孚见赵倜三心二意，而自己的大本营又在河南洛阳，心里自然放心不下，于是就调了赵倜的老对头，直系大将冯玉祥率领胡景翼、张锡元等杀入河南。

冯玉祥和赵倜的恩怨由来已久。早在 1920 年 7 月，冯玉祥率第十六混成旅从湖南北上，驻扎河南信阳时，经人引荐，冯玉祥与赵倜部下、河南陆军暂编第一师师长成慎结识，二人一见如故。成慎一直被赵倜排挤，故引冯玉祥为外援。冯玉祥部驻信阳，成慎部驻安阳，两部遥相呼应，互为掎角。

经过各方联络，得到曹锟表态支持，洛阳吴佩孚表示中立之后，成慎与冯玉祥约定，在 1921 年 3 月发动，驱逐赵倜。赵倜所依赖的是由旧式军队毅军改编而来的宏威军，并由他的草包弟弟，人称"赵三麻子"的赵杰担任指挥官。赵杰精通吃喝嫖赌抽，对于打仗是一窍不通，宏威军哪有什么战斗力？双方一接触，便兵败如山倒。

眼看着就要被成慎赶跑，赵倜便急忙请张作霖帮忙做说客。因为赵倜、张作霖过去都属毅军系统，算是袍泽。张作霖就向曹锟进言，让曹锟制止成慎的以下犯上行为，并扬言曹锟如不行动，自己将派兵入关助赵倜。为了不给张作霖借口，曹锟便命令吴佩孚助赵倜灭掉成慎，以断张作霖入关干涉的念头。吴佩孚派自己部下突袭成慎部队，成慎毫无防备，全军溃散。

成慎逃跑后，感到大势已去，就开枪自杀。这时冯玉祥已开始动手，将豫南一带的赵倜部队解除武装。得悉吴佩孚突然改变立场，支持赵倜后，冯玉祥的处境颇是尴尬。吴佩孚也没有与冯玉祥为难，只是让冯玉祥将武器还给赵倜，此事就此作罢。但冯玉祥心里一直耿耿于怀，欲图为成慎报仇。

其后冯玉祥所部进入陕西，此时正是陕西督军陈树藩摇摇欲坠之时。直皖战争之后，在分赃时，直系、奉系决定拿属于皖系的陕西督军陈树藩开刀。

陈树藩自然不甘心坐以待毙，先是加入浙江督军卢永祥搞的地方自治。北洋政府将陈树藩撤职之后，陈树藩又指使陕西团长以上军官联名电请北洋政府收回成命，同时宣布陕西自治。直系遂派阎相文、冯玉祥等率部开赴陕西，驱逐陈树藩，在三原一带的于右任，陕南的郭坚、胡景翼等靖国军武装纷纷响应。

1921 年 7 月，各路军队逼近西安，陈树藩不支逃走。逃离西安时，陈树藩随身携带的行李就有三千多件。离开西安前，陈树藩曾向陕西父老号啕大哭，称自己做了几年陕西督军，仍然是个穷光蛋，一穷二白，弄得在座的陕西父老也陪着掉了几滴眼泪。可据陈树藩手下说，陈的财产在五百万以上。离开西安时，陈树藩连督军署的地板都不放过，拆下来运走。见陈树藩大势已去，镇嵩军刘镇华就倒戈一击，将陈树藩属下手枪队和重炮营解除武装，以此向新任督军阎相文请功，保住了他的省长地位。

陈树藩虽然贪财，但行事还算有底线。被直系阎相文、冯玉祥驱逐后，陈树藩在上海当起了寓公，在沪闲居一段时间后迁居天津，开了一个钱庄。在天津时，陈树藩每日研究佛教经典，手抄《法华经》四部。抗战爆发后，为避免被裹挟为汉奸，陈树藩乔装打扮，一人行到四川，住在峨眉山寺庙中。蒋介石闻讯后，托人给了他一张委任状和一笔钱。陈树藩笑道："钱有用留下，委任状无用拿走。"在给友人书中云："日在佛前祈祷，为众生消灾化劫。"

陈树藩逃跑后，阎相文接任陕西督军，冯玉祥被任命为陕西西部剿匪总司令。当时陕西地方上军头林立，以郭坚所部实力最强。

郭坚，字方刚，陕西蒲城县人。郭坚出身蒲城世家，系前清秀才，擅长书法。落草为寇之后，郭坚在陕西西部招收了众多刀客，占据陕西西部凤翔、岐山一带，形成割据局面。郭坚为人不修边幅，行动散漫，持四五尺长旱烟袋。

1921 年，阎相文督陕后，见陕西被各股大小势力瓜分，有意加以整顿。阎相文为人宽厚，不忍多事杀戮，以怀柔为主，预备将郭坚、胡景翼等靖国军势力收编。但冯玉祥反对收编，认为应该杀人立威。

在阎相文的邀请下，郭坚、胡景翼等来到西安，商谈军队整编的问题。到了西安之后，阎相文让郭坚去找冯玉祥，商讨具体事宜。8 月 13 日，郭坚到了西关营房，找冯玉祥商讨收编事宜。郭坚到了后，冯玉祥正在吃西瓜，立刻道："郭先生来了，请吃瓜。"此时埋伏的士兵都在墙后窥探，将院墙推倒，露出了墙后的一大堆伏兵。原来这群躲在院墙后面的伏兵想看看郭坚这个名人长了个什么样子，大家你推我挤的，将砌得不牢的院墙推倒。

院墙一倒，伏兵露出，郭坚大惊，拉着冯玉祥问道："焕章兄这是怎么回事？"冯玉祥手下士兵一拥而上，将郭坚和他的随从全部擒住，随后将郭坚处决，将头颅挂在西安鼓楼示众。胡景翼闻讯之后，立刻策马狂奔，逃过一劫。

再说阎相文，自当上陕西督军后，陕西各地的部队，林林总总，大大小小，有十几万人，这十几万人一起向阎相文索要军饷。此外，北京各部官员推荐的，随阎相文入陕西谋官职的又有不下八百余人，每天都跟着他后面吵闹要官职。他一时安排不了，又被北京那头的官僚刁难责备，不得不每天好酒好菜招待。心中暗藏杀机，野心勃勃的冯玉祥，又不是他所能驾驭得了的。每天处理这些事务就让阎相文几近崩溃，又时常被吴佩孚训斥。各种压力交集之下，阎相文就于 8 月23 日吞鸦片自杀了。

阎相文服鸦片自杀后，被警卫人员发现时已口吐白沫，奄奄一息，医务人员准备灌救时，有人跳出来说："吞了烟土的人，如果和地下的湿土一接触，土见土，就可解救。"于是就在地上挖了一个大坑，将阎相文放了进去，但是湿土碰了烟土，并没有显示出什么神效，就这样一命呜呼了。阎相文任督军前后不到两个月，被称为民国史上最短命的督军。

阎相文死后，原本资望尚浅的冯玉祥接任为陕西督军，冯玉祥所部第十六混成旅也很快扩充为陆军第十一师，为后来以冯玉祥为首的国民军系统奠定了基础。阎相文一死，冯玉祥得益最多，因而有冯玉祥谋害阎相文一说。但阎相文之死，实与冯玉祥无关。

冯玉祥此人素来铁面无情，心狠手辣，那些想捞官职的、想索军饷的，看他当了督军，一个个都夹着尾巴闪人。

河南督军赵倜据守开封者，前后九年。虽其间曾经若干政变，其人却能一直不倒。以赵倜的军事实力，实不足以自固，但以其两面三刀，左右逢源的能耐，加上北洋系统内的老资格身份，故而能捭阖纵横，周旋于各路强大军阀之间，河南虽迭次反抗，却未能动摇赵倜。

1922 年夏初，第一次直奉战争爆发。吴佩孚由洛阳北上督师，中原空虚，吴调陕西督军冯玉祥进驻洛阳，任预备军总司令。冯以一部兵力驻郑州，与第八混成旅靳云鹗共同据守，以防赵倜的袭击。赵倜也早有准备，集结数十营兵力于中牟一带，任命弟弟赵杰为总司令，又调兵开往开封以西，担任赵杰后卫。

第一次直奉战争期间，赵倜接连收到张作霖捏造出来的所谓胜利捷报。赵倜潜伏在北京的密探，竟然给他发了一个天大的报喜电报，说吴佩孚已经战死。得到这利好消息后，赵倜好比打满鸡血一般浑身颤抖，决定立刻进军郑州，解决掉在河南的直系势力。

赵倜下手之前，还联系了安徽督军张文生一起干。可是张文生恰好在赵倜发动进攻时得悉奉军已战败，于是及时停止行动，只剩下赵倜一个猛攻郑州。（张文生是张勋留在徐州的四十营辫子军的统领，张勋复辟失败后被倪嗣冲收编。倪嗣冲死后，张文生因为掌握军权而出任安徽督军。张文生、赵倜都出自毅军系统，故而关系密切。）

赵倜电令赵杰向郑州进攻，并令归德镇守使宝德全，星夜沿黄河西进，夺取黄河铁桥，切断冯吴联系。5月6日拂晓时分，赵杰指挥军队，从中牟县暗袭郑州。郑州守军仅张王两旅及靳云鹗部，共三营半人，张王两旅长起誓，与郑州城共存亡。几位将领亲自登城，冒死督战，靳云鹗任指挥，激战至午时，势已难支。赵杰带了二十余营，亲自到正面发动猛攻。师长宝德全带精锐十营，沿黄河堤西，绕道包围。此外，还有大批招募的土匪，散伏在各县，四面合围，声势甚大，眼看寡不敌众。

就在郑州即将被攻克时，所幸冯玉祥援军飞速赶来。1922年4月26日，冯玉祥军队进入河南。随冯玉祥进入河南的有胡景翼所部陕西第一师，这个师共有三万多人，但只有旧式枪三四千支。此部官兵徒手者居多，没枪的想要枪，有枪的想新式枪想疯了。战前冯玉祥告诉他们，赵倜军队都是新式枪，谁把枪抢来就归谁。面对这样的军队，赵倜只有逃命的份儿。

陕军胡景翼部飞速奔来，加入作战。赵杰不支，向中牟溃退。这时，宝德全部虽已占领黄河铁桥，见赵杰溃败，恐后路被截，立刻撤往开封。宝德全与赵杰久有宿怨，且不赞成反吴，部队到开封时，纵部放枪，对赵倜示威。经过赵倜再三安慰，宝德全方才罢休。而赵倜原本指望的援军也未到来，依靠开封城死守的计划泡汤。

赵倜进退失据，陷入窘境时，省长张凤台过来劝告道："冯玉祥诡计多端，军事既已失败，甜言不可轻信，我已将专车备好，请即东去，再作计议。"无奈之下，赵倜逃离开封。

赵倜逃跑后，因其在河南作恶过甚，家族坟墓也被人挖掉。冯玉祥进入开封后，又摆鸿门宴，杀掉已投降的赵倜手下大将宝德全，将其所部解散。宝德全之前曾和冯玉祥联系，表示绝不支持赵倜。不想后来宝德全竟然出兵包围郑州，致使直系部队伤亡惨重，后来又再次反水投靠冯玉祥。

冯玉祥于 5 月 14 日到开封后，各方面即谣传宝德全已被抓捕。此后几日，开封方面盛传冯玉祥将宝德全押送郑州，交靳云鹗处理。因此前双方开仗时，靳旅之炮队团长彭象乾被宝德全军击毙。靳云鹗发誓要为彭象乾复仇，必杀宝德全。宝德全被押解郑州后，各界商民纷纷向冯玉祥求情，请从宽办理。主教怀履光等面谒冯玉祥，力言宝德全驱逐赵杰，剿抚溃兵，保护开封，请保全其性命，以慰豫人。冯玉祥则称："余对于宝德全，原无成见，不过靳云鹗第八旅对宝德全恶感甚深，不得不办。"于是乎，宝德全被绑上刑场枪毙。

此战之后，冯玉祥被北洋政府任命为河南督军，镇嵩军刘镇华担任陕西督军。

军阀们的钱财

直皖战事事起梁士诒，梁号称"财神"，可是当时的军阀，哪个不是财神？

军阀张宗昌占据山东时，以筹集军饷为名，时常向各银行勒索巨款。一次张宗昌让山东财政厅厅长董某出面，请山东各银行经理及商会会长吃饭，吃到一半时，突然宣布要借款若干万。银行经理及商会会长表示要回去商议，再作决定，董某即气汹汹地说："今天谁不给，谁就别想出去。"将酒席一推，把所有来宾送到军法处囚禁，待钱财送到后方才释放。

北伐军将张宗昌赶出山东后，山东成为韩复榘的地盘。张宗昌有一笔巨款，据传有一千万美元，以一名梁姓军官的名义存在上海花旗银行，存折藏在张宗昌掖县老家。梁姓军官后来随军战死，韩复榘掌政后，梁某的哥哥将此事报告给韩复榘，称只愿分得一成作为奖赏。韩复榘大喜，派人到上海索取款项，但花旗银行说必须有存折，不然无法取款，此事遂作罢。后来张宗昌闲住北京，手头告紧，亲往山东，声称回老家扫墓，实际是去寻找存折，不想在济南车站被刺客击毙，此笔巨款从此石沉大海，再无音讯。

辫帅张勋在北京有很多房产，如在北京南河沿一带有大小住宅几十所，值一百多万。在北京安定门里永康胡同的房产，则是他的拜把子兄弟太监小德张送给他的，值三十多万。在天津有一处房产占地八十亩，值银四十万两，是庆亲王的儿子送给他的。大量不动产之外，张勋还有巨额投资，他在盐业银行投资五十万，在大陆银行投资三十万，在北京自来水公司投资二十万，九江纱厂投资一百四十万，林林总总，各类投资加起来有三百多万。有钱了干吗？吃喝玩乐。张勋在天津时，特聘名厨给他烹制食物，每天都是精品鱼翅、燕窝、熊掌。每逢生日，都请各类名角如杨小楼、梅兰芳等来唱戏，每次要花个几万。

袁世凯在河南项城有地三百多顷，在河南彰德有地三百多顷和大宅子一处，房屋二百多间。在北京、天津有多处房产，天津英租界有楼房数百间。在各大公司如启新洋灰公司、开滦矿务局、江南水泥公司等都有大量股份。袁世凯病危时，除了地产之外，每个儿子给了十五万元，另外有四个小妾正怀孕，不知是男是女，又另外拿出六十万预备。虽然留下了这么多家产，但长子袁克定挥霍光家产，最后在北京租了个小房子，穷困潦倒而死。

曹锟在当时的军阀中堪为最贪财的。他任命帮自己搓背修脚的跟班李彦青掌握全军军需，克扣军饷。曹锟担任直鲁豫三省巡阅使时，管辖的各类部队有二十五个师，李彦青每个师克扣两万元，此项每月就有五十万元，扣下来的钱明目张胆地说是给曹锟花的。曹锟在战争中也时常虚报军费，中饱私囊，如张勋复辟之役，曹锟军队进京，沿途并无多少战事，曹锟却报开销六十万元。此役冯玉祥打了几仗，实打实的报开销，共计一万元，段祺瑞骂他太寒碜，额外给了他两万。冯玉祥拿这笔钱买了一批手枪，组织了手枪队（当时连发手枪合大洋一百元左右）。

和曹锟捞钱相比，他的弟弟曹锐有过之而无不及。一战后中国收回青岛，德国在青岛的建筑、工程、地皮、轮船、火车，都被曹锐派去的接收人员倒卖，曹锐得了一千多万。冯玉祥北京倒戈之后，将曹锐抓住，本意是逼迫他吐点钱出来，但曹锐一毛不拔，要财不要命，吞鸦片自杀。

李纯在江苏做了七年督军，通过掌握肥缺部门而成巨富。李纯在北京、天津有大量房产，在天津南市的房产连成一片，占地一百四十六亩，经扩建后有楼房、市场、戏园、澡堂，各类房间合计四千五百多间。李纯在天津其他地方的房屋数量不下两千间。

1920 年 11 月间，李纯突然死亡。李纯的死因，众说纷纭。一说认为，李纯有个姨太太与马弁私通，被李纯撞见。马弁唯恐被报复，在深夜用枪将李纯打死。江苏督军齐燮元为了避嫌，对外宣布其自杀。一说则认为，李纯患有精神病，开枪自杀。李纯死后，留下的黄金就有两千四百两，且都是二十两一块的金条。李纯有一本秘密账本，李纯无子女，死后经其妻王氏、弟弟李馨检查，账上标明有现款三百万，各个银行、大公司股票的股票有一百二十四万，没有在账面上记录的财产更多。

李馨靠李纯的房屋、土地、股票利息，每月可收入四万元，而当时的金价不过每两二十元，年收入可达两万四千两黄金。李馨藏有大量珠宝，在其收藏的钻石之中，五十克拉以上的有三颗，比鸽蛋大的有十几颗，比鸽蛋小的有七十几颗。李馨死后，家产中的钻石被其子李震欧继承。1956 年，人民政府收购了最大的两颗钻石，每颗四十八克拉，作价十万元。

1924 年河南军阀赵倜兄弟战败后，狼狈逃窜，家产也丢尽。冯玉祥进入开封后，下令查抄赵倜家产，所得古玩、字画、绸缎等，装了两火车皮，押送到北京、天津出售，所得钱款，全部被冯玉祥用来购置手枪、步枪、交通器材、军装等，在此基础上冯玉祥一口气扩充了五个团。冯玉祥还挪出小部分赵倜的财产，办了养老院，以收买人心。

大军阀大捞钱财，那么小军阀呢？他们也毫不逊色。1927 年宋哲元在陕西抄收小军阀党玉琨的家产，查出大批古董。其中仅青铜器就有八十多件，一个青铜器叫作"百凤敦"，缀满体态生动的小鸟，通体碧绿。古董中还有一尊三尺高的金装玉佛，都是无价之宝。1930 年中原大战中，这批古董被冯玉祥秘密低价卖掉，以作军费。

1928 年，冯玉祥所部在甘肃查抄凉州镇守使马廷勷家财，一次查出现大洋十五万，现银五万余两，烟土十余万两，黄砂金三千多两。冯玉祥将黄砂金运到上海后作价卖掉，得了近三十万元，用这笔钱冯玉祥订购了两部制造枪弹的机器，每部价值十三万五千元。

吴佩孚生平崇拜关公、岳飞、戚继光，持强烈民族主义立场。一生自言不入租界、不借外债。下野之后吴佩孚曾骂过"满洲国"，但这时"满洲国"送钱给他，他也要了。"满洲国"有一次派人给吴佩孚送了二十万，第一次当面给了吴佩孚两万，后来给他再送了十八万，谁知道被门房偷拿吴佩孚的大印盖章收下，然后携款逃跑了。吴佩孚吃了个哑巴亏，只能不作声。

第 九 章
第二次直奉战争

贿选总统曹锟

直奉战争胜利后，曹锟这个昔日天津街头的混混儿成了中国最有权势的人。

曹锟早年家贫，在天津推小车贩卖洋布，但曹锟交了很多酒肉朋友，钱一到手就花光，最后被他老子赶出家门。出来后没地方去，曹锟只好去拉纤。在拉纤过程中，曹锟结识了一批天津地方上的混混儿，一起厮混。拉了两年纤后，感到这终究不是出路，此时恰逢李鸿章的淮军在天津招兵，曹锟就去投军。因其孔武有力，又会点拳脚功夫，不久被送入天津武备学堂学习，毕业后接连被提升。

曹　锟

1895 年，曹锟跟着袁世凯到小站练兵，被任命为学兵营统领。他时常跟在袁世凯身后，出入晚清王公贵族府中，因其为人和气，说话幽默，又会花拳绣腿、斗鸡走狗，颇受游手好闲的满清王公欢迎，就帮忙把他弄到旗人军官居多的第一镇当官。到了 1907 年，曹锟升任北洋第三镇统制。

1907 年，徐世昌被任命为东三省总督，将曹锟的第三镇带出关外，先驻锦州，后移至长春。第三镇在东北的任务是剿匪，对此曹锟并不上心，倒是手下第六协管带吴佩孚剿匪很有一套。1909 年曹锟父亲去世，曹锟丁忧回老家，由卢永祥代替他统领第三镇。徐世昌对曹锟一直没有好感，借机让他一直在家赋闲。

辛亥革命后，袁世凯复出，让曹锟继续回第三镇带兵。随后第三镇也从关外开入，驻扎北京。在清帝逊位后，第三镇分别驻防南苑、丰台、永定门、朝阳门等处，保卫北京。南北议和之后，南方派出专使来请袁世凯南下就任总统，曹锟第三镇因为裁饷问题发生兵变，使袁世凯未能南下。事后曹锟吓得半死，跪在地下请罪，但袁世凯没有追究他责任，让他继续带兵。

1913 年二次革命时，曹锟带兵由武昌出战，随后驻防湖南岳州，被任命为长江上游总司令，节制四川、两湖等地。驻扎湖南岳州期间，曹锟最大的收获就是重用吴佩孚。吴佩孚在曹锟身边一直未被重用。一次湖南都督汤芗铭安排湖南地方士绅请曹锟吃饭，饭后请曹锟讲话，曹锟不善言辞，就让吴佩孚代讲。吴佩孚能言善辩，口若悬河，一口山东土话讲得举座皆惊，汤芗铭对吴佩孚格外青睐，事后向曹锟点名要吴佩孚帮忙组建湖南地方军队。这时他才意识到吴佩孚的重要性，另外派了人帮汤芗铭练兵，对吴佩孚则委以重任，不久提拔他当了一个旅长。

曹锟在湖南协助汤芗铭剿匪，所过之处道路崎岖不平，后勤运输困难。曹锟突然想起自己早年在天津推小车贩布的经历，就让部下造了一批小车。有了小车，又向湖南征用了一批民工，但民工不会推车，曹锟就亲自上阵，教授怎么推小车。

1915 年，袁世凯称帝，大封群臣，曹锟被封了一等伯，也算是开国元勋了。曹锟对此倒也满意，因为他没什么大的野心，能做到将军，坐镇一方，已超过他的能力和想象力了。这时他肯定从未想过，将来自己竟然能做到大总统。

云南护国军发动之后，曹锟部受命入川，对抗护国军。曹锟入川时，带的是吴佩孚的第六旅、伍祥祯的第四混成旅，齐燮元的第六师也随同入川。入川之后，吴佩孚作战勇敢，指挥得当，有一次蔡锷在城门下亲自指挥作战，曹锟部下对着城门开炮，开了几炮也没有打中。吴佩孚亲自指挥炮兵，两炮就轰开城门，蔡锷也被震倒在地，扭转了战局。

就在曹锟在前线作战时，后方却起了火，他的把兄弟，袁世凯亲信汤芗铭也通电独立。袁世凯一死，曹锟就不想打了。这时蔡锷也派人来看望曹锟，说曹锟部下作战勇敢，指挥官水平了得。曹锟一听就得意了，对原先他眼中的叛乱者蔡锷也有了好感。蔡锷出国治病时，曹锟还送了一笔钱慰问。

既然不打仗了，而曹锟所部又以直隶地方人为主，就想北归。一回到北京，曹锟就被任命为直隶督军，这可是曹锟做梦也想要的官位。当上督军后，曹锟拼命扩军，有实力，才有发言权。到了 1917 年，张勋闹复辟，曹锟对于谁当大总统还是当皇帝，兴趣不大，他关心的是给他什么官。本来他以为张勋复辟后会给他个如李鸿章、袁世凯那样的直隶总督兼北洋大臣，结果只封了他一个巡抚，这下曹锟可不干了。在段祺瑞满足了他扩军的条件之后，就兴师入京，驱走张勋。

赶走张勋之后，曹锟实力膨胀，段祺瑞就想借刀杀人，以直系吴佩孚部进攻湖南，吴佩孚屡战屡胜，却没有得到湖南督军一职。而段祺瑞的手下徐树铮，又乘曹锟在外，准备夺走他的直隶地盘，气得曹锟大骂徐树铮阴损。由是直皖交恶，埋下了后来直皖大战的种子。

直皖大战之后，直系胜出，曹锟一跃而成为当时中国最大的军阀头目，开始与奉系争雄。1922 年第一次直奉战争之后，奉军大败，退缩到山海关之外，曹锟成为直鲁豫巡阅使，节制直隶、山东、河南。

第一次直奉战争之后，直系捧出素称泥菩萨的黎元洪做总统。黎元洪这次复出后，汲取以往教训，想把这些拥兵自重的督军撤掉，而曹锟恰恰是各省督军中最有实力的一个。故而黎元洪在背后搞鬼，将曹锟主要经费来源——京汉铁路上的钱派人收了起来，曹锟气得跳脚，又打听到黎元洪准备把他撤掉，就想把黎元洪先弄下台。这时一些实力派，如江苏督军齐燮元、陆军检阅使冯玉祥、直隶督军王承斌等，出于各自私心，纷纷上书劝曹锟当总统。

冯玉祥这时已调驻北京，曹锟就让冯玉祥部下以索要军饷为名，包围公府，断水断电，黎元洪一看势头不好，直奔天津避难。一到天津，曹锟的亲信，直隶督军王承斌，早已在火车站等候。当时天气炎热，黎元洪身体肥胖，又有高血压，一干人围住他不停吵闹，也不让他吃饭。病恹恹的黎元洪也算硬朗，拖到夜晚，才肯说出大小印信十五颗由姨太太携带，藏在了法国医院，直系这才肯放黎元洪回家。黎元洪回家之后，一觉睡到天明，起床后说了句"无事一身轻"，此后再未出山。

黎元洪被赶走后，王承斌等人就开始大包大揽，准备以贿选方式选举曹锟为大总统。皖系残余势力，控制浙江、上海的卢永祥，在奉系支持下拆曹锟的台，也出钱收买国会议员。卢永祥一次就拿出一百万元，凡是国会议员南下到上海的，先报销车旅费，每月再送生活费。国会议员有八百多人，号称八百罗汉，从南方拿钱的有七百多人，并吸引了一部分国会议员南下。

曹锟一看有人拆台，国会议员开会数量不足，急了就开出高价，凡是议员入场投票者，每人贿赂五千元。浙江籍议员邱瑞彭不为所动，曾将五千元贿选支票制版为证，向北京法院控告贿选，最后不了了之。在上海的一些国会议员一看曹锟出的价码这么高，就又一窝蜂地赶回北京去投曹锟的票，时人称这些议员为"猪仔议员"。

凑足国会议员之后，曹锟当大总统的投票自然通过，10月10日，曹锟宣誓就职。曹锟当选总统后，先是发行纪念邮票一种，此后北洋政府财政部又发行纪念币一种。广东省认为曹锟系非法总统，下达禁令，不准流通。

曹锟宣誓就职之后，没想到他的亲家公张作霖杀气腾腾地带兵出关，声讨他这个贿选总统来了。第一次直奉战争之后，曹锟曾一再派人前往奉天，找张作霖疏通，希望言归于好。但张作霖却不干，嚷嚷道："我让你给打败了，你现在却让我跟你和好，这让人看不起我，我非得出这口气不可。"

张作霖其人

　　张作霖，字雨亭，1875 年生，排行第三。八岁时父亲张有财因为赌博纠纷被人杀死。张作霖靠着二哥张作孚打工赚钱才得以生存。稍大后张作霖外出谋生，干过木匠，卖过肉包子，做过货郎，学过兽医。张作霖一度在营口县大高坎镇流浪，生活艰辛。镇内有一座饭店，店内的大厨常雨农瞎了一只眼睛，人极忠厚，看张作霖可怜，时常拿些剩饭剩菜给他吃。张作霖发迹之后，特意到大高坎镇报

张作霖

答常雨农，将饭店和沿街店面都买了下来，送给常雨农，又让常雨农的儿子到他身边当副官，以为报恩。

光绪二十年（1894），宋庆毅军在营口招兵，被人诬告通匪的张作霖前往应募，在马玉昆部队当伙夫。甲午中日战争中，张作霖探听日本军情有功，被调任戈什哈（满语，随从护卫）。张作霖医马功夫颇佳，但凡军中马匹有病，张作霖一来立刻手到病除。凭借这手本事，他还将二哥张作孚救了出来。张作孚在奉天吃了官司，张作霖请假去营救，在奉天帮盛京将军依克唐阿医好了病马。靠着依克唐阿出面说情，遂使张作孚得以开脱。

1895年，宋庆率毅军移驻关内，张作霖开小差跑回老家，在镇上开了个兽医店，专给过往土匪医治病马。不久张作霖因赌博斗殴，被人告发私通土匪而入狱，后因证据不足被放回。出狱后张作霖干脆参加匪帮，专门负责看肉票，江湖人送外号"白马张"。干了两年土匪，1900年，张作霖离开匪帮回家再开兽医店，但赚不到钱，又去投匪。当了一些年土匪后，张作霖出来单干，拉了把兄弟汤玉麟、张作相等人到处劫掠。

清末时，张作霖被招安，由匪而官，担任巡防营统领。辛亥革命爆发后，张作霖领兵，在奉天卖力镇压革命党人。奉天城内剪去发辫者，每日被抓捕数十人，加以杀戮。张作霖又遣兵数十名，散布于火车站附近设卡，遇有赴站者，即拘留盘诘，凡无辫者，视为革命党人，立刻拘带回营。因其无辫可以穿绳，即将无辫之人的耳际戳穿，改用细绳穿过，押解回城，加以杀戮。残杀之风笼罩奉天，人心因之异常恐慌。

奉天保安会开会时，张作霖在座，与议长等一起高谈阔论。时有宝宜山站起怒斥："今日没你发言之处，汝一无人格之红胡子，岂宜在此文明会场？"张作霖大怒曰："我红胡子，只知杀人。"当场拔刀相向，幸赵尔巽调和，方才无事。辛亥革命后，张作霖杀戮无辜者日众，又策划报复宝宜山。一日张作霖令部下告密，云宝与南方革命军交往，派其防兵前往搜杀。当防兵冲入宝宅时，宝宜山夫妇正在梦乡，防兵闯入卧房，乱刀刺杀。

中华民国成立之后，张作霖摇身一变，开始摇旗呐喊，拥护共和，继续担任奉天巡防统领。因张作霖虐杀民党甚多，各界均怀深恨。曾有人收买张作霖心腹马弁李某，令其刺杀张作霖，为民报仇。1912 年 2 月 16 日，张作霖打麻将时，马弁李某手提小枪，在张作霖身后转了数次，正欲开枪时，被人识破，将马弁拿下，审讯之后，当夜将马弁斩首示众。

刺杀案之后不久，3 月 28 号，袁世凯电召奉天巡防统领张作霖入京，张作霖大为惊恐，唯恐一去再难返。张作霖回电云："东省各处虽属平静，然时有土匪扰乱。当此共和成立之初，兵丁若无长官管辖，恐生意外事变。为大局平定起见，是以不辞劳瘁，倾心维持，俟土匪清肃后，即当赴京听命。"

到了 1912 年 7 月，北洋政府任命张作霖为第二十七师师长，冯德霖为第二十八师师长。袁世凯任大总统时，张作霖极力迎合，获得袁世凯赏识，被任命为盛武将军，获得把握奉天军政的权力。

张作霖在奉天为非作歹，仇家无数。1916 年 5 月 27 日，日本中村都督来奉。张作霖往车站迎接，事毕回署。行至小西关大街南满银行西首，不知由何处掷来炸弹一枚，落地即行爆裂。张作霖立刻跳下马车，脱掉将军服，乘马弁之马，带卫士数名，入南巷绕道由大西门入城回署。其余人与张作霖的将军马车，原路返回，行至西华门外图书馆门首，再次发生刺杀，由楼上阅报室掷下炸弹，炸死多人。

在血雨腥风之中，张作霖步步高升。1918 年，北洋政府封张作霖为东三省巡阅使，以此为契机，张作霖夺取了黑龙江的地盘，安排亲信鲍贵卿担任黑龙江督军，随后又排挤走吉林督军孟恩远。这样，东三省成为张作霖的势力范围，形成了北洋时代的一个重要派系——奉系。

张作霖初期之成功，主要依赖于土匪出身的几个拜把子兄弟奋力血战，把兄弟主要有张景惠、冯德麟、汤玉麟、吴俊升、孙烈臣、张作相等人。汤玉麟骁勇善战，枪法过人，为张作霖所倚重。但汤玉麟不买张作霖的账，二人时常在吵得面红耳赤时，张作霖指着汤玉麟喊："我知道你汤大虎。"汤玉麟就指着张作霖大喊："我也知道你张作霖。"

汤玉麟幼时家贫，周围都是猎户，在长年的狩猎过程中，能驾驭烈马，双手持枪，射击时快速准确。汤玉麟枪法好，被大户看中，请了去做炮手，也就是护院。护院时，为了打发时间，炮手们时常赌博。一次与人赌博时，汤玉麟与人发生争执，以装驳壳枪的木套，将对方头颅打碎，当场死亡。汤玉麟出逃之后，聚众为马贼，在各地出没。大烟枪冯德麟也一度与张作霖闹僵，随汤玉麟一起出走，参与了张勋复辟。张勋复辟失败之后，冯德麟入狱，还是张作霖把他救了出来，与汤、冯二人和好。

张作霖少时艰辛，发迹之后也未改往日的生活习惯。饮食衣着均很普通，每日吃高粱米饭，抽长杆旱烟。衣服喜欢穿长袍马褂，衣料也是普通的土布，看到洋布，就嚷嚷"妈拉的洋相"。张作霖平日喜欢听评书，每听到自己喜欢的地方，就让说书人停下来，发表一通自己的见解。张作霖极为迷信，但凡出行用兵打仗等事，无不要请风水先生占卜吉凶祸福，连汽车摆放也要看子午方向。

张作霖民族主义情结相当浓厚，对日本、俄国都保持警惕。二次直奉战争之后，张作霖、冯玉祥捧段祺瑞来做执政，但张作霖对段祺瑞不满意，曾说："段芝老（段祺瑞）老气横秋，不纳忠言。孙中山政治头脑很高，可是他的主张不行，他想拿俄国人的办法来治中国，这根本行不通。"

一次在北京怀仁堂，张作霖召集人员训话，说："一个人在世上，不过是为名为利，我现在钱、产业很多了，可是我的钱从不存外国银行，我是不买二大爷（日本人）账的。"张作霖坐镇东北，对付日本人刚柔并济，内外并进，关东军拿他毫无办法，少壮派更是恨之入骨，后来以非常手段将其暗杀。

直皖战争，张作霖助曹锟、吴佩孚得胜，但张作霖和吴佩孚却一直合不来。吴佩孚出身秀才，自称儒将，对出身绿林的张作霖历来轻视，张作霖也从来没把这个前清秀才放在眼里。直皖战争结束后，吴佩孚称帅，张作霖就自称大帅，吴佩孚称大帅，张作霖就自称老帅。其实张作霖比吴佩孚小一岁，张是1875年生，吴佩孚是1874年生。

第一次直奉战争，被秀才吴佩孚打败之后，张作霖才意识到自己军队的弊端，决定彻底改造军队。往昔张作霖瞧不起留学生和军校毕业生，认为这些人思想复杂，不听指挥，故而不让他们带兵。此次战败后，张作霖大量任用留日士官生和国内各军校毕业生。任命留日士官生姜登选为东三省陆军整理处副监，许以整编和训练军队的大权。以留日士官生韩麟春为炮兵工厂总办，自己掏出一百四十万块钱作为炮兵工厂开办经费。任用留日士官生杨宇霆为总参议，主持军中事务。

张作霖在东北卧薪尝胆，准备一雪前仇，带兵入关内争雄。在第一次直奉战争两年之后，张作霖领着自己新练就的精兵，再次出动，直扑山海关。

齐卢战争

1924 年春夏之际，江苏督军齐燮元与浙江督军卢永祥爆发了江浙战争，这是第二次直奉战争的序幕。上海是中国的商业中心，得到上海，既能坐享地利，更可以利用上海的港口，获得各类军火。

上海属江苏省管辖，由江苏督军及省长直接管辖，并设镇守使和海关税务司二要职。1915 年 11 月，原上海镇守使郑汝成被刺，原松江镇守使及上海镇守使二职被取消，代以淞沪护军使。首任护军使为杨善德，副使为卢永祥。1917 年，杨善德调任浙江督军，卢永祥继任淞沪护军使职。1919 年杨善德病逝，卢永祥接任浙江督军，另推举亲信何丰林为淞沪护军使，上海实际上被浙江所控制。

1920 年，齐燮元担任江苏督军。齐燮元本系江苏督军李纯属下，李纯自杀之后，继任为江苏督军。此时的上海，被浙江督军卢永祥所控制。卢永祥占据上海后，在军事上有充足的经济基础，每个月仅印度走私进来的鸦片收入，就能供养三个师。齐燮元对此大为眼红，扬言"上海是我们江苏省的一部分，一定要夺回"。卢永祥则认为，上海是浙江门户，一定要控制在手中。

1923年上半年，双方势如水火，有一触即发之势，在苏浙沪士绅的调解下，总算暂时罢兵休战。虽暂时休兵，但双方的矛盾，确实不可调和。在上海，齐燮元也安插了自己的势力。上海警察厅长徐国梁，对齐燮元忠心耿耿，成为卢永祥的眼中钉。徐国梁每天下午都要到大世界对面的温泉浴室，开单人间洗澡。1923年，卢永祥出资，由王亚樵安排杀手，进行刺杀。

1923年11月10日下午，徐国梁洗澡完毕，登上汽车时，被杀手以手枪连击两枪，击中腰部。杀手逃跑时，被公共租界印度巡捕抓住。由于卢永祥方面的操作，杀手随后被释放，由另一个罪犯顶替罪名。徐国梁则在送入医院之后，抢救无效身亡。徐国梁被刺，使齐燮元丧失了对上海警察权的控制，齐对卢永祥的痛恨可想而知。

卢永祥出身北洋，一直是段祺瑞的嫡系，且对其忠心不二。第一次直奉战争之后，张作霖战败，与段祺瑞合作，共谋推翻直系。作为皖系势力的卢永祥，卷入了直奉之争。齐燮元为首的苏、皖、赣等省，则属于直系势力，对皖系仅存的势力，步步紧逼。此年曹锟贿选总统后，卢永祥通电指责，与奉系、广东革命政

卢永祥

府等加紧联系，策划反直。此时，北洋政府命孙传芳由江西进入福建，赶走了盘踞在福建的皖系势力王永泉。王永泉部下杨化昭及李厚基部下臧致平，与孙传芳大战一场后，从闽南退到闽北，再退入浙江。

1924年9月3日，曹锟、吴佩孚下令江苏齐燮元、福建孙传芳，夹攻浙沪。此次用兵的借口是卢永祥违抗中央命令，收留臧致平、杨化昭等部。

齐燮元的主力是其统领的第六师和朱熙的第十九师，这两个师兵员充足，装备精良，军官都毕业于正规军事院校。对于嫡系部队，齐燮元从不拖欠军饷，对各级军官均有赏赐，部队内部比较团结。此外，白宝山、马玉仁所统领的两个师，实力较弱，装备一般。

卢永祥的主力部队，是其直接控制的一个师，陈乐山统领的一个师，此外还有陈仪、周凤岐的两个师，实力较弱。浙江地方势力夏超所统领的武装警察实力雄厚，使卢永祥颇为警惕。臧致平、杨化昭率军投奔卢永祥后，备受重视，扩军至一万余人。二人一勇一智，都善于打硬仗，又与直系水火不容，使卢永祥如虎添翼。

齐燮元与卢永祥二人性格不同，处事方式也不同。齐燮元毕业于军事院校，目中无人，平素连曹锟、吴佩孚也不大放在眼里。对于上海这块肥肉是虎视眈眈，丝毫不掩饰自己的野心。

卢永祥出身底层士兵，为人谨慎，一向被视为忠厚之人。此番江浙之争，卢永祥是不大想开战的，曾表示为了和平，可以下野让位。结果外号"臧大牙"的臧致平拍案而起，大骂齐燮元欺人太甚，放话要打到南京，活捉齐瞎子（齐燮元）。卢永祥与上海何丰林联合，加上臧致平、杨化昭残部，组成浙沪联军，共同对抗直系进攻。

9月3日，战事打响。

当日齐燮元军首先开火。江苏方面动用了八万余兵力，分兵三路，第一路攻上海，第二路进入宜兴一线，第三路由广德、泗安插入吴兴，直攻杭州。另由孙传芳率军，从浙西北攻入浙江，配合进攻。卢永祥方面，浙沪联军共有九万余人，分兵三路，第一路守卫上海，第二路进攻宜兴、常州，试图切断沪宁线，直扑南京，另分兵迎战从广德来攻之苏军。第三路防守衢州、江山、龙游一线，扼守仙霞岭，拦阻孙传芳的攻势。

江浙战事，在上海外围嘉定、青浦、黄渡、浏河一线展开。开战之后，江南连日阴雨，河水漫延，严重影响战事。此种天气，对于防守一方，较为有利，江苏发动多次攻击，却无法突破，处于僵持状态。

江浙战争中，卢军表现出来的战术素养，超过齐军，当时人认为，齐部军官，思想保守，战争中沿用旧法。故而齐军虽然占据优势，但屡次进攻无效，遭受巨大损失，以数倍于浙军之兵力，而不能突破黄渡阵线。9月30日，卢永祥派出飞机助战，但飞机在当日只是起到了心理作用，对于战事却没什么效果。齐军则调了一门大口径火炮至前线连续轰击，浙军死伤甚多。当日薄暮起至次日拂晓止，双方恶战数次，死伤甚多。

浙军拟由嘉定及黄渡至安亭一带，发起攻击，进窥昆山。黄渡彻夜鏖战，至次日正午始停。浙军以大队冲锋，但被苏军机关枪所制，退回原地。当日浙军曾派兵一队计百名，内有闽兵多名，奋勇前扑，计划夺取置于要地之苏军机关枪。该队奉令后，即呐喊而进，距机关枪虽不足二三百码，但其间多属稻田沟渠，故每前进一步，必有一人被射倒，最后有七人冲至目的地，以枪刺与敌兵肉搏，夺得机关枪。

江浙战争展开之后，北方奉军也在9月13日开拔入关，段祺瑞则在天津发出讨曹通电，南方孙中山布置北伐，形成了段、张、孙三角联盟，剑指直系曹锟、吴佩孚。

前线打得火热，暗中的各种小动作也紧锣密鼓。王永泉被孙传芳从福建赶走之后，留下的部下投靠了卢永祥。王永泉则在上海法租界，做起了高级寓公。齐燮元派人委托王永泉，请他收买臧致平、杨化昭。王永泉则回复齐燮元云："臧致平我没把握，杨化昭是我多年部下，一定可以叫他掉过头来。"王永泉拿了两万元，派了自己的亲信去找杨化昭，送上钱和信。杨化昭接到信后，勃然大怒，大骂王永泉贪财好色。至抗日战争时，王永泉与齐燮元同时投敌，担任日伪"中华民国临时政府"华北治安部次长。

战火虽距离上海市区数十里，上海还是受到了战事的冲击。两军在交战时，不忘劫掠。各租界内人满为患，都是前来避难的民众。沪宁铁路被截断后，难民从水路涌入上海避难。据日本人调查，在租界内的难民总数，有五十万之多。浙沪联军在租界内强征民夫，看到身体强壮的劳力，就将其强行带走，送上前线。战争爆发之后，上海市面萧条，工厂停业。各造船厂受战争影响，宣布停工。沪上粮食缺乏，人口却暴增，粮价每日上涨，恐惧弥漫。

开战之后，白宝山率军在宜兴一线布置防守。宜兴素来富庶，战事一开，难免要遭兵灾。宜兴地方商会未雨绸缪，提前去军中犒劳，送上钱粮，将白宝山马屁拍足，未有士兵进城，是故宜兴城内受战事影响较弱。

就在两军战事处于僵持之时，孙传芳打破了僵局。出兵浙江时，孙传芳部穿短裤，戴斗笠，着草鞋，如下山猛虎一般扑入浙江。防守要隘仙霞岭的浙江边防副司令张国威，阵前投奔孙传芳，领兵为其开路。

卢永祥各部此前已经被孙传芳、齐燮元收买，纷纷投降，孙传芳一路无阻，连克龙泉、江山、常山、衢州，直指杭州。卢永祥看大势已去，决定放弃浙江，集中军力在嘉兴和淞沪一带，以求保住上海地盘。孙传芳攻入浙江时，杭州的雷峰塔突然倒掉，浙江人都很惊诧，不知道是何征兆。

孙传芳攻下浙江后，气势如虹，配合齐燮元，对上海发起猛攻。在攻占松江后，孙传芳得意扬扬地发电报给齐燮元，云上海指日可下，要请他去一品香酒楼吃大餐。

10 月 13 日，卢永祥通电下野，逃亡日本。卢永祥战败逃亡后，齐燮元请曹锟下令通缉。曹锟怒骂道："通缉什么？要通缉，我们都要被通缉了。"曹锟、吴佩孚对一贯憨直的卢永祥是颇有好感，又同属北洋自家兄弟，只是拉拢卢永祥不成之后，才不得不兵戈相向。

孙传芳夺得了上海，当然不愿意让给齐燮元。齐燮元也知道能打胜，主要依靠的是孙传芳，也不敢提出要上海。最后双方商定，将上海交给第三方，由吴佩孚派到上海的张允明为上海守备司令。

卢永祥所部战败之后，有一旅长范夺奎，谢绝孙传芳的劝降，带领部下退到上海租界，将枪械交给租界保管，解散官兵。范夺奎将该旅留存的阵亡官兵抚恤金以及集义金（该旅官兵每月从军饷中扣留的百分之一，给阵亡者亲属），全数分发给阵亡将士家属。范夺奎高风亮节，为当时军中所罕见。

江浙战争的同时，北方也发生巨变，直奉战争打响，冯玉祥兵变，吴佩孚败逃，奉军入关。到了 1925 年 1 月，奉系张宗昌在江苏境内发动猛攻，连下多城。齐燮元集合兵力，在无锡与奉军展开战事。齐燮元亲自督战，血战两昼夜，最终败退，和卢永祥一般，东渡逃亡日本。

此场战事，本为军阀之争，却将江浙两省卷入。当时的江浙人愤愤不平："一个直隶宁河人，一个山东济阳人，因为私利的冲突，突然要在江浙的境内角斗了，这能算得了江浙的战争吗？"是故当日出版物，多将此场战事，名为"齐卢战争"。

齐燮元兵祸

1924 年春夏之际，江苏督军齐燮元与浙江督军卢永祥爆发了战争。1924 年，中国北方也发生巨变。直奉战争打响，冯玉祥兵变，吴佩孚败逃，奉军入关。到了 1925 年 1 月，奉系张作霖，以援助卢永祥为名，派张宗昌在江苏境内发动猛攻，连下多城。齐燮元集合兵力，与奉军开战，称第二次江浙战争。

战事爆发后，一路败退的齐燮元军于 1 月 17 日从丹阳后退，当夜 4 时即退驻常州。

1 月 18 日上午 9 时余（农历十二月二十四日），齐燮元军队搭乘火车，从常州继续后退，11 点抵锡，共计兵车一百七十节、火车头七个。对于齐燮元的到来，无锡地方有所准备，但未料败退如此之快，只得连夜赶造栅门，在老北门、光复门、西门装设电网，以应对攻城。城防事务，公推商团公会会长杨翰西为总指挥，县知事林苇桢负责粮食及治安事宜。

火车甫抵站，众兵士争先奔下，县知事林苇桢、水警区长程星三、县警察所警佐侯惕丞等均到站欢迎。各兵士抵站后，即不听长官命令，携枪经过运通桥一带，开枪示威，各界闻声奔逃。有溃兵数人，首先奔入无锡饭店中的洋货店抢劫，新世界洋货店也有溃兵入内抢劫。有某乡董华子唯，被兵剥去皮衣，其余众兵士即在通运路、汉昌路上的烟纸店、钟表店大肆抢劫。有兵士一人跑得最快，首先奔入北城内天宝银楼，抢劫物品后，随即出城。

县署闻报，立即将五城门、四水关关闭，全城商店纷纷收市。有溃兵数人在北大街银楼抢劫，竹场巷顾子卿家也有溃兵入内抢劫。商团总司令杨翰西君闻警，命商团团员分守各街巷，全力防御。夜 12 时半，有溃兵十余人伪称有紧急公事，要进北城门。守城商团不允开城，该溃兵即在北吊桥下恒德衣庄等处抢劫。

齐军向无锡地方上勒索军饷十五万，扬言如不筹集，即无法维持地方治安。经无锡地方各团体连夜开会，出具借据，由薛南溟、杨翰西、荣德生、孙鹤卿、蔡缄三、唐保谦担保，从中国、江苏、交通、上海、中南五银行，借银五万元，用作防卫经费。

19 日（二十五日）晨 8 时，溃兵在城外抢劫，枪声不绝，途中不能行走。上午，齐燮元令每日由地方供应白米二百石，面粉五十袋，腌菜、洋油、盐醋若干。此日杨翰西携带一万两千元，请求齐燮元禁止军队掠夺。当日齐燮元委派亲信徐朝彦（一名徐影彦，曾担任无锡税务所所长，任上胡作非为）入城担任知事，负责勒索钱财。下午 3 时半，城区十二段救火会领袖，在市公所开会协商，议决所有消防队集合，帮助商团进行防守，总计队员五百八十九人，划为五区，各分地段，担任防务。下午 5 时，齐燮元返回上海，溃兵四出抢劫。东北两城门的商铺及居民，遭到多番抢劫，梁溪路上各堆栈所存干茧，东门一带各*丝厂之丝经*，被溃兵抢劫一空，用艒艒船运走。抢劫一直持续到深夜，城外各处被抢劫一空。

20日（二十六日），城外一带抢劫如故，近城乡镇大多被抢，当夜通运路孟渊里永大当铺被焚。北门江阴巷、西门外等处，有十余家典当铺遭抢劫一空。溃兵聚集在北水关外，准备攻门入城，守关水警电告商团公会，调集两支队商团过来增援，将溃兵击退。

此日新知事徐朝彦要入城接印，杨翰西、钱孙卿与他在电话中约定，如单身入城，可在城中接印，如带兵入城，则万万不可，可送印出城。当日徐朝彦选择了在城外接印，遂送印出城，林苕桢将知事印交出后，退往第三师范学校居住。当日南门外一带商场，与齐军第十九师联系接洽，给了巨款，寻求保护。由第七师派士兵，分驻无锡中学、南水仙庙两处，会同商团第五支队联防，每日士兵所需款项，由各商号与居民凑送。这也是乱世之中的无奈选择了。

21日（二十七日），上午9时，齐燮元从上海回到无锡。此日徐朝彦从西城门入城，勒索钱财。城中用电，本由戚墅堰电厂供给，但在战事之中，电厂存煤用尽，改由无锡本地申新第三厂发电供给。当日申新三厂预备供电时，电机间工匠却失踪，所幸庆丰纱厂及时帮忙，调集工匠过来，解了燃眉之急。城外被抢劫一空，行人身上布衣也被剥去。当夜北外黄泥桥益茂五金号等被焚，纱厂中之纱，丝厂中之丝，丝茧堆栈中之干茧，粮食堆栈中之米，均被溃兵用船载去装入火车中。有一部分溃兵劫掠财物后，将军装弃去，携物他逃。

22日（二十八日），此日齐燮元向无锡商会、各公团发出通牒，限令两天内筹集三十万元。各公团召开紧急会议，向钱庄、典当两业借款两万元，连夜送去。当日溃兵分守城外各条要道，拦路抢劫。商团因城外不能保护，均退驻城中，日夜在城上严守五城门。因时有溃兵攻击，均已装设电网，电毙溃兵数人。是日城中形势异常严重，有溃兵用竹梯入城之说。为加强守城力量，城中进行总动员，救火队员、学校师生都登城防守，以木棍、铁器、石灰包作为武器。当时无锡最高建筑县图书馆钟楼顶上，设有瞭望台，日夜看守，观察动静，指挥一切。无锡市公所雇用巡查数十人，日夜巡逻，各界人士组织城区自卫团，分东南西北中五大区，日夜协助军警守城。城上备有石灰包及砖石等物。城中有水警、省警备队、商团、警察、游巡队、消防队、自卫团等三四千人，有枪两千余支，足以防卫。且各界非常愤激，愿以命与溃兵周旋。现城中治安尚可，唯城外不能行走一步。南门外、北门外、光复门外等沿城脚房屋，恐有溃兵上城，已一律拆除干净。混乱之中，当日接到洛社电话，常州方向过来的奉军，已搭乘火车前来侦查。

23日（大除夕），往年此日，无锡商市通宵达旦，行人彻夜不绝，一年一度结账者，也在此日。此年遭到兵灾，城外商场多半沦为废墟，城内各店铺关门停市。当日上海来援之白十字会，与无锡红十字会，在老北门、梨花庄、广勤区、王巷、上东门外一带，救出妇孺八千余人，午后分别送往上海、湖州、荡口、常熟四处。城中红十字会将所募集到的银洋食物，从光复门缒出，供难民之需。

当日城中派出四代表杨翰西、钱孙卿等，冒雪出西水关，求见齐燮元，痛陈城内外被劫掠之惨烈，齐燮元仅回以"被人蒙蔽"四字。回程时，四代表浑身泥浆，衣衫全湿，重金雇得舢舨船一艘，搭乘至西水关，开启栅栏入城时，已是深夜。

此日齐军下达总攻击令，将第六师开赴前线，第十九师等在后，无锡火车站只留一两千人驻守。齐燮元主力调走后，车站方向军队不多，无锡沿城脚及西北两门，不时有溃兵向城头开枪示威。当日夜间，溃兵以火油在通运路等路口纵火，火势先从得意楼面店燃起，此后蔓延开来，焚烧去店铺二十一间。

24日（农历元旦），齐燮元令地方采购菜肴、牛奶、咖啡供应，无锡市（市政公所）董事会委托公园饭店办了两桌酒席，送到司令部，恭祝新禧。此时奉军分三路来攻。元旦日上午4时，两军在洛社车站附近开战，齐军用大炮攻击，奉军稍退让。至午刻奉军用大炮还击，齐军不支退却。西乡荣巷一带之齐军，于下午退到西门，在棚下午餐，3时之后，荣巷一带已无齐军踪迹，地方民众弹冠相庆，不想却是狼走虎来，奉军军纪之差，不输齐军。

25日（大年初二），齐燮元副司令李廷玉入城，邀请各公团三十人赴宴，勒索三十万元。城中叫苦不迭，前已交出了五万元，到哪里再去募集这笔巨款？前来勒索的李廷玉则冷笑称："诸君知道明代李闯故事吗？等诸位脑箍一紧，城里就有钱了。"最后无锡城中，用箩筐装了一万块大洋，缒下城去，才打发了事。徐朝彦光杆入城，当了八天知事，就从无锡城中逃跑。

26日，齐燮元军从无锡坐火车逃亡上海时，车上满载抢劫而来的各种物件，丝绸、布匹、面粉、干茧，无所不包。齐燮元则绕道东亭，从荡口乘汽船逃命。27日，北门开放，林荐桢复为知事。

奉军来到无锡后，与齐军不相上下，也是大肆勒索。29日，奉军勒索军饷六万元，无锡城刚经历战事，哪有如此巨款？奉军任命的无锡警备司令师兰亭，拘提城中富户，加以勒索。经过各方筹集，筹到四万元，欠二万元。攻克江阴的奉军三十二旅进驻无锡后，又勒去十一万元。

26日（正月初三），齐军完全溃败。27日，奉军赶到惠山一带，当地居民以为得胜军的秩序，应当比败军好，遂有一部分人回来看看形势。谁知奉军的打劫程度更远甚于齐军，其中最惨的要算蒋家祠堂隔壁的缫丝人家，被奉军用种种恐吓，要他们将隐藏的财物献出，结果人受重伤，财物被抢干净。27日下午6时，奉军在惠山街行劫时，忽然失火，兵士们自然不去救，附近各村的救火会赶来营救，也被兵士们挡住不许营救，所以上等房屋烧去了有一百三十二幢之多。其他草屋房尚不在内，有形的损失计有十万余元，只一钱武穆王祠损失已达四五万元。总而言之，惠山浜的损失，受齐军之赐的只有十分之三，受奉军之赐的却有十分之七。

兵灾后记者采无锡县商会会长王克循，据其介绍："强奸之事以名誉攸关，本人多不肯说。当时为我所目睹的有二起，一是二十六日晚，我在城上见齐军十余人包围着四五个女工在城墙根地上强奸。二是二十七日早，我至东门，见有齐军五六十人包围女工十余人拥入清真寺，历二小时之久始将女工放出。至于奉军，上级军官尚惜名誉，中下级军官则颇难言，至若兵士更不必说。"

此次兵灾之中，无锡全县共有十七市乡，除开化乡一乡外，无一幸免，今将所能调查出有形损失的数字列出，其余未调查出来或无形旳不知多少。十六市乡总计被抢掠的损失四百六十万二千六百一十九元，被焚毁的损失六十九万七千六百三十七，合计五百三十万零二百五十六元。其中无锡一市的损失：被抢掠三百五十一万一千一百五十八元，被焚毁六十七万二千元，总计四百一十八万三千一百五十八元。

两个军阀的混战，使江苏、浙江遭到沉重损失。战后江浙两省，发起自治运动。自治运动酝酿于二月中旬，发动于三月初旬，目的在于组织特别区域，实行自治，以避兵祸。太湖流域的镇江、常州、苏州、太仓、松江、杭州、嘉兴、湖州八旧府属代表，一面请政府撤去区域内军队，一面举办民团，以谋自卫。最初发起的，是江浙战事中受祸最烈的常州、无锡、湖州三处旅沪人士。后经杭州等地绅商赞同，乃在上海组织太湖流域联合自治筹备会，发电恳求卢永祥、张宗昌各军退出太湖流域，并推代表往南京、北京、杭州各当局呼吁。江浙两地的区域自治运动，推行一段时间之后，并无成效。当政的军阀，谁肯放弃富庶的江浙两省？而两省的民众只能在军阀的枪口之下，奋力求生。

直奉鏖战九门口

奉军此次发动战事，打的旗帜是讨伐曹锟贿选。

吴佩孚对曹锟急于当大总统，搞贿选很是不满。但直系一家亲，他对曹锟又愚忠，现在曹锟贿选被人声讨了，他只好带兵出战。要打仗，就要钱，可吴佩孚现在手里却没钱，发不出军饷，如何让士兵卖命？这时曹锟的亲信李彦青跑来对吴佩孚说："曹大总统的家产不下八千万，全在我手里，我来帮您凑军饷，您不要发愁。"

吴佩孚无法，只好任命曹锟四弟曹锐为军需总监，李彦青为副总监。结果李彦青不但没有解决军饷问题，反而变本加厉地克扣军饷，平时不行贿、不送礼的，就直接扣掉军饷，也不发军火。冯玉祥是从不送礼，所以吃够了亏。

江浙开战之后，已调任陆军检阅使的冯玉祥弄来了一批军火，有大炮八门，迫击炮六门，马克沁机枪四十八门，其他枪支四千支，排列在大校场让士兵参观。随后他集结官兵讲话，问官兵这些枪炮好不好啊，官兵们自然答好，冯玉祥却咬牙切齿愤恨地说："这些是我花钱买来的。"

其实这批军火是大总统曹锟批准拨发给冯玉祥部队的，但是总统府收支处处长李彦青却以"库无存品"为由，拖压不发。冯玉祥无奈之下，开了一张十万元的支票送过去，结果当日就收到通知，让其去领取军火。冯玉祥在回忆录中记道，曹锟为此还笑嘻嘻地和他说："焕章，你这么苦，还给我送钱，实在是过意不去。"

又有一次，冯玉祥去找李彦青求情，让借五万元给弟兄们吃饭穿衣。李彦青颇不耐烦，不置可否。恰好此时有古玩商进来，拿了一只古董给李彦青看，李很是喜欢，问古玩商多少钱。古玩商开价十五万，李还价到十二万成交。冯玉祥被晾在一边，脸上一阵青一阵白，内心极其愤懑，最后一分钱没有借到，还被李彦青羞辱了一番。

胡景翼去找李彦青领军饷，李彦青说："你先开个收条，我回头就给你送军饷。"胡不解其中设有圈套，就开了收条，结果等了几天也没等到军饷，就又去找李彦青要。李彦青直接耍赖道："你已经领了军饷，还来闹什么？"胡景翼一看李彦青坑他，自然不服，就去找曹锟告状。不想曹锟没责备李彦青，反倒指责胡景翼："你没有领到军饷，乱开什么收条？"胡景翼悲愤交加，当时就放出狠话，早晚要毙了李彦青这小子。

由于克扣军饷，导致直系很多部队士兵在寒天还穿着单衣，军心涣散，完全没有第一次直奉战争的那种同仇敌忾、上下一心的气势。第二次直奉战争，曹锟、吴佩孚失败，败就败在李彦青手里。李彦青外号"小六子"，早年在长春的澡堂里为浴客修脚搓背，后来跟了曹锟当随从，专门为他修脚搓背，再后来竟然成为总统府收支处长，掌握财政大权。曹锟之昏庸，可见一斑。李彦青遭人痛恨，以至当时出现了《人妖李彦青》一书，售价二角四分。

1924 年的旧历八月十五，吴佩孚正在洛阳大宴宾客，庆祝中秋，突然收到紧急来电，称奉军已发动攻势。不久又接到曹锟来电，让他进京商讨。第二天吴佩孚即带领参谋离开洛阳，临行时吴佩孚踌躇满志地伸出四个手指头对部下说："去一个星期，打两个星期，回一个星期。"

战前吴佩孚开军事会议，手下得力战将王维城指出兵力配备中的诸多问题。吴佩孚不服气，将他拉进密室，偷偷摸摸地和他说："我告诉你一个秘密，其实我已经准备了两万人乘军舰偷袭葫芦岛，抄奉军后路。"

王维城直接告诉吴佩孚："这个不算什么秘密，所有人都知道了。"

吴佩孚顿时蒙住了，问："你们怎么都知道了？"

其实吴佩孚自己是个大嘴巴，虽然有点口吃，却喜欢高谈阔论，大嘴巴一张一合之间，不知泄漏了多少机密。

这个海军抄后路的战略，也因为吴佩孚的一个决策而告失败。当时有谋士向吴佩孚进言，可以高价收买广东海军六艘军舰北上前来助战。此六艘军舰以北方人为主，自然愿意北归。当时海军的主力舰，只有福建人控制的海筹、海容、应瑞三艘新式战舰，最有战斗力。吴佩孚收买的北方人控制的军舰，机器老化严重，炮火射程有限，一遇风浪即颠簸。

海军主力海筹、海容、应瑞三舰上的福建人，见吴佩孚重贿北方人，在此次战事中就置身事外。仗打起来之后，吴佩孚曾登上老旧军舰，拟登陆葫芦岛，抄袭奉军后路。结果海上颠簸，铁锈飞舞，吴佩孚一路呕吐，未登陆就急令军舰返回。

吴佩孚的战略是，以彭寿莘为第一军总司令，在山海关、九门口一线采取守势，吸引奉军主力，形成对峙状态。以精锐第三师从海路运至葫芦岛登陆进攻，切断奉军归路。以王怀庆为第二军总司令，统领驻热河各军，在热河南路对抗奉军。以冯玉祥为第三军总司令，出热河，从北路迂回，威胁奉军后方锦州。

奉军在 9 月 13 日发动进攻。双方使用兵力，奉军计四个师、十三个旅，近十五万人；直军十一个师、一个团、十一旅，计二十万人以上。

负责防守热河南路的王怀庆第二军第十三师战斗力在直军之中最弱，这个师本是毅军人马，师长王怀庆昏庸无能，又极其迷信。王怀庆曾担任过热河都统，在北京、热河之间来往时，必定要绕过棒槌山，恐棒槌击磬（庆）不吉也。

地方上的混混儿则利用王怀庆的迷信心理来骗钱。此次出兵，王怀庆照例带兵从德胜门出，出城时突然被两个人拦住行礼。王怀庆问他们姓名，一个说叫王得胜，另一个叫王成功。王怀庆听了后大喜，每人赏了几块大洋。打仗时王怀庆还搞传统演义小说中的一套：一个大汉打着大旗在前走，全军都看着大旗行动。奉军看了这种军队简直乐坏了，直接部署将这个师包围消灭。

山海关正面由张学良、郭松龄负责攻打。

山海关地势比较平坦，看上去没有什么不可逾越的险要，但防守一方可以利用逐渐缓起的地形，彻底消灭掉防卫死角。只要工事牢固，顶得住炮火猛轰，再组织密集火力防御，就能无懈可击。在山海关正面防守的直军第十五师战斗力强，布防严密，工事牢固，奉军连攻不下，死伤颇多。

战场还发现有参加奉军的白俄军人尸体。奉军张宗昌部队中，既有俄国人，也有朝鲜人，还有其他各国人。参战的外国人中，有一些曾参加过欧洲大战，对于战术极为娴熟。

奉军所拥有的飞机数量，超过各路军阀控制的总量。此次奉军作战，出动飞机二十四架，向秦皇岛直军军舰及运兵船投掷炸弹。为了对付奉军飞机，直军在山海关内布置了四门高射炮。有一奉军飞机飞过山海关投掷炸弹，被直军高射炮击落。此飞机系单发动机，可容四人。飞行员迫降后，被当地民众擒送至天津。

双方炮战之中，奉军占尽优势。自第一次直奉战争大败之后，奉军发愤图强，购置了大批新式大炮。而吴佩孚直军所用，却是1908年意大利兵工厂所产大炮及汉阳兵工厂所造，其中多数是次品。吴佩孚精锐第三师炮兵一营，被奉军重炮轰击，全营损失殆尽。在各战场，奉军炮兵占尽优势，如石门寨、二郎庙之战，均是大炮助战之功。

在直军正面防守的山海关一带，奉军攻势受挫，就转而攻击九门口。

与山海关的平坦地势相反，九门口防线山脉连绵不绝，地形险要，要突破极其困难。但实际上山岭越高，山脉越广，死角就越大，小路山口也就越多，步兵只要分散成数队，分头突击，完全可以突破。直军在九门口防守也相当严密，设有战壕、铁丝网、机枪阵地、炮队等。双方展开激烈肉搏，奉军死伤甚多，冲锋数次均无功。

前方各战场打得热闹时，张作霖拨出牛肉罐头四万筒，高粱酒一万瓶，派副官送到前线，为士兵御寒用。奉军官兵一致认为，张作霖打仗舍得花钱，士兵在前方天天吃牛肉大包。虽然老张舍得花钱，可命到底是自己的，开战后奉军士兵逃走的也有不少。奉军在地方拉壮丁，又结怨东三省地方人民。外人认为，张作霖舍财但爱命，吴佩孚胆大不爱财也不舍财。直军此番在前线，未能占据主动，原因之一也是军饷发放不畅。

前方交战激烈时，奉军子弹突然告急。奉军士兵训练较差，很多士兵战时胡乱开枪，以为壮胆。张学良无奈之下，采购了一大批纸制鞭炮，送往前线，供士兵燃放壮胆。另一方面紧急召开军事会议，会上张学良道："我回奉天找大帅要子弹，如果一周不回，大家伙儿只好去内蒙索伦当土匪了。"一周之后，张学良返回前方，带回步枪、机枪子弹四千万发、炮弹十万发。据云，此批弹药来自日本军方。

10月7日，九门口一线直军内部发生冲突，士兵冲出战阵，各自逃命。

统领第十三混成旅的冯玉荣是空降下来的，旅中张、杨两个团长对其大为不满，时常要挟。冯玉荣没法驾驭小军头，只好迁就。在九门口前线的张、杨二团，彼此龃龉不断。对此吴佩孚也有所闻，派参谋带了大砍刀四把至前方督战。7日清晨，参谋抵达九门口山口外八里时，碰到退下来的直军，此时直军在九门口一带战线已经动摇。下午7时，九门口以南均被奉军占领，直军后退，依靠长城等天险继续阻击。

吴佩孚听闻九门口战线不利后，下令将守将冯玉荣解送问责。冯玉荣畏惧，服毒身亡。奉军取得主动后，抽调主力，由郭松龄带领，增强九门口一线作战力量，对九门口重镇石门寨发起攻击。郭松龄在前方身着士兵服装督战，军帽曾中一流弹，所幸无事。

直军方面，在冯玉荣自杀后，抽调刚刚依附的镇嵩军张治公部加入战斗。镇嵩军血战五日，骁勇异常，将战线稳住。直军飞机也加入战事，派出大型飞机在奉军阵地投掷炸弹。奉军第二军总司令名义上是张学良，实际上由郭松龄主持战事。

第二军将领中，以韩麟春最为勇敢。9日，韩麟春在各连挑选敢死队，率大队猛攻，携带炸弹，后列机关炮，如退却即当场击毙。韩亲自指挥激战四小时，占据主动。

在九门口率先取得突破的，是奉军第十六旅孙旭昌团，此团原先驻扎在兴城、绥中一带山地，受过山地作战训练，对步炮配合也很精通。在作战中，此团侧击九门口直军。奉军取得突破，打开了一个点，但却无法扩展局面，因为负责此线攻势的奉军已无后备队。此时恰好有一架直军飞机掉了下来，落在直军后方的山沟里，飞机基本上保存完好。奉军军官看到此景之后大喜，因为奉军中有令，夺取敌方飞机一架，可以领赏十万。遂以抢夺飞机，获取重奖作为宣传，展开了全线总攻，一鼓作气拿下九门口。

九门口的失守，打乱了吴佩孚的作战计划。吴佩孚的计划是，以大军在山海关、九门口吸引奉军在主力，再以精锐的十四师、二十四师及第三师第六旅，从秦皇岛出发，经海路至奉军后方葫芦岛登陆，切断奉军退路，将其主力包围。

奉军攻下九门口后，一举扭转形势。由九门口南下，则可以切断山海关一线直军后方，并可直取秦皇岛，将直军包围。为了改变被动局面，吴佩孚先调一旅增援九门口，再将所有秦皇岛的部队调集前往九门口战场反攻。

10月12日之后，吴佩孚带着自己嫡系部队第三师增援九门口，亲自指挥战事。吴佩孚在前方，每日乘坐装甲汽车指挥作战，汽车出行时，由少年军搭汽车十余辆护卫。吴佩孚曾亲乘三轮摩托，与彭寿莘督察前方战线，并赏士兵洋十万元，彭寿莘也赏三万元，士气大振，连日发起反攻。彭寿莘选出敢死队三百人，每人携带手枪，持手榴弹一枚，在前方狂掷手榴弹。

14日上午，奉军又出动挑战，直军应战多时，两军并无进退。数日以来奉军死伤甚多，弹药消耗也多。张作霖在后方积极备战，从凤凰城招募新兵，拉到奉天训练。张作霖又派副官从兵工厂领出重迫击炮四尊，炮弹二百箱，自奉天运至绥中增援。

14日下午，秦皇岛居民听闻激烈炮声，均惊慌失措。秦皇岛距离山海关直军战线，不过四里。此日奉军尚在九门口附近，与直军对峙，战线虽有推进，但并未彻底打开。秦皇岛的外籍人士极为恐慌，纷纷请本国政府派出军舰，到秦皇岛保护侨民。14日夜间，吴佩孚下令海军出动。15日晨，海圻舰赶赴山海关前线，发动炮击。此时双方飞机也在空中交战，堪为海陆空全面开打。

吴佩孚派出的援军到达之后，转守为攻，稳住九门口，再出兵绕道突袭绥中，抄奉军后路。就在吴佩孚挥兵猛攻时，后方突然传来噩耗，冯玉祥倒戈，北京发生政变。

奉军在前方与直军苦战之时，后方的博弈也在进行。躲在天津的段祺瑞，在确定冯玉祥将要回师北京，发动政变后，给前方的奉军发去电报。奉军接到冯玉祥将要政变的电报后，决定将在山海关正面的郭松龄部，抽调精锐至九门口。

郭松龄到了九门口时，张学良、姜登选、韩麟春等共同召集军事会议。

会上韩麟春不小心对郭松龄道："这样使，你也好露个脸，大家可以立功。"

彭寿莘

郭松龄闻言大怒道："我还是从山海关正面打过去。"说完掉头就走。

姜登选等将领见郭松龄如此傲慢，无视军纪，主张将其军法处置。张学良爱惜郭松龄，亲自去做工作，将其劝了回来。

此番大战，决定胜负的关键人物，却是冯玉祥。

冯玉祥倒戈

第一次直奉战争中，冯玉祥所部厥功甚伟，冯玉祥也因此由陕西督军而调任河南督军。在河南击败赵倜之后，冯玉祥用缴获的赵倜家产，购置了大批枪械弹药扩充队伍。吴佩孚对冯玉祥成见颇深，见他扩张军队，就加以打压。冯玉祥受到委屈，就跑到保定向曹锟哭诉，说："吴玉帅（吴佩孚）要缴我的械，我不知怎么办才是好啊。"曹锟安慰他，让他别哭，随后帮他想法子，将他调任陆军检阅使。

冯玉祥在河南得了赵倜的一大笔钱财，倒也干脆，三天就将全军开拔至北京南苑等兵营。冯玉祥对曹锟很是感激，此后一直表态拥戴曹锟。

到了1923年，山东督军田中玉因为临城劫案而被革职，北洋政府也通过任命，将由冯玉祥接任山东督军。冯玉祥兴高采烈，在南苑集结军官开会宣读了这一消息，并让部队做好准备前往山东。但此好事，却被吴佩孚从中作梗。吴佩孚从洛阳打了一个电报给曹锟，上书"不可"二字，山东督军一职就此成为泡影，由是冯玉祥对吴佩孚极为不满。吴佩孚对冯玉祥不放心，不让他外出担任实权督军，使他没有了地盘。将冯玉祥安置在京畿重地，直系自以为可以随时监控他的同时，也埋下了此番战事最大的不稳定因素。

吴佩孚一直不放心善变的冯玉祥，此次作战，特意安排胡景翼跟在冯玉祥后面监视，又调集曹锟亲信，第十五混成旅旅长孙岳来守北京。

胡景翼与冯玉祥恩怨交织。1921 年冯玉祥在陕西诱杀郭坚时，曾想将胡景翼一起杀掉。大胖子胡景翼得悉消息后，骑马出逃，一路狂奔，冯玉祥派出的追杀队则尾随不放，胡景翼骑马骑得瘦了一圈，才逃过冯玉祥追杀。

后来出于利益关系，胡景翼与冯玉祥再度合作，但对冯一直有戒备。在投靠吴佩孚之后，胡景翼不时对吴佩孚表忠心，时常说："我是大帅的一条狗，大帅让我咬谁就咬谁。"

孙岳是河北高阳人，年轻时曾因杀人而逃亡，后报考北洋武备学堂。在北洋军中，孙岳为人豪爽，交游广泛。曾在北洋第三镇担任参谋长，辛亥革命前，第三镇驻扎东北，孙岳时常在言语中表示赞同革命党，清廷陆军部密令曹锟逮捕他。曹锟得到密令后，暗中通知孙岳逃跑。辛亥革命后，孙岳到南方参加革命，但没有得到重视。他曾在李烈钧手下负责养马，人送外号"弼马温"。孙岳心灰意冷，一度跑到山西五台山当和尚。到陕西投奔陈树藩时，与胡景翼等人一起负责练兵，关系较好。

陕西地方情况复杂，孙岳混不下去，又去投奔曹锟。曹锟笑问："还革命不了？"孙岳回答道："不革了，找三爷赏口饭。"曹锟这人对北洋第三镇出来的旧部一直厚爱，就给了孙岳一个职位。孙岳会拍马屁，得到曹锟青睐，不断提升。曹锟厚爱孙岳，吴佩孚却瞧不起他，曾当面说孙岳只会拍马屁，没有一点军人风骨，招致孙岳不满。

至于胡景翼，在清末参加同盟会，因为仰慕明代中山王徐达，曾自号"胡中山"，后避讳孙中山，弃号不用。虽然投靠了直系，但直系认为他曾参加过同盟会，对他有所提防。胡景翼、孙岳、冯玉祥三人，有着共同理念，相似经历，故而能走到一起。

此次孙岳和冯玉祥、胡景翼三人事前合谋，如果吴佩孚在前线战事不利，就立刻倒戈。

说起吴佩孚、冯玉祥、胡景翼这三个人，不但个性差异明显，而且体形也悬殊。有一次吴佩孚请冯玉祥、胡景翼阅兵，冯玉祥比吴佩孚高出一个多头，胡景翼肥胖则抵得上三四个吴佩孚，一高一胖，由又矮又瘦的吴佩孚领着，一本正经地阅兵。有些士兵看到这一幕，忍不住笑喷出来。

奉军与直军在前线硬碰硬，虽然九门口一线奉军占了主动，但吴佩孚调集精锐前往增援，准备发动反攻，双方谁也没有显露败象。就在吴佩孚离开总部，带兵前往九门口增援时，吴佩孚的参谋长张方严突然心血来潮，给冯玉祥打了个电报，电报说："九门口危急，望速进军，以立奇功。"这个电报直接导致了冯玉祥倒戈，吴佩孚兵败。

后来吴佩孚在洛阳乘火车出逃时，张方严刚一上车，就被吴佩孚推了下去，下令其收拾军队。这一推，差点送了张方严的小命。吴佩孚留在洛阳的司令部职员，多被陕西军队杀害，张方严侥幸得脱。

在此次战事之中，冯玉祥自有打算，他的本意是观望：如果吴佩孚胜，则攻打奉军，取胜后可以取代张作霖，当上东三省巡阅使，获得关外的地盘；若是吴佩孚败，则回兵北京，倒吴佩孚的戈，拿张作霖的钱，再弄块自己的地盘。

第二次直奉战争之前，张作霖以二百万大洋收买冯玉祥。打败直系之后，张作霖、冯玉祥联合召开军官会议。张作霖当着众多军官的面，指着冯玉祥说"他是拿了我两百万的"，搞得冯玉祥下不了台。张作霖有一次曾说道："做官就要对得起天，对得起地，对得起老百姓。可冯玉祥这小子说话没信用，一派奸诈。他帮我完全是冲着钱。吴佩孚若是胜了，他还不是打我吗？"可见张作霖对冯玉祥还是看得比较透彻的。

直奉开战之后，冯玉祥受命攻击热河，领着他的一个师和三个混成旅，编成三个纵队慢慢行军。沿途还在一些地方修修路，修修桥，以拖延进军速度，观望战事。收到张方严的电报后，冯玉祥以为吴佩孚已经失败，就立刻班师回京。回师之前，冯玉祥召集军官会议，说："吴佩孚让我们去黑龙江，要经过很多不毛之地，不要说打仗，光冻饿就足以置我们于死地，所以要打吴佩孚。"

冯玉祥军队回师时，每个人还佩戴了新的臂章，臂章上书"不扰民，真爱民，誓死救国"十个字。冯玉祥所部一个师三个旅，急行军一天一夜，走了一百八十多里，赶回北京。每个士兵身上都背着枪支、子弹、铁锹、大衣、雨衣等物件，这也证明冯玉祥带兵有方，所部士兵体格强壮，骁勇善战。京师警备副司令孙岳事前就与他谋划好，开门让他进城。

10月22日晚9时，冯玉祥部由安定门进入北京，屯兵天坛，占领电报局、电话机、车站等要害机构。冯玉祥倒戈之后，曹锟被囚禁在延庆楼。孙岳倒是挺够意思，曹锟被囚后，过来送了他两万块钱，还对着他大哭一场。曹锟被囚禁后很坦然，日子过得优哉游哉，每天姨太太过来给他送饭，陪他打牌，但曹锟的手下就没这么幸福了。

一直刁难冯玉祥和胡景翼的李彦青，政变当天晚上就被冯玉祥部下逮捕在天桥枪决。被枪决前李彦青跳脚痛哭着喊："大总统快来救救我啊。"曹锟四弟曹锐被拘留后，冯玉祥的本意是让他吐出些钱来做军饷，但曹锐本着舍命不舍财的宗旨，吞鸦片烟自尽。曹锟搜刮来的钱财，多数交给曹锐存放在美国花旗银行及英国汇丰银行，所有存款均由曹锐捏造假名存入。曹锐一死，钱财便无法再去查找了。

第二次直奉战争之后，冯玉祥将其统领的军队整编为国民军，以冯玉祥部为国民一军，胡景翼所部为国民二军，孙岳所部为国民三军。

冯玉祥开会时曾询问："此次首都革命，这些军队该如何称呼？"

孙岳建议："我们军队是国民的军队，当然该称国民军。"此即国民军之由来。

在讨论由谁担任国家领袖时，孙岳认为："谁都可以，唯段不行。"边说还边推了下鼻子，意思是不要歪鼻子（段祺瑞外号）主政。不想冯玉祥还是到天津，亲自请段祺瑞出来主政。清末时，段祺瑞担任北洋第三镇统制，孙岳担任该镇三等参谋，后被段祺瑞提升为二等参谋。一日孙岳随段祺瑞检阅军队，孙岳的马不时超过段祺瑞，走在他前面，抢了老段的风头。段祺瑞就对孙岳道："你小子官是升得太快了吧？"由此孙岳对段祺瑞心存不满，不过孙岳对段祺瑞的人品操守，却是极为认可。

当时张作霖、冯玉祥曾有两个选择：一是段祺瑞，二是孙中山。就冯玉祥而言，此时他已经接触过三民主义，对孙中山也表达了仰慕。若能拥孙，则可以对张作霖形成制约。张作霖则倾向于段祺瑞，认为他是北洋元老，且具有较大影响力，对于孙中山有所轻视。不过奉张拥段，也有头痛的地方，那就是喜欢惹事的段祺瑞爱将徐树铮。在击败直系之后，冯玉祥通电，请孙中山北上，奉张也表态欢迎。孙中山北上之后，身体一直不好，最终在京去世。而张作霖、冯玉祥经过多重考虑，最终选择了段祺瑞。

此战之后，张作霖、冯玉祥及各省军政当局公推段祺瑞出山，担任中华民国临时执政，于 1924 年 11 月 21 日在北京组织临时政府。张作霖决定拥护段祺瑞出山，命杨宇霆写了封信，派部将魏益三为代表，带了信到天津来见段祺瑞。魏益三后来回忆，当时段祺瑞已有七十岁了，穿着身念佛的衣服，态度虽平易近人，精神显然已经衰退。段祺瑞无限感慨地对魏益三道："我老了，以后要靠你们这些年轻人了。"

段祺瑞重新出山后，在天津设宴，招待张作霖、冯玉祥，陪客有五六十人。段祺瑞发表致辞，对张、冯鼓励了一番。段祺瑞讲完后，张作霖站起来道："军人保卫国家是分内事，芝老夸奖，自觉惭愧。不过咱们收买的人，不能同起义的人相提并论。"张作霖发言时声色俱厉，没等席终就离开，可见其对冯玉祥的不满。

段祺瑞复出之后，湖北督军萧耀南派财政厅厅长黄孝绩入京拜见。黄孝绩拍马屁说："萧督军以前是您手下的士兵，现在当到督军，都是您老人家栽培的，萧督军对您的感情，就好比儿子对母亲一般，一心想对您好。"段祺瑞听了之后很不爽，道："你告诉萧督军，他是一省的大吏，他应该对国家对人民好，这才是应该的。对我个人好，有什么意义呢？"这个黄孝绩脑子倒也转得快，灵机一动，立刻说："您是国家元首，对执政您好，就是对国家人民好。"

直系战败之后，奉张势力扩张，冯玉祥也不甘示弱，拼命扩军抢地盘。冯玉祥直接统领的国民一军得到飞速发展，冯玉祥所部本来只有一师三个旅，现在扩编为九个师。全军装备三八式步枪，各师都增编了炮兵团，每个团都增加了手枪队。原先只有连长以上才能佩带手枪，现在只要是军官就能佩带手枪。冯玉祥部队实力增长之后，在北方就出现了冯玉祥、张作霖二巨头争锋的局面。

驱逐溥仪

冯玉祥回北京，顺带做了一件事，就是将溥仪赶出皇宫。

却说辛亥革命爆发后，经过几轮激烈交战，南北双方坐到了谈判桌上。经过南北两方代表反复磋商，最后达成清帝退位优待条件。《清帝逊位后优待之条件》共八款，涉及清室经费、私产的内容规定："清帝逊位之后，其岁用四百万两，由中华民国政府付与。清帝逊位之后，其原有之私产，由中华民国特别保护。"其中清帝岁用银四百万两，议定待将来改铸新币后，"改两为元"，划拨银元。

此时刚进入民国，新政府财力艰难。隆裕太后曾派内务府大臣世续，告知袁世凯："申明优待经费，不妨从缓交付。"隆裕只是给民国表个姿态，宫内的各项开销已是日见局促，到了此年4月时，民国政府所承诺的每年四百万经费，仅给了十四万两。徐世昌虽然尽力催促，奈何政府部库之中，空空如也。

新政府未能兑现承诺，也带来了消极效果。此年10月，外蒙古呼图克图活佛致电袁世凯，询问如果取消独立，中华民国政府将给予何等优待。又称听闻前清皇室优待条件中，中华民国政府承诺的优待经费至今未曾兑现。如果外蒙古取消独立，则恐中华民国政府不能实现承诺云云。袁世凯立刻回复："极言谣传之不足信，且谓如果取消独立，则中国政府自当尽礼待之。"

在袁世凯担任大总统期间，对清室优待经费尚能恪守承诺，予以发放。此时民国政府经费紧张，袁世凯通过各种途径，筹集清室优待经费，为此甚至一度自停年俸。袁世凯之后的历届民国政府，多不能按时发放优待经费，欠款成为常态。对于贫穷的中华民国而言，清室优待经费乃是一笔沉重的负担。当时的评论认为，中央政府财政开支，首要为军费，此外是各部行政经费，再则就是每月清室优待经费。

拨给清室的经费常常不能发放，无奈之下，逊清小朝廷不得不屡屡哭穷，索要经费，哪有当年稳坐大清江山时的气势？1918年，眼看着端午节即将到来，内务府中库空如洗，大有无米为炊之势。不得已之下，由内务大臣世续致函国务院，请务必于阴历五月初二日以前拨给优待经费六十万元，以资维持清室体面生活。国务总理段祺瑞也是前清臣子，给了老主子面子。不过段祺瑞事先申明，现在中央财政紧缩，只能先给四十万。到了6月，清室又哭着过来索要经费，段祺瑞下令财务部迅速拨出优待经费三十三万三千三百三十三元。看着此时逊清小朝廷的表现，不由让人感叹，真是会哭的孩子有糖吃。

段祺瑞掌握权力的时期，尚能勉强给清室发放优待经费。至1920年段祺瑞皖系战败，新掌权的直系军阀对前清的感情，没有袁世凯、段祺瑞这么深，小朝廷又过起了干瘪日子。1922年时，有风声传出，民国政府将取消清室优待条件。此年吴佩孚入京拜访大总统黎元洪时，就主张废除清室优待条件。

此消息传出后，逊清小朝廷很是惊恐，议定了三项应对方法：一、数年来积欠清室优待经费，要求民国政府发清；二、调查清室所有财产之价值，以谋自给；三、关于经费规定以外之优待条件，拒绝变更。

为了应对清室优待条件被取消后的财务窘迫，逊清小朝廷搞起了小动作，将贵重财产移入东交民巷外国银行保管。经过清室内务府堂官钟某、内府堂官绍者、载洵、载涛等人操作，1922年6月3日（旧历五月初八日）开始，由西华门开进汽车三辆，入西新门内装载宝物，再运赴东交民巷外国银行，如此持续数日。

清室优待经费长期被拖欠，财用日匮，每遇年节开支，靠着变卖、抵押文物而勉强维持。溥仪此时出卖、抵押的，均为珍贵文物，如十二金编钟，为乾隆八十大寿时，各省督、抚进贡有黄金编钟一套，溥仪手中缺钱，就将这套十二金编钟及金器数百件，抵押给了某外国银行买办，得洋四十五万元——但十二金编钟的价值远在四十五万元之上。1900年庚子之乱时，曾被八国联军抢去一个编钟，后以十万两的价格方才赎回。至于其余数百件金器，单以黄金重量而论，已值六十万元左右。

如此坐吃山空，长久以往，小朝廷势将不支。为了开源节流，溥仪也开始整理产业，派人查验在奉天、热河、近畿三处的房屋田地，以备出租。对于宫中古董，雇专家加以鉴定，以免出售、抵押时吃亏。对宫中各项费用，开始严加核销，每年可节省下数十万元。

溥仪将大量文物藏入外国银行，又将文物暗中拍卖抵押，激起了当时文人的不满。1924 年 3 月，李燮阳等六十六人联名提出质问书，限逊清小朝廷三日之内，答复陈宝琛、郑孝胥等串通溥仪盗卖文物之事。同时要求民国政府，根据法律，将清室手中的文物，悉数提出，或交内务部派专员妥慎保存，或发交给博物馆，以供人民观览。

根据内务部拟定的《保存古物暂行办法》，凡国内一切古籍古物，均不得出售给外国人。清室出售的珍贵文物，大量流失海外，内务部也出来表示，不得不严加干涉。内务部通知逊清小朝廷内务府，要求此后凡清室手中的古籍古物，非经民国内务部核准，不得随意移转出卖，并请将陈宝琛等变卖文物情况，迅速查明汇报。

逊清小朝廷也开始四处活动，找人帮忙，竟然说动了当时颇有实力的大军阀。通过大军阀运动了国务总理孙宝琦，请其帮忙通融。孙宝琦插手过问，责令军警机关、内务部不得过问清室文物事宜，此后清室又可以私藏、倒卖文物了。风头一过去，京师就有消息称，不日清室又将有大批贵重文物出押或出卖，中外资本家纷纷筹款以备买入。

虽然在 1922 年做了一定的准备，清室没有想到的是，清室优待条件的取消很快到来。1924 年 10 月 23 日，当直奉大军在山海关一线激战正酣之际，本属直系的冯玉祥突然班师回京，发动政变，囚禁总统曹锟，以黄郛代理国务总理，并摄行总统职权。数日之后，在冯玉祥授意下，黄郛以大总统名义向溥仪出示《修正清室优待条件》，宣布永远废黜皇帝尊号，将其驱逐出宫，又将皇室优待费由原来每年四百万元减至五十万元，这实际上等于废除了优待条件。

冯玉祥一直痛恨皇室，认为让他们留在紫禁城是民国的羞辱。早在驱逐张勋的战役中，冯玉祥就曾想把溥仪驱赶出紫禁城，但被阻止。这次北京政变后，借机将溥仪从宫中赶出，于是也就有了电影《末代皇帝》中溥仪落魄出皇宫的一幕。负责驱逐溥仪的是北京警备司令鹿钟麟。到了宫里，鹿钟麟问溥仪："你愿意当百姓，还是当皇上？当百姓我们保证你安全，当皇上另外处置。"溥仪一听，马上表示愿意当百姓。鹿钟麟也不废话，说愿意当百姓就马上出宫。溥仪被驱逐出宫，带来的好处是，故宫博物院得以成立。溥仪出宫后，李石曾先生等组织办理清室善后委员会，接收故宫以及前清内务府所属一切财产，约集社会各界人士合力工作，于民国十四年（1925）十月成立故宫博物院。

就 1924 年的驱逐溥仪出宫事件，当时及后世有诸多争议，争议的中心在于，驱逐溥仪出宫，削减优待经费，是否违背法律？支持冯玉祥者认为并未违约，其理由有三：一、清皇室未依约迁出宫禁；二、溥仪参与复辟；三、溥仪愿做自由公民。

说清室赖在宫中不走，却不是历史真相。实际上，清室一逊位，隆裕太后就提出，要搬去颐和园居住。1912 年 3 月 20 日，前清总管内务府大臣世续拜会袁世凯时，提出隆裕太后想尽快移驻颐和园。1912 年 3 月 25 日，隆裕太后召见满洲王公及内务府总管，商议迁宫之事。最后议定，旧历四月初一日迁驻颐和园。世续随后又至总统府，请求拨付款项一百万两，作为迁往颐和园的费用。袁世凯此时手中哪里有钱？竭力劝阻世续，谓大可不必多此一举。"袁总统仍极力挽留，词意恳挚，甚至泣数行下。"民国政府手中没钱，清室又有诸多事务牵绊，迁往颐和园之事最后不了了之。

到了 1924 年春，溥仪命郑孝胥管理内务府。郑孝胥主张履行条约，准备派庄士敦整修颐和园，并安排溥仪巡游颐和园。只是因为直奉开战，颐和园远在郊外，一旦兵火蔓延，恐有不虞，小朝廷手中又被财力限制，遂告中止。

至于张勋复辟时，溥仪年不过十二岁，尚未"亲政"，属未成年人，自然谈不上法律与政治责任。且满人大臣，哪怕是铁杆保皇派，在复辟中基本未曾参与，内务府大臣世续，就始终拒绝参与复辟。在张勋复辟中，出力最巨的，却是张勋、康有为、雷震春、顾瑷这些汉人。

就冯玉祥取消清室优待条件，唐绍仪曾道："认为此项条件有更改之必要，亦当以合法之程序表示其意。"通过强力手段改变优待条件，实如胡适当日所言："这真是一件最不名誉的事。"

到了1926年，冯玉祥宣布下野，并准备将国民军退往西北，自己前往苏联考察。溥仪乘机命内务府致函国务院，要求归还故宫及私产。国务院审核后认为："民国十三年十一月五日之修正条件，并不苛刻，无再变更必要。"

此次以内务府的名义，致函国务院，中间却又有故事。1925年4月16日，清室在景山西设清室办事处，取代内务府，管理清室经费及财产。待冯玉祥一走，1926年7月13日，溥仪又恢复内务府，命载润为内务府大臣。载润当即用内务府名义，以平行公函致国务院，要求点交故宫及其附属财产。

国务院贸然接收公函，又发交内务部办理，激起舆论哗然。新闻界纷纷主张，应照处置"谋叛伪机关"方法，处置此内务府，逮捕伪内务府大臣载润云云。同时指责国务院，接受所谓内务府平行公函，无疑是默认溥仪帝号。焦头烂额之间，国务院只能严厉训斥小朝廷。于是内务府名字再被取消，复改为清室办事处。

到了1928年，国民党北伐成功，躲藏在天津日本租界的溥仪，实际上已被遗忘。对于逊清小朝廷的优待条件与每年经费，自诩为革命政党的国民党，自然不会再拨付。为了管理清室内务府官房田地，国民政府财政部特意设立河北官产处，将逊清小朝廷管得服服帖帖。小朝廷一老实，地方上就有人不客气了。1928年9月间，有人抢占清室的官房和田地，擅立卖契。河北官产处致函溥仪时，称呼颇有意思："溥仪先生，请多加留意，派人接洽处理。"云云。

至1931年九一八事变之后，日本准备扶持溥仪做傀儡。就在溥仪要离开天津之前，国民政府突然派人至天津劝说溥仪，称可以恢复优待条件，恢复帝号，每年全额照付优待费等。溥仪则愤恨地说："国民政府早干什么去了？优待条件废了多少年，这才想起来优待，我这个人是不受什么优待的。"此后的溥仪，走上了一条不归之路。

吴佩孚再起

　　1924 年第二次直奉战争中，冯玉祥突然班师回京，囚禁曹锟。山东郑士琦、山西阎锡山又先后出兵，断了吴佩孚援兵北上的通道，奉系张宗昌、李景林又从热河南路杀出冷口，进入滦东，断了吴佩孚后路。

　　吴佩孚于 10 月 26 日由山海关退至天津后，将主力集中在杨村一带，同时急电江苏、浙江、湖北、河南等省直系势力，请求支援。但江浙所派出的援兵，走到山东时，被山东郑士琦所阻，津浦线铁路被切断。湖北派出的援兵，由于阎锡

吴佩孚

山出兵石家庄，切断了京汉铁路，也被阻挡。11 月 2 日，冯玉祥军队攻占杨村、北仓，吴佩孚司令部退至军粮城，此时奉军进至唐山、芦台附近。吴佩孚一看大势已去，只好乘运输舰从海路逃命。

对于吴佩孚的失败，从战术上看，当时国外军事专家分析认为：奉军已经改用新式战术，而吴佩孚仍然采用旧式战术。交战中所需的武器、粮食，奉军在年前已经做了充足准备，而吴佩孚到开战时才临时采购。奉军耐寒且备有棉衣，但直军未准备好御寒衣服，导致士兵冻伤颇多。奉军在前线大量使用迫击炮，能采用弧线瞄准射入直军战壕，给直军以重创，而直系军队中迫击炮较少。奉军所使用大炮系新从德国、俄国购买，射程远，精度高。而直军所用大炮多为汉阳兵工厂所造，质量较差，火力比不上奉系。

从战略上看，吴佩孚军中以彭寿莘所指挥的第十五师战斗力最强，该部被部署在山海关正面防守。彭寿莘是当时名将，在山海关接连挫败奉军攻势。但直系在侧翼的配置部队作战力不足，如冯玉荣的第十三混成旅，在九门口未战即内讧，官兵逃跑。张治公的第二师在九门口附近的战斗中虽然表现出色，但最终不支败退，导致直军侧翼暴露。吴佩孚不得不将本来预备从海上偷袭奉军后方的嫡系精锐部队第三师撤回，又将北京城内守卫部队调出，投入九门口战场，结果后方空虚，使冯玉祥顺利发动政变。

吴佩孚战败后逃到湖北黄州，躲在用商船改装的炮船决川舰上，其手下亲信也多躲入汉口租界，此时并无复起的希望。吴佩孚能再起，与靳云鹗的努力是分不开的。

靳云鹗在直系之中，一直被吴佩孚打压。靳云鹗的哥哥靳云鹏，曾担任国务总理，与各派关系都很深，但靳云鹏没有自己的人马。如果靳云鹗得到重用，掌握兵权等于为乃兄助力，所以被吴佩孚打压。第二次直奉战争后，吴佩孚嫡系全军覆没，靳云鹗实力不但未受损，反得到扩张。

冯玉祥倒戈之后，靳云鹗退至天津，曾在私宅内收集溃兵约八千人，由部将高汝桐带回郑州，整编成为一个师，此外还有留在郑州的骑兵团一个团，经过扩充成为一个旅，经过整编后总计还有一师一旅。1925 年，靳云鹗来到汉口，见吴佩孚颓废，便劝告吴佩孚先入湖南，隐居岳州，待机再起。随后靳云鹗奔走各地，联络残部。

1925 年 5 月，冯玉祥部队子弹不足，派人到汉阳军工厂购买，同时想联系湖北督军萧耀南及孙传芳、吴佩孚，共同对抗张作霖。这样，经过靳云鹗等人撮合，初期形成了冯玉祥、孙传芳、吴佩孚三角联盟，组织起讨贼联军，由吴佩孚任总司令。只是这个"贼"，最初指张作霖，后来变成了冯玉祥。

靳云鹗兄弟三人，长兄是"斜眼总理"靳云鹏，弟弟名叫云鹤，曾任陆军部的科长，去世较早。靳云鹗小时家里穷，全家到济南省城去讨生活。兄弟二人，靳云鹏先入了袁世凯的部队，在段祺瑞的炮队里当了学兵，成为段祺瑞的得意门生。靳云鹗十七岁投军，在袁世凯新建陆军中为炮兵当挑夫，后补为正式炮兵，两年后升为棚头，后被选入保定参谋学堂速成班学习，毕业后在军界不断攀升。靳氏兄弟的发达，段祺瑞起了很大的作用。至吴佩孚再起，自称为讨贼联军十四省总司令。吴佩孚在通电中，将段祺瑞也列为贼。但靳云鹗一向崇拜段祺瑞，不愿老师担上"贼"名，在通电中将段祺瑞之名去掉。

讨贼联军组成后，就在靳云鹗准备进攻张宗昌、李景林直鲁联军时。经过中间人撮合，双方同意停止战事，由山东拨给靳云鹗二十八万开拔费。靳云鹗、张宗昌、李景林三人在曲阜孔庙谈判成功之后，还在孔子像前磕头，结拜为兄弟。

到了 1926 年初，吴佩孚命令靳云鹗改变讨贼对象，进攻国民军。靳云鹗服从命令，进入河南。原先驻在河南的国民二军在河南地方武装镇嵩军围攻之下，溃不成军，退走陕西。靳云鹗占领河南之后，又北上进入保定、大名。

此年年初，湖北督军萧耀南突然去世，更使吴佩孚凭空得了湖北这块地盘。1926 年 2 月 14 日下午，萧耀南在武昌突然死去，死因据说是纵欲过度。萧耀南身上，有个奇怪的诅咒，即他每升一次官，就要死一个儿子。等做到了湖北督军后，儿子都死光了。为了再生儿子，萧耀南便吃起了春药，将身体掏空。此番突然得病，使用鸦片治疗，因累积的鸦片毒太多，毒发身亡。

萧耀南一死，曹锟的弟弟曹锳跑来吊唁。此时曹锟被囚禁，曹锳顾影自怜，号哭道："不晓得哪一天我哥哥才能自由。"曹锳哭得伤心了，心脏病发作，当场晕倒，抬回家中后即去世。

萧耀南与冯玉祥是换帖兄弟，倾向于与冯玉祥合作，对吴佩孚具有一定牵制作用。萧一死，吴佩孚更是铁心联奉讨冯了。此时冯玉祥处境极为不妙，北有奉军，西有晋军，南有直鲁联军，加上再起的吴佩孚势力，冯玉祥很难抵抗。冯玉祥委派张之江与靳云鹗会谈，表示愿意将国民军全部交给吴佩孚，自己下野出洋考察。

冯玉祥开出的条件，可谓极其丰厚。靳云鹗对此极为赞成，在他看来，冯玉祥怎么也是直系一家人，而奉系是外人，一向是水火不相容的，故而电告吴佩孚，劝说他与冯玉祥和解合作。

二次直奉战争时，吴佩孚被冯玉祥在背后放冷枪，丢掉了大好江山，对冯玉祥的仇恨如同冰山一般难以消解，恨不得一口将他吞掉。看了靳云鹗的电报，吴佩孚气冲冲地连夜从汉口乘火车北上，并在石家庄免去靳云鹗职务。

靳云鹗手下所带的兵，能直接调动的在五万以上，归他管辖的约有五万，总数在十万，实力雄厚。可吴佩孚一个纸条，将他所有职务免去。靳云鹗得到消息，立刻将所有印信，交给秘书长代管，自己单独到车站去接吴佩孚，当面请罪，态度诚恳。

靳云鹗部下对吴佩孚此举大为不满，曾预备在保定发动兵变，囚禁吴佩孚，但被靳云鹗制止。吴佩孚到保定后，靳云鹗交出所有关防，还将自己的卫队解散，将所余存的军款全部交出。这样一搞，吴佩孚反觉得不好意思，想委靳云鹗以陕西督军重任，但靳心灰意冷，加以谢绝。5月下旬，吴佩孚解除靳云鹗职务后，奉直和解，吴佩孚将部队调集至北方攻打冯玉祥，总计部队有九万多人。

此番国民军局势不妙，不得不降低姿态，低三下四地对吴佩孚、张作霖求和。面对冯玉祥开出的求和条件，包括张学良在内的奉军军官多为之动心，张作霖却坚持不和冯玉祥合作。

至于吴佩孚，更下定决心，绝不与冯玉祥合作。吴佩孚曾对魏益三说："一个人活一辈子，又能有多少光阴？总应当以信义为重，利害为轻，我既然答应同张雨亭合作了，怎么能反悔？"

1926 年 6 月 28 日，吴佩孚进驻长辛店车站，在车上设指挥部，扬言旬日之内攻下冯玉祥部防守的南口，结果却连攻数月不克，还有好多部属倒戈投奔了冯玉祥。在攻击南口受挫后，吴佩孚请奉军助战，并许诺将保定、大名两地让给奉军。在奉军大炮轰击之下，久战师疲的南口国民军撤退。

国民军退却之时，吴佩孚也将部队调集南下，并恢复靳云鹗职务，盖因此时北伐军已经挥师北上，一路势如破竹，进逼武汉，再不调兵南下，老巢武汉不保矣。

第 十 章
张 冯 角 逐

基督将军冯玉祥

冯玉祥的父亲冯二保是安徽巢湖人，早年家穷，到富家当长工。富家子弟练武准备考武举，冯二保也就陪着练。后来又随同富家子弟去考武秀才，富家子弟没考上，冯二保倒考上了。考上武秀才后，就参加淮军到了北方，也正是在北方生下了冯玉祥。冯出生后不久母亲就过世，父亲冯二保又因为整军而被裁了下来，在保定流浪多年。冯玉祥少年时，冯二保决定将他送入部队当兵，走关系冒名顶替"冯玉香"当了兵，后来才改名冯玉祥。

冯玉祥

冯玉祥当兵后，因为个子大，身体壮，吃菜多，老兵就欺负他，不给他菜吃。冯玉祥在家时没读过书，到了部队后就抽空自学。冯玉祥后来曾回忆道："我入伍当兵时，抽空读书写字当一个号兵，攒上二斤银子，把父亲接来，吃喝享受享受。"可见冯玉祥读书的动机很简单，就是为了发点小财。

部队的老兵时常刁难他，让他读不成书，这时同宿舍一个叫谷良友的兵就出来帮冯玉祥。谷良友后来在冯玉祥手下做到师长。冯玉祥对部下要求严格，禁止吃喝嫖赌，但谷良友却样样精通，冯玉祥只宽容他一人。由于长期坚持，冯玉祥慢慢地也能读书写文章，并因为勤学苦练被提拔为军官。后来冯玉祥带兵，一直重视士兵的文化教育，士兵在部队中除了军事训练之外，也要读书写字。

冯玉祥入伍后，驻防河北保定。有一年保定发生瘟疫，出于迷信，部队派出士兵到街上鸣枪驱赶瘟神。冯玉祥和一些士兵认为教堂是瘟疫的来源，就跑到教堂外面对着福音堂门匾开枪，可见最初冯玉祥对于基督教还是持抵触态度的。

冯玉祥对基督教态度的改变，与自身体验有关。1905年冯玉祥得了痔疮，看了几次医生没有治好，转而求助于北京崇文门教会医院的英国医生，治愈后对医生相当感激，并对教会产生了好感，从此开始接触基督教徒。当时中国社会，赌博、嫖娼、吸毒之类恶习弥漫，在和基督徒的接触中，冯玉祥发现信基督教的人基本上没有吸鸦片烟的，没有赌博的，也没有游手好闲的，妇女不缠足，无论家庭贫富都让子女上学。冯玉祥说："就这简单的几点，使我非常羡慕。因此，我对基督教的态度，就一天天不同了。"后来冯玉祥在北京美以美教会受洗，皈依基督教。

1910年，冯玉祥升为陆军第二十镇（师）第八十标第三营管带（营长）。1911年，武昌起义后，冯玉祥参与了北方的滦州起义，结果失败。王金铭、施从云与另外十四名起义者被处死，冯玉祥被革职查办，后被陆建章搭救。在陆建章的栽培下，又被提升为营长。

1919年，冯玉祥第十六混成旅驻扎湖南常德时，他的一个内弟刘某随冯玉祥同住。刘某患有精神病，请了常德的一名英籍基督教牧师罗感恩来医治。刘某一看到罗牧师金发碧眼，吓得精神病发作，掏出手枪把罗牧师打死，冯玉祥也被打伤。冯玉祥认为这下可不得了了，一个洋人被一个精神病人打死，肯定要出国际纠纷了，就请罗牧师的太太来商量。

罗牧师的太太来到后，得悉前后经过，反而安慰冯玉祥，说罗牧师是因为救人而被病人打死，和你无关，且他是舍己救人，死后将上天堂。冯玉祥大受感动，要拿三千元为罗牧师办丧事，谁知罗牧师的太太一分钱也不肯收，冯玉祥转而要送给她做子女学费，她也不要，并且说她的儿子从医学院毕业之后也要来常德为中国人民服务。后来冯玉祥每到一地，必定要建一个木制的活动木屋，作为军中基督教青年会会址，门上悬"思罗堂"匾额，以示纪念罗感恩牧师。

驻扎湖南常德期间，受罗感恩的影响，冯玉祥开始在军中推广基督教。他规定全军佩戴十字臂章，新兵入伍两月，必须"受洗"加入基督教。军中设有教堂，聘请神职人员为"随军牧师"，此外也邀请中外牧师到军营讲经。最多时，冯玉祥部队中每个团都有一个牧师。牧师在部队中地位极高，受到官兵尊敬。但冯玉祥军中的牧师，不和军外的基督教发生联系，自成门户，牧师由冯玉祥自己聘用，并发给经费。冯玉祥接见部下时，部属先立正，冯玉祥则云："你有几个父亲？"部属则答云："有三个。"冯玉祥追问："哪三个？"部属回答："上帝、大帅、生身父母。"

有人认为冯玉祥在部队中传播基督教，是仿效太平天国，借宗教控制军队，这个说法有一定道理。冯玉祥认为，在部队中普及基督教信仰，既可以使官兵不怕死，勇敢作战，也可以加强内部团结。由于有同一信仰，士兵们团结在冯玉祥周围，不大可能投奔其他军队。同时基督教教规也有整肃军纪的作用，士兵不会去干诸如赌博、酗酒、狎妓之类勾当。

冯玉祥军中基督教传播，在1926年冯玉祥从苏联考察回国之后被取消，此后部队中不再集体举行礼拜和祷告，牧师改从事其他工作。牧师取消之后，军队中设政治委员，礼拜则被每日朝会所代替。朝会时，官兵一起唱国际歌，然后由政治委员宣讲革命理论。

冯玉祥部队中的重要将领如张之江、宋哲元、鹿钟麟、刘郁芬等人都信基督教，以张之江对基督教迷信最深。1935年，冯玉祥在南京招待曾在他部下当过骑兵军军长的张树声吃饭，并派人去请张之江来作陪。张之江到来之前，冯玉祥和张树声谈到信基督教的问题。冯玉祥说："你我都信基督教，他（张之江）也信基督教。但是我和他的信教就不一样，他到现在，每天吃饭以前祷告半个钟头。"

张之江信教到了荒诞的程度，每逢战事都要祷告。1925 年，冯玉祥部队与奉系李景林部在天津郊外作战，由张之江担任总指挥。张每日里祷告上帝，求战事得胜，还真的打胜了，于是赶紧感谢上帝的庇护。1926 年张作霖联合吴佩孚围攻冯玉祥，双方在南口一带交战，此时冯玉祥去苏联考察，由张之江统领全军。一次张之江集合军队军官一起做礼拜，亲自祷告道："主啊，张作霖、吴佩孚发动内战，他们好像迷失方向的船，愿主赐给他们智慧，让他们回头登岸。"结果张吴并没有回头。

郭松龄兵变

第二次直奉战争之后，张作霖势力扩张到关内。张宗昌控制了山东，杨宇霆一度控制江苏，姜登选控制安徽，李景林占据直隶，京津两地也成为奉系地盘，奉军坐拥半壁江山。不想郭松龄倒戈一击，让奉系丧失所有战果。

郭松龄毕业于陆军大学第四期，曾在东北讲武堂担任教官，此时恰逢张学良在校学习，两人相交。张学良讲武堂毕业后，担任张作霖卫队团长，郭松龄担任参谋长。一次张学良到佳木斯剿匪时被土匪包围，郭松龄沉着指挥，调集所有机枪向一个方向射击，打开缺口，冲出重围。此后，张学良一直以郭松龄为膀臂，曾说我就是郭茂宸（郭松龄号），郭茂宸就是我。晚年张学良曾说道："我的前半生全靠他（指郭松龄）。"

郭松龄

张作霖将部分军权交给儿子张学良，张学良又将军权委托给郭松龄，但张作霖却又重用杨宇霆，这样就引起了郭杨之争。杨宇霆是日本士官学校留学生，以他为中心，一批日本士官生依附于他，但这派没有掌握实际兵权。

张作霖生性猜忌，曾有规定：一、学生出身者，不得统兵，只为军佐；二、当军事紧急时，部下要人必以妻子为质。故而奉军将士，心中多有不平。1922年直奉战争中，奉军大败，退守山海关，郭松龄与李景林（李时任旅长）严密布防，击退直军，大为张作霖赏识，凡有建议，罔不听从。郭松霖乘机建议改革军制，设立军官军士教导团，将目不识丁的下级军官淘汰，非由讲武堂、教导团毕业者，在军中毫无前途。保定军官学校和东三省讲武堂毕业的士官生大多依附于郭松龄。

郭松龄借掌握军权的机会，提拔任用了一大批人，且多数委任以实职。郭松龄所控制的部队，除了将校一级的任命须得到张作霖认可之外，上校以下都由郭松龄直接委任。在第二次直奉战争中，郭松龄带领这批本土培养的军官在山海关击败直系精锐，但在论功行赏时，却没有得到满意的分赏，心生不满。

第二次直奉战争时，张作霖曾许诺郭松龄，攻下山海关后，授他以热河都统一职。但张作霖不久又将热河都统一职转授给李景林。为了安慰郭松龄，又称待李景林攻下直隶后，仍将热河都统一职授给郭松龄。

郭松龄卖命攻入山海关后，张作霖却背叛诺言，将热河都统一职给了自己的老友阚朝玺。为了安慰郭松龄，又称将安徽给郭松龄作为补偿，郭心理上才稍得安慰。但不久张作霖任命杨宇霆为江苏督军，考虑到苏皖联在一起，就派了杨宇霆的亲信姜登选当安徽督军。郭松龄一气之下，跑到天津称病隐居，动了倒戈的念头。

第二次直奉战争后，奉军整编为十八个师、一个独立骑兵旅和两个炮兵旅。以李景林为第一军团军长，张宗昌为第二军团军长，张学良为第三、第四军团军长，张作相为第五军团军长。第三、第四军团有步兵六个师，两个炮兵旅，共计兵力十五万人，是奉系军队中战斗力最强的部队。张学良名义上统领两个军团，但实际统兵大权在郭松龄手中。

在郭松龄举事之前，冯玉祥与郭松龄弟弟郭大鸣有过几次秘密会晤，达成密约，共同倒张。在与郭松龄形成密约的同时，冯玉祥也与在直隶的奉系大将李景林达成倒张协议，成功之后将直隶、热河两省地盘给李景林，山东则给冯玉祥。

郭松龄于 1925 年 11 月 22 日发动兵变，宣言：一、反对内战主张和平；二、请张作霖下野；三、推张学良为镇威军总司令。之后李景林发表声明，称其所部属于中央，不属于东北，同时将在天津、河北的奉军解除武装。11 月 25 日，冯玉祥也通电要求张作霖下野以谢国人。

郭松龄出师之后，初期比较顺利，先头部队于 11 月 24 日攻到山海关外，并击败张作相部。随后郭松龄部队先后在连山、锦西击败奉军，一路进逼锦州。12 月 5 日，为了鼓舞士气，郭松龄对部下许诺，在迫使张作霖下野后，把张作霖的所有财富平均分给将士，并分给土地。郭松龄军皆于胸际缀以红色三角式徽章，明示其所属。

郭松龄发动之后，11 月 26 日，张作霖将教导团、宪兵练习所、讲武堂等全部学生改编为卫队及其他部队。下午 3 时，将全部学生召集到总司令部，由张作霖亲自发表悲壮演讲，表示将死守奉天。奉天之军队计卫队六连，合宪兵巡警等一共仅万人。

12月6日，郭松龄部队占领锦州，之后天降大雪，遂在锦州休整，等待大雪冰封，再用橇犁运送部队进攻奉天。郭松龄军在锦州耽搁了几天，未及时乘胜追击，而这几天却给了张作霖以喘息反击之机。直到12月10日，郭松龄军主力方才开出，攻击奉天。

郭松龄在滦州扣留下了赵恩臻、高维岳、齐恩铭、裴春生四名军长，以及旅长及下级军官等共二十余人，押解来津，送交李景林。此后不久，李景林将这批将领全部释放，通过海道前往大连。姜登选车抵滦州时被抓捕，11月26日，姜登选在滦州被枪决，罪名是穷兵祸国者戒。郭松龄发动之后，其族人及有加入阴谋之嫌疑者，在奉天被拘禁者有七十余人，作为报复，其中七人于29日在第一监狱斩决。

郭松龄倒戈后，张作霖初期颇是狼狈，此时他手中可以使用的兵力较少，不得已之下，从各地抽调壮丁组成部队应战，又派出部下到吉林、黑龙江两省招募土匪助战。到了12月5日，张作霖见前线连续大败，反击无望，一度准备下野。奉天城内开始出现反张传单，各处贴有"吉林人自治"的标语。奉系大将张作相的宅子甚至被人安置了炸弹。奉天地方商会、农务会等团已派出代表，准备到前方欢迎郭松龄入城。

一片颓势之下，张作霖乱了阵脚，整天躺在炕上抽大烟，抽一会儿大烟，跳起来骂一阵小六子（张学良乳名）混蛋，骂一阵后又回到炕上去抽大烟，竟至坐卧不安，废寝忘食。据奉天财政厅厅长兼代省长王永江回忆，张作霖已经把他的专用汽车停在帅府里，一旦风声紧，就换装登车逃跑。

12月6日，将眷属送往日本控制区后，张作霖本人也开始换装，准备逃跑。换装时，张作霖先是戴了顶四喜皮帽让部下看如何，部下说太小。张作霖又赶紧到内室换了一顶貂皮帽出来，部下又说太大。张作霖忙着换帽子时，一个参谋在旁边嘟囔了一句："郭鬼子还没进奉天城，怕什么！"听了这个参谋的话，张作霖顿时面红耳赤，把帽子一摔，吼了声："妈拉巴子，不走了！"

不走归不走，张作霖还偷偷跑去南门，请盲人算命。这个善于逢迎的盲人，说张作霖是"大命之人"，将有"九五之尊"，目前虽逢厄运，但必"逢凶化吉""克制敌人在十天必死"，这也给张作霖打了强心针。张作霖的把兄弟张作相，在巨流河作战前也请大仙扶乩，求得"福厚平安"四字，并根据大仙指示排兵布阵。

郭松龄在锦州的耽搁，给了张作霖反击之机。张作霖将在奉天附近所有部队集中起来，在巨流河布阵，准备与郭松龄军做殊死决战。同时紧急从黑龙江等地抽调兵力，以对抗郭松龄。12月10日，黑龙江省的三个步兵旅、一个骑兵旅和一个炮兵团出发，15日到达巨流河前线，使张作霖军力为之一厚。

在此前的战役中奉军基本丧失野炮等重武器，在巨流河阵地上的炮多数系刚由兵工厂运来的新炮，炮手技术不熟练，这是奉军的一大缺点。但奉军的优势在于拥有大量骑兵，而郭松龄手中则缺乏骑兵。

当锦州失守之后，奉军即退守巨流河，在河东岸挖深而阔之战壕，作为最前防线。奉军的部署是，兴隆店以西为正面，张学良任总指挥，自兴隆店迄辽中为左翼，吴兴权任总指挥，自兴隆店迄法库为右翼，张作相任总指挥。

新民县城防守薄弱，仅留奉军两团驻守，新民以西的铁路完全拆毁，所有水塔均被用炮轰毁，新民以西白旗堡一带共十六村，一切房屋树木等可以作为屏蔽之物都被扫除一空。奉军警告各村商民，迅速逃避他处，免被兵火所伤，村民留下的食粮悉皆混合沙土，村内各井也被用土填平，以防郭松龄军利用。奉军安慰民众，待战事终了，将赔偿一切损失。郭松龄军出现在新民城后，奉军不战而退。双方士兵官长多是熟人，不忍举戈相向，每逢两军接触之时。彼此预定不战而退。就奉军一般官兵而言，多数认为此战张作霖必败，郭松龄必胜，故不欲互相残伤。

12月22日，郭松龄将指挥部设在新民县，指挥全军进攻。张作霖听闻新民失守后大怒，严责张学良及主要将领。张学良也是愤怒异常，亲自带了两团到柳河上游，欲以一衣带水，阻郭军前进。张学良设伏兵于柳河东岸之左右，以待郭军渡河时发动攻击。郭松龄领兵至河边，见冰上有水，步兵难以渡河，就领兵返回新民。张学良见郭松龄军退走，也撤回伏兵。

当日夜3时，郭松龄军听到消息，河上冰已全部结冻，遂派一旅暗中渡河，发动偷袭。奉军发现有一旅渡河后，出动迎战，张学良命亲兵百余人持手枪，列阵于后方，有后退者当场击毙。奉军无奈，只好死战。郭松龄军刚一渡河，未展开队形就被奉军包围攻击，郭松龄再派一旅增援，至河边时却发现河水突解冻，无法渡河。已经渡河一旅，既不能进又不能退，乃全体缴械归降。这是奉军取得的难得大胜。

自郭松龄军一旅缴械投降后，奉军气势为之一振，张作霖听到消息后大悦，以现洋十五万犒赏前方将士，又命令前方三路大军实行总攻击。于是张学良率正面军队进迫新民，吴俊升率骑兵一旅，由左翼绕出郭军后路，张作相率步兵一旅、炮兵两团，由右翼进取新民。

23日，郭松龄发动攻势，一度击溃正面奉军部队，占领大民屯。

吴俊升所率领骑兵取道迂回，郭军不知奉军分三路来攻，仅分两军应敌。一军敌张学良，一军战张作相，双方激战两小时之久。炮火激烈，为开战以来前所未有，隆隆炮声，直达奉天城内，商民听了异常惶恐。两军正在酣战之际，吴俊升率骑兵，突然驰至，人马彪悍，骁勇异常，郭军无备，中部遭到大创，队伍凌乱，四处溃散。

吴俊升所统领的骑兵，是新近在黑龙江招安的土匪，一个个急着要立功，与郭松龄军也不熟悉，开战后拼死血战，攻势凶猛。骑兵投入后未及半小时，郭军即被吴军完全击溃。吴军乘机攻占隘口白旗堡，将此处铁道拆毁，郭松龄军被切为两段，首尾不接。外号"吴大舌头"的吴俊升此战立下第一功，被称为"福将"。吴日后与张作霖一起被炸身亡。

郭松龄见已居败势，乃下令全军总退，仅退出三分之二兵力，余下部队被吴部骑兵截住。郭松龄领了残兵撤回新民，此时张学良、张作相两部军队，均已进迫新民，四面包围。

郭松龄见后路已断，马上将陷入重围，惶急万状，一筹莫展，又驰往前方，与邹作华会商，询问前方战况。邹则告诉郭松龄，前方大势已去，再过一小时就不能支持，请作最后计划。实则前方战况，并没有溃败至此，仍可一战。邹作华如此言语，因其早已有叛郭之心。

在此前的战事中，邹作华下令将榴霰弹引线全部取出，炮弹落下后并不炸开，故而奉军第二次进攻新民时，死伤不多。郭松龄对炮弹落地不炸很是惊讶，曾询问邹作华。邹作华则回答，大概是坠落沙地，所以不炸。此番云前线不支，仍是欺骗郭松龄。

郭松龄闻言后六神无主，伪称赴左翼指挥，乘机找到其妻云："我军大势已败，绝无再胜之理，急速同我逃跑，否则死于此地矣。"其妻叹道："即有今日，何必当初？"出逃时，郭松龄将心腹饶秘书、林参议带上，同时带了护卫十五六人，弄了辆大车，向西南方向逃逸。

邹作华得知郭松龄逃走后，乃令各军停止攻击，立刻向张作霖求降。郭军各将领见奉军重重包围，不能突出，乃一起赴日本领事分馆，请向奉军转达投降条件，只要无条件赦免各将领，即全体缴械投降。日领事将此转达张学良，学良允之，于是被困郭军全体缴械。不想缴械之后，张学良不令遣散官兵，反派重兵看管，又将营长以上各将官加以刑具，严行监禁，此时新民复为奉军所得。

战败之后，郭松龄找了一辆大车，让他妻子坐在车上，带了少数亲信与护卫逃跑。离开新民县城二十里之后，在一个叫苏家屯的村子与奉军骑兵遭遇。双方短暂交火之后，护卫被打散，郭松龄夫妇躲到一户农户家菜窖中。郭松龄夫妇手中均持有手提机枪，虽重重包围，无人敢于靠近。最后由旅长王永清至窖口云："军长在内乎？事已至此，望勿开枪射击。"郭松龄答了声："好，你王永清还是朋友。"随后就交枪出窖。王永清抓获郭松龄后，将其拘禁在距离新民县城八十里的老达房，并迅速报告张作霖。

张作霖对郭松龄恨之入骨，开战之初，对全奉天军发表奖励规定：一、生擒郭松龄者赏八十万元；二、献郭松龄之首级者赏八万元；三、杀郭松龄者赏五万元；四、毁郭军之兵站处者赏四万元；五、捕郭军之将官者赏一万元。

张作霖听到郭松龄被抓捕后，惊喜欲狂，击掌仰天干笑，久久无言，随后令副官召见主要将领商议。张作霖初意是将郭松龄押解来奉天，并发出狠话"非醢其尸，吾心不甘"。有幕僚建议，南满线上日军甚多，押解来奉天，恐怕途中会出变故，不如就地正法。张作霖思考之后，就派副官高金山，带了卫队五十人，汽车六辆前去处理。高金山赶到时，郭松龄正在写信，听闻张作霖派高金山来时，如闻霹雳，掷笔于地，遽尔发狂。高金山与郭松龄之间，应当有极深之仇，不然郭松龄断不致如此。

24日，郭松龄夫妇被汽车拉到一块粳地里处决。去时共有六辆汽车，很多当地人到刑场围观，据围观者回忆，郭松龄的妻子在刑场上比郭更坚强，对郭松龄说你怕什么，又对行刑士兵说："先打我，让军长（郭松龄）看见我走了，好放心。"

25日夜间，郭松龄夫妇尸体被运抵奉天，随后被放置在公共体育馆内展览。奉天商民闻听郭松龄夫妇尸体运到后，男女老幼，争相观看，日本商民、守备队也涌去围观。公共体育馆内砌有砖台，高四尺，郭松龄夫妇尸体被置于其上，覆盖有麻布，以军警五六人看守。王永清因抓捕郭有功，被赏现洋三万元，参与抓捕的士兵各赏一万元。

郭松龄被抓住枪杀之后，张作霖欣喜若狂，但在接见记者时，却做慈悲状，黯然闭目，挤出几滴眼泪，说郭松龄系被部下激愤所杀。张作霖对郭松龄极为痛恨，认为他忘恩负义，私下大骂道："郭鬼子这个王八羔子，刚到奉天来时就只有一床铺盖。小六子说他是人才，我一次就给了他两千大洋安家，他那时感动得把他妈送给我当老婆的心都有。"

郭松龄失败的原因在于，首先，郭军内部人心仍然倾向于张作霖，一些部队在作战时常与奉军暗通声息。如郭松龄部炮兵均系奉军邹作华培养而出，邹作华在开战时一方面将郭的作战计划通报给张学良，另一方面则暗中命令炮兵将炮弹引信取下，使炮弹落地不爆炸。

其次，郭松龄军队进入锦州之后，本意是直取奉天。但在作战展开之后，却受到日本军队阻挠，郭松龄不得不变更作战计划，致使前进各部队之间露出缝隙，奉系骑兵利用此缝隙插入，绕到奉军背后，袭击白旗堡车站，断绝交通，使郭松龄全军溃败。

郭松龄倒戈之后，奉系大将阚朝玺、汤玉麟、于琛澄等人曾派代表来找郭，希望合作，但索要黑龙江、吉林地盘。郭回电仅发表阚为总参议，汤、于为参议，对索要的地盘则置之不理。同时命令部队扫荡奉热边界，打击对象自然为阚、汤等部。阚、汤、于见投郭无望，转而投奉。张作霖对阚朝玺等人既往不咎，并应允加官晋爵。郭松龄反奉之后，军中炮兵众多，但是缺乏骑兵。郭松龄军辎重、大炮运输，依赖于铁路，一旦铁路线被切断，则束手无策。阚朝玺有骑兵一师一旅，汤玉麟有骑兵一师，于琛澄有骑兵一师，本可补充郭松龄部队不足，只是因为郭松龄自大而未能被招募使用。

再次，郭松龄、冯玉祥、李景林本来结成三角同盟，互为犄角。如果此三角在战时能彼此配合，则张作霖必败。但郭松龄发动兵变之后，在河南的国民二、三军乘机进攻李景林部，以抢夺直隶地盘。而冯玉祥名为借道滦东援助郭松龄，实为夺取李景林地盘，使李景林愤恨至极。

此时恰逢李景林的母亲从奉天发来一长电，说张大元帅待人如何之好，劝李归奉。李决定归附，将郭松龄扣押在天津的奉军将领齐恩铭、高维岳等人释放，并对冯玉祥国民军展开攻势，使三角同盟破裂，郭松龄失去援助，兵败身亡。李景林的转变，对郭松龄是致命的，直接导致郭军缺乏补给、军饷和冬装，大批身着夏装的郭军士兵，为了生存而选择投降。

憨胡之战

第二次直奉战争后，冯玉祥、张作霖联合拥段祺瑞复出，为临时执政。冯玉祥将其统领的军队整编为国民军，并占据了北京、直隶等地。奉军入关之后，为了武器和地盘与国民军发生冲突，首先是奉军在冀东与国民二军抢夺直系武器，接着李景林又从国民军手中抢走了直隶地盘，双方互不信任，彼此提防。

李景林将国民二军、三军从直隶挤走，国民二军、三军只能向河南发展。此时河南空虚，段祺瑞对一直盘踞在陕西的河南地方武装镇嵩军暗示，只要出兵郑州，赶走吴佩孚，即可拥立憨玉琨为河南督军。

憨玉琨急于得到河南督军的职位，飞快进军河南，一路奔到洛阳，将吴佩孚赶跑。昔日的土匪武装，竟然欺负起了曾雄霸中州的吴佩孚，真是虎落平阳被犬欺。

但没想到的是，憨玉琨进军郑州时，北洋政府已经任命国民二军胡景翼为河南督军。刘镇华、憨玉琨大为失望，只能退兵，随后收编各地土匪武装，扩充军力达到五万余人。

憨玉琨自立为河南保安总司令，但对河南督军的宝座念念不忘，屯兵虎牢关，联络吴佩孚残部，准备赶走胡景翼。

河南问题表面为胡憨之争，实则憨玉琨背后有刘镇华，故可谓胡刘之争。憨虽名为刘之部属，但野心颇大，实力也强，如不能得到河南地盘，即欲回陕西，驱逐刘镇华，掌握陕西地盘。刘镇华实力薄弱，在陕西树敌太多，憨玉琨又尾大不掉，以是援助憨氏，使之在河南捣乱，如此刘镇华在陕的地位可以保全，且憨玉琨在河南，也可以固陕西之门户。

胡憨两军处于警戒状态中，一直未曾发动，实因双方均缺乏子弹之故。憨玉琨以所部兵力，恐难以匹敌胡军，故在豫西各县收缴民团枪械，力图扩充兵额。巩县兵工厂自被憨玉琨占据后，日夜赶制子弹。胡景翼极力联络两湖巡阅使萧耀南，希望得到军事援助，以驱逐憨玉琨。但萧与胡之间，也不是特别深厚的关系，不会全力支持。

胡憨两人，可战之兵相当。胡景翼号十万，但实际仅有八万人，其中六万系本人军队，一万五千系米振标所部（毅军），五千系冯玉祥、孙岳两人最近招募之新兵。此外胡部在陕者，虽尚有一万五千之数，然在刘镇华监视之下，已失助战之力。至于憨玉琨，所部号为六万，实际只有四万七八千，但河南全省土匪，皆乐为憨用，其数字巨大。同时刘镇华尚能出约一万人相助，是以其表面人数虽较少，但实力仍足以匹敌。

胡憨双方，争执最大焦点为巩县兵工厂、双方防地、憨部军饷等。为避免战事破坏地方，特请出豫人张钫来调节。张钫，字伯英，民国元二年间曾任陕师长职，六七年间又任陕西靖国军副司令一职，与刘镇华、憨玉琨、胡景翼、孙岳均有旧。张钫在各方之间奔波，希望能避免战事，但双方都是箭在弦上，不得不发了。

胡景翼将大部军队集中许州，于郑州及驻马店驻以重兵，为左右翼，三处互相呼应，互为掎角，而驻马店尤为重要，特命岳维峻及米振标之毅军驻于该地，至于憨玉琨部，在豫西所占地盘达二十一县，计全豫一百一十二县，憨部竟占五分之一。

憨玉琨连日派出大小散队，秘密向郑州、许州、驻马店、襄城等处进发。连日经胡部俘获者，有二十余起之多。据憨部军官被俘者声称，憨玉琨计划进攻许昌（即许州），腰截京汉线，再进至商丘，则不仅陇海线入其掌握，京汉线全路形势亦动摇。

胡景翼看形势不妙，决定先下手为强，1925年2月调集部队进攻。

胡憨于巩县义井铺之间，血战一日夜。胡军奋勇前攻，憨部子弹补充不足，先有一营停止攻击。迨胡部炮队赶到此，一营全数伏地，缴枪归降。胡军及叶荃（第三军二师师长）、岳维峻、邓宝珊等部乘胜前进，胡景翼亲至前线督战，士气高昂。

3月8日晨9时，国民二军攻下洛阳，孙岳、叶荃均已入洛。唯胡景翼尚在孝义（铁路站名，距洛三四十里）督师，其前锋纷纷进入洛阳。憨部经此挫败，向洛西新安、滋涧一带溃退。

胡军此次西路之优胜，实得力于炮队。因憨军炮甚缺少，巩厂虽为其控制，但仅能制造少数步枪（巩县兵工厂不能制炮）。胡军攻黑石关及虎牢时，因土陵逶迤，步骑无法发挥效用，乃用此前得自吴佩孚攻山海关时的过山炮两门，向憨军猛轰。憨部不能支，节节败退。

憨军失败原因甚多。自荥阳退汜之后，憨玉琨在后方指挥，传令胡军岳部如来逼迫，可暂退虎牢关扼险设阵，以待憨部。某旅长译电时，误为退扼黑石关，遂兼程督军西退，弃虎牢关不顾，胡军乃不折一兵尽收其防线。憨军险要全失，胡部占据虎牢，直攻黑石关。憨玉琨在洛阳闻讯，气愤填膺，召某旅长斩之，并杀一团长。黑石关既不能守，洛阳民团乘机联合在后方的憨部军队发动哗变，憨刘大败，仓促而逃。

刘镇华此番下了重注，领了全部兵力，尽数出关。从西安出发前，刘镇华将现金全数提取，纸币因之骤跌，金融紊乱达极点。刘镇华走时拉去车辆车夫以数千计，初以一时虽被拉去差务，完了仍可回省。不想刘部将所有车骡据为己有，车夫大半被害，惨不忍睹，以致西安城内外车骡绝迹，粮价昂贵，小民生活几难维持。当听闻刘镇华败退，准备回陕时，陕人无不惊惶，陕西地方各绅耆纷纷动用各路人脉，拦阻刘镇华入陕。

刘镇华、憨玉琨失败如是之速，根本原因，在于镇嵩军第二混成旅严际明全体倒戈，憨玉琨所部之姜鸿模全团投降，收编的民团李有才部倒戈加入胡军，共同攻打刘镇华，遂致大败。

当胡憨战争爆发后，刘镇华在陕西已无实力，其军队已随憨玉琨开入豫境，对于陕西军政渐有不能维持之势。加以胡憨之争，舆论指责刘镇华为幕后黑手。刘镇华主动辞去省长职务，保留督军一职。北洋政府任命吴新田继任陕西省长。

吴新田是安徽合肥人，毕业于陆军大学，曾任张敬尧第七师十四旅旅长。张敬尧下台后，接任师长。1921年随阎相文入陕，在驱逐陈树藩之战中，一路追击溃军到汉中，战后占据陕南。

渭北陕军唯恐刘镇华战败后，再来祸害陕西，将渭北所有镇嵩军残部勒令缴械，冯毓东、杨虎臣、马清宛等原靖国军人马开至华县、华阴警戒，吴新田第七师向陕东临渭一带布置，预防刘镇华残部窜陕。西安城内治安由吴新田维持，但吴部军纪极差，散兵满街，常有擅入民宅调戏妇女等事。

憨玉琨一败涂地后，率残部数百人窜回嵩县原籍，沿途乡团知为憨军，皆起而截击，抢夺枪支，确是虎落平阳被犬欺。憨玉琨逃到老家嵩县欲图再战，但部下不买他的账，反而要闹兵变。憨玉琨深受刺激，大脑失常，躲在房内一手提大烟枪，一手拿手枪，向部下吼道，谁敢进来就打死谁，随后在家里服鸦片而死。死后其残众约数百人不肯散去，拥憨玉琨之子为首，仍假憨之名义。然憨子年仅十二岁，由憨妻主持一切发号施令。

胡景翼打败了憨玉琨，控制了河南、陕西，并以李虎臣为陕西督军。但胡景翼自己河南督军没做几天，4月10日因右臂患外症而引起败血症，在开封辞世，时年三十四岁，随后由其亲信岳维峻担任河南督军。

此场战事，被河南人称作"憨胡闹"（瞎胡闹）。镇嵩军战败之后，大部分逃回豫西老家，一部分逃入陕南。盘踞陕西八年之久的刘镇华丢掉陕西地盘之后，跑去天津躲藏，伺机再举。

吴新田担任陕西省长也没多久，即被驱逐。1925年5月，吴新田第七师的士兵，与陕西省立第一中学学生，因为踢足球发生冲突，士兵冲入学校，开枪打伤学生，引发全省学生抗议，进而引起了陕西全省的"驱吴运动"。驱吴运动得到了杨虎城的支持，吴新田得到国民军第三军孙岳部入陕消息后，唯恐被夹击，率部向汉中撤退。杨虎城一路追击，接连取胜，但因军火缺乏，最终未能消灭吴新田，致其一直盘踞于汉中。在孙岳入陕后，杨虎城部被改编为国民军第三军第三师，以杨为师长。

冯李之战

在国民二军与镇嵩军大打出手的同时，由于无法控制国民二军的行动，又被张作霖逼迫，一段时间冯玉祥比较消极。冯玉祥曾跑到京西山里躲了两三个月，换上全套僧衣，以示厌世。冯玉祥躲了起来，惊动了许多人。这时正在北京的孙中山还派出孙科、汪精卫来劝他出山，奉系也派张学良过来做工作。为了安抚他，段祺瑞任命冯玉祥为西北边防督办，将督办署设在张家口。对此安排冯玉祥比较满意，就出山往张家口去了。

冯玉祥在张家口的时候，苏联驻中国大使加拉罕经常来拜访，鲍罗廷也时常来拜会。经此二人居中联系，冯玉祥从苏联聘用了三四十名军事顾问，骑兵、步兵、炮兵、工兵各个兵种的都有，又从国民军中选拔了十几名军官赴俄国留学。

1925 年秋天，日本举行秋操，邀请国民军和东北军派员参观，国民军派出韩复榘带领参观团，东北军派的是郭松龄。在日本期间，郭松龄向韩复榘表达了反对张作霖的意向，埋下了郭松龄、冯玉祥联合倒张作霖的伏笔。

1925 年 10 月，岳维峻联合孙岳，准备调兵北上抢夺直隶地盘。但冯玉祥此时正与郭松龄、李景林密谋反张作霖，就劝国民二军、三军暂时不要行动。

在 11 月下旬郭松龄倒戈之后，岳维峻、孙岳见奉军主力被困在关内，李景林在关外处于孤立地位，决定动武抢回直隶。冯玉祥派宋哲元、张之江带领部队

李景林

进入直隶，借口援助郭松龄，向李景林提出借道滦东出关，实为援助国民二军、三军，抢夺直隶地盘。

在整个北洋时代，冯玉祥以善变而闻名。善变使他一路脱颖而出，实力不断膨胀。冯玉祥的一切判断，均从自身利益出发考虑，自私是他的本色，善变则是自私的表现。在郭松龄发动兵变之后，冯玉祥所考虑的并不是全力援助郭松龄，而是抢占地盘。他打算坐山观虎斗，而不愿倾力去援助郭松龄。他打算在郭松龄与张作霖血战时，择机扩大自己的地盘。他的判断，既导致了李景林再次倒向张作霖，也导致了郭松龄最终兵败，而冯玉祥则陷入全面困境之中。

李景林一看国民军要动武，就先发制人，12 月 3 日抽调精锐部队，对南线的国民二军、三军采取攻势，将国民二、三军打得溃不成军，对北线的国民一军采取守势。冯玉祥最初准备坐山观虎斗，眼看国民二军、三军战事失利，遂决定全力攻打李景林。在国民军威逼之下，李景林便转而支持张作霖。张作霖一看李景林支持自己，喜出望外，由海路运送了七个车皮的军火给李景林以抵抗冯玉祥。

李景林部队在奉军中素以骁勇而闻名，号称"疾行军"。开战之前，在德国、日本军事顾问的指导下，李景林部用钢板构造了大量工事。李景林军修造的战壕结构上坚固异常，内部甚至可以通行汽车。战壕之前有铁丝网，铁丝网之前又有地雷，国民军要想攻入，必然要承担重大损失。此外，战地濒临租界，万一炮火流入，则会造成外交纠纷，在发动攻击时不得不有所顾忌。

负责进攻的国民一军张之江部，战前未做充分准备，损失惨重，不得不在前线转攻为守。国民军想诱敌出战壕，然后一鼓作气加以歼灭之。只是李景林军始终不出战壕，即使偶有出壕者，也立刻退回，并不恋战，其用意在守不在战。

自从 12 月 7 日起，京津、济南、山海关等处火车，全部停止，京津之间的电话，自 9 日起停止。各地的邮件，也不能进入。民众不得不自行组织，将邮件绕行战线之外，运送出去。京津两地的新闻报纸，被交战双方扣留，一律无法投寄。

京津地区的银行系统，已被张作霖接收，在没有基本金的情况下，依靠武力强制推行纸币。至时局紧张时，张作霖试图将纸币二百万、现洋八十万运走，经过滦州时又被郭松龄军扣下。京津两地银行发行的钞票顿时贬值，发生挤兑风潮，市面上拒绝使用。北京的银行干脆全部关门了事，天津市面上的银行则限制兑换时间及人数，往往排队数日也不能兑换到一元。此时各类滥发的纸币，在市面之上等于废纸。

李景林主持的直隶官银，所发行的铜圆票也失去信用。为此李景林派出侦探，到处宣传，如果有敢于拒用者，一律军法从事。市民被武力威胁，不得不照常使用此铜圆票。一波未平，一波又起，直隶银行所发行的纸币，也渐渐失去信用，只是畏于武力，无人敢于拒用。自从郭松龄倒戈后，东三省所发行的各类纸币，在天津正式停止使用及汇兑，拥有此类纸币的直隶民众损失惨重。开战之后，李景林手里缺钱，下令北洋印刷厂印刷流通券五百万，交给直隶银行发行。只是流通券发行后，在任何店铺银号都兑不出现洋。

自12月1日起天津开始戒严。5日至10日形势最为严重，汽车9时起禁止入城内，10时起禁止行人。各街市胡同口，都有大刀队、手枪队联合稽查。天津居民为了躲避战火，纷纷躲入租界，各国租界则架设电网、沙袋、堡垒。租界之中，以日租界及旧德租界防守最为严密。在天津各国联军及军舰水兵共约二千数百名，临时募集了侨民义勇队约二千名，以此维持租界治安有余，保护天津安全则有不足。

天津的警察工资，在开战后被挪作军用，警察有两个月未发工资，怨声载道。为了给警察发工资，挨家挨户摊派临时警捐，以解燃眉之急。李景林夫人又发起爱国妇人会，募集慰问军人袋，只是天津人民忙于躲避战难，哪有闲心过问此事？于是又借助武力，由各区警察挨家挨户摊派，分别认捐，哪怕穷得没饭吃，也要认购。

冯玉祥军所派出的密探，潜入天津者甚多，各自衣服上有暗记，以方便辨认。一日冯军密探，在南市平安大街与警察相遇，双方发生枪战。冯军密探随后逃入日本租界，被抓捕后移交天津警察厅发落。

开战之后，在天津的国民党支部，颇是激动，在英租界集会，预备欢迎国民军进入天津。会上商议，要制作红色小旗一万面，上书"取消不平等条约，打倒帝国主义，反对关税协定，力争中国自主权等字样"。只是因为天津国民党党内存在严重分歧，在会上爆发冲突，至于欢迎国民军之事，也不了了之。

12 月 11 日，李景林添购的飞机十架运到天津。第二天一早，这些飞机就开始出动，轰炸国民军阵地。此后飞机不断出动，发动轰击，给国民军造成了较大损失。设置在杨村车站的国民军司令部频遭危险，不得不转往他处，以避风险。国民军不甘示弱，紧急从张家口调动了几架轰炸机助战，据云还配备了极具威力的炸弹。

国民军战事失利的原因之一，在于子弹之不足。开战初期，国民军准备一鼓作气，击败李景林，每枪发给子弹三百发。士兵手中子弹充足，在前线也不考虑节约，拼命发枪。而李景林军抵抗顽强，战事持续日久，致国民军子弹不足，且不能重新补给。

双方僵持不下，冯玉祥部进不能进，退不能退。在张家口后方指挥的冯玉祥，发电报给前方，称如果短期内无法攻下天津，则应全线撤退。前方指挥将领鹿钟麟、张之江、宋哲元等人经过商量，决定发起一次全面攻击之后再说，并议定 12 月 22 日发起全线总攻，获得冯玉祥同意。22 日早上 3 点，国民军全线发起总攻。李景林本也准备在此日发动全线反攻，但攻击时间比国民军晚了三个小时，陷入被动状态。

当时尚无信号弹，冯玉祥所部约定，冲入对方阵地后以燃放烟花为信号。开战之后不久，国民军拼死突入，整个战线上到处是燃放的烟花。双方进行了惨烈的肉搏战，整个前线血肉横飞。冯玉祥部一直重视冷兵器练习，李景林所部作战力也极强悍，死战不退。李景林亲自到前线指挥，一度还发起反击，但由于是孤军作战，于事无补，不久全线崩溃。

李景林所部战败之后，在日军保护下顺利后撤，乘坐日本军舰前往青岛，与山东张宗昌会合，组成"直鲁联军"。12 月 25 日，国民军占领天津，正准备接收直隶省行政机构时，得到郭松龄兵败被杀的消息，此后国民军形势险峻。

国民军占领天津后，在廊坊车站杀了一个人，此人就是徐树铮。

徐树铮命陨

在 1920 年的直皖战争中，张作霖派军援助直系曹锟、吴佩孚，击败皖系段祺瑞。直系攻入北京后下达的通缉名单中，第一个就是徐树铮。张作霖则念念不忘他被徐树铮吞并的部队，先是将西北边防军第一和第四混成旅缴械，然后猛追第二混成旅，从天津追至廊坊，再追至三河县，将此部缴械方才罢休。

皖系战败后，大总统徐世昌于 1920 年 7 月 29 日下令通缉徐树铮，撤销西北筹边使官职，解散西北边防军。西北边防军仅存在了一年七个月，即告终结。

徐树铮逃去租界内躲藏了两年，耐不住寂寞，又跑出来煽风点火，意图东山再起。1922 年，徐树铮来到福建，准备煽动福建督军李厚基独立。李厚基系段祺瑞一手提拔起来的，且是徐的表兄。但李对徐的到来相当冷淡，怕他留在福建招惹是非，准备将他礼送出境。对此徐树铮大为光火，扬言自己就是没有一兵一卒，也能将李赶下台。

随后徐树铮策动福建境内原段祺瑞派系人马王永泉，倒李成功，在福建组织所谓建国军。赶走了李厚基，徐树铮野心勃勃，想在福建施展身手，对抗直系。但王永泉却不想屈居于咄咄逼人的徐树铮之下，当年徐树铮担任陆军次长时，王永泉在他手下任科长，对他的跋扈领教已久。王永泉又设计，将徐树铮这尊瘟神送去上海。徐树铮至上海后，在租界内躲了两年。

1924 年，江浙两省的军阀爆发战争。战败的浙江军阀卢永祥残部退至上海，为谋出路，将徐树铮推举为联军首领。潜藏在英租界内的徐树铮得意忘形，摩拳擦掌，准备大干一场。不想租界当局怕他把战火烧大，就将其逮捕。徐树铮上海被捕后，一直对他很是青睐的孙中山出面抗议，电文称，"孙视上海领事团拘捕联军司令徐树铮，为大背中立，已命伍朝枢向北京外交团提出严词抗议"。在压力之下，上海英租界就将徐树铮解送至香港。

至香港时，本为阶下囚的徐树铮突然成为港督的座上宾，因为此时第二次直奉战争因冯玉祥倒戈，导致直系曹锟、吴佩孚兵败，奉系张作霖胜出。随后张作霖、冯玉祥请段祺瑞重新出山，担任中华民国临时执政。段祺瑞再次出山，徐树铮的政治行情自然看涨，故而港督对他也另眼相待了。

段祺瑞复出，徐树铮跃跃欲试，欲图北上。但段祺瑞知道他和张作霖、冯玉祥都有疙瘩，北上必是牵绊，给他谋取了一个考察各国政治专使的差使，让他去了欧洲。在法国考察时，所乘坐飞机遇险迫降，所幸有惊无险。在欧洲期间，徐树铮每日必做笔记，准备回国后写一本考察笔记作为政治资本。

在海外考察时，徐树铮的做法，让老外大为惊愕。依照老外的想法，将军考察，必然一身军服，胸挂勋章，每天参观军港，巡视部队。可这位徐将军，则携带两妾，登台高唱昆曲，兴致淋漓。牛津大学苏慧廉教授就认为："中国派到国外的考察团太多了，没目的，没计划，玩一趟回去，能有什么用？"又评价徐树铮："成见太深，自信太强。"

到了 1925 年 10 月，徐树铮不顾段祺瑞屡打电报让他暂缓回国的劝阻，自行回到上海。

回到上海后，徐树铮准备北上进京拜见段祺瑞，此时国内形势又发生变化。段祺瑞虽为临时执政，却系张作霖、冯玉祥所拥戴，手中已无实权。张冯二人为了地盘问题开始不断发生摩擦，居中的段祺瑞左右不讨好。1925 年，段祺瑞遵照张作霖的安排，任命张宗昌为山东督军，导致冯玉祥大发雷霆，调集大军密布于北京周围，并控制北京军警权，将段祺瑞心腹多人逮捕。徐树铮的亲友包括段祺瑞都力劝徐不可入京，徐对此劝告置之不理，直奔北京。

进京之后，徐树铮低调了两天，见平安无事，就开始张扬起来，不但和老友喝酒作乐，还去自己创办的正志中学作了两场演讲。得意之时，徐树铮哼起了昆曲:"大摇大摆,进了古城!"

徐入京次日,即有友人在会晤时告诫他:"危邦不入,乱邦不居,子宜行矣。"徐则笑答:"乱则相似,危则未必,此番入京,仅为拜见段祺瑞,别无其他活动,各方绝不会为难。"徐树铮说无其他活动,实际上并非如此。据徐树铮密友回忆,徐树铮准备从北京返回天津,联络张作霖搞掉冯玉祥。对徐树铮的行径,冯玉祥冷眼旁观,不动声色,待机出手。

徐树铮入京之际,恰逢冯玉祥击败直隶督军李景林所部,占领天津。此时京津两地,均为冯玉祥势力范围,而徐树铮有恃无恐地奔赴天津,不啻自寻死路。对送上门来的徐树铮,冯玉祥决定将其铲除,一则为陆建章报仇,二则免得徐树铮到天津后又煽风点火,生出是非。

徐树铮入京之后,陆建章的儿子陆承武,带了二十人,暗藏武器,由张家口入京,准备暗杀徐树铮。徐树铮在京期间,到处吃喝玩乐,毫无戒备。可陆承武竟然无从下手,不得不求助于北京警备司令鹿钟麟。鹿钟麟则大骂陆承武:"亏你带了这么多打手,连这点小事也办不到,真是癞狗扶不上墙去。"

鹿钟麟随即将徐树铮抵达北京,准备前往天津的消息,以电话告知冯玉祥。冯玉祥表态:"处置徐树铮的办法,就是逮捕枪决。"

鹿钟麟回复云:"这个问题太大。"

冯玉祥厉声吼道:"天塌下来有柱子接着。"

冯玉祥随即秘密布置,由在廊坊的部将张之江负责捉拿徐树铮。经过商量,张之江决定采取以下措施:第一,派人通知站长,卡住火车;第二,选派几个会武术的卫兵,上车去请;第三,请不下来,就强架他下来;第四,派手枪队换上便衣警戒,以防不测,不到万不得已不开枪。

徐树铮本定于12月29日白日出发,到了中午,有朋友设宴款待,遂改为晚间出行。据友人后来回忆,午餐时,徐树铮面色灰白异常,已有不祥征兆。晚间徐树铮乘坐专列前往天津,随从有二三十人。车抵廊坊车站时,已是深夜2点。车刚入站,便见站台上布满军队。随后一名军官带两名大刀队员(冯玉祥部队皆配大刀,故有此称)登上火车,递呈冯玉祥部前线司令张之江的名片,声称请徐至张之江司令部，介绍考察欧洲的经过。徐树铮则称，连续几日在北京演讲，嗓子嘶哑，待到天津修养几日后再去拜见。张之江见徐树铮不愿下车，一批如狼似虎的大刀队员直接涌入车厢，将徐树铮拉下火车。

徐树铮连衣服都没有穿好，赤一足，被拖下车，关在车站附近的小学。在确认被擒的是徐树铮后，张之江马上给在张家口的冯玉祥打电话报告。冯玉祥在电话里下令，就地枪决。张之江命令属下手枪队执行，将徐树铮拖到无人处枪决，一命呜呼。徐树铮大红大紫时就有人指出，他虽然方面大耳，但似无头颈，主身首异处，不想果然遭遇不测。

鹿钟麟接到廊坊电话，得知徐树铮被杀后，立刻派人告知陆承武，让他当夜赶往廊坊。陆承武在梦中惊醒，得知徐树铮被杀后，即对来人说："还要我去吗？"

来人道："你不去不行，非去不可。"

陆承武无奈，当夜出发，于 12 月 30 日凌晨赶至廊坊。陆承武对被扣押的徐

张之江

树铮随从称，自己是替父报仇，与诸位无关，诸位可自由离津，如无车费，可代购车票云云。随后又电告当时各大媒体，声称为父报仇。

段祺瑞于次日闻知徐树铮的死讯后立刻晕倒，经左右抢救苏醒后又号啕大哭，如是者三四次之多，随即准备下野。当日为元旦，段祺瑞不接受任何祝贺。徐树铮与日本军政要人关系密切。听闻他被杀的消息后，日本首相若槻礼次郎、政友会总裁田中义一等人发起，在芝增上寺召开徐树铮追悼会。

被枪决后，徐树铮尸体由张之江部下随意挖了个坑埋在野地里。张之江部队中有个洪姓医官，当年徐树铮曾送他到天津学医，受过徐的恩，故而请求帮徐收尸。张之江也没有拦阻，洪便将徐的尸体刨出，用棺材装好送到北京。随后徐的亲戚给他换上上好棺木，运回老家下葬。

徐树铮遗有四子二女，其中一子徐道邻是日本问题专家，蒋介石掌握政权后颇得蒋介石青睐。抗战胜利之后，担任行政院政务处长的徐道邻辞去官职，以阴谋杀害父亲徐树铮的罪名，向法院起诉冯玉祥、张之江，此事最后不了了之。1962年，徐道邻在台湾还编印了本《徐树铮先生文集年谱合刊》以纪念其父。

客观而言，徐树铮此人亦有可取之处。其在陆军部期间，主持部务颇勤。从1911年至1915年，司法部、陆军部、海军部等部，每周聚集一会，商讨系列军法立法。徐树铮只要无要务，均列席会议，并力推通过了系列法律草案，如于陆军刑法草案内加入掠夺罪的罪名，规定战时掠夺人民财产者，处死刑、无期徒刑或三年以上有期徒刑，以限制战时军队胡作非为，诚有益于被战火所困的平民。

徐树铮追随段祺瑞多年，设计献策，使得皖系军阀一度脱颖而出，雄踞一方。但其为人，野心勃勃，权欲旺盛，又器量狭小，擅杀北洋老人陆建章，谋夺直系曹锟、吴佩孚地盘，私取张作霖奉军巨额军饷，组织安福俱乐部操控国会，翻手为云，覆手为雨，咄咄逼人，招致各派军阀愤恨，遂有直系、奉系的联合攻击。战败后徐树铮仍不甘寂寞，四处煽风点火，最后送了性命。

南口大战

第二次直奉战争之后，国民二军胡景翼被任命为河南督军。1925 年，胡景翼联合孙岳在河南击败镇嵩军头目憨玉琨，又将刘镇华从陕西赶走，并任命李虎臣为陕西督军。

击败憨玉琨后，国民二、三军疯狂扩军，河南一省已无法满足国民二、三军的需要。为了获得生存空间，孙岳决定向西北扩张，先占据陕西，再图甘肃、新疆。以国民三军为主，在部分国民二军的配合下，很快占据陕西。

孙岳原本预备向甘肃发展，冯玉祥则想解决掉直隶李景林，请其率军与国民一军合攻李景林，并以直隶一省地盘相诱。1925 年 11 月，孙岳率部前往直隶。孙岳回师之后，对李景林发起攻击，此时情况突变。冯玉祥、李景林、郭松龄联合倒奉，冯玉祥遂命孙岳暂停攻势。不想李景林也是墙头草，突然又倒向张作霖，并与国民军作战。此后国民军分三路，攻打天津。

在击败李景林之后，冯玉祥任命国民三军孙岳为直隶督军，但此时国民军所处形势不妙。直系奉系重新合作，阎锡山又从山西出兵，四面合击国民军，冯玉祥不得不在 1926 年 1 月宣布下野，并准备将国民军退往西北，自己前往苏联考察。冯玉祥下野后，以孙岳为国民军代理总司令。

国民军的重要将领对冯玉祥此决策表示反对。持反对意见的将领认为，西北绥远、甘肃为冷僻之地，部队补给困难。而吴佩孚虽然在湖北再起，但已无昔日的实力，张作霖则刚刚被重创，直系中的重要人物如孙传芳、萧耀南、靳云鹗等人又主张与冯玉祥合作，共同对付奉张，局势有可以缓解之处。故而冯玉祥暂时放弃了出国的打算，在国内观望时局发展。

从直隶被赶跑的李景林不甘失败，联合山东张宗昌，水陆并进，还展开了近代中国海军史上少有的登陆作战。1926 年 3 月，张宗昌部在渤海舰队的运输下，在天津北塘和塘沽之间登陆，但登陆时没算好时间，在早潮将退的时候登陆，一登陆，就陷入泥泞地里动弹不得，六千多人全部做了俘虏。

到了 3 月中旬，阎锡山对冯玉祥不断用兵，国民军后方处于晋军威胁之下。无奈之下，国民军全军后撤，冯玉祥前往苏联考察，由张之江以老大哥身份统领全军。

国民军于 4 月 15 日撤离北京，撤离前曾通知李大钊一起撤退，但李大钊道了一声谢，不打算离开北京。

国民军撤退之前，曾想抓捕段祺瑞。冯玉祥及其部将大多曾在段祺瑞手下当过兵，段祺瑞一次当着很多人的面指着鹿钟麟说："这是我从前的一个小兵。"这次撤退之前，小兵鹿钟麟受命去抓段祺瑞。段祺瑞事先得到风声，跑得快才没被抓。

国民一军、三军（国民二军此年初在从河南退往陕西时被河南各地武装歼灭）总兵力在十五六万人之间，全军有序撤退。在国民军撤退时，奉军、直军、晋军未发动进攻，只有直鲁联军发动了攻势。4 月，国民军分部设防，东路军以居庸关内的南口为防守中心。南口的所有防御工事均由苏联军事顾问指导构建，依山形地势构建了壕沟、地雷阵，在阵地内又用大批枕木、钢轨构建了坚固工事，并构造了铁路装甲车，在山中也建造了炮兵阵地。北路军则在多伦、张北、沽源等地防守。

5 月，国民军在南口、多伦、张北一线保持守势，同时出兵对山西展开攻势，以宋哲元为总司令，目标是攻下大同，肃清晋北，以打通察哈尔、绥远两省的交通线。（阎锡山为了配合奉系进攻，曾在 4 月间将山西境内天镇、大同一线铁路切断，断绝了察哈尔、绥远之间的交通。）

在南口遭遇大敌的同时，国民军敢于主动攻晋，一是对山西军队相当轻视，国民军将领石敬亭在高级将领会议上曾说："我们国民军，还怕山西的小鸡队吗？"山西晋军在 1925 年扩军之后，部队军械缺乏，每三名士兵才有一支枪，另外两人各持手榴弹一枚，一枪二弹，得名"小鸡队"。二是山西境内富裕，历来为各地军阀所垂涎。而国民军现有地盘，如察哈尔、绥远、甘肃等省，均为贫瘠之地，部队补给不易。如果打下山西，不但各省连成一片，也能获得充足补给。

虽然国民军瞧不起晋军，但晋军自有其特点。当时国内军阀中，只有张作霖和阎锡山在辖区内设置兵工厂自造大炮。东北所产大炮，不计工本，质量高，炮精密，但数量少。山西出的大炮粗糙，但是数量多，至开战时，晋军有炮兵十四个团，每个团有七十二门炮，共计近千门炮，倒也不是吃素的。在最为关键的雁门关一战中，国民军有几门苏俄制大炮，并由苏俄士兵操炮，射击精准，威力强大。但是晋军数量众多的粗糙山炮齐发，反而压制住了国民军火力。而历来瞧不起晋军"小鸡队"的国民军大刀队，在此战中也吃尽了晋军木柄手榴弹的苦头。

国民军展开进攻后，各路晋军节节败退，一部分晋军退守天镇城内，守将傅作义作战顽强，国民军屡攻不下。此外，大同也被晋军守住。至 6 月底，长城以

阎锡山

北的晋北地区，除了大同、天镇、浑源三城之外，全部被国民军掌控，但国民军也无力再发动进攻，与晋军处于对峙状态。

6月，张作霖、吴佩孚分工，由吴佩孚主攻南口，张宗昌助战，张作霖则负责进攻多伦、张北一线。吴佩孚发动攻势之后，一些部队反而投降了国民军。吴佩孚复出后所利用的这些军队，均与国民军有深厚渊源。如魏益三部，本系郭松龄部下，郭松龄战败后投奔国民军，被编为国民四军，得到国民军多方面支持。国民军此次北撤时，该部未及同行，遂依附了吴佩孚，但对国民军心存感激，是故不愿卖力作战。又如陕军田维勤部，一度曾归属于冯玉祥，后又叛冯投吴。田维勤部的主要军官与国民军相熟，开战时双方互通声气，相互赠送食物，一些军官带领部队过来投奔国民军。到最后，田维勤部四个团全部投靠国民军。

到了8月中旬，国民军开始全线撤退。国民军撤败的原因，首先是经过四个月交战，军队粮饷无法解决，武器弹药消耗殆尽。其次，国民军分兵在各地设防，反在各地处于被动。而山西天镇、大同、浑源久攻不下，成为入晋国民军的心腹大患。国民军与晋军在雁门关交战，前后长达四个月，伤亡惨重，前线将领韩复榘与张自忠内讧，逼得张自忠投奔晋军。

此外，冯玉祥不在国内，国民军群龙无首，指挥混乱。冯玉祥平日里打压部下权威，只能有他一个人领导。他不在，各部武装谁也不买谁的账，各自为战。在此种形势之下，国民军只能暂时后撤，等待冯玉祥归国。

国民军全线退却开始后，8月底，在山西的韩复榘、石友三部首先投降阎锡山，以求获得军队给养。国民三军主将徐永昌，也在1927年春投奔阎锡山，并继续保留了"第三军"的番号。1928年孙岳在上海病逝后，徐永昌才主动要求解除"第三军"番号。

撤退途中，因为没有给养，一向军纪严明的国民军开始出现抢劫现象，张之江、鹿钟麟曾加以弹压，但兵败如山倒，根本已无法维持军纪。于右任在从苏联归国的途中，就被国民军抢走了一块表。

冯玉祥见形势不妙，赶紧从苏联回国整军。冯玉祥9月15日到达绥远五原，重整军队，随后在五原誓师加入北伐，参加国民革命。原先投靠晋军的韩复榘、石友三、陈希圣三个师，在9月中旬将队伍拉回来，接受冯玉祥的领导。冯玉祥五原誓师后，立刻调兵进军陕西，以解西安八月之围。

韩复榘、石友三、陈希圣这三个师投奔阎锡山后，刚刚补发了欠饷，换发了服装，补充了弹药，突然离开，让阎锡山很是心痛。不过阎锡山还是做了些场面上的功夫，给冯玉祥发了个电报称，你的队伍我代管了几个月，现在你回国了，还给你云云。

奉军方面，9月中旬在多伦获胜后，部分士兵进城抢劫，被喇嘛告到张作霖处。过了二十多日，张作霖派张学良到张家口查办此事。张学良到了多伦，预备枪决几名参与抢劫的军官，不想消息走漏。张学良召集骑兵十四师讲话时，突然爆发兵变，挡在张学良面前的卫队长被当场击毙，张学良险些丧命。

二虎战镇嵩军

第二次直奉战争之后，国民二军胡景翼被任命为河南督军。

国民二军方面，1925年冬胡景翼病死后，由岳维峻接任河南督军，出现了陕人治豫的局面。要知道，进入民国后，一直是河南人控制着陕西。岳维峻统治河南期间大肆扩军，派兵到各地强征军需，导致河南地方对国民二军日益不满。1926年年初，整个国民军处境严峻，在河南的国民二军更为险峻。国民二军孤军突出，受到山东张宗昌、河南镇嵩军、再起的吴佩孚、各地红枪会威胁。

国民二军在河南情势危急，紧急请陕西的李虎臣出兵援助。在当年国民二、三军抢夺陕西地盘之战中，李虎臣立下大功，是故战后以孙岳为陕西军务督办，李虎臣为军务帮办，陕西成为国民二军的地盘。至孙岳东去直隶后，李虎臣继任成为陕西督办，执掌军政大权。李虎臣为了国民二军的整体利益，不顾劝阻，带领主力前去河南救援。在过渭水时，李虎臣被本部误击，左膀中枪受伤。

在豫的国民二军经过扩充之后，数目惊人，有近十万之众，但均为乌合之众。岳维峻带领国民二军西撤，从郑州到洛阳的路上被红枪会击毙甚多，岳维峻的专车也被击毁。全军冲到函谷关时，镇嵩军已经堵住关口，激战了五昼夜始终未能突破，岳维峻遂决定投降。国民军八万人缴械，岳维峻偷渡黄河时被晋军俘获。

至李虎臣全军到达豫西时，岳维峻所统领的国民二军已全军覆没。李虎臣以为刘镇华乃是其手下败将，不堪一击，以全军迎击镇嵩军。不想镇嵩军此时气势如虹，实力膨胀，刘镇华又要报当年失败之仇。战事打响后，李虎臣节节败退。号为"常胜将军"的李虎臣化装后，混在乱兵之中逃回西安。

击溃国民二军之战，镇嵩军得了七万多支枪，开始疯狂扩军，实力一下子膨胀开来。但人多了，却没有军饷，没有地盘，只好再回陕西抢地盘。此次是刘镇华二次振起，一大批人跟着他想发财，都拥入陕西。陕西当时有三多，"兵多、匪多、大烟多"，兵多、匪多，主要是冲着陕西大烟多而来。

1926年暮春，刘镇华带了镇嵩军八个师，号称十万大军由潼关进入陕西。

刘镇华此次回陕西，以为是探囊取物，特意派人到汉口购买洋马鞍一百副，以备进西安城时摆排场使用。但李虎臣逃回西安后，得到杨虎城支持，迅速做好守城准备。李虎臣、杨虎城面对大敌，枕戈待旦，每日里穿梭巡视。镇嵩军从3月开始进攻，至11月撤退，前后围困西安八个月。

刘镇华入陕之后，还特意邀请了吴新田配合攻城。此前吴新田在陕西驱吴运动中，被杨虎城一路追打，退到汉中，经营自己的一小块地盘，心有不甘。此次可以复仇，可以扩大地盘，于是带领第七师全部杀出，配合镇嵩军作战。二军会合之后，约定由吴新田军攻打西门，镇嵩军攻打东北南三门。

初到西安城下时，镇嵩军悬赏收买亡命之徒冲锋。每次发起攻击前，这些亡命之徒都拼命抽鸦片。大烟抽足了之后，排成密集队形，嗷嗷乱叫着冲锋，但稍一接触便被击溃，四散逃命。逃下来之后，还得照给赏金，不然下次没人冲锋，大洋不足就发鸦片充数。镇嵩军中抽鸦片成风，时人讽刺镇嵩军装备好，每人两支枪，一长一短，即手中的长枪和烟枪。

不攻城时，镇嵩军就无精打采地抽大烟，赌博。每逢攻城时，这个叫花子一般的部队都精神抖擞，摩拳擦掌，仰首以盼，等城破了好冲进去抢劫发财。什么地方是银行、钱庄、商店，各个部队事先已打探好，并准备了封条以去抢占。有的部队已打探好了哪里有女子学校，准备进城去奸淫。军官们每次鼓励士兵冲锋时都怂恿道："兄弟们，杀进城去啊，那里有大姑娘！"

打到5月4日，此晚8时许，西安城中忽然狂风四起，吼声如雷，大雨随至，城北方向枪声炸弹声隆隆不绝。至黎明时大炮声仍此起彼伏，城东、南两面相对平静，偶尔有枪声响起。5日拂晓，镇嵩军出动两团之众，向红庙坡驻防的陕军第九团袭击。陕军第九团出动迎战，镇嵩军被击毙三四十人，不支败退。5日晚，城外枪声稍息，系镇嵩军发动攻城以来，第一次出现平静状态。

5月6日下午，镇嵩军再次出动数连，每人带了手榴弹二枚，由正东直扑东城。守城的陕军第六旅第一营兵数十人，从早已挖好的地洞中冲出，猛力射击，镇嵩军不支后退。是役镇嵩军战死四十余名，陕军夺得手榴弹数十枚，营旗一面，符咒数张，上书"玉皇上帝圣旨仙师大法八大仙师把枪封"等字样。6日午后，驻扎北门外二府庄的镇嵩军，又用大炮向驻扎红庙坡一带的陕军射击，炮弹均落在红庙坡附近。7日，城内得到消息，城外镇嵩军向东北方面移动，并分散在各村寨，或一连或一排，镇嵩军士兵多无枪械，各持刀矛等物操练。当日晚间，枪炮声比较前数日已减少，唯北面较多。

5月12日晨9时许，东北方向的镇嵩军花费十余日工夫，挖掘出两条地道，用棺材装满火药，燃放后轰然两声。城墙顿时震动，灰土飞扬，三四个城垛震裂开来。城外镇嵩军约两营，乘势猛攻，城上用大炮连放四五炮，并以炸弹、步枪、机枪同时射击，镇嵩军伤毙甚多，狼狈退去。城上军士被震倒者有四五名，民夫十余人被埋在土中，所幸无事。西北方向，由12日至13日，仍不时有枪炮声响起，13日下午之后三面枪炮声均停息。

围城到了 6 月上旬时，恰逢麦子收割季节。镇嵩军风闻城内守军要出城抢割麦子，就在城外放火焚烧麦子，导致城外一片火海，入夜时仍然火光冲天。此次焚烧，持续了五六天之久，焚烧麦田在十万亩以上。城内被困良久，杨虎城手中缺乏军饷，脑子一转，开设赌场，暂时解决了问题。只是城内粮价狂涨，居民饿死者不计其数。

8 月中旬，战事双方仍处于对峙状态，并无任何变化。李虎臣、杨虎城在西安城墙四围，挖掘斜凹如窑洞式的战壕，士兵可坐卧其间，敌方不能窥见，炮弹很难击中。又于城门附近，满布地雷铁丝。城内组织别动队六队，四门轮流巡查，某一面吃紧立刻登城支持，见敌兵远者以枪炮轰攻，近者用砖石投击。

镇嵩军方面见城门防守严密，不再向城门冲击。刘镇华想出一计，伐取周边民间所种植白杨树，造成高大云梯，倚附城墙。刘镇华悬赏，军中有人首先登云梯而上城者，赏大洋一千元，第二个登上城墙者赏大洋八百元，第三个登上城墙者赏大洋五百元，以此类推。悬赏令以白布悬挂在云梯之上，分外醒目。只是白杨树做成的云梯极为沉重，移动不便，此外白杨树很是脆弱，几次攀登即折断，此计自然无效。

攻城多次失效之后，刘镇华突发奇想，决定造"棉花坦克"攻城。用三百斤一个的棉花包安放在四轮车上，以铁丝固定好，士兵跟在棉花包后面提着云梯冲锋。城上一看这个大家伙来了，就用燃烧弹射击，将棉花包打着，推车的士兵、准备攻城的士兵，被火烤得难耐，纷纷丢下"坦克"逃命。刘镇华又令各军从城墙近处挖掘地道，预备从地道攻入城内。不想西安城墙，上高四丈，平阔三丈，下深丈余，异常坚固，耗费多日，地道也不能挖掘成功。

刘镇华眼看攻不下西安，为了鼓舞士气，定出"优待军士办法"，受伤之士兵每名赏洋十元，连排长受伤赏洋二十元，营长受伤赏洋百元，团长受伤者赏洋二百元。抚恤阵亡兵士每名四十元，连排长阵亡者每名八十元，营长阵亡者每名二百元。

8 月下旬，刘镇华见久攻不下，决定采取"打不死就饿死"的策略，围绕西安城挖了一道深宽各为一丈五尺的壕沟，将西安城完全包围起来，经民工和士兵挖掘，壕沟至 9 月底完工。这样，在西安城内外出现了个新的景象。城外是几十里长的深沟高垒，将西安团团围住，城上一到夜晚则灯火通明，灿若星斗。城上城下，双方有对骂的、有聊天的、有说笑的、有放枪的。

时间一长，镇嵩军开始松懈，在交通壕内也开始出现商贩、鸦片交易场、赌场等等。围城到了 10 月份时，一些守城士兵因为忍耐不住饥饿，开始越城向镇嵩军投降，并且告诉镇嵩军，城内已开始出现饿死人的现象，军队也断了粮。这样一来，镇嵩军更懒得进攻，认为早晚西安会不攻自破。杨虎城部两个班长，暗中投敌，送来两门迫击炮。镇嵩军收下大炮，让他们都当了排长，并奖励大洋五千元。当时这笔钱能买十余门迫击炮。这二人得了钱，不愿干排长，想回家。结果各拿了两千元，回家各买了几十亩地种庄稼。

西安城自从被围困之后，城内守军也没有无线电设备，与外界的一切往来断绝，得不到任何消息。守军一度想打通交通线，以获得外界消息，但未能成功。8 月底，逃出西安的难民传出消息，自三个月前，西安内外交通完全断绝，四乡粮车不得进城。加上逃入城中的五六万难民，粮食消费更巨，因此价格暴涨，现洋一元只能购得麦面七斤。为了糊口，各学校的学生多投入军队从军，至于老幼弱者，辗转死亡，尸横街巷。各慈善机构先后施赈，终被财力所困，得到帮助者有限。

城内工商各业及其他一切事务，均告停止。当多数民众饿得无力时，却出现了诡异的一幕。城内的各个游艺场、赌场，被军方强令每日照常开演，以收取费用，用作军饷。城内每月由总商会供给军队现洋十万元，以感谢军队维持治安，守城功劳。

至 10 月底，城内传出消息，每日有百余人饿死。士兵搜刮不到粮食，就在高处守候，看到某处有烟升起，立刻冲过去寻找是否有粮食。杨虎城看城内饿毙者甚多，开始放民众出城，每日有数千人逃出。就是民众出城，也要被守城、围城的士兵敲诈，不拿出几块大洋，根本无法出城。

围城期间，刘镇华封锁消息，部队根本不知道外界情况。到了 11 月，当国民军援军快要来时，刘镇华调集部分部队去打援，这些官兵一片哗然，不肯离开，认为这是不让他们进城发财。

11 月下旬，冯玉祥部队逼近西安，围城的镇嵩军发现腹背受敌，开始全军逃窜。在逃往河南的路上，沿途密密麻麻，都是镇嵩军的人车。除了部队人员之外，还有大批部队家属、亲戚、朋友、商人等。逃跑时一片狼藉，各种装满细软、鸦片的箱子，堆满了道路。如同国民二军在河南被地方武装围剿一样，陕西各地民团都拿起刀矛，架起枪炮拦截镇嵩军，镇嵩军被击杀无数。

11 月 29 日，镇嵩军退至华阴时，四乡农民得到消息，纷纷敲钟敲锣，汇集而来。农民有的拿着步枪，有的拿着马刀、红缨枪，没有武器的则拿着各种农具。镇嵩军已如惊弓之鸟，看着黑压压冲杀来的农民，各自从小道逃跑。十余里内，到处是镇嵩军丢弃的车辆马匹，大小枪炮，弹药衣服。刘镇华带了卫队，找了个向导，从小路狼狈逃回河南。

西安城解围后，吉鸿昌率援军进城。杨虎城的部队到门口来迎接，士兵饿得站不起来，就坐在地下举枪敬礼。镇嵩军二度入陕，围困西安八个月，西安及四周十余县遭受严重劫掠，无一片净土。战后统计，双方官兵伤亡在四万左右。西安被困造成大量平民饿死，此外受战火影响死亡者，据统计达四万余人，军民合计伤亡八万余人。由于西安损失惨重，民众对杨虎城也有一定意见。杨虎城在给死难军民的挽联上写道："生也千古，死也千古；功满三秦，怨满三秦。"即其心理写照。

至于出兵帮助镇嵩军作战的小军阀吴新田，在国民军入陕之后，再次龟缩，逃回汉中，在小地方上折腾到 1928 年。民谣云："猴咬麻绳断，二虎守长安。嵩军回河南，吴狗钻南山。"猴咬麻绳断，指猴章宝、麻振武两个小军阀的混战，吴狗钻南山，即指吴新田逃亡汉中。吴新田盘踞汉中前后七年，可谓是一独立王国。吴新田在汉中种植鸦片，挖掘古墓，倒卖文物，强加田赋，为所欲为，将汉中折腾得鸡犬不宁。1928 年，面对冯玉祥的进逼，吴新田领了人马，开到武汉，被缴械收编。吴新田则逃到大连，之后到天津作了寓公。

争夺陕西失败之后，镇嵩军面对冯玉祥的威压，只好再次归附。1927 年夏，刘镇华战战兢兢地到开封去拜见冯玉祥。刘镇华对冯玉祥行九十度的三鞠躬礼，每鞠躬一次，就说一句："镇华罪该万死。"对刘镇华的态度，冯玉祥较为满意，曾道："雪亚（刘镇华字）颇有悔悟。"

1927 年冬，刘镇华部下姜明玉发动叛变，将冯玉祥派至刘部当副总司令的郑金声擒住，送给奉军张宗昌。郑金声被送到济南后，张宗昌将其枪毙。至 1932 年，郑继成为父报仇，又在济南暗杀了张宗昌。到了中原大战之时，刘镇华再次背叛冯玉祥，投靠蒋介石。之后一度将军队交给其弟刘茂恩，自己出国考察。

刘镇华患有神经衰弱症，1936 年症状发作，之后长期养病，时而癫狂，时而清醒，闹了不少笑话。抗战开始后，刘镇华一路逃到了西安，西安人对他是恨之入骨。在刘镇华临时住所门口，常有小孩子围聚，唱着"西安被围八个月，老百姓死了四万多"之类歌谣。更有陕西军人计划挟持刘镇华，让其到西安革命公园内的死难军民坟前叩头致祭。刘镇华家人看着形势不好，立刻将刘镇华迁到陕西城固。此时西北联大迁于此地，刘镇华神经病发作，不时给女教师写信求爱，频繁纠缠，也是当时一大笑话。

抗战胜利之后，刘镇华迁回开封居住。1948 年开封第一次解放时，刘镇华被俘获，之后被宽大释放。淮海战役结束后，刘镇华与弟弟刘茂恩逃亡台湾。

红枪会斗克虏伯

郭松龄战败后，留下一支部队，即魏益三部。这支部队有三个旅，系奉军精锐。最牛的是，这支部队还有一个满装的炮兵团，拥有三十门德国造克虏伯大炮。这三十门大炮代表了当时造炮的最高技术水准，在全世界都是领先的。大炮弹药也很充沛，有一列车炮弹。

魏益三，字友仁，1884年生于直隶省藁城县一农民之家。幼年在本乡读私塾，后入县立小学堂及县中学堂就读。1906年毕业于保定北洋陆军速成武备学堂洋文班。毕业后在北洋陆军任下级军官。魏益三曾被皖系派往库伦驻防。后库伦发生变乱，褚其祥、魏益三所统领部队孤军无援，被苏俄缴械收容后，乘火车从海参崴回国。

回国之后，经陆军大学四期校友郭松龄介绍，魏益三投靠奉军，一路高升。在第二次直奉战争中，魏益三组织骑兵突击队，在秦皇岛北部小车站，抓获了三名直军主将彭寿莘、田维勤、李藻麟。李藻麟是魏益三陆军大学的同学，二人关系较好，遂将三人秘密释放。

1924年年末，魏益三升任奉军炮兵第一旅旅长，驻守滦河地区。据报道，1925年11月，"奉天炮兵第一旅长魏益三领去新式大炮三十尊，野炮三十尊，炮兵三旅，现移驻北仓"。

郭松龄发动兵变时，魏益三带领部队，在前方以犀利炮火助战。不过魏益三所部推进到山海关时，遭到葫芦岛奉军袭击，溃败下来。郭松龄见此，就令他停在后方，收容整顿部队，自己则带着主力继续前进。郭松龄与奉军交战以后，一路势如破竹，电令魏益三开往前方。魏益三在山海关弄不到火车皮，无法前进，正在忙于寻找火车时，郭松龄已败亡。

魏益三是郭松龄的心腹健将。郭松龄夫妇被害之后，魏益三收拾残部，誓言复仇。魏益三部队的军官，均系郭松龄一手提拔，都不想再回奉军。魏益三收容郭松龄残部，部下竟然发展到两万之众。对于魏益三所部及其手中大炮，张作霖也是耿耿于怀，拉拢不成之后，下令加以讨伐。魏益三此时不甘示弱，派出飞机散发传单，招募郭松林残部。

当时京津一带已被冯玉祥控制，魏益三转而投靠冯玉祥，弄了个国民四军的番号。魏益三所部，改编为七混成团，除骑兵、炮兵、工兵各一团外，其余均属步兵，分驻于九门口各要隘。魏益三军实力较强，装备有大量步枪、机枪、大炮，飞机有十余架。

张作霖父子看魏益三兵强马壮，器械精良，再三加以招安，以重归奉系。张作霖曾给魏益三发电，表示罪在郭松龄一人，其余一概不究，队伍也不缩编。张学良则派使者来山海关劝魏益三归奉，魏益三表示："我对少帅图报于将来吧。"

1926 年 1 月 11 日，张作霖通电讨伐魏益三，向国民军发动进攻。魏益三鉴于所部与奉军说不清的恩怨，不适宜在山海关及滦东地区驻扎，就向冯玉祥申请，将其部调到保定、定县一带。

移驻保定后，冯玉祥方面所给的支持有限，导致军饷困难。当时京汉铁路北段虽然没有停车，但在军事期间，列车开开停停，不能畅通，加以车头、车皮被各方军队截留了很多，路局方面即使想按时行车，仍有很多困难。魏益三脑子比较灵活，想起自己从东北带出来了许多车皮，就将车皮交给铁路局经营。在京汉铁路高碑店至石家庄间，办理客货运输，所得利润，除去铁路局开支外，均归魏军所有，如此解决了军饷问题。

冯玉祥从南口全面撤退后，决定前往西北发展，调魏益三开往西北。魏益三在京汉铁路上，靠经营火车皮发了大财，活得滋润，哪里肯与冯玉祥部去西北吃苦？就借口重炮必须依靠铁路运输，无法撤退为由，留在保定。

魏益三一度投靠了阎锡山，弄了个"正义军"的名号。之后一看局势不妙，又投靠了吴佩孚，被任命为第一军第三路司令，可谓是"墙头草，随时倒"。吴佩孚痛恨冯玉祥，故而与张作霖结盟。不过张作霖提出的，将魏益三手中控制的大炮交回的请求，却被他加以拒绝。魏益三部兵精械足，为各方所垂涎，吴佩孚岂肯轻易抛弃？吴佩孚再三宽慰魏益三："张雨亭悬赏十万元通缉你，不过你放心，我现在虽和他合作，但对你绝对不会有半点恶意。"

吴佩孚来保定不久，已经下台的总统曹锟也过来巡视。在欢迎宴会上，已无权势的曹锟赠送他一枚一等文虎章、一部《金刚经》、一笔虎的字画，魏益三欣然接受。1926 年 4 月初，吴佩孚在保定誓师，检阅驻保各部队。在誓师大会上，吴佩孚大骂冯玉祥是"贼"，必须大张挞伐，彻底打倒。张作霖、吴佩孚联合进攻南口，已投靠吴佩孚的魏益三奉命出紫荆关，经涞源向蔚县方向的国民军进攻。受山地地形限制，魏益三的宝贝炮兵，留驻高碑店未动。

后来吴佩孚为了对抗北伐军，调部队南下守卫武汉，就将魏益三所部带到河南，驻守信阳。魏益三部队的命根子是这三十门大炮。但这三十门大炮，却很滑稽地在河南丢掉了。

到了信阳后，魏益三部队四处搜刮，与当地红枪会武装冲突。红枪会初期是练拳习武为主，逐步演进为武装自卫，手持大刀、红缨枪，人员编制趋于正规。一旦遇匪，则一村鸣钟，附近村庄会徒赶来支援。红枪会会员喝符念咒，手持刀枪，作战勇敢。战斗时效仿义和团，战前会员齐向东南叩头，按编次列队，四人一圈。击鼓为令，轮伏轮起，轮进轮退，英武悍勇，前进奋战。

距离信阳九十里的罗山县较为富裕，魏益三就将炮兵团和两个步兵团、一个工兵营驻扎在罗山，其他部队散在信阳各地。将队伍分散开后，虽能解决吃饭问题，但军官所考虑的是如何发财。在各县，军官们向地方索要给养，到手之后，随手转卖。魏益三所部是奉军老底子，继承了奉军骂人打人的传统，在地方上动辄妈拉巴子，到处抢劫勒索，造成民众愤怒。

魏益三部由官佐带头，经常结伙成股，下乡讹诈农民，调戏妇女。讹人的办法有二：其一是号树，他们到农村看见大树就破皮做号，勒令树主伐掉，送进城去，农民无法，拿些银钱给他们，才能了事。其二是假条勒索，他们拿着没有公章的白条，上面写着马料若干斤，马草若干斤，烧柴若干斤，限即日送到城里。这么多的东西民众负担不了，短时也不能送到，只好由保长向群众派些银钱给他们，以免除重负。

红枪会对魏益三部为非作歹，大为不满，就调集了几千人进攻信阳。红枪会会员吃神符，念咒语，自以为这样能刀枪不入。临战时，魏益三的士兵看到红枪会气焰嚣张，被吓唬得不轻，就胡乱放枪，打不中红枪会。红枪会会员以为真能刀枪不入，更加凶猛地发动进攻。

魏益三看着红枪会猖獗，围攻信阳车站，想亲自出马督战。属下对他说，这种小事，哪能军长你出战？魏益三则忧虑万分地道："劈柴都在车站呢，不弄回来，没有烧火的东西。得我自己督队去。"经过魏益三严令，终于将围攻车站的红枪会驱逐走了，双方都没有伤亡，也算虚惊一场。

当时魏益三的三十门大炮，只有两门在信阳，还有二十八门在城外罗山县。将炮兵放在富裕的罗山，也是魏益三爱护炮兵，让他们在这里沾点油水。经过红枪会围攻这一战，虽有众多的骑兵、步兵在罗山保护炮兵，魏益三还是担心得不得了。

魏益三就电令在罗山保护大炮的旅长马秉仁，迅速保护炮兵返回信阳。马秉仁收到命令后，就回了个电报，称："您放心，我一定把大炮安全带回信阳。红枪会虽然会邪术，刀枪不入。我已经准备了黑狗血、月经带对付他们！"魏益三看到这个电报，差点一口鲜血喷出，知道要坏事。可是马秉仁已带着黑狗血、月经带出发了，怎么也联系不上。

马秉仁从罗山出发后，路上果然碰到红枪会拦截。马秉仁就让部下不要开枪，等红枪会靠近时喷狗血就行了。结果红枪会看到士兵不开枪，以为法术奏效使枪械失灵，就更加凶猛地冲了过来。红枪会靠近之后，马秉仁手下喷了黑狗血，扔了月经带，可就是不管用，想再开枪时，红枪会已经冲到跟前，拿着红缨枪乱刺，跑得慢的都被刺死了。

大家都拼命逃跑，炮兵一看，你骑兵有马跑得快，就将拉大炮的马解开，骑马逃命。炮兵、骑兵都乱哄哄地骑马逃走，步兵就更着急逃跑了，只恨自己少生了两条腿。一个步兵营长被红枪会追急了，就带着部下回过头来开枪，一开枪，打死了十几名红枪会会员，红枪会就一哄而散。这时战场上就只剩下这个步兵营和二十八门大炮，这个营也不敢向信阳前进了，费了很大力气，将十二门大炮弄回罗山去，其余的十六门全部丢掉了。

就是剩下的这十二门大炮，也被马秉仁给拐走。马秉仁一看丢了炮，怕魏益三处罚，就准备投奔其他军阀。他哄骗军官和士兵，说魏益三已死，然后搞了个扶乩占卜，只见乩笔一阵乱动，沙盘上写出几行字："我魏益三已死，你们大伙儿好自为之吧。"官兵一看，以为魏益三真的死了。于是，马秉仁带着十二门炮和剩下的士兵去投靠其他军阀了。魏益三的命根子大炮，就这样丢了精光。

马秉仁投靠了新的军阀，得了十二万赏赐，被他一个人全部吞了。再后来士兵们得悉魏益三没死，而且赏金被马秉仁独吞了，就一起回去重新投靠魏益三。马秉仁丢了兵，成了光杆司令，军阀很生气，就将他关了一段时间方才释放。马秉仁忙碌一场，最后竹篮打水一场空。后来马秉仁投奔了傅作义，也混出了点名堂。

至于魏益三，投靠了再起的吴佩孚，日子却是不好过。吴佩孚四处受敌，手中人枪地盘有限，给不了他什么好处。可想再投他人，张作霖、冯玉祥都是魏益三得罪过的人的，没法再打交道。

魏益三也会投机，看到北伐军势如破竹，就倒戈加入北伐军，被编排为国民革命军第三十军。这时魏益三只剩下了两门大炮装点门面，气焰也没以往那么嚣张了。

第 十 一 章
南 方 烽 火

南下护法

当北洋一系在直隶、山东、江浙等地彼此鏖战之时，南方的革命政府却已经崛起。南方革命政府的崛起也是一波三折，其崛起，源于桂系、滇系军阀邀请孙中山南下护法，中间经过了与桂系的冲突，粤军驱逐孙中山、陈炯明之变等系列波澜，最终在广东生根壮大。在广东崛起之后，竟一路北上，以摧枯拉朽之势，击溃北洋一系。

辛亥革命后，革命党人成立了中华民国临时政府。1912 年 3 月 11 日，临时政府颁布了《中华民国临时约法》，此即"旧约法"。为了扩大权力，袁世凯于1914 年废除《临时约法》，另颁布了《中华民国约法》，此即"新约法"。1916 年6 月 6 日，袁世凯去世，黎元洪就接任大总统。

1916 年 6 月 29 日，总统黎元洪宣布恢复"旧约法"。1916 年 8 月 1 日，依据旧约法组成的国会重开。此前流亡各地两年余的议员们再次相聚，百感交集。此后国会议员多支持黎元洪，奋力与总理段祺瑞作对。

双方的矛盾，由对德国战和之争而激化。1917 年 5 月 23 日，黎元洪下令，免去段祺瑞总理职务，外交总长伍廷芳以代总理名义副署。段祺瑞则认为，此命令需要经过总理副署，由外交总长代理副署，违背约法。此后内阁解散，在段祺瑞威压下，内阁无法组成。黎元洪无奈，请张勋入京调停，而张勋开出的调停条件则是解散国会。黎元洪走投无路之下，解散国会。

西南地区，广东、广西、云南、贵州、四川、湖南六省，在当时相对独立，具有较强的军事力量，不属于北洋一系的势力范围之内。西南六省中，以滇系唐继尧、桂系陆荣廷势力最大。新旧约法，国会存废，成了西南军阀与北洋派系博弈的工具。在国会被解散后，南方各省要求恢复被非法解散的国会。孙中山表示："民国存亡，系于约法，约法无效，民国即亡。"孙中山认为国会是被非法解散的，平定复辟后，约法犹在，自然应恢复旧国会。

1917 年 7 月 6 日，孙中山搭乘海军海琛号军舰南下，联系两广巡阅使陆荣廷，进行护法运动。孙中山号召国会议员赴广东，维护约法。此年 8 月，共有议员八十一人到广东，虽人数不足，但通过非常会议，成立中华民国军政府，选举孙中山为海陆军大元帅，陆荣廷、唐继尧为元帅。9 月 10 日，孙中山就任大元帅。

唐、陆二人，是西南地区的两大实力诸侯，广东省此时也处于陆荣廷控制之下。唐继尧静观其变，择机发展，对于护法既不反对，也不赞同。陆荣廷则重于保持两广，吞并湖南，护法则是与北洋一系博弈的工具。

护法军政府成立后，各省的护法军纷纷成立。护法军以桂军、滇军为主力，陆荣廷控制了驻广东十个师、广西四个师，唐继尧控制驻云、贵、川六个师。孙中山手中直接可用的武装力量，主要是海军。

孙中山呼吁护法后，以广州为根据地。海军第二舰队响应，司令程璧光率领舰队中所属的海圻号、肇和号、海琛号、飞鹰号、永丰号、永翔号、同安号、豫章号、舞凤号等九舰，前往广州，接受军政府指挥。当时海军舰队南下，经费与燃料都缺乏，由犹太富豪哈同筹借到了一笔巨款而能开拔。

海圻号是从英国订购的巡洋舰，是当时中国海军吨位最大的战舰，其次则是海琛号巡洋舰。就孙中山而言，海军是他策动的，自然是他的基本力量。桂系也看重海军，在当日中国，海军火炮的犀利威力，是任何一股军事力量所不敢小觑的。为了供给海军军饷，将广东省的赌场开禁，以赌捐收入供给海军，足见对海军之重视。

海圻号巡洋舰

南下的海军军舰共十艘，是比较可靠的力量。在广东的滇军与桂军，则是孙中山所不能掌控的。

早在 1916 年，陆荣廷派军进入广东，驱逐龙济光。桂军于 8 月占领广州，原龙济光的部队，大部分被桂系收编，有二十营则编为广东省省长朱庆澜的亲军。孙中山来广东后，手中无兵。朱庆澜将亲军二十营拨出，由陈炯明担任援闽粤军总司令，讨伐福建督军李厚基。此二十营亲兵，本属桂系控制，经过孙中山再三交涉，方才同意交给陈炯明整编。此二十营兵力是陈炯明起家的本钱，后世指责陈炯明背叛孙中山，缘由在此。

陈炯明在 1918 年年初率军出发后，先到汕头部署。孙中山又为他争取到了惠州、潮州、梅州三属军务督办的职务，由是有了自己的地盘。陈炯明进入福建，攻占漳州，由于缺乏渡海工具，不能前进，与李厚基隔海而治。在漳州，陈炯明将其军队整训，实力得到扩充。对地方社会事务，陈炯明相当热衷。他发展文化事业，修筑公路，创办了《闽星日报》。陈炯明在漳州的建设，获得了高度好评，粤军也声势大振。苏联甚至派出代表，到漳州联系陈炯明。

炮教莫荣新

军政府成立后，北洋方面调第八师、第二十师进入湖南，以打通前往两广的通道。湖南是西南门户，是北洋势力与南方革命政府必争之地。

广东军政府派出护法军，进入湖南，击败入湘北洋军。陆荣廷与孙中山合作，进行护法运动，取得了战果，但二人也存在着矛盾。就陆荣廷而言，北洋一系的强大军力，是他尚不能挑战的。他的战略目标很清晰，就是稳稳地保住两广的地盘。再进入湖南，阻止北洋军队南下的步伐后，陆荣廷已达成其战略目标。此外，北洋政府内部也发生变革。段祺瑞在 11 月辞去总理职务，冯国璋代理总统，打出了和平的旗帜。

1917 年 12 月 9 日，陆荣廷与冯国璋联络，宣布取消护法，通电主张南北议和。但在孙中山坚持下，护法战争仍继续。至 1918 年 1 月下旬，护法军攻占重镇岳阳。

就在护法军气势如虹时，陆荣廷却阻止了护法军的前进，与北洋军停战议和，孙陆矛盾彻底爆发。

在中国近代史上，有着各种传奇人物，陆荣廷堪为传奇中的传奇。陆荣廷，原名陆阿宋，1859 年出生在广西武缘，在他出生的第二年，其父被人打死。之后其母改嫁，陆荣廷被邻居收养。八岁时，陆荣廷离开邻居家，与生母一起生活，此年其生母去世。陆荣廷成为孤儿，开始了乞丐生涯。在行乞的过程中，陆荣廷讲义气，有胆略，成为小乞丐们的头目。十五岁时，陆荣廷离开家乡，先是到南宁，给龙州的一名船户朱拉索做仆人。后来朱拉索破产回到龙州，陆荣廷跟着到了龙州。

到龙州后，陆荣廷无以为生，重操旧业，每日里行乞偷窃。在行乞时，由龙州乞丐头领介绍，陆荣廷帮助衙门里送文书。此期间，经朋友介绍，加入了江湖组织"三点会"，并成为头目。1882年，陆荣廷前去投军，因为枪法过人，被提拔为亲兵。中法战争结束后，清廷大量裁军，陆荣廷也被裁掉，此后重入江湖，在中越边境抢劫。

1892年，陆荣廷的把兄弟在越南境内被法军击毙。陆荣廷向清军借了一批枪械，在越南境内伏击了法军，击毙法军二十二人，俘虏一人。俘虏被带回中国境内，在其把兄弟坟前处死。法军遭到袭击，就逼迫清军剿灭陆荣廷。陆荣廷在边界游走，出没无常，根本无法剿灭。负责围剿的清军无奈，只好将其招抚。1894年冬，陆荣廷接受招安，在清军中担任管带。陆荣廷原先的名字是陆阿宋，招安后被改为陆荣廷，意为报效朝廷。陆荣廷在绿林中的死党如李子青、谭浩明、莫荣新、韦荣昌等，均被招安，在清军中担任哨长，这批人是后日旧桂系的主力。此后，靠着战功，陆荣廷步步高升，到1911年时，担任广西提督。

陆荣廷

辛亥革命后，陆荣廷顺应潮流，拥护革命，控制广西。昔日的乞儿，成为叱咤广西的风云人物。追随陆荣廷的江湖兄弟们，此时也摇身一变，成了地方上的显赫人物。

自 1905 年至 1910 年，莫荣新在广西各地，残酷镇压民众起义。绿林头目陈掌时被俘后，他亲自用马鞭猛击陈毙命。莫荣新生性残酷，多次将斩下的人头示众。由于嗜杀成性，广西地方人称他为"莫屠户"。辛亥革命之后，莫荣新成为陆荣廷的左右手。

1916 年 3 月 15 日，陆荣廷通电广西独立，讨伐袁世凯，莫荣新积极响应。此后桂系进入广东，控制两广。1916 年 10 月，桂系逼迫龙济光离开广州，陆荣廷接任广东督军，以莫荣新兼广惠镇守使。1917 年 4 月，陆荣廷升任两广巡阅使，以陈炳焜为广东督军，莫荣新仍兼广惠镇守使。

1917 年 11 月，莫荣新高升为广东督军。此时广州政权中最有势力者为桂系，以陆荣廷为魁首。在广州有两师，全为桂兵组成。桂系统辖权不限于广州一地，且及于一二道区，广东省九十六县，在桂系势力范围内有三分之一。

莫荣新好不容易爬上了广东督军的宝座，将广东视为桂系囊中物，不容他人染指。孙中山到了广东后，苦于手中无兵，就想打开局面。除了派遣陈炯明到福建发展外，孙中山还派遣人员，到广东各地招兵，此举遭到桂系强烈反对。迫不得已之下，孙中山下令，除潮、梅外，各处停止招兵。莫荣新则下令，将孙中山派往各县招兵的人员，以"土匪"罪枪决。12 月下旬，莫荣新下令抓捕大元帅卫队官兵五十余人，诬为土匪，全部枪决。

对莫荣新的举动，孙中山极为愤懑，决意给其一个教训。孙中山召同安舰长温树德、豫章舰长吴志馨至大元帅府计议。之所以找此二人，因为此时两舰担任拱卫大元帅府之责。温树德答以炮轰督军署，须有海军司令命令。孙中山道："我是海陆军大元帅，可下命令否？"温树德答曰："除非大元帅亲自下舰指挥。"

孙中山决定亲自登舰，指挥海军炮击观音山莫荣新督军公署。同时约定，在海军发炮后，陆军攻击督军府，孙中山发布的密令要求："各军官长士兵，遵依密令，迅行进攻，破灭敌人。"1918 年 1 月 3 日凌晨 3 时，同安舰、豫章舰开炮，炮击持续了四个小时，桂系没有回击一枪一弹。莫荣新担心事态扩大，熄灯灭火，嘱咐手下切莫还手，以免激怒孙老头（孙中山）。至于滇军、粤军等，则都不想动武，故而保持观望，按兵不动，遂使铲除莫荣新的行动流产。

炮击督军府事件后，陆荣廷在南宁对盘珠祁道："孙文呀，满清推倒了，就应出洋去，不应东捣乱，西捣乱，他竟敢炮击督军署，日初（莫荣新字）忍得下。如果是我，我一定要还枪，一定要结果他。"

此次开炮事件，使双方矛盾公开化。事后桂系及国民党都力主调解，孙中山花费较大精力，向各方解释此次事件，但裂痕已深。程璧光对孙中山越级指挥军舰表示不满，并应桂系的邀请到南宁会商。广州地方也对军舰开炮表示反感。唐继尧接到炮击事件的密电后，批了"胡闹已极"四字。嗣后程璧光、林葆铎以同安、豫章舰长擅自开炮，违背军纪，由将温树德、吴志馨二人撤职。

2月26日，海军总长程璧光搭乘小舟时，在码头上遭遇刺杀，事后凶手逃遁。程璧光连中两枪，因伤势过重去世。一说认为，孙中山的忠实信徒，南洋归国华侨张民达，认为程璧光到南宁与陆荣廷会商，是背叛孙中山的行为，决定将其暗杀。程璧光死后，莫荣新提请军政府，在被刺杀地点建立铜像纪念。

5月，莫荣新下令，抓捕支持护法的陆军总长张开儒。此月非常国会通过改组军政府案，废除大元帅。孙中山心灰意冷，向国会辞职，于5月21日离开广州，取道汕头、日本，回到上海。在上海期间，孙中山总结自己的革命心得，将国民党改组为中国国民党。在国民党前，冠以"中国"二字，以示区别。

1920年7月，孙中山命陈炯明带领粤军，回广东讨伐桂系。10月29日，桂军战败逃回广西，广东收复。11月29日，孙中山抵达广州，重组军政府，继续讨桂、护法。

陈炯明之变

在孙中山第二次崛起，于广东建立革命政府的过程中，陈炯明出力甚巨。

陈炯明是前清庠生，1909 年被选为广东省谘议局议员，同年加入同盟会。辛亥革命之后，陈炯明赴东江、惠州参加革命，克复惠州府县两城，逼近广州。广东独立后，以胡汉民为都督，陈炯明为副都督。陈炯明虽为副职，但掌握军权。当日革命军士兵多不识"炯"字，误读为"烟"，称其"陈烟民"，此后多称呼其为"老烟"。

民国成立后，胡汉民一度赴港转沪，由陈炯明兼都督，将广州省城民军解散。胡汉民返回后，指责陈炯明越权解散民军，陈炯明不想争执，前往香港。陈炯明属下对此大为不满，派代表将其请回。1912 年 5 月，同盟会改组为国民党，重新登记党员。陈炯明认为，军人不能加入党派，禁止属下入党，使孙中山一派大为不满。胡汉民一派人马也认为陈炯明亲近袁世凯，背叛共和。

至宋教仁被刺后，陈炯明担任广东都督。陈炯明就职后，宣布广东独立讨袁，此时胡汉民方知误会陈炯明。广东讨袁运动失败后，陈炯明辗转海外，与李烈钧、柏文蔚等密切联系，预谋发动。

孙中山在日本改组国民党为中华革命党，党人须宣誓，服从领导，服从命令，并捺印指模。陈炯明没有加入，与李烈钧、柏文蔚、熊克武、林虎等组织水利促进社，另成一派。

至 1916 年秋，陈炯明在广东再起，讨伐龙济光，广西陆荣廷乘机派军进入，此后桂系得以掌控广东数年。桂系入粤后，莫荣新猜忌陈炯明，打压其势力。之后经过孙中山、汪精卫出面调解，派陈炯明率部进入福建，巩固广东基础，得到莫荣新同意。陈炯明入闽后，攻入漳州。李厚基死守福州、厦门，形成对峙局面。陈炯明不得前进，遂在漳州积蓄力量。

在 1917 年的护法战争中，陈炯明领兵入闽。陈炯明对于护法战争，自有看法，他认为黎元洪复职之后，已无护法可言。陈炯明与孙中山之间，在很多方面存在着分歧，但并未公开爆发。

1920 年，陈炯明返回广东，驱逐莫荣新，为广东革命政府的组建打下了基础。

1920 年春，孙中山预备讨伐桂系，命驻闽南陈炯明部返回广东，驱逐桂系。陆荣廷令在广东的桂系军队做好作战准备。到了 8 月，粤桂开战。桂系在广东的兵力超过五万人，粤军仅二万余人，在装备上桂军也占据优势。但莫荣新大意轻敌，开战时，桂军又遭到广东人反对。开战之后，粤军势如破竹，桂军节节败退。至 10 月下旬，莫荣新预备撤兵回广西，但勒索广东地方开拔费二百万，开拔费尚未筹出，粤军已攻进广州，莫荣新狼狈逃跑，至此桂系势力退出广东。

桂系被驱逐后，原先依附于桂系的海军，势必要加以整顿。被撤职的原同安舰长温树德、豫章舰长吴志馨，联络被开除的部分海军官兵，准备重新夺回海军军舰控制权。1921 年 4 月，在征得孙中山同意和军政府支持后，温树德、吴志馨等人，组建了三十多人的敢死队，又联系了部分海军官兵作为内应。

此时海圻、肇和、海琛等军舰，停泊在虎门炮台外，每日由海圻号附属的差轮，负责传递公文，购买菜蔬，运送人员。敢死队雇用了艘小火轮，当差轮开出时，逼迫差轮停驶。之后敢死队提刀跳上差轮，大砍大杀，差轮上的人员被突然袭击吓住，俯首听命。敢死队控制差轮后，将轮船上士兵军服剥下，由敢死队穿上。然后加足马力，开回海圻号。

海圻号军舰上的人毫无防备，待差轮靠近后，放上梯子，敢死队顺利登船。敢死队均是军舰出身，对于军舰极为熟悉，先将卫兵解除武装，之后占领武器库，然后将舰上官兵囚禁在一个大舱内。敢死队占领海圻号，以无线电命令肇和、海琛两舰投降。两舰火力不及海圻，只好乖乖悬上白旗，其他各舰也相继归顺。此后军政府任命温树德为海军司令，海军重归革命政府。

驱逐桂系后，孙中山以国民党总理名义，任命陈炯明为广东省省长兼粤军总司令。但陈炯明与孙中山，在理念上有着不可弥合的分歧。孙中山返粤后，决心以广东为根据地，出兵北伐，但遭到陈炯明反对。陈炯明的观点是，广东一省不足以敌北洋诸军阀，主张联省自治，粤人治粤，以为这样可以保持地方和平。

孙中山则决心北伐，为了以堂堂正正之旗帜与北洋政府对抗，于1921年4月7日，由非常国会选举孙中山为大总统。孙中山称自己为"中华民国非常大总统"，以示总统一职的来源不是正规的。

陈炯明则认为，孙中山就是就任大总统，也不过是一时的广东总统，此举反会激起北洋政府及各省声讨。孙中山则回复陈炯明，就职之后，将进行北伐。若是北伐事成，则不用多言，万一失败，则将广东交给陈炯明，由其处理。陈炯明无奈，只好同意孙中山就任，同时建议孙中山在5月5日就职，因为中华民国为"双十"，"双五"就职正好取纪念之意。

1921年5月5日，孙中山在广州就任大总统，任命陈炯明为陆军部部长。此后，每逢陈炯明参加总统府会议，孙中山都要将其邀请到房内，对其讲演三民主义、五权宪法。最后，在不按指印的条件下，陈炯明加入了中国国民党。

为分割陈炯明势力，孙中山派遣许崇智领兵进驻广西。许崇智是广东人，叔父许应骙在清末曾担任福建巡抚等职。广州的高第街，即因许家大宅而得名。许崇智父母早死，由叔父许应骙照料。在许应骙保送下，许崇智得以去日本学习军事，毕业后回到福建担任军官。得到叔父的栽培，一路飞黄腾达，可谓少年得志，被福建人称为"贵公子"。孙中山苦心栽培许崇智，奈何这位贵公子，却是扶不起的阿斗。

孙中山于5月5日就职，随即发布命令北伐，讨伐广西陆荣廷。

1921年6月，陆荣廷令桂军进攻广东。孙中山任命陈炯明为总司令，讨伐陆荣廷，同时令湘军、滇军、黔军助战。开战后，陆荣廷各部相继倒戈，陆荣廷于7月17日在南宁通电下野，带领余部和家眷前往龙州。之后陆荣廷取道越南，逃亡上海，至1928年病逝。以陆荣廷为首的旧桂系消亡之后，出现了李宗仁、黄

许崇智

绍竑、白崇禧为中心的新桂系集团。

陆荣廷主政广西时，较为开明，如进行地方公共工程建设，召集绅民协商地方事务，禁止差役勒索，严禁赌博吸毒等，1912年公布的《广西临时约法》规定，人民一律平等，享有自由言论、著作刊行及集合结社等权利。陆荣廷无达官贵人的恶习，外出时常步行，不乘舆马，不携仆从。李宗仁评价他道："出身微贱，知民间疾苦。处事治民，有畏天命、畏人言的旧道德。"广西地方上对陆荣廷均无多大恶感。后陆荣廷把上海法租界的房宅卖了，因三儿媳刘可斐在苏州，侍奉得体缘故，以六千元价格在苏州买了一座"清芬别墅"，于苏州养老。

在将陆荣廷从广西驱逐之后，孙中山占有两广。所控制军队，除了陈炯明的粤军外，还有滇军、黔军、赣军，同时联系段祺瑞、张作霖，预备北伐。此时北伐军中甚至建立起了飞机队，有内陆机六架，水上飞机六架。

讨桂战争快要结束时，孙中山决定北伐，为此向陈炯明解释："不北伐便不能统一全国，不统一全国便不能完成主义，中国成为独立自主的国家。"陈炯明则云："让我考虑半年以后再说吧。如果一定要北伐，非筹得五百万元之现款，二千五百万发子弹不可，但是这笔款械从哪里来？"

1921 年 10 月，孙中山在桂林设立大本营，预备来年春北伐，进军湖南。桂林大本营设在桂王宫，此处本是前清贡院，民国时改作了谘议局。就在孙中山筹划北伐时，后方发生大变故。

1922 年 3 月初，粤军总参谋长邓铿在广州被刺，胃部中弹。邓铿中弹入院后，陈炯明过来探望，离开时曾道："你安心治疗，我会来看你。"邓铿则云："切不可来看我，总之好人难做。"邓铿在手术室，发腹膜炎去世。邓铿被刺案，未能当场抓获凶手，故而扑朔迷离。一说因其在广东严查军中私贩鸦片，断了一些人财路，因此被刺。一说则是桂系派人刺杀。一说则是陈炯明族人陈觉民，认为邓铿力主北伐，不论成败，都会兵连祸结，民穷财尽，是故安排人将其刺杀。

邓铿被刺后不到一个月，孙中山下令回师韶关，改道北伐。孙中山到梧州后，免去陈炯明广东省省长、粤军总司令，保留陆军部部长、内务部部长两职，另改道江西北伐，在韶关设立大本营。就在攻下赣州，进逼吉安时，粤军发动叛乱。

1922 年 6 月 14 日，孙中山由韶关返回广州，另派胡汉民在韶关主持战局。孙中山返回广州后，发现已失去对粤军将领的控制。驻桂的粤军已全部撤回，驻在白云山等处。孙中山发请柬，请粤军将领参加宴会，结果一个不来。孙中山大怒："不要以为据守白云山便可胡作非为，我以几门海军大炮，就可以把你们消灭。"

此时关键人物陈炯明则在惠州观望，并不表态。粤军将领前去惠州请示陈炯明，提出请孙中山下野，陈炯明表示反对。粤军将领则道："不赞成，你回家或者出洋去好了，我们自己再做打算。"

6 月 16 日夜，粤军炮击越秀山总统府，并派兵攻击省政府等机关，口令是"吃饱饭，杀民贼"。粤军各将领，以"国会恢复，护法告终"为辞，发出请孙中山下野通电。兵变之后，孙中山只身逃出，坐人力车逃至海军司令部。海军司令温树德护送孙中山登上永丰军舰，翌日率领海军军舰，炮击广州和白云山。孙中山在军舰上，苦斗两月，在北伐军许崇智回师失败后，才离开军舰，取道香港，前往上海。

兵变时，在广州的国会两会议员约六百人，散居各处，均遭搜劫。有议员在睡梦中被荷枪实弹的士兵吵醒，叱问是干什么的。议员回以国会议员。士兵怒道："国会议员全不是好东西，是孙中山的走狗。"旋即开始洗劫，将钱物抢走后，连书籍笔墨乃至门帘蚊帐也取走。孙中山在桂林督军时，曾与苏联代表马林商谈多次，发电报给廖仲恺，促其赶快进行联俄。电报保存在总统府的铁箱里，兵变之后，电报被取出，献给陈炯明。此两份电报，在香港报纸上刊出，将孙中山的联俄意图对外公布。

孙中山离开广东后，以叶举为首的粤军将领联名请陈炯明复职。陈炯明返回广州后，只肯担任粤军总司令，不愿兼任广东省省长。

粤军发动变乱之后，另派一支军队，攻取韶关。孙中山大本营的高级军官，纷纷躲入天主教堂之中避难。已经派出去的各路北伐军，回师攻打韶关失败。8月3日，在军事会议上，李烈钧主张经湖南退回广西，黄大伟与许崇智主张向福建撤退，最后分道扬镳。

广州粤军叛乱后，孙中山退到上海，碰上了个不甘寂寞的人，这就是皖系大将徐树铮。徐树铮与孙中山接触后，请将北伐军调到福建，联合驻福建延平的西北边防军第二十四混成旅王永泉部，驱逐福建督军李厚基。李厚基本属皖系，与徐树铮是中表兄弟。在皖系战败之后，李厚基投奔了直系，让徐树铮很是不满，扬言要将他弄下台。

北伐军由江西进入福建延平，与王永泉部会合后，徐树铮特意从浙江进入福建。从浙江走时，徐树铮向属于皖系的浙江督军卢永祥，索要十万大洋，卢永祥给了八万。徐树铮到了福建后，将这批现大洋作为军饷发放，北伐军从来没有见过现洋，无不眉开眼笑。布置妥当之后，王永泉与许崇智，沿闽江右岸进攻福州，黄大伟、李福林由闽江左岸进攻福州。李厚基手下哪是北伐军的对手？节节败退。攻下福州时，督军府中尚有热茶及一盒盒的月饼。

在福建的北伐军，被改编为东路讨贼军，以许崇智为总司令，蒋介石为参谋长。许崇智是个花花公子，在福州生活多年，对于福州的吃喝玩乐精通无比，攻下福州后在青楼设宴，款待诸将。此后许崇智在福州吃喝嫖赌，寻欢作乐，孙中山倚重于他，也就睁一只眼闭一只眼了。蒋介石到军中就职后，许多将领与他是旧相识，发现他此番是一本正经，不苟言笑，完全不是往日的荡子形象，赢得了诸多好评。每逢节假日，蒋介石独自一人，前往福州鼓山佛寺游玩，不愿参与社交。

至于徐树铮，此时在福建弄了个制置使，实际上相当于太上皇了。之所以称制置使，因为徐树铮自称，受段祺瑞、孙中山命令，成立所谓"中华民国制置府"。这倒是徐树铮的一贯风格，处处与众不同。吴佩孚哪能容忍徐树铮兴风作浪，派出代表劝告王永泉道："徐树铮这个非驴非马的制置使，你将他取消了，可以保你担任福建督军。"

王永泉本是湖北新军张彪部下的司号长，是个文盲。后被张彪派去日本学习军乐，到了日本后，主动申请进入士官学校，边学日文，边学中文。回国之后，得到徐树铮栽培，一路做到了旅长。此番为了督军，也顾不得这个老上司了。

王永泉跑去制置使府，壮胆道："您这个四不像的制置使，既不能管民政，又不能管军政，我劝您不如早点结束，去上海吧。"徐树铮则道："伯川（王永泉号），你何必煮豆燃豆萁，相煎何太急呢？"王永泉看徐树铮赖着不肯走，就密令副官，买好回上海的船票，然后将徐树铮押上汽车，送到马尾登船返沪，将这尊瘟神送走。不想之后，曹锟、吴佩孚任命孙传芳为福建督军，给了王永泉一个会办军务的头衔，让王永泉后悔不已。

1922 年 12 月间，孙传芳由江西进入福建。此时在福建的粤军，作为东路军回师广东，讨伐陈炯明，无暇照看王永泉了。西路军主要是在广西的滇军、桂军。滇军孤军在外，粮食弹药都缺乏，靠帮鸦片贩子护送烟土，收取保护费维持生计。桂军刘震寰大致如此，也靠收烟土保护费为生。能有机会杀去广州，抢夺这块肥肉，自然乐意。

1923 年 1 月间，许崇智带领东路讨贼军返回广东。由杨希闵、刘震寰统领的西路讨贼军，领军攻占广州。刘震寰本是陆荣廷部下，担任广西陆军第一师师长。后背离陆荣廷，投奔孙中山，于 1921 年 5 月 19 日夜占领梧州，此后纵横广西全境，收编各路人马，扩充到两万人，成为地方实力派。

进入广州的军队颇为混乱，有滇军、桂军、粤军、黔军、川军等等，号称十三军。各军分割势力，开设赌场，贩卖鸦片，滇桂二军为了地盘与利益，不时爆发冲突。

孙中山再回广东之后，竖起北伐大旗。海军温树德一度与陈炯明合作，孙中山左右均认为，温树德投敌，应将其逮捕处死。温树德也惶恐不安，但当日他投奔陈炯明也是无奈之举。广东被陈炯明占据后，海军在水上无法得到煤、水补充。甚至有人建议，海军开去海南搞独立，然后等待援军。最后温树德与陈炯明达成协议，由其供给军饷，算是半投靠陈炯明。

温树德畏惧被追究，化装坐船逃亡香港。温树德一逃，军政府下令通缉，并严密监视海军举动。此时海圻、肇和、海琛三艘主力舰，已开至汕头。温树德到香港后，换乘商轮，秘密前往汕头，与海军取得联系。三舰官兵此时也惶恐不安，当即拥护温树德。三舰决定联络其他各军舰，团结起来，谋取生路，派人联络停泊在广州省河的其他各军舰。各军舰熄灭灯火，夜间闯出虎门炮台，至汕头集合。

就在海军走投无路时，恰逢吴佩孚准备发动第二次直奉战争。吴佩孚得悉广东海军分裂的消息，立刻派人前来运动，劝告温树德北归，并愿承担一切费用。海军官兵多系北方人，离家多年，思乡心切，遂在 1923 年 11 月，由汕头北上。北归军舰，计有海圻、肇和、海琛、永翔、同安、豫章等六舰，另有运输舰两艘一起北上。当日的护法诸舰，飞鹰、舞凤机器已坏，留在广州。永丰舰则改名中山舰，停泊于广州。海军北上后，改名渤海舰队，驻扎青岛，由温树德担任司令。1924 年第二次直奉战争中，海圻、肇和、海琛三舰，开到秦皇岛作战。之后吴佩孚战败，温树德辞职，舰队再归奉军。

1923 年 2 月 21 日，孙中山在广州成立大元帅府。此次孙中山到广东，至 1924 年 11 月 13 日，为召开国民会议，离开广东北上。陈炯明退守潮汕后，在各地集结军队，准备反攻。孙中山下令各军讨伐陈炯明余部，但各部只求自保，根本不听指挥，将孙中山气得半死。由此孙中山决意创办一支新式军队，这就是以黄埔军校生为主力的军队。

唐继尧再夺云南

辛亥革命之后，北洋势力掌控了大半个中国。在北洋群雄争锋的舞台上，西南一直被忽略。与陆荣廷并列，共同称霸西南的，则是唐继尧。

唐继尧十四岁时即考中秀才，之后被选送到日本士官学校学习陆军。回国后，唐继尧在新军中服役。辛亥革命之后，唐继尧率领滇军占领贵阳，一跃成为贵州督军。在护国运动前，唐继尧受制于蔡锷。至护国运动后，唐继尧担任云南督军兼省长，堪为云南王。

1917 年 9 月，孙中山在广州组织军政府，就任大元帅。

陆荣廷、唐继尧虽表示拥护，对军政府中的元帅职却不肯就任。桂系实力当时最强，已控制两广，湖南的赵恒锡唯陆荣廷马首是瞻。陆荣廷不愿意再找一个顶头上司，受孙中山限制。驻粤的滇军第三师师长张开儒，被任命为军政府陆军总长，第四师师长方声涛担任广州卫戍司令。为了分化驻粤滇军，陆荣廷邀请云南陆军讲武堂总办李根源南下，先去劝说张开儒与桂系合作，未曾得逞。在粤的滇军中下级军官，多为李根源在云南陆军讲武堂时的学生，遂暗中运动，将李根源推举为驻粤滇军总司令。由于桂系的力挺，李根源控制了驻粤滇军，四处安插亲信，无视唐继尧的命令。

唐继尧见李根源唯桂系是从，有将他撤掉之意。1920 年 2 月 9 日，唐继尧通电，驻粤滇军归滇省直辖，暂由李烈钧就近指挥。之所以选定李烈钧执掌驻粤滇军，因护国战争时期，李烈钧率领滇军张开儒、方声涛二师进入广东，讨伐广东都督龙济光。此番为了争夺滇军控制权，双方大打出手，最后经中间人撮合，达成协议。愿意追随李烈钧的，移驻江西；愿意追随李根源的，改编为广东海疆军，驻防琼州。至陈炯明回师广东后，李根源所部支持陆荣廷，战败后被全部缴械。

自护国战争结束后，入川滇军被以熊克武为首的川军所反对，引发川滇之战。滇军入川的两个军，急电唐继尧，请求军火、军饷支援。唐继尧接到电报后大骂："这帮无用的人，不能对外发展，反向我要款要弹，真是混蛋。"入川滇军得不到支持，在1920年12月间，入川滇军第二军被击败，军长赵复祥战死。

顾品珍统领的滇军第一军则相对完整，在接受了熊克武的支持后，开回云南。顾品珍返回云南后，唐继尧对其四处设防。顾品珍在部下杨蓁怂恿之下，领兵向昆明进发。因为唐继尧在军中一直提拔自己的嫡系，打压云南本省士官，故而军心不稳，开战后一触即溃。唐继尧只好狼狈从越南逃亡香港。唐继尧、顾品珍本是日本士官学校同学，又是结拜兄弟。对于顾品珍，唐继尧是恨之入骨，扬言不灭此獠，誓不为人。

唐继尧一走，部下李友勋、龙云等人，在云南无法立足。此时孙中山为讨伐广西陆荣廷，在桂林筹备北伐，号召各省参加。李、龙带了部下，由滇南蒙自县，进入广西西隆县，绕道贵州安顺、荔波县，再入广西，之后打下柳州。李、龙一路发展，部队扩张到了七八千人。

唐继尧逃至香港后，孙中山邀请他来广州。唐继尧到广州后，孙中山穿了长衫马褂，设宴款待，并对唐道："你来了，与我合作，我有办法。"当时设有副元帅、陆军部部长、参谋总长三职位，唐继尧希望能获得其中一个。副元帅一职，因胡汉民不愿他人染指，陆军部部长被陈炯明兼任，参谋总长为李烈钧担任。唐继尧谋不到职位，在广州无所事事，乃再返香港，待机而动。

1921年夏秋之交，孙中山号召西南各省出兵驱逐两广巡阅使陆荣廷、广西督军谭浩明，同时准备出兵北伐。

此时唐继尧得知旧部李友勋、龙云手中还有一批人马，就派人到柳州运动二人，让其返回云南，驱逐顾品珍。除了李、龙之外，还运动了驻扎桂林的胡若愚、张汝翼等人一起返回云南。1922年春，唐继尧搭乘英国商船，抵达梧州，再转道前往柳州。唐继尧抵达柳州后，设立总司令部，部署回滇事宜。孙中山侦悉唐继尧不愿意随军北伐，想率驻广西滇军回攻云南，曾派人去劝阻。唐继尧则回复孙中山称，等他拿下云南后，即率师由贵州协同北伐。孙中山大为震怒，下令各军截击唐继尧。

唐继尧回师时，因为沿途均是山路，在广西强征了大量民夫。在滇军未曾出发前，唐继尧发行了军用储蓄票，此票就是白纸一张。滇军拿了此票，向广西民间强购物资，一时间鸡犬不宁，民愤四起。以林俊廷为首的广西自治军，得知滇军与广西民众的矛盾后，乃煽动民众，在怀远伏击滇军。怀远伏击战中，李友勋与其妻丧命当场，马夫携带其四岁稚子，突出重围。李友勋被广西自治军击毙后，由龙云掌握全军。

进入云南后，龙云与顾品珍在昆明以东交战。在督战时，顾品珍被拥护唐继尧的土匪袭击，当场阵亡。唐继尧战胜后重返云南，再掌实权。顾品珍死后，其部下如杨希闵、杨如轩、杨池生、范石生、蒋光亮等人，由云南经贵州，进入柳州。此时陆荣廷、谭浩明已经出走，广西地方上到处是各种地方武装，称为自治军，以林俊廷为总司令。入境滇军，遭到广西自治军拦阻，最后还是得以进入了广东，加入讨伐陈炯明之战。

这是护国战争之后，滇军第二次进入广东。入粤时滇军分为三军，杨希闵任第一军军长，范石生为第二军军长，蒋光亮为第三军军长。滇军二次至粤后，李烈钧召集滇军将领会议，结果没有任何滇军将领参加，让李烈钧很是不快。滇军将领不去，是因为护国战争时，李烈钧带领滇军入粤，却有始无终，造成滇军分裂，此次不想再被他利用。

滇军进入广东后，利用广东省内的乱局，获得大发展。1923年年初，滇军占据广州，控制石井兵工厂，最盛时，范石生部滇军人手三枪：一支长枪、一支十响枪、一把小手枪。唐继尧对在广东的滇军深为不安，唯恐其再返回云南，争夺地盘。

孙中山在北京去世后，广州大本营由胡汉民掌握，此时群龙无首，激起了唐继尧出兵两广的念头。唐继尧作战计划是，先占领广西，再染指广东。广西方面急向广东求援，此时广东境内，有粤军、桂军、湘军、滇军，以滇军势力最大。最终决定派滇军范石生部前去援救，因范石生自称与唐继尧有杀父之仇。

却说范石生在广东得到大发展时，决定将乃父接到广东，享享清福。唐继尧此时也想交好范石生，遂设宴款待范父，又馈赠厚礼。不料范父走到开源时，当地警局局长，也想借助范父交好范石生，就借口过境护照有问题，想使范父延误一天。范父吃饭时得知被行程延误后，大发雷霆，认为是唐继尧故意刁难，当夜即气死在旅店之中。范石生由此认定是唐继尧逼死其父，唐继尧却是百口难辩，叫苦不迭。

1925 年春，唐继尧以解决驻粤滇军为名，出兵进入广西，与广西李宗仁、黄绍竑军队作战。参加桂系一方作战的，还有驻粤滇军范石生部队。

唐继尧的作战计划是，分兵两路，分别占领南宁、柳州，再会师取下广东。龙云一路的部队顺利占领南宁，唐继尧自将一路却停留在贵州，未曾进入广西。范石生与桂系商定，将唐继尧、龙云各个击破，先在广西境内歼灭龙云，然后范石生乘胜回云南驱逐唐继尧。

南宁开战之后，进展并不顺利，龙云固守南宁城。范石生与桂系军队中，只有几门山炮，且炮弹很少，只能用云梯、地道攻城，损失很大。围城战中，龙云利用滇军胡若愚援兵将至之机，发动袭击，击退范石生及桂军。范石生滇军夜间撤退时，官兵一路抽大烟，众多烟灯在夜间形成了壮观的景象。

在南宁形成对峙的同时，唐继尧也从贵州进入广西，围攻柳州。柳州三面环江，守军在正面做了充分准备，迎战唐继尧。原先围困南宁的桂系军队被调回，配合柳州守军，将唐继尧前锋部队击溃。唐继尧主力部队在广西无法取得突破，只好退回云南。唐继尧一撤走，龙云也无力再支持，从南宁退兵，逃回云南。

范石生在南宁城下战败之后，决定整兵。滇军之中，普遍流行抽大烟。范石生军中的总指挥杨蓁，严厉整军，导致部下憎恨。一晚范石生与杨蓁住在关帝庙时，一群官兵涌入，将杨蓁抓了出去。范石生过来劝阻，被士兵推开道："军长，不关你的事。"范石生也不敢招惹乱兵，只好眼睁睁地开着杨蓁被乱兵在风雨中打死。

杨蓁虽被打死，范石生却未动摇回师云南的念头。他以为唐继尧、龙云已是无力再战，回师云南，必胜无疑。1926 年，范石生带军进到云南广南府附近时，与龙云残部交战，被击溃后狼狈逃入广西。范石生从云南退出后，辗转到达湘赣边境。范石生离开后，残部由曹文彬接手，十年间一直没有接受蒋介石的收编，外人不能插手，直至十年后方才被遣散。

云南省内，一直处于不断的内乱之中。1927年，唐继尧病死。经过一番厮杀，龙云最终胜出，长期掌握云南。范石生年轻时曾学过中医，医术精湛，退出军界后，一度在昆明药房行医。1939年3月，范石生在一次出诊时，被杨蓁之子刺杀身亡。盖当年杨蓁被乱兵殴打致死，杨蓁之子误以为是范石生所主使。

广州商团事件

1923年1月中旬，西路讨贼军占领广州。陈炯明领兵退守东江惠、潮、梅一带，残部约有两万余人。4月间，许崇智率东路讨贼军由福建开抵潮、梅。陈炯明内部发生分裂，叶举、林虎均自称粤军总指挥，彼此争雄，抢夺地盘。陈炯明出面调解也无用。

滇军、桂军自1923年年初进入广州后，桂军驻守东江，警戒陈炯明。滇军以杨希闵为总司令，另有蒋光亮、范石生、杨如轩、杨池生等主要将领，号称"蒋范三杨"。滇军驻防于广州城内，把持税卡、花捐、番捐、赌捐等，获得巨额收入。滇军将领，在广州都发了大财。滇军师长赵成梁在广州娶妻，摆了十几天宴席，花了几十万。

滇军在粤，分为三军，第一军军长杨希闵，第二军军长范石生，第三军军长蒋光亮。在广州的滇军各自为政，各不相属。1923年，蒋光亮带领第三军，进攻陈炯明部时被击溃。撤退时，蒋光亮上了正在装水的火车头。加好水后，蒋光亮命令火车头不要挂上火车皮，直开广州。火车头开走后，其所部只好沿广九铁路步行撤退到广州。部下对蒋光亮贪婪畏战，不顾下属大为不满，将其逐去上海。蒋光亮坐镇佛山时，截留税收，包庇走私，捞了几百万。到了上海后，被青洪帮勒索去了几十万。入粤滇军第二军范石生部，在广州得到了大发展，以为父报仇为名，于1925年春，领兵先至广西，再返云南战败。

1923年，广州革命政府建立后，为了供给军饷，进行战事，采取了拍卖公产、强行报效、公卖私产、增发公债、增加旧税、开辟新税等激进措施，"最微者，至于粪尿与厨内火灶亦须纳捐"。为广东省内的喜庆丧葬活动提供服务的贫民乞丐，也被"抽收夫力二成"。广州城中，各路军队充斥，四处勒索，社会治安混乱。陆地上陆军四处劫掠，海军也不甘示弱，时常打劫过往商船。军队以"护商"的名义欺诈商人，在水、陆两路设立诸多"护商机关"，商旅经过时要缴纳保护费，"此等护运机关，直等海盗之营寨"。

孙中山曾公开劝告商界，要帮助募集军饷："现在总要大家帮忙，有钱出钱，有力出力，渡过难关。否则，我手段愈辣，你们更多议论，然总非我所畏也。"广东商界对广东革命政府怨气极深，但对孙中山多有畏惧，遂以中立为旗帜，以图自保。

广州商团早在民国初年就已成立，规模较小，主要协同维持治安。至护法运动后，各军涌入广州，局面混乱，无奈之下，商家遂共同出资，扩大商团，以维持治安。民国以来，商团一直坚持"不党主义"，不参加任何政治斗争，不加入任何党派。在龙济光、莫荣新、陈炯明时期的各次冲突中，商团一直严守中立。孙中山则一直希望运动商团入党。

1924年1月14日，孙中山在给商团演说时提出，作为有枪阶级，商团也应该担负革命的事，不可再守中立。1924年6月29日，孙中山在广州北校场检阅广东警卫军、武装警察和广东商团军，举行授旗仪式。此前与商团议定，只授商团旗，不授党旗。当日授旗时，商团大旗中央，凭空多出了一青天白日小旗，商团当场哗然，不肯接受。而随着广东全省冲突的频繁，各地的商团林立，商团日益坐大。

1924年5月上旬，广东革命政府决定颁布《马路业权法案》。据此法案，凡在马路旁的各店铺，依铺底价值，缴费二成，作为在马路旁营业的代价。马路两旁的商店，何止千万家，一旦开征铺底捐，政府将可以获得数千万收入。广州商界群情激愤，联合发起了大规模罢市，迫使广东革命政府取消铺底捐。罢市之后，广东商界决定成立全省商团的联合组织（全省商团联防总部），以陈廉伯为总长。

1924 年 8 月，广州商团因为东江战事结束无期，商业萧条，治安越发混乱，乃集资购买枪支，扩充商团实力。此番购买枪支，得到孙中山许可，并由军政部发给枪支入境执照（务字第五十三号）。英国商人闻讯后，将大批一战中留下的枪支，修理后运到香港准备售卖。

商团总团长陈廉伯得知此批枪支便宜，即与英国商人购买。8 月初，约九千八百支枪支及三百万发子弹入境，此批枪械数量，远超军政部护照中允许的数量（四千支）。8 月 9 日，孙中山下令截下枪支，次日令黄埔军校校长蒋介石，将运输军火的轮船押解至黄埔。商团请求返还枪支，政府置之不理。商人方面又请滇军范石生、杨希闵出面调解，也无结果。为了索回枪支，商人在广东发动罢市，并高呼"请孙下野"的口号。滇军范石生也参与了这次购买枪械。被扣留的枪械中，有范石生搭购的驳壳枪一千支及子弹若干。桂军得知后，则也想分一杯羹，派了人追着蒋介石要枪。蒋介石一支枪也不肯分，范石生大怒，派人联络桂军刘震寰道："你出兵两师，我出兵一师，开到黄埔。我们把老蒋他妈的干掉。"

孙中山之所以扣住这批枪支不放，一方面是因为手中缺乏枪械，另一方面则是担忧商团扩张实力。19 日，孙中山给出了枪械的解决方案：其一，按照商团购械名册，每枪补缴六十元给政府；其二，商团改组，必须服从政府领导。同时以叛乱罪通缉陈廉伯。

商团方面对此大为不满，此后发动商人罢市，并构造堡垒，准备对抗。由广州罢市始，至 8 月 29 日，全省罢市。罢市之后，政府财源断绝，无法维持。孙中山态度强硬，准备出动军队"强行开市"，炮轰广州繁荣商业区西关。

孙中山指示范石生等部，以武力解决商团。在孙中山看来："商人以罢市要挟政府，你们可以将市存的粮食、布匹没收，由政府分配。世界先进国家有行之者，我们可以仿做。"范石生等人在做了分析之后，提出反对意见，认为广州商团人数不多，成员分散。商团多是商人子弟，聚则成团，散则回家，虽有枪支，战则不足，守则有余。且广州商业繁华区域如西关，每一街道均有铁栅栏，攻打不易。一旦开战，会对市面造成极坏影响。

范石生等人出面调和，8月底提出还械方案："陈廉伯通电拥护政府，政府方面取消对其通缉令。商店一律开业，军队回原地驻防。商团可以领回军政府所发护照中登记数量的枪械，但报效军费五十万。"此方案得到孙中山同意。但商团内部分裂，反对者认为拥护政府一条，违背了商团素来坚持的中立主义。支持者则认为可暂时开市，如果政府方面违约再行罢市。虽有分歧，此后商人还是陆续开市。

到了9月，一直坚持罢市的东莞，与桂系军队发生冲突，遭到惨重损失。东莞城中被兵匪抢劫，十室九空。10月4日，广东商团以未领回被扣枪械为由，决定发动第二次罢市。9日，孙中山下令发还部分枪支，但商人坚持全数发还，并发动全省罢市。直至10月，孙中山虽对商团事件大为不满，但限于各种羁绊，一直未对商团动武。

10月7日，就在商团发动第二次罢市时，一艘轮船抵达广州黄埔。

在去年孙中山与苏俄政府签署的《孙文越飞宣言》中，苏俄政府承诺给予财政、军火支持。直至此年，苏俄运送的军火，方才送达。苏俄表示，将会有更多的军火送达，这让孙中山一直头痛的军火问题得到缓解。盖因此时，孙中山已经决定发动北伐。一直扣住商团的枪械不还，也是因为北伐军中缺乏武器。

苏俄在提供军援时，苏俄顾问鲍罗廷也提出，必须镇压商团，甚至拟订了镇压商团的计划。得到苏俄的援助后，孙中山底气大增，乃下定决心，镇压商团。最终决定由驻广州的滇军、桂军、粤军、湘军、豫军，联合组成特别委员会，处理商团。10月14日，广东省省长胡汉民下令镇压商团。广州警察局长李朗如拒绝放火，表示"不愿意焚烧自己的家乡"，被胡汉民下令撤职，以吴铁城继任。商团此前向政府所提条件中，有请将胡汉民、廖仲恺、蒋介石、吴铁城枪毙一条。故而胡廖等主解散商团最力，范石生原拟守中立，被胡汉民说动，乃改变态度。

1924年10月15日，各军发起进攻。对盘踞在繁华闹市区西关的商团，采用火攻战术，以消防队救火车搭载煤油喷射。火攻之后，商团纷纷溃散。军队攻入西关后，进行了洗劫。西关火灾中，剪发店起了个独特作用。西关光雅里某剪发店，想要纵火助军队，事泄被坊人捉住五人，在华林寺前枪决。乐善戏院某剪发店，也因纵火，被坊人击杀二人。其他各剪发店，俱被人搜出火油甚多。警界调查此役，民众死者百余人，伤数百人，流离失所者数万人。

10月16日，广州全市宁静，商团分两路撤退，一退西村，一退城北各乡。孙中山各军占领西关，西关地方商户请外国人用货车或汽车运贵重品赴沙面存贮，上插西方各国国旗，军队不敢抢夺。运送货物的车辆，络绎于道，川流不息。16日午后，革命政府才下令不得再抢劫，只是效果甚微。各军命令商铺缴出枪械，无枪械交出者，即被枪杀。四照楼等处商店均遵令缴出，由军队给收据一纸。

军队查缴枪械，带来很多麻烦，且所收款项，落到军队口袋中。此后改变套路，由省署布告罚缴，凡加入商团的商店，每店罚款一百元，则准免缴枪。其办法系按照已经解散之商团名册，每名征收一百元，出具收条，限五日内办理完毕，责成市内警察逐日征收。此项罚款以商团军每名计算，每一名额罚款一百元，如一商店占商团军额二名者，即须罚款二百元，其余以此类推。

参加商团的很多"少爷兵"，只是图个热闹，穿身制服威武而已，在是役中多被击毙。次年5月，胡汉民亲赴沙面租界，拜访陈廉伯弟弟陈廉仲时，解释去年对商团之错误，请转告其兄廉伯尽释前怨，协助政府。

商团事件之后，华侨对孙中山的看法发生改变，孙中山与洪门之间的关系彻底破裂。辛亥革命时，在美国的华侨有二十几万人，八成以上都加入了洪门。孙中山十分重视华侨的作用，认为"华侨为革命之母"，而华侨中十有八九加入了洪门。孙中山曾亲自加入洪门，受封为"红棍"，陈少白则被封为"白扇"，黄兴、陈其美、秋瑾等均加入过会党。商团事件后，孙中山前往北京，不久便病逝。孙中山死后，在海外，特别是美国，引发洪门会员热烈庆祝。

旧金山洪门首领黄三德云："孙文之利用洪门，确是忘恩负义，只为其自立私党起见，而背大公无私之训。"1925年10月10日，黄三德等洪门领袖支持下，陈炯明、唐继尧等在美国旧金山将洪门致公堂改组为中国致公党。直到1950年，致公党才得以返回中国大陆。

尽管就商团事件有各种争议，但通过镇压商团，孙中山牢固控制了广州，强化了军事武装，为后来的北伐奠定了基础。

蒋介石崛起

驱逐走陈炯明后，在广州的各省杂牌军，号称有十三个总司令。其中最有实力的，是粤军许崇智部三万余人，滇军杨希闵部万余人，朱培德部约三千人，桂军刘震寰、沈鸿英部约二万余人，湘军谭延闿、程潜两部约万余人，豫军樊钟秀部三千余人。各军分割地盘，贩卖鸦片，开设赌场，公开抢劫，乱作一团。负责治安的广州警察，时常被乱兵枪击致死，警察总局更是警备森严，如临大敌。面对这群乱糟糟的兵马，孙中山无奈之下，接受苏联顾问鲍罗廷的建议，效法苏俄，创建革命军队，在黄埔成立军事政治学校。

1924 年 1 月 27 日开始筹办黄埔军校，以蒋介石为筹备委员长。各筹备委员甄录官长，训练下级干部，至各省招生。之所以选择黄埔岛作为校址，因为四面环水，地势险要，便于兴学讲武。5 月 5 日，孙中山任命蒋介石为校长，廖仲恺担任党代表，正式开学。军校一切命令，须由党代表副署，交给校长执行，未经党代表副署的命令无效。

黄埔军校，最初正式名称叫作"中国国民党陆军军官学校"。到了 1926 年，广东已经接近统一，局势稳定，国民革命军发展到六军。各军设有军官学校，各自为政，为了统一，将各军军官学校合并到黄埔军校，在 2 月 1 日更名为"中国国民党中央军事政治学校"。此前黄埔军校所重，主要是步兵、炮兵、工兵，第四期起增加政治课，此时军事、政治并重，是故改名为"军事政治学校"。

黄埔军校的军事课程，以战术、筑城、兵器、地形四科为主，同时与步兵操典、射击教范、阵中勤务令讲解演习结合。政治课程，有三民主义、社会发展史、十月革命、帝国主义侵略史、太平天国等。军事教官主要来自于保定军校及日本士官学校的毕业生。学生来自全国各省以及海外华侨，此外还有朝鲜、越南、缅甸等国的青年。

黄埔军校师生生活艰苦，训练量大。每天上午训练三小时，下午三小时，风雨无阻。军校纪律严格，学生不准抽烟，不准喝汽水。一些学生就托军校的杂工，帮忙买烟买汽水。军校中除了一间俱乐部是瓦房外，教师宿舍伙房都是草棚。学生每人发两套军装，两套衬衣，并发有手纸。军校伙食，每日三餐，有荤有素。学生每周可看一次无声电影。从1924年至1927年，黄埔军校共创办七期，卒业学生八千七百八十三人。自创校后，黄埔学生就参与了各种军事行动，如平定商团，东征陈炯明等，是故很多学生未能完成学业。

蒋介石此时担任校长，时常穿长衫，带了两个警卫随行，也没什么架子。滇军将领范石生，一向瞧不起黄埔军校，当面奚落蒋介石："你在黄埔办什么鸟学校啊，你那几根吹火筒，我只派一营人就可缴你的械。"可黄埔军校生的战斗力，很快就让所有人震撼。

1925年2月，开始第一次东征，东征军总司令许崇智带领粤军与黄埔学生军出发东江，讨伐陈炯明。东征军出发后，所向披靡，予陈炯明以沉重打击。但此时，东征军后方却不安定，驻粤滇军总司令杨希闵、桂军总司令刘震寰，蠢蠢欲动。东征军放弃前进，回师平定后方。

滇军、桂军与广东国民政府有着各种冲突。广州政府想要统一财政，将各军截留的税收收回，滇桂军拒绝交出。政府要推行党治，在军中成立国民党党部，滇桂军加以对抗。

代行大元帅职权的胡汉民对滇军一直不满，在孙中山去世后，胡汉民决意铲除滇军杨希闵及桂军刘震寰部。参与攻打滇桂军的，主要是黄埔学生军、粤军、湘军、桂军及分化出来的滇军。在广州的滇桂军兵力约两万人，都是久经沙场的老兵，具有很强战斗力。但滇桂军到了广东后，军中上下都发了财，军纪松懈，斗志不足。

6月12日，黄埔学生军发起进攻。滇桂军处于四面包围之中，部队调动受阻。开战后滇军师长赵成梁阵前丧命，滇军节节败退。桂军刘震寰见势不妙，只身逃入沙面租界，全军旋即溃散。

滇桂军大小军官纷纷换了便衣，往香港、上海逃走。逃不走的则投奔沙面租界，要缴纳数百数千的保护费才能进入。有军需官赵传典，开战后背了十几万广东银行的纸币，逃入香港。此事被滇军得知后，一路追去香港索要。滇军在广州长期为非作歹，民间痛恨无比。此次广州市民持了铁棍木棍，在街上殴打溃散的士兵。入粤滇军、桂军被解散后，将领靠着敛来的财富，过上了逍遥日子。桂军刘震寰跑去上海居住，每去舞厅跳舞，都是一百港币砸下。被章太炎知道后，大骂一顿。

孙中山逝世后，有可能继承孙中山地位的有五人，分别是胡汉民、汪精卫、廖仲恺，再加上许崇智、蒋介石。孙中山逝世后，鲍罗廷在国民党内地位日隆，在广州一言九鼎，是最有话语权的人物。

五人之中，蒋介石资历最浅，胡汉民资历最深，地位最高。胡汉民二十余年追随孙中山革命，担任过广东独立后第一任都督。孙中山每次离开广州，都委托胡汉民代理大元帅。孙中山去世后，胡汉民乃是革命政府第一号人物，胡汉民以为主席非他莫属。

在孙中山病危至去世时，汪精卫一直在旁侍奉，被公认为劳苦功高，在国民党内获得显赫声望。廖仲恺则认为胡汉民太过保守，不如汪精卫有朝气，遂力挺汪精卫。许崇智对于胡汉民家属包税包捐，大为不满，也力挺汪精卫。至于蒋介石，也被汪精卫拉拢过来。1925年5月初，汪精卫由北京回到广东。汪精卫回到广东后，立刻前往潮州拜会蒋介石，并主动提出要与蒋介石结拜为把兄弟。汪精卫的举动，让蒋介石受宠若惊。鲍罗廷对胡汉民早有成见，认为其"难以相处"，同时认为汪精卫"有野心，无宗旨，可利用"。

在鲍罗廷、廖仲恺、许崇智、蒋介石支持下，汪精卫胜出，当选国民政府主席，胡汉民只得了个国务委员兼外交部部长。事后胡汉民愤愤道，生平两个政敌，一是陈炯明，一是许崇智。

1925 年 7 月 1 日，大元帅府改为国民政府。以黄埔学生为骨干，加上其他参加革命的军队，统一改称国民革命军。此时改名，还有防范唐继尧的考虑，孙中山第三次开府广州时，曾邀请唐继尧担任副元帅。当时唐继尧不肯受命，孙中山一死，他却以副元帅的身份过来了。改名之后，汪精卫既断了唐继尧的谋划，也表明自己的正统身份。

8 月 20 上午，廖仲恺被刺身亡。廖仲恺是国民政府财政部部长、黄埔军校党代表、党务主持人，在党政军财上均有重要责任。廖仲恺被刺当日，鲍罗廷就提议，由汪精卫、许崇智、蒋介石为特别委员，组成特别委员会，执掌党政军一切大权。25 日，因胡汉民的兄弟胡毅生与廖案有嫌，胡汉民及其亲信被扣留，汪精卫乘机将胡汉民打发去苏联养病、考察。

对许崇智，鲍罗廷不满已久。许崇智手握重兵，担任粤军总司令，他一直要钱，钱到手后却不肯卖力作战。廖案之后，蒋介石对把兄弟许崇智提出，粤军将领牵连廖仲恺案较多，粤军已不可靠，建议由黄埔学生军负责许崇智安全。从 8 月底起，许崇智实际处于黄埔学生武装监视之中。

9 月中，许崇智拟抽调军队回广州，以巩固自己地位。蒋介石获悉后，于 9 月 18 日晚，命令黄埔学生军出动，抢占要地。9 月 19 日深夜，蒋介石写信给许崇智，称局势危险，请至上海暂避，待六个月后回来，共同北伐。20 日晨，许崇智被送上轮船，前往上海。

许崇智到上海后，一直住在英租界，蒋介石则一路扶摇直上。对于当年请许崇智暂避上海的一封信，蒋介石耿耿于怀，送了一大笔钱给许崇智。许崇智就将信退了回去，但暗中拍了照片，以免老蒋翻脸不认人。此后许崇智在上海吃喝嫖赌，娶了几个姨太太，每日打麻将、遛狗，快活逍遥。

利用廖仲恺被刺身亡的契机，蒋介石驱胡倒许，一举弄倒两个政敌。至 9 月下旬，国民革命政府发动第二次东征。黄埔学生军此时已经扩充为一个军，即国民革命第一军，军长蒋介石。

10 月初，国民革命军从广州出发，沿途每到一处，都要派出宣传队四处宣传。10 月 9 日，革命军抵达惠州城下。革命军组织了敢死队十余个，每队三四十人，负责攻城。敢死队每人携带一支步枪，一百五十发子弹，四枚苏式手榴弹。11 日清晨，敢死队发动冲锋，在密集火力下损失惨重。敢死队遂另谋他策，将小钢炮的护盾拆下，由两人抬着前进，作为掩护。后方跟进，惠州城居高临下射击，小钢炮护盾并未奏效。此日革命军损失惨重。夜间惠州守城军，在城上奏乐表演，以为嘲讽。12 日攻城时，革命军将炮火击中，向北门轰击，将城上火力点摧毁。敢死队乘机抬着竹梯冲到城下，爬上城墙。敢死队登上城墙后，立刻扩展战果，同时打开惠州北门，当日将惠州城攻下。

攻下号称东江天险的惠州后，革命军长驱直入，21 日占领河源，22 日占领紫金、五华，27、28 日破敌军于河婆，至此陈炯明军队的主力丧失殆尽。陈炯明逃亡香港后，生活穷困，连电费、水费也交不起。后陈炯明得到美国华侨的拥护，在香港创建致公党，担任党魁。

孙中山逝世后，陈炯明撰挽联云："惟英雄能活人杀人，功首罪魁，自有千秋青史在；与故交曾一战再战，公仇私谊，全凭一片赤心知。"功首罪魁，公仇私谊，一切都在笑谈之中。

之后蒋介石的唯一政敌就是汪精卫了。鲍罗廷的计划是，汪蒋合作，一文一武。1926 年 2 月，鲍罗廷离开广州，回国述职。鲍罗廷一走，汪蒋矛盾激化。1926 年 1 月，国民党在广州召开了第二次全国代表大会。此次会议上，蒋介石被选举为中央执行委员，获得了国民革命军总监（总司令）的职务，确立了他在军中的地位。国民党一大时，蒋介石连中央委员都未选上，现在突然登上高位，颇有高处不胜寒之感。为了巩固自己的地位，蒋介石处处小心，随时准备提前下手。

1926 年 3 月 20 日，蒋介石判断与汪精卫来往密切的中山舰舰长李之龙要"图谋暴动"，将其拘捕。随后在全城戒严，汪精卫的住宅被军警包围。此次事件后，汪精卫负气出走海外，蒋介石控制广州政局。党权、政权、军权皆集中于一身，大权在手，蒋介石仰望北方，雄心万丈。他的下一个计划，就是推进孙中山的未了事业，进行北伐，统一中国。

第 十 二 章
北 伐 之 战

汀泗桥之战

在北洋时代的南北军事对峙中，一直是北洋系占据主动。北洋系在长期争斗中消耗实力的同时，南方的国民党人却不声不响地培养出来了一支新式军队，并开始了北伐。

广东国民政府于 1926 年 7 月誓师北伐。北伐军在拿下湖南之后，挥兵入湖北。湖北是吴佩孚手中仅有的地盘，且武汉为全国地理中枢，交通发达，物产丰饶，又有汉阳兵工厂在此，吴佩孚盼望以湖北作为龙兴之地，怎肯轻易放弃。正在南口围攻冯玉祥的吴佩孚，赶紧调集残余部队南下，与北伐军对阵。

吴佩孚南下时，两张（宗昌、学良）曾主动请缨，愿调五师奉军助战，饷械概由奉方自给。然北方战局，因为直系徒劳无功，奉系当仁不让，支配地盘。如此吴佩孚势力仅存鄂豫两省，在河南尚有樊钟秀之乱，吴佩孚各军疲于奔命。奉军南下，第一步助平樊钟秀之乱，第二步顿兵武汉，以待吴军之败，然后再与北伐军交战，吴佩孚前门有虎，后门有狼，哪里敢让奉军助战？

吴佩孚从南口南下，于 8 月 25 日到汉口，此时通城、岳州、羊楼司、蒲圻等京汉铁路沿线要点，陆续被北伐军攻占，吴佩孚决定坚守汀泗桥、咸宁、白墩一线。汀泗桥在湖北南部，西南北三面环水，东面为高山，东西横贯河流而水深，由东北向西南为粤汉铁路桥。

吴佩孚抵达武汉后，陈嘉谟、杜锡钧、叶开鑫等均往迎接。吴佩孚下车即赴查家墩总部，态度非常镇静，诸将纷报军情紧急。吴佩孚笑道："诸君有所不知，假如蒋介石负隅粤省，唐生智盘踞衡州，我方劳师袭远，要费多大气力？我之所以迟迟南下，一则南口未下，不易分身。二则欲诱敌军深入，一鼓歼，今果自投罗网。诸君试看，果能逃出我掌握否，一星期内可复岳州。到达长沙，为期当在旬日左右耳。"闻者皆壮其言，莫不唯唯称是。

吴佩孚所携来之军队，号称十万，实际上仅有一师一旅，系刘玉春、陈德麟、张席珍各部拼凑而成。吴佩孚得知岳州失守后，决定调高汝桐师南下。但高汝桐乃是靳云鹗嫡系，不想出力，带了部分部队，慢吞吞前行，一路上占据了铁路车道与车站，导致吴佩孚其他部队无法南下。吴佩孚军有十几万人，被高汝桐堵在武胜关外，无法前进。

前方由岳州败退之联军（吴佩孚军称为讨贼联军），会同第二十五师生力军扼守汀泗桥。此桥为1920年湘鄂交战之地，其时吴佩孚力扼此桥，湘军几次冲锋，吴用大炮机枪扫击，水流尽赤。

25日晚及26日晚，北伐军向汀泗桥进攻，冲锋数次，被联军宋大霈、彭祖佑两部击退，死伤甚多。27日上午，北伐军占领汀泗桥，中午占领咸宁城。

就在27日晨6时，吴佩孚率刘玉春渡江，在徐家棚登车巡视阵线，慰劳军队。随吴前往者共五个车厢，满载士兵。出发时，吴佩孚态度极从容，赋诗云："才游塞北又江南，坐罢火车上火船。塞外风云能蔽日，江中波浪更兼天。但凭豪气撑今古，哪怕贼兵过万千。寄语江南诸将士，奋身踏破洞庭烟。"吴佩孚此行，携有现款十数万及犒赏物品甚多，以鼓舞士气。

汀泗桥丢失后，吴佩孚亲率亲信刘玉春、张占鳌、陈嘉谟等，扼守贺胜桥，以图挽回败局。联军应战不利，有退至贺胜桥附近者。吴佩孚以该军擅自退却，将后退之某旅长（传系余荫森）及某团长立在阵前枪决，又枪毙战斗不力之营连排长六人及兵士数人，限令率队前进，恢复原有防线。并令刘师生力军加入作战，又于卫队内挑选精壮两营，分作八路，各执盒子炮，交由总执法处长赵荣华统率，开上前线督战，有后退者无论官兵一律按军法枪决。

吴佩孚驻贺胜桥，刘玉春驻官埠桥指挥作战，前方士气极旺。自26日起至28日止，吴佩孚麾下军队，南下共四万余人，均星夜渡江，转赴前线，京汉武长两路运输，日夜不绝。28日北风竟日，联军占据一定优势，但北伐军以猛烈炮火提供支援。

29日，武汉三镇大有草木皆兵之势，汽车马车搬运箱箧者触目皆是，洋场十里无隙地可寻，下驶商轮，各满载货物而去。8月30日，北伐军占领贺胜桥。

贺胜桥之战，刘玉春部奋不顾身，但北伐军第一军之学生队奋勇进逼，锐不可当，伤亡累累。联军彭祖佑之军官团，陷于包围，屡次冲锋皆不得脱，该团被全部缴械。吴佩孚亲历战况，不得已下令退却。此役为开战以来未有之猛烈，始而弹火横飞，继而血肉相搏，北伐军阵亡在二千人左右，绝不后退一步。刘玉春师阵亡团长一名，精锐尽失，嗣因北伐军增派四、七两军加入，不支而退。

北伐军在汀泗桥、贺胜桥两役中，虽然取胜，但损失惨重，第八军（唐生智部）死伤至二千七八百人之多，师长李品仙阵亡。

贺胜桥战败后，吴佩孚偕同陈嘉谟返回武汉，晚间9时车抵鲇鱼套。吴佩孚紧急部署，下令左翼以土地堂为第一道防线，武昌为第二道防线，右翼以金口为第一道防线，汉阳、汉口为第二道防线。

靳云鹗深虑汉阳有失，亲赴黑山布防，责成高汝桐军，扼守兵工厂，原驻刘佐龙鄂军，由高师派兵协防，但黑山却被北伐军轻松占领。龟山形势重要，防守严密，布网架炮，不料刘佐龙部突然叛变，约同北伐军夹击。

9月6日，汉阳守军刘佐龙阵前起义。刘佐龙突然倒戈，背后另有故事。有一群土匪要向北伐军投降，但北伐军没有要他们。这群土匪抢了几艘船，顺流而下，漂到了刘佐龙驻地，将刘的弟弟抓到作为人质，逼迫刘佐龙向汉口开炮，投降北伐军。倒戈之后，刘师将红布臂章弃去（联军符号），兵士改着红白相间之领巾。

当日午前3时半，北伐军攻入汉阳城。联军守汉阳者，悉将兵力配备于兵工厂及各山头，城内则仅有少量军队及汉阳水警厅之警士，不过数百人。北伐军便衣队先时即有一部混入城内，战时里应外合，故进攻未久，即得破城而入。

9月7日正午12时，北伐军先头部队进入汉口。北伐军所到之处，地方人民热烈欢迎。汉口气象，俨如隔世，街头市尾，张贴北伐军标语如"北伐军之胜利即民众胜利""打倒帝国主义走狗之吴佩孚""湖北人民全体解放"等等。工人、学生之属公然散发欢迎北伐军传单，无复忌惮。各大商店至是皆开市营业，盖以联军既退，不虞溃兵劫掠。汉口、汉阳丢失，吴佩孚逃往河南，留下刘玉春统领残部，死守武昌。

武昌守城战

吴佩孚率军北走，刘玉春尚困守武昌城。

在汀泗桥、贺胜桥战役中，吴佩孚军损失大半，残余部队涌入武昌。吴佩孚任命陈嘉谟为武汉守卫总司令，刘玉春为武昌城防司令，固守武昌，以待援军。武昌位于长江南岸，汉口位于长江北岸，汉阳则位于长江、汉水交汇的三角洲上。武昌是政治中心，汉口是经济中心，武昌城防坚厚，易守难攻。

9月2日，吴佩孚任命刘玉春为城防总司令。刘就职后，将司令部设于蛇山武昌中学内。所有各城门及蛇山、凤凰山，均架大炮及机关枪，与江面上的军舰互为掎角。为了充实武昌城防，吴佩孚特意将汉阳兵工厂的枪支弹药运入武昌。武昌守城兵力一万余人，配有充足军火。在蛇山及城内要点均配备大炮，各守城单位昼夜巡查，严防死守。

9月2日，北伐军发动攻城之战后，因为缺乏重武器，遭到沉重损失。交战两日后，红十字会收敛尸体时发现，"武昌郊外青年兵之尸具，为数且在五百以上"。北伐军先是以云梯攻城，被机枪、炸弹杀伤颇多，攻城司令邓演达亲自督战，军服也被子弹射穿，战马被击杀，连攻数次也不能克。北伐军又采用炸药、暗沟等方式攻城，均告失败。见强攻无效，北伐军改变策略，长期围困武昌。

在围困武昌的同时，北伐军也调兵攻击汉口和汉阳。见大势已去，吴佩孚手下师长刘佐龙倒戈，汉口和汉阳遂克，吴佩孚出逃，只剩下武昌孤城困守。武昌九门，早先已有六门在北伐军火力覆盖中，仅汉阳、文昌、平湖三门，面临大江，犹可借以输送子弹与给养。其航线须靠近汉阳前进，方可避开北伐枪击。至汉阳城一失，所有武汉江面运输困难。有小轮驶往武昌，中途即被北伐军击回，嗣后改用海军兵舰，始得送达武昌。

北伐军独立团组织奋勇队攻城，有志愿者七十八人报名。9月14日夜半时分，将云梯运到城下，每人配驳壳枪一支、手榴弹一枚。云梯竖立后，立即猛进。城头机枪、炸弹大作，有未及爬上云梯即战死者，有攀爬云梯时中弹者，倒悬于梯格之间。云梯之下，官兵死伤狼藉，但奋勇队仍前赴后继，冒着弹雨，踩着尸体攀登。有五六人爬至云梯顶部，不想云梯距离城头仍有距离，城墙高不可攀。只好站立云梯之上，投掷手榴弹，再以驳壳枪射击。是役虽以血肉相搏，终未能攻下城池，而城下已经陈尸累累。蒋介石闻听此役之牺牲后，沉痛万分，叹息道："一万元训练不出一个此种富有主义之兵士。"

武昌被围前，守军与城内民众均未预料到会被围困四十天，事先未做充分准备，围城之后不久军民粮食耗尽。粮食耗尽之后，守军就在武昌城里到处挖莲藕，勉强维持了一天的军粮供给。莲藕挖光了，就将武昌城内平民蓄养的鸡鸭羊狗抢来，但也只够充两天的饥。后又派出搜粮部队挨家挨户搜刮粮食，但搜刮来的粮食有限，吃了两天又光了。最后派部队出城抢粮。部队分两支，前面的负责打，后面的负责抢，在付出较大的伤亡代价后，守军悲催地发现抢回来的粮食只够烧一顿稀饭。

守军连日骚扰地方，搜刮粮食。城内的同善会讨论之后，决定公推十人（有美国传教士三人），向陈嘉谟、刘玉春请愿，请将军队搜刮的米粮分些予民众，但交涉没有结果。城内民众也是饥饿难耐，四处寻觅树皮、菜根充饥。家中所蓄养的猫狗，也被屠宰一空。一些人杀自己家养的猫狗之前，先给它们叩头致歉，然后一锤毙命。城内连老鼠、麻雀也被吃光，甚至有饿得受不了的人悬梁自尽。

在被围困二十多天之后，汉口、汉阳的商民发起了援救运动，与攻守双方商议好，约定时间，放平民出城登轮船到汉口避难。在约好放民众出城的当日，无数平民蜂拥而出，但守军只开放了一个城门，而且城门两边堆满沙袋，出口狭小。在长久饥饿之后，人无力行走，很多人一跌倒在地，就无力爬起，竟至街市拥挤，死者层层叠叠，不计其数。跑出城外的又因为争先恐后想挤上轮渡，坠入江中淹死者无数。在接了一次武昌平民出城之后，援救运动即终止。

10月4日清晨，刘玉春军由保安门冲出，袭击北伐军兵站，抢去米二千石，运入城内。

武昌之战，空前惨烈，而北伐军之所以久攻不克，与守城的刘玉春有关。

刘玉春，字铁珊，河北玉田人，毕业于东北讲武堂，在北洋从军多年，以勇猛善战而闻名。在汀泗桥战役中，刘玉春率领吴佩孚卫队，执大刀督战，命令官兵只许进，不许退，以大刀斩杀后退官兵甚多。溃兵被杀得大怒，抬起枪来就向督战的吴佩孚专车开枪，打死两个卫兵之后方才退了下来。贺胜桥战役中，陈嘉谟坐了个八人大轿前去督战，战败之后，狼狈逃回武昌。

刘玉春

吴佩孚让刘玉春守城七天，不想竟然守了四十多天。刘玉春所统领的第八师，并非吴佩孚嫡系，前任师长王汝贤、王汝勤兄弟，均带有浓厚皖系色彩，第八师也出自皖系。对于刘玉春及所统部队为何誓死效忠吴佩孚，当时舆论，颇多猜测。

在守城部队中，刘玉春统领的嫡系部队约两千多人，其余均系各地杂牌军。从9月1日围城开始，坚持至10月10日，守城的杂牌部队见解围无望，首先投降。但刘玉春仍负隅顽抗，带领残部一千多人逃到蛇山脚下抵抗。蛇山之战，持续了不过一二小时，死伤数人，旋即告终。

战败后，刘玉春逃到文华大学校长美国人孟良佐家中躲藏，经人告发，被北伐军抓出。出逃时，刘玉春将胡须改作了日本式，将头发剃光。据北伐军报道，刘玉春被捉后，"和尚光头，面带疵黄色，身材在北人中较矮"。陈嘉谟则扮作苦力，缒城逃跑，也被抓住。

至于刘玉春部下，也各显神通，易装逃窜，有着乞丐破衣者，有穿女衣者，有藏匿居民房舍者，皆被北伐军巡逻队搜出。有一溃兵，脱下军服，逃入医院，用绷带绕首，躺在医院病床上佯作病人。还有一士兵改穿长衫，扮作读书人，看到北伐军搜捕时，竟取帚扫地，立刻被认出。

有记者采访刘玉春，询问其为何死守武昌，使民众死伤无数。

刘玉春回答："那我可不负责，我是军人，我要服从命令，吴大帅叫我守我就得守。"

记者询问："吴佩孚是帝国主义的走狗，摧残民众，你为什么帮助他？"

刘玉春回答："我凭良心说，吴佩孚人还不错。第一他不借外债，第二他人格高尚。但是他也有短处，是任性和刚愎自恃。"

为了审判刘玉春，北伐军方面还特意制定了一个《反革命罪条例》，刘玉春也就成了中国历史上第一个"反革命罪犯"。但北伐军也未怎么对刘玉春加以严惩，关了不到一年，就被保释出狱，后在天津病逝。

靳云鹗倒戈

北伐军来势汹涌，靳云鹗无力抵御，只得随吴佩孚撤退。由武汉北撤时，士兵争先恐后地抢车，秩序混乱。吴佩孚的指挥列车，也无法先行。幸由高汝桐师在前方抵抗北伐军，才争取到了时间。迨高汝桐师退到武胜关，又与北伐军相持，方才得以喘息。吴佩孚列车停在信阳车站，运输司令黄殿臣上列车见吴，吴佩孚责问："为什么撤退时，不让我的列车先走？"未待黄殿臣回答，即下令将黄殿臣推出枪决。吴佩孚战败之后，自乱方寸，胡乱杀人，大失军心。

吴佩孚东赴郑州，命靳云鹗守信阳，抵抗北伐军。从武胜关起至黄河南岸约七百里防线，各方残余部队十余万人。大批部队集结于此地区内，无粮无饷，难以持久，其中庞炳勋、梁寿恺两师原系国民第三军，与北伐军素有关系。郑州流言四散："北伐军已潜入腹地，有的部队已戴上青天白日帽徽了。"

吴佩孚从武汉逃往河南，本想征调兵力，反攻武汉。在河南的靳云鹗、方振武、田维勤、张治公等武装合计也有数十万人。但吴佩孚迭遭惨败，这些部队各怀鬼胎，不想到前线做炮灰。

此时吴佩孚军中最大的实力派已是靳云鹗，吴佩孚一再催促靳云鹗出兵反攻武汉，靳云鹗则向吴佩孚索要军饷与军火，而吴佩孚又发不出来，二人就这样不断僵持，彼此催促。靳云鹗部将高汝桐看了心烦，建议靳云鹗将吴佩孚囚禁。靳云鹗讲义气，认为这样做了，江湖上的兄弟都会瞧不起他，暂时未动吴。这样一来二往，靳吴双方渐渐交恶至白热化程度。

此时各方都来拉拢靳云鹗。冯玉祥看到靳云鹗部下缺乏子弹，就给靳云鹗送来了一批子弹，并拨给他一部分烟土，以供军需，靳云鹗大为高兴。光杆司令吴佩孚见形势如此，已难以驾驭军队，恐自己生命有危险，便暗中出奔，逃往四川去了。曾在近代中国叱咤风云，雄霸一时的直系，就此告终。

靳云鹗见吴佩孚出走四川，也很惊慌，曾于夜间东去罗山，准备隐居观望，再作打算。这时各军长纷纷赶到罗山，一致拥戴。河南各界人士推出代表，赶来罗山挽留。在各方推举之下，公推靳云鹗为总司令，保卫河南，打击奉军，安定地方。靳云鹗此时欲走不得，只好再回信阳，重整军旅，以原有各军，编成十八个军，改名为河南保卫军，每军辖三个师，总司令部设在信阳车站袁家大楼。

武汉政府已经成立，寄来任命一件，委任靳云鹗为河南省长，又屡遣大员来豫联络。邓演达来过数次，劝说靳云鹗归南。蒋介石则派赵正印来拉拢靳云鹗。靳云鹗接受武汉政府的任命，投身国民革命，参加北伐。

河南保卫军成立之后，虽然人数众多，号称十八军，但真正有战斗力的只有高汝桐、刘培绪两部，遂由高部打头阵北伐。高汝桐自告奋勇，愿攻打第一阵，特选善战官兵五百人为冲锋队。高汝桐与奉军在郑州以南交战，接连取胜。

1927年3月25日，高汝桐身先士卒，乘坐铁甲车头指挥。高汝桐看到铁路线上有奉军铁甲车，突发奇想，将自己的铁甲车车头和奉军的铁甲车挂起来，但没想到奉军铁甲车是两个车头，反而将高汝桐的铁甲车拉到奉军前沿，火车道两旁的奉军用机枪扫射，高及参谋人员阵亡，所部溃败。高汝桐为人严谨，军事素养高。靳云鹗部下将领，多数喜嫖妓、抽大烟、赌博，只有高洁身自好，并时常规劝靳云鹗。靳云鹗依赖他为膀臂，一代将才，惜乎早逝。靳云鹗听闻高阵亡后，在后方漯河镇竟号啕大哭。

另一支主力刘培绪所部，在开封与奉军交战，刘培绪反被奉军俘虏。一交手，靳云鹗就损失两员重要大将，余部只能退出漯河，驻扎信阳。退至信阳之后，靳云鹗部下有的投靠奉军，有的投奔国民革命军，靳云鹗很是忧虑，问参谋为啥出现这种情况。参谋告诉他：“你脾气不好，动不动就骂人狗日的，谁受得了你？”为此靳云鹗特意开了个会，在会上检讨说：“我平时脾气不好，乱骂你们狗日的，今后我要再骂，我就是狗日的。"爆粗口在此时已是小事，求援方是大事，靳云鹗紧急向北伐军唐生智求援。唐生智援军到达后，奉军全线撤退至黄河北岸。

靳云鹗摇身一变，加入北伐阵营，自以为能保住河南地盘，但如狼似虎的冯玉祥来了。

说起来，靳云鹗与冯玉祥还是有交情的。早几年靳云鹗任第八混成旅旅长时，驻军郑州；冯玉祥任第十六混成旅旅长，驻军信阳。靳云鹗对冯玉祥练兵带将颇是佩服，时常去信阳观摩冯玉祥练兵，二人相处甚欢。第一次直奉战争时，冯玉祥与靳云鹗内外夹攻，打败河南督军赵倜。吴佩孚再起后，靳云鹗一直居中撮合，希望吴冯携手，共同对付张作霖，靳云鹗为此还被吴佩孚罢去官职。不管从私人还是公务上来讲，靳对冯玉祥是够意思的。

冯玉祥此次入河南后，担任了河南省政府主席，给了靳云鹗一个民政厅长职位，并以统帅自居，对靳云鹗指手画脚。靳云鹗大为不满，就跑回自己的老根据地漯河开了个批冯大会，在会上带头狂呼"打倒冯玉祥"。靳云鹗只是喊喊打倒冯玉祥，没想到这一喊，冯玉祥真来打他了。

靳云鹗烟瘾很大，一吸就是十几口。烟泡由他的副官预先打好，吸时替他一个一个装上烟枪。他每天在烟灯旁边会客，也在烟灯下面看公文。靳云鹗还喜欢打麻将，每天晚上八九点以后总要打几圈。同打麻将的人，多数是当地的绅士商人。一天靳云鹗正在滥赌时，冯玉祥部队突然出击，将靳云鹗部下全部解除武装。靳云鹗骑马一路狂奔，途中多次被冯部骑兵尾随，只是因为有"活捉靳云鹗"的命令，方才逃出。

靳云鹗逃跑之后，冯玉祥还让国民政府下令通缉他，逼迫靳云鹗躲到天津英租界里。北洋时期很多人骂冯玉祥是活曹操，翻脸不认人，背后插一刀，常摆鸿门宴，从处理靳云鹗一事上来看，冯是不讲人情。

1929年春，靳云鹗应蒋介石之邀去南京，备受蒋氏欢迎，在狮子桥梅溪山庄设立招待处，派专员接待，极尽拉拢之能事。最初蒋介石请靳云鹗任军事参议院院长，靳以不愿做官而辞。后又请靳组织一个集团军，靳云鹗以不愿参加内战再辞。再三劝说后，靳云鹗同意任上将参议，参与机谋。

笑虎孙传芳

北伐军的大敌，除了吴佩孚之外，就是孙传芳。

孙传芳是山东泰安人，年轻时家贫，后来他二姐嫁给了袁世凯的亲信王英楷做妾，孙传芳因此被王英楷保送到保定练官营当学兵，毕业后又入保定军官学堂学习，再由保定军官学堂入日本士官学校留学。1910 年学成回国后，在北洋第二镇王占元手下服役。王占元成为湖北督军后，孙传芳在湖北带兵，成为王占元手下实力人物。

1921 年，因为王占元克扣军饷，宜昌、武昌发生兵变，湖南军阀赵恒锡乘机进军湖北，抢夺地盘。王占元任命孙传芳为前敌总指挥，与湘军交战，并向吴佩孚求援。吴佩孚援军到达后却按兵不动，坐观湘鄂争斗。迫不得已之下，王占元辞职别走。王占元走后，北洋政府委派孙传芳为长江上游总司令。

在王占元宣布辞职时，孙传芳带领自己手下兵马，在武穴集合整顿。吴佩孚知道孙传芳能战，故而委任他为长江上游总司令，调防宜昌一带。吴佩孚曾对孙传芳道："馨远（孙传芳字），王老头走了，咱们一块干吧。"为了示好，吴佩孚还特意补发军饷三十万元。不过孙传芳对于吴佩孚、萧耀南心存警惕，虽官拜长江上游总司令，但无地盘，是故一直寻思另谋他途。

到了 1922 年 7 月，在福建的皖系残余力量王永泉部，驱逐福建督军李厚基，并在段祺瑞亲信徐树铮的唆使下积极扩军备战。吴佩孚任命孙传芳为援闽军总司令，率部入闽，驱逐皖系势力。孙传芳沿路吞并小股军阀，扩张军力。磨磨蹭蹭到了福建时，王永泉已将徐树铮赶走，双方表面上相安无事。

1923年年初，孙传芳听闻王永泉从国外购买了步枪七千支、子弹三百万发及一批机枪，就派部队将这批军火抢了下来。同时调集部队，进攻王永泉，双方交战甚为激烈，王永泉不支，残部从武夷山经江西退到浙江，投奔同为皖系的浙江督军卢永祥。

孙传芳驱走了王永泉，占住福建。但福建形势之复杂，一点不亚于军阀争雄的北方。福建沿海地域被福建海军控制，内陆偏僻山区则被福建地方武装控制，孙传芳部队能控制的只有交通沿线的主要城市。福建的海军都是福建本省人，一度喊出了"闽人治闽"的口号，想把孙传芳赶走。1924年5月2日晚9时许，有刺客向孙传芳的汽车投掷炸弹，炸死司机及护卫一名，孙传芳侥幸逃脱。

第二次直奉战争之后，奉军于1925年1月底进入苏南，前锋与孙传芳军在上海至宜兴一线对峙。此时孙传芳虽然刚刚取得浙江、上海，但面临诸多不利局面。他所属的直系集团，刚刚遭到惨败，各地直系将领纷纷自寻出路。此时孙传芳刚刚取得浙江，浙江地方人物对他或持观望，或持排斥态度。旅沪浙江同乡会甚至展开了驱孙运动，旅居京津的浙人，纷纷向复出的临时执政段祺瑞请愿，请罢免孙传芳。在齐卢战事之后，孙传芳的军队虽然得到了扩张，但各部仍军心不稳。在此背景下，孙传芳暂不与奉系正面对抗。一方面通电拥护段祺瑞，另一方面与奉系议和。孙传芳与奉系达成协议，奉军退昆山，孙传芳退松江，上海不驻兵。

1925年8月，张作霖任命杨宇霆为江苏督军，姜登选为安徽督军，并派军进驻沪宁。奉军纪律一贯不好，此次南下，到处骚扰民众，江苏、安徽等地苦不堪言。杨宇霆又心高气傲，不把江苏的一些地方势力放在眼里。杨宇霆到江苏后，电告张作霖，吹嘘"江南父老，夹道欢迎"。实际上江苏地方势力已暗通孙传芳，准备驱走杨宇霆。

江苏督军杨宇霆趾高气扬地对新闻记者说："孙传芳头大脚小，地盘站不稳。"上海各报均刊登了这条消息。孙传芳看了后，笑着对幕僚们道："看谁的地盘站不稳。"1925年，张作霖做寿，孙传芳备了重礼，派总参议王金钰赴奉天祝寿。张作霖接见王金钰时说:"回去告诉孙巡使,把锋芒收敛一些,不要过分出风头。"王金钰回到杭州,将张作霖讲的话,如实汇报。孙传芳气愤地道:"咱去恭维他,他反而教训咱,真是岂有此理。"

1925年10月,孙传芳借太湖秋操之机,挥军进入江苏。出兵时,孙传芳发布动员令称:"我不攻彼,明春彼必攻我。"孙传芳此时敢于抢先动手,因为此时他已完成了部队的整编,战斗力得到了大幅提升。同时孙传芳纵横捭阖,联系冯玉祥、吴佩孚等人,试图共同反奉。更重要的是,孙传芳得到了江苏士绅的普遍支持。

孙传芳展开军事行动后,江苏地方势力纷纷起而附和,奉军各部兵败。杨宇霆无计可施,乃将搜刮到的银行现洋,以火车装运,仓皇北逃。反奉的安徽地方陈调元军队,预备在滁州乌衣火车站拦截杨宇霆,只是子弹未曾补充到位而错过。待子弹补充之后,将杨宇霆的军需车拦下,其中一列车皮装满了银元,每五千块一箱。士兵一哄而上,抢劫银元,都发了笔横财。安徽姜登选看到江苏、上海奉军失利,也弃职出逃。杨宇霆在江苏不过十八天,就被驱逐。若是杨宇霆再晚几天逃跑,就是与姜登选一般的命运,被倒戈的郭松龄擒住击杀。

孙传芳进入南京之后,召集主要将领会议,认为应当乘机扩大战果,沿津浦路追击奉军。江苏告急之后,张作霖命奉系张宗昌从山东派军增援。张宗昌派出年已七十的老将施从滨,率领白俄军队,搭乘铁甲车前去增援,但在蚌埠被孙传芳亲自指挥击败。

11月2日,施从滨蚌埠兵败之后,乘坐铁甲车逃命。孙传芳所部迂回绕到了固镇铁路大桥以北,切断奉军归路。施从滨逃到滁州固镇大桥上时,竟然不顾桥上已挤满自己的士兵和军官,下令铁甲车冲过桥去。在挤满人的桥上,铁甲车将一千多人碾成了肉饼,满桥血肉横飞,惊天动地的惨叫之声不绝于耳。装甲车冲过之后,许多佩戴上校、中校肩章的军官下肢被碾碎躺在桥上,哀求没被压死的官兵给他们一枪,好死得痛快。孙传芳军队路过大桥时,一些文职人员看到此惨烈一幕,竟然失声痛哭。

迂回到后方的孙传芳军,早已将铁轨拆除。当夜施从滨所乘铁甲车出轨,被包围后投降。施从滨所率鲁军第四十七旅被俘虏者共计八百余人，旅长施从滨也被拿获。施从滨过桥之后也没能逃脱，被俘时须发皆白，他以为孙传芳不会杀他，没想到孙传芳冷笑了一声，道："施老施老，你好你好，出去吧！"下令将他斩首示众。孙传芳为人笑容可掬，但处事果忍，人称"笑虎将军"，诚若此名。

此战中，孙传芳部属对于俘获的白俄军人也加以枪杀。张宗昌在东北曾收容了大批白俄军队，将其用在军阀混战中。孙传芳部占领蚌埠之后，有一部分士兵贪功冒进，被白俄军队俘虏。白俄军将此部五十多人全部挖眼、割鼻、取心，以为娱乐。随后在作战中，白俄士兵赤膊上阵，一手拿着酒瓶喝得烂醉，一手拿着枪冲锋，杀死孙军甚多。孙军不支，调集所有机枪和大炮猛烈射击，打死白俄士兵八百多人。其余白俄士兵在酒醒之后纷纷逃命，但白俄士兵长得高大笨重，又穿着高筒皮靴，逃得不快，被活捉了三百多名。为了给被虐杀的弟兄报仇，孙传芳部属将被俘的白俄士兵或吊在树上烧死，或吊在车站当枪靶子击毙。

到了 11 月，奉军全部撤退至山东。孙传芳军控制徐州后，不再北进，因为孙传芳与张宗昌达成默契，双方互不侵犯。江苏、安徽两省落入孙传芳之手，江西邓如琢此时也依附孙传芳。孙传芳势力遍及江苏、安徽、浙江、江西、福建五省，自称五省联军总司令。

孙传芳三十岁初露头角，四十岁即坐拥五省，为东南霸主，在当时军阀中堪为攀升最快者。孙传芳坐镇南京，武有蒋百里，文有章太炎，文人武将，络绎往来，出谋划策，风光一时。孙传芳在江苏时，进行了一定的建设，维持了治安。李纯、齐燮元在江苏主政时，欠下了巨额债务，孙传芳将这笔钱还掉。是故江苏地方绅商上，普遍对孙传芳印象较好。

苏浙沪为中国最富庶之地，孙传芳在此，自然要大肆聚敛钱财。孙传芳在上海，征收的烟土税每月就达百万。收税之后的烟土，加盖五省联军总司令部大印，行销各地。1926 年，美国在费城举办万国博览会，孙传芳积极参与，从所辖各省收集精美展品四千余件，送往美国展览。又特别编制精美的孙传芳宣传画册数千册，到美国发放宣传。为了附庸风雅，表明自己为正朔，在章太炎的指导下，孙传芳复兴古礼，搞"祭遵投壶"。让自己部下穿上古汉服，排成长队，在古乐伴奏下投壶。

手中有了地盘，孙传芳以大手笔建设军队。孙传芳军中军饷每月按时发放。军饷发放时，各师长对调发放，甲师发乙师，乙师发甲师，以避免贪污。军中服装，一律用新面、新里、新棉制成，并严格验收。对于死伤士兵，五省联军中也有抚恤制度，士兵平时病故有埋葬费十七元和抚恤费三十四元，战时烧埋、抚恤费用加倍。

孙传芳以联帅自封，驻节南京，贵极一时。总司令部机构为三厅十大处。三厅一曰总参议厅，设顾问、参议、谘议等官属。另有特聘高级军事、文学、政治、经济等顾问，如蒋百里、章太炎等，月送聘仪千元，多至三千元。一般顾问参议、谘议，月送伕马费或俸给不等。二曰秘书厅，设秘书、书记官等职。秘书中不少清季科甲出身，如商衍鎏为广东探花，高毓彤为直隶解元。三曰总务厅，为帅府之总汇，辖十大处。十大处为参谋、副官、军需、军械、密电、军法、军医、交通、交际、电务等。蒋百里素负时望，然半生不得志，且虚名在外。章太炎富文学，而殊无所用。孙传芳对此二人特别尊崇，无非示其能知人用人。

直系小军阀靳云鹗最佩服两个人，一个是孙传芳，一个是张宗昌，说起来孙

孙传芳

张二人倒也投缘。为了争夺地盘，孙传芳与张宗昌一度打得你死我活。成为五省联军总司令后，孙传芳见局势变动，而张宗昌只想守住山东，无意南下和他抢地盘，就去济南拜会张宗昌，二人一见如故，结拜为兄弟。张宗昌见孙传芳占据江南富裕之地，开口借大洋十万，孙传芳二话不说，回到南京之后立刻派人送去。张宗昌大喜，来南京回访，看到南京秦淮河的娇艳，顿时双眼放绿光，一口气招了二十多名妓女寻欢作乐，在当时成为笑谈。

孙传芳任五省联军总司令时，张继曾去杭州劝他与蒋介石合作。见面时二人相谈甚欢，但孙传芳未被说服。最后张继说："我看你不像一个军人，很像一个政客。"孙传芳不悦道："我不是政客，我最反对政客。我的儿子，也不让他当政客。政客全是朝三暮四，迎新送旧的妓女般的下流东西。我就是一个地地道道的军阀。"

龙潭定乾坤

就孙传芳而言，1926 年的他，成为吴佩孚之后，最有可能统一中国的人。但他暂时并没有流露出如老前辈张作霖、吴佩孚那样统一中国的野心，他只满足于经营五省的地盘。孙传芳的缺陷是，他精于战术，缺乏高远的战略眼光。孙传芳是在一次次的战场厮杀中闯荡出来的，他的一切成就都来自战场上的厮杀，他以敢战、能战、善战而闻名。他迷信自己的判断，而他的判断常只是基于战术的角度，这是他的致命缺陷，将导致他的迅速溃败。

1926 年国民革命军北伐，于 7 月下旬占领长沙。吴佩孚急电孙传芳求援，孙传芳的智囊蒋百里，为孙传芳拟定了三条战略：上策，当北伐军与吴佩孚鏖战时，出奇兵由江西腰斩北伐军，占领长沙，断其归路；中策，在北伐军围攻武汉时，出兵解武汉之围，使吴佩孚军与北伐军在武汉以南交战，孙传芳军则伺机而动；下策，布防江西，以逸待劳，伺机与北伐军作战。

在北伐军占领汉口，进逼武昌城下后，孙传芳方才派出援军。但孙传芳派遣部队抵达九江后即停滞不前，保持观望。孙传芳见死不救，考虑的是夺取武汉这块肥肉。他曾对部下说："等革命军攻占武汉后，再派大军去收复武汉。这样，武汉当然就属于我管辖之下。"

吴佩孚盼望的孙传芳援军迟迟不到，武汉失守，全军败退。北伐军攻占武汉之后，分三路攻打江西。这次是打到孙传芳的地盘上来了，容不得孙传芳观望，遂调集军力在江西做准备，以与北伐军作战。

北伐军打到眼皮底下，孙传芳亲自前往九江，又命令属下的飞机队前去助战。两架飞机用轮船运到九江，出动轰炸了几次，只是效果甚微。在各军阀部队之中，孙传芳的部队战斗力较强，与北伐军在江西打了几个交手战，使北伐军也蒙受了较大损失，双方在江西南昌周边形成僵局。

在阴历十月的一次战斗中，孙传芳调集部队往前线增援。黑夜行军时，部队士兵不慎走火，前方士兵听到后方有枪声，以为后路被袭，于是纷纷后退。前线一退，援军也跟着后退，于是全线崩溃，军官组织督战队拦截也没用。

孙传芳军退出南昌之后，在江西无法再发动攻势，便将在江西的部队从九江用船撤回南京。江西失败之后，福建、浙江两省也相继投降北伐军。孙传芳缺乏战略眼光，为了私利考虑，不出兵援助吴佩孚。其自身内部，由于扩张过快，未能整合各派势力，派系林立。当北伐军攻入浙江时，浙江地方势力迅速投降，导致孙传芳腹背受敌。

孙传芳见形势不妙，于 1926 年 11 月投靠奉系张作霖。去年孙传芳曾挥兵将东北军从东南驱逐，成就五省联帅地位。今年与北伐军交战失利后，为挽回败局，孙传芳不得不与奉系联系。孙传芳扮成一名商人，穿了灰布大褂，腰间揣了手枪，搭乘火车，前往天津，亲见张作霖。孙传芳到了天津后，给张作霖打电话，自称："我是孙传芳，由南方来，有事面商。"张作霖突然接到这个电话，很是惊愕，确认是孙传芳后，答应见面。见面时，孙传芳劝告张作霖，双方虽然闹过矛盾，终究是北洋一系，并表示愿意听从张作霖指挥，共同对付北伐军。

张作霖与孙传芳在天津见面之后，尽消前阁，决定携手对付北伐军。鉴于北伐军气势如虹，张作霖让孙传芳将五省联军全部退到长江以北，另由奉军一部去守南京。孙传芳放弃富裕的江南，全军撤往江北，是致命的战略错误。此举既导致孙传芳军中将领不满，更使其在各方面受制于张作霖。

奉军与北伐军一战即败，也狼狈逃回江北。北伐军乘胜渡江，占领扬州、浦口、巢县一带，双方暂时处于对峙状态。

1926 年 12 月，孙传芳调集兵力，在大运河东岸一带发动反扑，击败北伐军，重新占领仪征、六合、泰兴一带，并与占领浦口的直鲁联军取得联系。1927 年 5 月间，北伐军渡江发动强大攻势，奉军、五省联军被击败，孙传芳所部退至胶济铁路沿线集中休整。

1927 年 7 月，张作霖命令孙传芳、张宗昌发动反扑。孙传芳分两路攻击，西线沿津浦线发动攻势，在徐州激烈交战。东线沿运河发动攻势，击败北伐军刘峙部，再次占领扬州，兵临长江，与北伐军沿江对峙。

孙传芳军于 8 月 17 日抵达浦口，此时江苏地方士绅对孙传芳颇是欢迎，至浦口欢迎。蒋介石此时已经下野，忙着准备与宋美龄的婚事，北伐军内部派系斗争激烈，南京城防空虚。虽然形势对孙传芳有利，他却未能沉住气做好充分准备，而是仓促挥师渡江，发动龙潭战役。

在部队尚未恢复建制，弹药未能得到充分补充，士兵未得到充分休息的情况下，孙传芳挥师过江，想一举击溃北伐军，逼迫其向上海方向退却。老辣的张作霖电告孙传芳，让他不要急于过江，先休整部队，保持观望，北伐军内部不久必有变局，到时出击不迟。但孙传芳急于收复失地，决定单独发起攻势。张作霖见孙不听命令，便令奉军观望，也不给孙补给军火。

8 月 25 日晚，天适阴雨，孙传芳军由沿江北岸各处偷渡。孙军偷渡，前后凡五次。

8 月 26 日晨 5 时许，孙传芳军四百余名，身着便衣，操乘十余只小船，由江北六合大河口方面，偷渡至龙潭登岸。当即秘密分往各处，并将离龙潭车站里许的轨道拆去，以是沪宁早车未能通行。旋被北伐军发觉，派遣军队于龙潭四周巡逻，下午 1 时许，从镇江调兵进击包围，花了两小时，将北军便衣军队完全击溃，计缴枪械百余支，并立即将轨道修复，各车照常通行。

26 日晨，孙军有一师人马，乘夜在乌龙山、幕府山一带渡江，南岸守军与之接触。孙军人众，且战力强悍，陆续登陆南岸，两军激战。海军陈绍宽司令闻讯，亲率楚有、楚谦两舰赶到，以猛烈炮火迎头痛击，孙军登时不支，即被包围缴械。此役孙军除溃逃外，死伤不少，乌龙山之下被占之地被夺回。

及至夜半，孙军又在划子口、大河口装民船数艘，渡江到栖霞山、龙潭一带，蜂拥登岸。南岸守军只有少数，抵敌不住。孙军遂占据栖霞龙潭车站。海军得讯，又派楚谦星夜赶到截击。同时八卦洲一带也有告警，楚有、楚同分途防截。至 27 日拂晓，楚谦军舰巡至大河口、划子口，遇孙军乘船过江，即以炮击，孙军沉毙甚多。

孙传芳大部队过江增援，重新发动攻势，夺取龙潭车站，占领各制高点。北伐军卫立煌、刘峙、陈继承各部纷纷败退。何应钦看到溃兵退下后严词训斥，败退的将领为了推脱责任，竟然说孙传芳军中有日本人负责指挥和射击，北伐军许多官兵脑壳被击穿，如果不是日本人，枪法决不会如此精准。

听到孙部过江之后，南京国民政府各部院惊恐不已，纷纷前往杭州、上海逃避。未曾逃走的官员准备好了便服，以便随时逃命。南京城内的普通绅商准备好了五色国旗，准备迎接孙传芳部入城。但段承泽部孤军奋战，损失颇重，不得不后撤待援。

随后过江的孙传芳手下猛将田宝銮，带领精锐部队进攻镇江，以截断沪宁线，攻占上海。孙传芳此部官兵，耐苦善战，沿途挖芦苇根充饥，直扑镇江。但行军途中，田宝銮突然听到消息说龙潭之战孙传芳部已经失利。

孙传芳部占领龙潭之后，随即占据制高点黄龙山。何应钦亲自督率北伐军第一、第七两个军，联合其他部队发起反攻。北伐军连续两日发起反扑无效，第三日以密集炮火炮击黄龙山制高点，打得烟雾四起。黄龙山上的孙传芳部已修筑了坚固工事，虽遭炮击，并无大恙。此前一直在长江中观战的英国军舰，见山头烟雾大起，以为山顶已经失陷，便用舰上重炮轰击黄龙山顶，为孙传芳部助战。英军舰炮比北伐军的威力大，立即将孙部工事轰塌，炸死指挥官，士兵陷于一团混乱之中。

8月27日上午9时，北伐军空军队长张维中、副队长石曼牛，驾机飞往十二圩、栖霞山、乌龙山、龙潭、划子口一带探视敌情。下午1时，张维中、石曼牛携带炸弹数枚，飞至十二圩、划子口等处，将孙传芳军的船只炸毁数艘。孙传芳军队毫无应对空袭的经验，军队也缺乏斗志，陷入慌乱之中。

在江边空袭后，飞机又转至栖霞山、乌龙山、龙潭等处，向敌威吓。张维中见少数敌人向江边溃逃，遂将飞机下降追逼，一直下降到距地面二十余尺。飞机下降之后，被子弹击中，但未中要害。张维中临危不乱，继续引导地面部队前进杀敌，不久飞机再次中弹，迫降在污泥之中。飞机降落后，张维中挣扎爬出座舱，刚下飞机，就被子弹击中倒地。石曼牛拼命将张维中拖到草地躲避，为其脱去汗衫，包裹伤口。之后由地方上的乡民，将张维中抬送至龙潭车站，由十四师卫生队简单抢救后，用专车送至镇江弘仁医院。是晚白崇禧派车将张维中送至上海，入正德医院抢救。

北伐军连续发动反攻，占领黄龙山，攻克龙潭车站与龙潭镇，但孙传芳军仍然占据一些村落死守。在孙传芳部渡江之后第四日，北伐军调集精锐部队发起攻击，突破孙传芳部阵地，占领各村落。至此，孙传芳部全线崩溃，纷纷向江边逃命。

孙传芳全军退至江边之后，只见江边尸体散布，无数溃兵拥在江边，而北伐军已在四周形成包围圈。就是在这种情势下，孙传芳部仍然不想投降。一部分士兵拼命想游过长江，跳江的声音不绝于耳，另一部分士兵则想拼命。田宝銮部下哈玉峰是回族人，带了一百多个赤身裸体的士兵怒吼着要反扑南京。田宝銮则携带卫队，与北伐军肉搏血战之后冲出包围圈。

孙传芳军此次南犯，以扬州为大本营。此外于三江口分驻士兵五六千人，征集民船三百余艘，其布置极为完密。北伐军主力则为一、七两军，此外四十军、四十四军均开抵南京，十四军及十七、十八、三十九等各军，开往镇江方面参加作战。仅龙潭方面，北伐军在前方作战及准备参加者已达四十余团左右。此外驻宁军队及海军尚不在内，故北伐军方面实力异常雄厚。

双方在龙潭附近集中部队各有十余万之众，战线并不如以前之延长，均缩短密集。主力军作战区域，只有方圆十余里，战斗最激烈时，一军第三师顾祝同部，由沪开赴镇江，到达后未及休息，即开往火线内激战，可见双方战争之激烈。孙传芳军最初主力部队为段承泽部，段部损失殆尽，易以刘士林、李宝章等部。

孙军初次由栖霞山、乌龙山渡江之敌，被北伐军缴械。后两日又有大批部队渡江，计有六师三旅之众，经北伐军竭力抵抗，激战两昼夜，战事异常猛烈。总指挥白崇禧调后方生力军开往前方助战，并令海军各舰，开往前方参加作战。同时已经开抵镇江的十四军二师六团亦奉令开赴龙潭附近。

8月30日之战，于此次战事中最为激烈。5时后划子口、大河口、小河口一带，有大批孙军续攻过江。李宗仁、何应钦两总指挥遂自宁率部亲赴前方督战。白崇禧偕十四军五、六团亲赴下署督战，一面激励士气，一面添调生力军。

结果孙军不敌四面猛烈之围攻，驻在三江口刘士林部见炮火猛烈，先行退却，于是渡江孙军全部摇动。总指挥白崇禧察悉情形，调海军兵舰多艘，开往划子口等处一带截断已渡江孙军归路。孙军见归路将绝，益感恐慌，退至江边，纷纷乘船逃窜。至10时许，未及逃窜的孙军一万五六千人被包围，欲退不得。

8月31日晨，孙军决定总退却，浦口方面及附近一带所有孙军部队已完全退却。扬州为孙军大本营，该地孙军已在陆续退却中。北伐军原拟即日渡江，歼灭孙军残部，因孙军渡江被截断归路的将士尚有一万五六千人，仍在顽抗，故未即实行。自清晨至下午5时，才将残余孙军完全解决，仅有少数零星逃窜。

龙潭之战，孙传芳部队投入了五个师、两个混个旅、三个骑兵团，共计六万精锐，战死、淹死的有一半，侥幸逃回江北的只剩七千余人，北伐军也伤亡惨重。

龙潭之战，是北洋时代历次战事中最为激烈的一次。战后地方上派出掩埋队掩埋尸体，费时数月。战后数年，火车经过龙潭车站时，仍然尸臭弥漫，经久不息。

龙潭之战失败之后，孙传芳部队败退江北，在蚌埠沿线布防。蚌埠战役双方都打得没头没脑，孙传芳部队的副指挥只想抽大烟，什么也不管。指挥作战的参谋长孟星魁，根本没有军事指挥能力，在屋子里瞎指挥。虽然这样，由于孙传芳军队战斗力较强，将北伐军精锐陈诚部重创。

在战场上出现了一个奇怪的现象，即一度占据主动的孙传芳军，由于孟星魁胡乱指挥，主动撤出蚌埠。而失利的北伐军正在后撤逃命时，看到孙传芳军也开始后撤，感到奇怪，就停止撤退，白白捡了个蚌埠。孙传芳部放弃了蚌埠之后，双方沿淮河对峙。

1927年12月，冯玉祥派出韩复榘率部进攻徐州，张宗昌据城死守，孙传芳率军援救。在徐州车站外双方激烈交战。这场战斗很奇怪，双方一声不响，打了七天七夜白刃战。孙传芳部队用长矛，冯玉祥部队用大刀，大刀一亮就是冯部进攻，长矛一竖就是孙部进攻，冲锋时也不吹冲锋号，双方就是提着刀矛闷头拼杀。之后在蒋介石军队的助攻下，孙传芳和张宗昌全线退至山东。

接连大败之后，孙传芳信心全丧，开始在迷信里寻找寄托。孙传芳竟然学习红枪会，在每个师组织起"神机兵团"，请红枪会师傅过来教士兵吃神符炼气，以为这样能刀枪不入。为了证明炼气吃神符的效果，孙传芳亲自带了红枪会师傅到部队去展示。孙传芳在一只公鸡身上贴了符咒，然后用冲锋枪扫射，公鸡惊吓得满地乱跳，竟然一枪没有打中。有高级军官不信这套，孙传芳竟然说："把神符贴你身上开枪试试，肯定没有危险。"可谁敢拿命来试？孙传芳组织的这些炼气吞符的神机兵，后来一上前线就被枪打死，红枪会师傅就说这些人心不诚，所以法术不灵。高级将领看孙传芳已经一蹶不振，开始暗生去意，寻找新的靠山。

孙传芳被北伐军接连击败之后，1928年撤退到河北怀来、宣化一带。见无力再起，孙传芳便脱离军队，到了天津做起寓公，残部则投奔了阎锡山。

傅作义守涿州

1927 年 5 月，武汉国民政府的北伐军与奉军在河南临颍大战，击溃奉军主力，乘胜北上。

在整个北洋时代的军阀争雄中，阎锡山一直进行着赌博。在很多时候，他的赌博是成功的，当皖系、直系纷纷崩溃时，只有他不倒，反在争雄中充实了自己的力量。阎锡山无疑是借力打力的高手，他总是能精明地选择力量强大的一方，加以联合，去打击对手。当北伐军势如破竹时，阎锡山敏锐地看到了机会，宣布晋军改编为国民革命军第三集团军，中断与张作霖的合作，于 1927 年 9 月间北伐。

阎锡山的作战计划是，以杨爱源率一部兵力，出娘子关，沿石家庄向北进发，沿京汉铁路攻下保定，与商震军会合。由商震率一部分兵力，出雁门关，沿京绥铁路进发，配合南面杨爱源军，攻下北京，驱逐奉军出关。此时奉军主力集中在保定附近，为了协助杨爱源军，由傅作义带领第四师，长途奔袭，夺取京汉铁路枢纽涿州，切断奉军南北联系。攻下涿州，既能配合杨爱源攻打保定，也可以配合商震包围北京。

傅作义带领晋军第四师，负责夺取北京至保定之间的京汉铁路中枢涿州。10 月 3 日，傅作义第四师由河北蔚县出发，一路上隐秘行军。

11 日，晋军先遣队三十六团进城，此时恰逢奉军换防，北门无人防守，遂长驱直入。同时，负责接防的奉军王之佑一部也开进涿州。晋军进入涿州的同时，王之佑旅高占山团，进入涿州东门。双方在城内交火后，奉军不支，退出城外。在巷战中，晋军抢占上房，居高临下，占尽优势。

此时王之佑旅主力抵达涿州车站，奉军第十三师八十团在当晚 9 点乘坐火车抵达涿州车站。王之佑认为自己手中只有一个旅，不是晋军对手，就擅自做主，将此团留下待命。次日晋军向火车站发起攻势，奉军八十团下火车迎战，团长受伤，由营长代理指挥，反将晋军压缩至涿州城内。

涿州是奉军南下的必经之路，怎可轻易让给晋军？张作霖命令第八军军长万福麟，统领十七师、十三师、二十一师、二十五师，围攻涿州，另有炮兵司令邹作华、工兵司令柏桂林等配合作战，共有兵力约四万余人。晋军方面，以傅作义第四师为主力，有炮兵、工兵配合，兵力一万余人。

14 日，傅作义带领主力进入涿州城。傅作义，字宜生，山西荣河县籍，此年三十三岁。傅作义曾在保定军官学校就学，与段祺瑞的儿子相契，曾应其邀请赴京，准备谋取职位。后有人向阎锡山推荐傅作义，即遣人催促其返回山西效力。在山西军中，傅作义从排长职位做起，不数年间即由排长而连长而营长而团长。在雁北之役中，傅作义守卫天镇，抵挡了冯玉祥国民军的轮番猛攻。战后傅作义

傅作义

尚未离城，即被提拔为旅长，不久又升任第四师师长。傅作义长于防御，为阎锡山所深知，此番派他出击，却是用对了人。

傅作义带领全军进入涿州城后，立刻着手修筑城防工事，积极备战。奉军在一辆装甲汽车配合下，向涿州发起攻击。晋军连发六发炮弹，将装甲车打坏，随后由步兵出城，将装甲车上小炮一门、炮弹数十发及汽油十余斤取回。此十余斤汽油，被用作了无线电电台发动机的燃料，使得涿州与太原保持了联系。

傅作义师进入涿州时，奉军的主力正与晋军主力作战。初期晋军来势汹汹，占据主动。奉军初战失利后，经过调整，重新发起攻势，将晋军各个击破。晋军各部撤离京汉、京绥两铁路线，阎锡山逃进娘子关。晋军全面撤退后，只有傅作义带领晋军第四师，孤军守涿州。

10月15日，奉军以大小炮一百余，猛轰城墙，又有飞机在天上助战。奉军士兵蚁集城下，蜂拥而上，炮声声闻百里。晋军守城时发现，奉军在北城发动汹涌攻势，而东南方向炮声稀稀落落，判断奉军佯攻北城，实欲主攻东南方向。后奉军果然从东南方向发动主攻，被早有准备的晋军击退。守城晋军在战事中，边作战，边修筑城防工事。傅作义指挥士兵，利用战斗间隙，在城上每隔二十米设一土堆，以安置机枪。凡城墙突出部，则多准备土袋，以备城墙被炸塌。

晋军能长期守城，重要因素之一，是充分发挥手榴弹威力。山西所制造的手榴弹容易炸开，破片多，杀伤力大。晋军中配有特制的守城手榴弹，重量四倍于普通手榴弹，扔出去破坏力等于迫击炮弹。奉军士兵攻城时，被此种手榴弹大量杀伤。另外，晋军每连都配备有机枪、冲锋枪，火力猛烈。

10月16日，奉军发动第二次攻势，由工兵司令柏桂林指挥，以东南为主攻方向。为了攻城，奉军工兵在夜间修建了轻便铁路。攻势展开后，奉军以铁斗车反扣，运送大批炸药，冲到城下。不想炸药引爆后，只炸塌了半壁城角。奉军集结了万人，云集在城下，等待攻城，突然看到城墙未曾被轰开，只好失望而退。

涿州城中有双塔，高数十丈，是天然的观察点。奉军屡攻无效后，调集大炮，以双塔为目标轰击。开炮后，第一炮击中南塔塔顶，第三炮射击时，炮弹在炮膛中炸开，将大炮炸毁。奉军官兵极为迷信，以为双塔显灵，此后不敢再轰击双塔。此战之中，奉军万炮齐发，城内几被夷为平地，醒目的双塔却被保存下来。

在守城战中，傅作义判断奉军久攻不下，肯定要改变战术，走挖地道的老路。傅作义将防范奉军挖地道炸城墙，做了预案。晋军在城内挖掘壕沟，安排大缸，又安排火警应对事宜，组织好消防队，清除城内易燃物。奉军第四次进攻时，由工兵司令柏桂林负责，从城外九个方向同时向城内开挖坑道。为了加快进度，又强迫门头沟煤矿的数百名矿工到涿州协助开挖坑道。奉军预备将坑道挖到城下，再运送炸药炸开城墙。

10 月 26 日黎明，守城晋军发现城外地面上有缕缕白气上升，断定这是奉军挖地道的通气眼。晋军遂出城，在有白气的地面向下挖掘，再以炸药爆破，将坑道内奉军炸死。为了鼓励士兵发现奉军地道的气眼，傅作义悬赏，发现一个气眼，奖励银洋五块。此后每天一早，守兵都争先恐后在城墙上探视地面。

奉军开挖的九条坑道中，有八条被晋军破坏，城西南一条则未被发现。奉军利用坑道运送了两吨炸药到城下，又组织了一万人的冲锋队，预备城破后发动突袭。10 月 27 日，工兵司令柏桂林亲自将坑道炸药引爆，天上飞机飞来助战，地下大炮齐鸣，万余奉军呐喊着冲向爆破口。可奉军冲近后，却悲催地发现，炸塌的城墙碎砖土，飞向天空又落了下来，将豁口填上一大半。城墙上的晋军，一面以密集火力射击，一面抢堵城墙豁口。此日交战，双方损失惨重，奉军依然未能取得突破。当日奉军对城内施放燃烧弹，城中处处着火，所幸早有准备。在城内煤油公司中火时，晋军冒死从油库中抢出大部分煤油，避免了火势的蔓延。次日作战，晋军自身损失惨重，弹药开始紧张，傅作义下令重新配备兵力。

晋军曾在涿州城内将商铺二所改造为军工厂，用以制作手榴弹，军工厂所有原料早已秘密运入城内，藏于地窖中。此小军工厂内有机器三座，每日能制造手榴弹二百余颗。傅作义日夜督饬部下巡城及掘战壕，也不忘监视工人制弹，小军工厂出品的手榴弹虽不及山西兵工厂制造精良，但其爆裂性也颇不弱。城内晋军均居于土穴之中，每人每日仅食高粱十二两，聊解饥饿，此外再无其他菜蔬。城内民众也多住于地窖中。据晋军俘虏透露，军民在地窖中生活，尚不感觉特别困苦。地窖上面铺有深约二尺许之沙土，此种沙土非常轻软，炮弹落于其上往往不能炸裂。城内老弱因不能受惊吃苦，导致死者累累，少壮人丁，无论男女均须替军队服务。

10月30日，奉军发起第五次总攻。双方一直交战到31日黄昏，才停止战斗。此日奉军出动七辆坦克助战，配以人海战术发动猛攻。奉军的坦克是从法国采购而来，一共三十六辆。这批坦克外层有钢板，配备平射炮一门、机枪一挺，在当时是比较有威力的武器。在南口大战时，冯玉祥国民军对坦克束手无策，后用鸟枪射击观察口，将坦克手眼睛击瞎，才找到机会，一共击毁了四辆坦克。此次作战时，晋军用大炮射击坦克侧面，将坦克摧毁了三辆，其余坦克狼狈逃回。

11月7日，奉军再次发动总攻。奉军已在城墙上构筑了城腰工事，既能防炮火，又可以隐蔽射击，将奉军再次击退。11月20日，在击退了奉军第七次总攻之后，傅作义发现一个难题，即与外界的联络断绝。此前通过无线电信机，傅作义与山西阎锡山保持着联系，此日电信机的汽油用完，无法发电使用。傅作义在城内高价悬赏，收购汽油，却连一滴也没有。此时晋军中的一名士兵，想起南门城外被击毁的奉军坦克中，肯定有汽油。遂自告奋勇，出城去取汽油。此士兵冒着奉军的射击，爬到了坦克边，却发现没有工具打开汽油缸，只好返回取了扳手和凿子，却发现仍然无法打开。又再次返回，取了一把钻子，方才成功取出三桶汽油。

奉军前方指挥万福麟屡被张作霖训斥，遂决定采取毒气战。奉军运来五百枚瓦斯炮弹，在一名俄国军官指挥下，11月28日，将五百发毒气弹打入城内。临战前，万福麟跑到炮兵阵地上道："我做了损事啦！不要说城里的人，就是老鼠也得给熏死。"

奉军以为毒气弹能奏奇效，不想冲锋之后，晋军照样抵抗。之所以毒气弹失效，一则晋军处于城头上风，毒气弹落到地面；二则晋军提前做好准备，以布条包炭末，捂在面部，抵御毒气；三则，这批毒气弹是欧洲战场上的剩余，已过了有效期。此日一枚炮弹落在傅作义指挥部中，结果傅作义从灰尘中站起来，竟然没有受一点伤。此事被傅作义电报阎锡山，阎锡山立刻通电全国，谴责奉军使用毒气，丧失人性。

11 月 29 日，晋军发现城外西南方向，奉军在挖掘地道，遂将地道破坏。奉军以为地道已全部被发现，担忧地道反被晋军利用，向城外突袭，遂将其他三个方向的地道爆破摧毁。奉军至此，已是无计可施，张作霖也下令，不要再攻，在城四周挖掘壕沟，架上铁丝网，困死城内守军。

奉军发动进攻时，城内民众，躲藏在屋内的坑下，或者将棉被弄湿，将八仙桌围起，躲在里面躲避流弹。再往后，家家户户都挖了地窖，躲在里面比较安全。围城期间，晋军粮食缺乏，遂采取统一分配的措施，将居民、店铺的存粮统一收集，由商会分配。晋军在城内发行了"临时流通券"，替代货币，许诺战后偿还。

为营救城内被困军民，12 月 10 日，中国红十字会会长熊希龄派遣代表前来调停。次日，旅京山西同乡会代表入城调停，其他政界要人相继派出使者入城调停。12 月 14 日，城中妇孺数百人，围绕傅作义指挥部跪地哭求，请迅速停战。此时傅作义内无粮草，外无援兵，军中下级军官，也请傅作义定下固守日期。傅作义遂许诺，以十五日为期，如 12 月 29 日仍无援兵，则出城投降。至月底期满时，傅作义与奉军进行了三轮谈判，双方均未能达成协议。五天之后，傅作义看着城内军民饿死者日多，遂出城至涿州火车站与奉军议和。

谈判时，傅作义首先提出，城内军民已经两日未曾进食。张学良不等傅作义说完，当即表态，马上给城内三天的食物。此后经过谈判，1928 年 2 月 12 日，晋军第四师七千人出城接受改编。晋军的投降条件是，全体官兵不受杀害，得到奉军同意。投降之后，奉军全体官兵先被送往通州。奉军先将这批晋军中的直鲁豫籍士兵挑出，仅剩下山西籍的士兵。到了正月十六日，奉军将山西籍士兵，全部送往黑龙江安置。此时傅作义已经没法过问，只好听之任之。

傅作义虽然表面上是张学良的座上宾，但实际处于软禁状态，被囚禁在保定。在保定期间，奉军军官喜欢赌博，傅作义也参与赌博，打发时间。1928 年 5 月，利用一次洗澡的机会，傅作义骑自行车脱逃前往天津，进入租界躲藏。

奉军占领涿州后，奉军十七师师长苏炳文，带领全体军官观摩涿州城防。城墙密布散兵坑及机枪掩体，各个掩体都有交通壕连接。城内有专门的兵工厂，制造手榴弹。战后有美国电影公司请求拍摄此次战事。经过许可，奉军重演了一遍攻城景象，如云梯爬城、炮兵轰击、坦克攻击、工兵坑道作业等。作为酬谢，电影公司赠给参与出演的十七师每营五头猪。

在整个围城期间，晋军欠下十四万余款项。1928年年中，奉军战败出关后。6月1日，傅作义被任命为天津警备司令。傅作义是个信人，他在天津查办倒卖大烟的商贩，以所得款项偿还了涿州欠款。为了感谢傅作义，涿州特意在北门为他建了座生祠"傅公祠"，刻碑记录此事。此战之中，晋军方面战死了大约二千余人。后来傅作义在涿州城南门外买了块义地，将战死者都葬在此处，插下木桩，便于死者家属认领。

北洋末路

张作霖在北京出任大元帅一年之后，1928年北伐军以摧枯拉朽之势进逼北方。张作霖看形势不妙，决定收缩部队，先退回关外，待机再动。张作霖身边有以松井七夫中将为首的日本军事顾问团，这批顾问团亲近张作霖，甚至说出"都是日本人坏"的话语，让关东军少壮派大为不满。在关东军少壮派军官看来："得了势的张作霖，慢慢犯了老毛病，入关进北京，自封大元帅，多年的野心即将如愿以偿。其忘恩负义的行动，不胜枚举。"

关东军判断，张作霖势力向南方扩张过快，必然要遭到重挫。一旦张作霖的军队在关内失败，则解决张作霖一人即可，其军事集团将四分五裂。少壮派日军军官认为："他只是一个军阀，眼中没有国家，没有群众的福利。其他诸将，只是磕头拜把子的关系结合起来的私党集团。这样的集团，常常是头目一死，他们立即四散。"

张作霖出行时一向秘密，但这次竟然一反常例，一律公开。张作霖外松内紧，日本少壮派军官侦查时发现，奉军在铁路沿线警戒十分严密。经过观察发现，满铁线与京奉线交叉点皇姑屯，是理想的行刺地点，满铁线在桥上，京奉线在桥下，日本人可以出入。行刺时，也考虑到了满铁线，一旦此一时段有满铁线列车前来，则以信号警戒满铁线列车。

1928 年 6 月 3 日黎明，张作霖从北京前门车站乘专列出发。6 月 4 日凌晨，张作霖行至皇姑屯车站外三洞桥洞口时，火车被炸，张作霖受重伤，同行的吴俊升当场被炸死，盟兄弟张景惠却毫发无损。

张作霖被炸后，当场并未毙命，被运回奉天抢救的途中，张作霖以他一贯的风格骂骂咧咧。日本人也不知道张作霖情况，就来大帅府探听，见府内一切如常，毫无变动，张作霖五夫人还盛装出来招待。待张学良、杨宇霆将关外奉军全部撤回之后方才发丧。张作霖被炸后，张宗昌倒是了解他，说："张老帅那么一个小身体，又有那么多姨太太，即使没有炸着，就是那么一震，我看他也是凶多吉少。"

脱离军界之后，孙传芳到天津做起了超等寓公，身价千万，过得不亦乐乎。隐居之后，孙传芳皈依佛教，常到天津居士林诵经。施从滨的侄儿施忠诚，怂恿施从滨侄女施剑翘，以为父报仇之名去刺杀孙传芳。施剑翘得了一笔钱，混进居士林中打坐，摸清了孙传芳的活动规律后，用枪从身后将孙传芳打死。施剑翘杀了孙传芳后，自己也吓晕了过去。至于什么散发传单，声称为父报仇之类，不过是小说家言。

孙传芳被杀一案，因女儿为父报仇的事迹而蒙上了传奇色彩，博得当时媒体一片叫好声。孙传芳是个军阀，其身上有残酷的一面，但历史总是多面的。1926年 11 月，北伐军进攻九江，孙传芳乘坐军舰游弋于九江城外长江上。有北伐军向军舰开枪，舰上指挥官请求开炮，孙传芳却说，不要开炮，恐伤了老百姓，随后命令军舰返回南京。此一事，可见人性之复杂。

黎元洪下台后，一直在天津居住。1928 年 5 月 28 日，黎元洪偕夫人去英租界跑马场看赛马，由于兴奋过度，突然晕倒。事后，家人请名医为其会诊，最终医治无效，于 6 月 3 日晚去世，享年六十五岁。

段祺瑞下野之后，住在天津日租界旧部魏宗瀚的宅子里，每天也就是念念佛经，睡睡午觉，下围棋，打麻将，并长期素食。段祺瑞家人口多，段平日清高，没积蓄，靠旧部接济生活。1928 年蒋介石到北京，曾向人问起段祺瑞状况。得知段祺瑞生活窘迫之后，派人给他送了两万元。随后每年都送数万元，段祺瑞一家生活才不成问题。

蒋介石毕业于保定的陆军速成学堂（后来改称协和学堂），段祺瑞担任学堂督办，所以蒋介石一直尊称段祺瑞为老师。1933 年 1 月，段祺瑞南下，到达南京时，蒋介石亲自到下关码头迎接。次日蒋介石、何应钦、张群、孙科等大员陪同段祺瑞往谒中山陵。上山时段祺瑞乘竹轿，蒋介石一旁步行随同，下山时，段祺瑞步行，蒋介石搀扶，执弟子礼。随后段祺瑞在上海定居，蒋介石照例每年给他送生活费。段祺瑞除了自己开销之外，还将钱拿出来分给一些旧部，多则一千，少则八百。1936 年段祺瑞在沪病逝，由南京国民政府举行国葬。

曹锟被冯玉祥囚禁了一年多，到 1926 年 4 月 9 日，鹿钟麟调兵准备囚禁段祺瑞时，曹锟方才被放了出来。鹿钟麟等人放出曹锟时，曾想扶持曹锟复位为大总统，其本意是想借助曹锟与武汉的吴佩孚交好，达成和解，缓解军事压力。但吴佩孚一门心思要讨伐冯玉祥这个"贼"，也不想让曹锟复位。失落的曹锟只好回到天津，做他的超等寓公。

在天津，曹锟每日里抽烟打牌，过着神仙一般的生活。每逢旧部去看他，曹锟还念念不忘在外逃命的吴佩孚，说："咱们在天津享福，子玉（吴佩孚字）不知道流落在何方呢！"卢沟桥事变之后，日本侵略军派人游说曹锟出山，不想曹锟一听来意之后大发雷霆，将说客赶走，颇有民族气节。1938 年曹锟在天津病逝，蒋介石下令国葬。

吴佩孚逃走四川之后，四处游荡，后来至北京托庇于张学良。班禅在太和殿讲经时，段祺瑞、吴佩孚均前往听经。吴佩孚来得早，等了一会儿，段祺瑞才从天津赶到。吴佩孚上去迎接，用浓厚的山东口音问候："老西（师）来了！"还毕恭毕敬地鞠了一个躬。此时段祺瑞已经耳聋目花，竟然没认出他是吴佩孚，指着自己的耳朵说："我耳朵背。"在回天津的火车上，别人告诉他刚才吴佩孚和你打招呼啦，他才恍然大悟地说："那人是吴佩孚呀！"

吴佩孚在京闲得无聊，当时流行各类会道门，如一贯道、九宫道等，北洋时代的很多要人都参加。吴佩孚也搞了一个"正一堂"，由吴佩孚的旧部参加，听吴佩孚讲《春秋》《易经》，并时常设坛请仙。吴佩孚还编了一本《循分新书》，宣传他的一套奇谈怪论。吴佩孚晚年，日本曾想利用他作为傀儡，被吴严拒。1939 年吴佩孚患牙病，12 月 4 日因手术致死。抗战胜利后，为褒奖其气节，由南京国民政府为吴佩孚举行葬礼，蒋介石书"正气长存"四字匾额。

各路枭雄，此消彼长，但无奈，风流总被雨打风吹去，曾经叱咤风云的北洋军阀们，一个个退出了历史舞台。

后　记

　　本书的写作，从 2011 年至 2020 年，已有十年。犹记 2011 年夏季，在靖江乡下家中大树之下写作本书的情形。转眼之间，已是多年过去。几年以来，又收集整理了诸多北洋时代的相关史料，遂对此书加以大幅增删。原先书中学术性较强的部分，如近代在华德奥俘虏、珲春事件等被删去，又增加了许多内容。

　　如滇、黔、川三军成都血战，原先不过区区一千余字，经过此次增加，拓展到六千余字。如孙传芳与北伐军在龙潭之战，增加了大量战时细节。全书之中，在章节上也做了大调整，除了各章之中均增添内容之外，另增设多章，如南方烽火，对西南地区的诸军阀，对广东革命政府的来龙去脉，予以着墨，使本书更为全面地反映整个北洋时代。

　　本书以叙事为主，围绕历史事件的发展展开，同时结合人物，加以论述。读者也可发现，各章多以人物作为结尾。以人物收尾，既是对人物与历史的回顾，也是一个总结。

　　北洋是个复杂的时代，各地军阀割据，战乱连连，民间遭遇诸多冲击。在此次增删之中，不单单着眼于军事，更着眼于民间社会。力求将战争对民间社会生活、对当时的金融局势影响，加以陈述，以更生动、多样地再现北洋时代。

　　此次增删之后，将本书更名为《北洋征战史》，以飨读者。对于北洋时代，当下有诸多议论。有热捧北洋者，有贬斥者，每个学人，基于自己的认知，都有自己的判断。我在本书之中，尽量不对当时的人与事，作主观评论，只作史实之陈述。幸运的是，北洋时代去今不足百年，有诸多史料留存，并被整理，能得以充分运用。

本书的写作是烦琐而辛苦的，为了搜寻史料，常耗时甚久，颇费心血。在写作的过程中，为了读者阅读感受更轻松，对一些史料做了处理，使之更加口语化，更加生动。但改动的前提是，不改变历史的本来面貌。本书写作之中，运用了各种回忆录，尤重各地政协文史委员会所编文史资料。诸多文史资料中，对同一事件，往往有不同论述，故而加以比较后，择其生动有趣、符合历史真实面貌者。

写作本书，本意是通过北洋时代的军事史上的细节，呈现出一个真实的北洋时代，不想却写成了一部北洋军事史。多年前《枪口下的北洋》一书出版之后，有读者批评，认为字数不足，读来不过瘾。此次修订，删去较多篇之后，增补至二十余万字，大可满足读者阅读需求了。在此也对读者的支持，表示感谢。

袁灿兴

2020 年 7 月 28 日